网店数据分析

主　编　邵贵平

北京理工大学出版社
BEIJING INSTITUTE OF TECHNOLOGY PRESS

图书在版编目（CIP）数据

网店数据分析/邵贵平主编. —北京：北京理工大学出版社，2017.12（2020.1 重印）
ISBN 978-7-5682-4986-7

Ⅰ. ①网…　Ⅱ. ①邵…　Ⅲ. ①网店－运营管理－数据处理－教材　Ⅳ. ①F713.365.2

中国版本图书馆 CIP 数据核字（2017）第 282442 号

出版发行 / 北京理工大学出版社有限责任公司
社　　址 / 北京市海淀区中关村南大街 5 号
邮　　编 / 100081
电　　话 / （010）68914775（总编室）
（010）82562903（教材售后服务热线）
（010）68948351（其他图书服务热线）
网　　址 / http：//www.bitpress.com.cn
经　　销 / 全国各地新华书店
印　　刷 / 三河市天利华印刷装订有限公司
开　　本 / 787 毫米×1092 毫米　1/16
印　　张 / 19
字　　数 / 523 千字
版　　次 / 2017 年 12 月第 1 版　2020 年 1 月第 3 次印刷
定　　价 / 49.80 元

责任编辑 / 王晓莉
文案编辑 / 王晓莉
责任校对 / 周瑞红
责任印制 / 李　洋

前　言

在互联网行业精益化运营的背景下，数据分析已成为网店运营的标配，大家都希望通过精细的数据分析来提高网店运营的效率。可很多网店运营人员对数据分析有一种淡淡疏远的心理，特别是非技术型的网店运营人员更是对数据敬而远之，好比一谈到数据分析，就需要一些高大上的数据分析工具，抽象的建模、函数似的。

事实上，通常意义上的数据分析用不了多少专业的数学知识，大多时候用到的都是非常简单的加、减、乘、除。所以，高职学生不要对数据分析有太多的畏难情绪，所谓的数据分析就是指从数据中提取有用的信息，并指导实践。比如说结合数据优化产品的用户体验，通过数据来进行用户画像，通过数据发现产品改进的关键点，以及产品改版、迭代是否在一个正确的方向上。而这些事情，在经过实践之后，都会变得简单且容易上手。

本书作为高职电子商务专业学生学习用书，注重理论与实践的结合，强调锻炼学生数据分析的应用能力，着眼于培养具备数据分析技能的网店运营人才。

本书采用面向岗位，项目引导，任务驱动的教学模式设计教学内容，即围绕着高职高专教育培养生产、管理、服务第一线需要的高等技术应用性专门人才的目标，将网店数据分析岗位的工作内容整合成九个教学项目，针对教学项目设计工作任务，基于工作任务拓展数据分析的应用。书中的内容紧扣岗位操作需要，分析的数据取自真实的网店，发布的工作任务源于网店运营数据分析岗位的实际工作。

对于网店运营人员来说，要想提升销售额，必须做好提高访客数、提高转化率、提高客单价这三项工作。而要提高访客数、转化率和客单价，关键在于对客户、商品、市场行情和竞争对手的分析。

本书在编写上的安排顺序是：学习目标、项目导入、知识准备、任务发布、任务拓展、项目结构、同步测试和能力测评。

学习目标包括知识目标、技能目标和基本素养，作为学生学习的指引。

项目导入是用案例引导学生进入本项目学习的情境，让学生在学习理论知识前有一个感性认识。

知识准备是为学生完成工作任务准备的相关理论知识，包括概念、内容、原理、模型、流程、方法、指标、工具等。

任务发布是学生在教师的帮助下完成工作任务，这有助于学生掌握完成工作任务的方法和技巧。

任务拓展要求学生在没有教师的指导下独立完成任务，目的是培养学生独立思考问题、分析问题和解决问题的能力。

项目结构的作用是帮助学生了解整个项目的内容结构。

同步测试用于检验学生对本项目知识点的掌握程度。

能力测评是学生在完成本项目的学习后，对本项目的核心知识点和技能点掌握程度的自评。通过能力测评，教师能够了解学生的学习效果。

本书在编写过程中，借鉴了国内外许多专家学者的学术观点，参阅了大量书籍、期刊和网络资料，在这儿对各位作者表示感谢。本书还得到浙江商业职业技术学院的各位同事与北京理工大学出版社姚朝晖和陈圆圆的大力支持，在此一并致以衷心的感谢！

邵贵平
浙江商业职业技术学院
2017 年 12 月

目 录

项目一

网店数据分析认知

学习目标

知识目标

☞ 理解网店数据分析的相关概念；
☞ 熟悉网店数据分析的流程；
☞ 掌握网店数据分析的方法；
☞ 熟悉网店数据分析的工具；
☞ 理解网店数据分析模型。

技能目标

☞ 具备运用思维导图绘制数据分析平台功能架构的能力；
☞ 具备运用 AARRR 模型分析产品的能力；
☞ 具备讲解数据分析案例的能力。

基本素养

☞ 具有数据敏感性；
☞ 善于用数据思考和分析问题；
☞ 具备收集、整理和清洗数据的能力；
☞ 具备较好的逻辑分析能力。

一、项目导入

时趣大数据助力李宁精准跨界明星营销

从李敏镐，到都敏俊，韩潮在中国的热度持续升温，而李宁与韩国少女时代 Jessica（郑秀妍）的跨界合作，让“LI－NING X Jessica”系列一经推出就备受追捧。在李宁首度宣布与 Jessica 合作当日，李宁官方微博创下自身官方微博互动纪录，参与互动的 30% 以上的网友都明确表示具有购买欲望。之后“LI－NING X Jessica”跨界合作产品在李宁官方商城正式开始预售，瞬间就吸引了数以万计的客户。

用明星效应来扩大销售额，这点我们一点也不陌生，但所用明星对产品目标消费者影响力的大小，常常难以把控。影视歌星、体育达人、网络红人……各类明星不计其数，要选哪一个似乎是企业主面临的一个比世界杯赔率更大的博彩。所有的成功都不是一次单纯的偶然，李宁与Jessica的跨界合作是大数据下的商业产物，是基于社交媒体的数据收集、处理的一次精准营销。

时趣是怎样通过大数据分析帮助李宁选定合作明星Jessica的，又是如何利用数据进行后续的精准营销的呢？

首先，基于大数据的人群洞察——找到品牌与消费者的最优连接者。

作为中国最大的运动品牌之一，李宁需要清晰地把控自己新品系列的调性和受众。李宁把“90后”、女性这些未来消费主力军，作为它们主要的产品战略对象。基于这个战略，李宁联手合作伙伴大数据专家——时趣，在社交媒体上进行了全方位的人群洞察，使其在年轻化、女性群体身上找到了自己新品系列的基础调性：小清新、运动、时尚、阳光。如何让新品信息精准抵达目标消费者，在大范围造势，这需要一个连接，而李宁利用时趣基于社交媒体的卓越的大数据能力，找到了这个具有与其新产品系列属相相似的“连接”——韩国顶级女团少女时代成员Jessica。

其次，匹配明星信息——确保信息精准抵达。

时趣数据中心通过采集、清洗、存储、计算并整合新浪微博海量微博内容数据及相关客户数据、关系数据等，目前已积累了自己庞大数量的活跃客户数据、关系数据、微博数据、标签数据，并保持每日新增客户数据及微博数据。显然，只有积累足够的客户数据，才能分析出客户的喜好与购买习惯，及时并且全面地了解客户的需求与想法，做到“比客户更了解客户自己”。因此，在纵向上，时趣基于数据对当红艺人社交网络影响力进行了详细的分析与总体评价；在横向上，时趣从性别、年龄、地域、兴趣标签、语义情感等几个维度上把Jessica粉丝的集中倾向属性和李宁新产品系列调性进行了综合匹配，确保了其推送信息可以精准抵达目标消费者，并且这个抵达过程速度极快，范围很广，单位抵达成本低得惊人。

最后，建立预测响应机制——优化后续营销活动设计。

要做到“精准营销”就必须准确地预计客户需求，因此，时趣不仅对大量历史数据进行了挖掘与分析，还建立了相应的预测响应机制，根据客户在社交媒体上的活动建立数据收集模型，通过模型完成数据的加工和分析，为品牌下一步的产品策划与营销提供更加有意义的数据参考。“LI－NING X Jessica”相关话题中，“Jessica参与设计”“Jessica行程”等相关内容被多次提及。根据这一数据信息，李宁建立了李宁首尔工作室，随继推出了“型自首尔”系列，邀请Jessica亲自参与设计。同时，李宁在其官方商城为“Jessica & Krystal近距离接触”的活动造势，使新产品售卖热度继续上升。LI－NING X与Jessica的合作效果如图1－1所示。

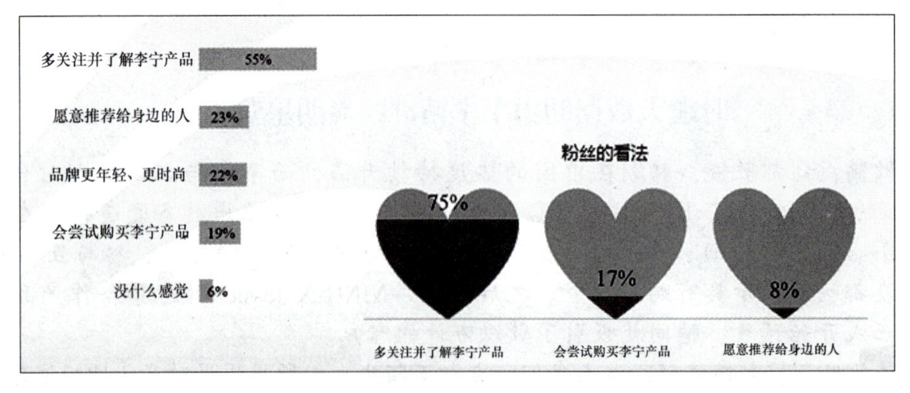

图1－1 LI－NING X与Jessica的合作效果

总的来说，时趣已经具备通过大数据战略打破行业边界的能力，对庞大、复杂的客户数据进行挖掘、追踪、分析，对不同客户群体进行聚合，获得更为完整的客户或客户群体的模型，打造个性化、精准化、智能化的产品营销解决方案，以个性化营销和主动营销打破传统无差异的、被动的产品服务营销方式。

思考：

1. 大数据分析在李宁的“LI－NING X Jessica”系列产品推广过程中起到哪些作用？
2. 如何评价李宁与明星这次合作的营销效果？请列出具体指标。

二、知识准备

网店数据分析是指对网店经营过程产生的数据进行分析，在研究大量的数据的过程中寻找模式、相关性和其他有用的信息，可以帮助商家更好地适应变化，做出更明智的决策。

（一）网店数据分析概念

1. 数据分析

数据分析是指收集、处理数据并获取信息的过程。具体地说，数据分析是指在业务逻辑的基础上，运用简单有效的分析方法和合理的分析工具对获取的数据进行处理的一个过程。

数据分析是指用适当的统计方法对收集来的大量第一手资料和第二手资料进行分析，以求最大化地开发数据资料的功能，发挥数据的作用，是为了提取有用信息和形成结论而对数据加以详细研究和概括总结的过程。

（1）数据分析的目的。数据分析的目的是把隐藏在一大批看起来杂乱无章的数据中的信息集中、萃取和提炼出来，以找出所研究对象的内在规律。在实际生活中，数据分析可帮助网店经营者进行判断和决策，以便他们采取适当的策略与行动。例如网店经营者准备开拓一个新的市场，则需要充分了解竞争对手的市场状况、市场潜力及销售预测，从而发现市场机会，找到突破口，这些都有赖于数据分析。

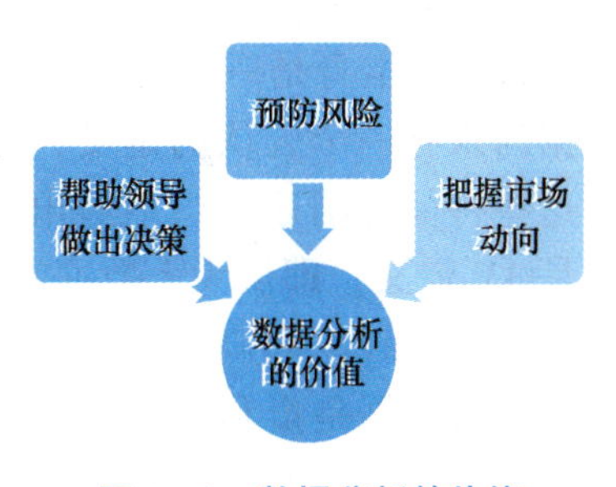

图1－2　数据分析的价值

（2）数据分析的价值。数据分析的价值包含三个方面（图1－2），一是帮助领导做出决策；二是预防风险；三是把握市场动向。数据分析可以反馈网店需要改进的地方、出现的问题以及做得好的地方。

（3）数据分析的作用。数据分析在网店日常经营分析中，具有以下三个作用：

① 现状分析，提供网店现阶段整体运营情况，其中包括各项经营指标的完成情况，以及网店各项业务的构成，其中包括各项业务的发展以及变动情况，用于衡量网店经营现状。现状分析的结果表现为各种形式的日常通报，如日报、周报、月报、季报、年报等。

② 原因分析，确定网店所存在问题的原因，针对原因制定出相应的解决方案。现状分析可以帮助网店经营者了解店铺的整体运营情况，同时发现运营中存在的问题，而找出问题就要进行分析。例如本月店铺销售额环比下降了10%，是什么原因导致的？是店铺流量减少了，还是转化率出现了问题，抑或是客单价降低了？通过原因分析找到根源所在，这样才能真正解决问题。

③ 预测分析，对网店未来的发展趋势做预测，便于网店制订运营计划。例如网店经营

者一般都会根据近几个月销售额的变动趋势预测下个月的销售额，作为店铺的运营目标以及对员工考核的依据。

（4）数据分析的应用。数据分析有极广泛的应用范围。在产品的整个生命周期内，数据分析过程是质量管理体系的支持过程，包括从产品的市场调研到售后服务以及最终处置都需要适当进行数据分析，以提升有效性。例如一家企业通过市场调查，分析所得的数据，以此来判定市场动向，从而制订出合适的生产及销售计划。在网店经营过程中，可从获取的用户需求数据中推导出用户偏好，用于开发新的产品或提供新的服务；可从售后客户反馈数据中分析出用户的需求，用于开展更高效的市场营销活动。因此，数据分析有着广泛的应用范围，在淘宝店铺运营过程中起着积极的意义。

（5）数据分析的分类。在统计学领域，一般把数据分析分为三类：EDA（Exploratory Data Analysis，探索性数据分析）、CDA（Confirmatory Data Analysis，验证性数据分析）和描述性数据分析。

探索性数据分析是指对已有的数据在尽量少的先验假定下进行探索，侧重于在数据之中发现新的特征。EDA 讲究的是从客观数据出发，探索其内在的数据规律性，让数据自己说话。

验证性数据分析是指进行分析之前一般都有预先设定的模型，它侧重于已有假设的证实或证伪。

描述性数据分析是对一组数据的各种特征进行分析，以便于描述测量样本的各种特征及其所代表的总体的特征。描述性统计分析的项目很多，常用的如平均数、标准差、中位数、频数分布、正态或偏态程度等。这些分析是复杂统计数据分析的基础。

2. 大数据

大数据本身是一个比较抽象的概念，单从字面来看，它表示数据规模的庞大。目前大数据尚未有一个公认的定义，专家通常从大数据的特征出发，试图通过这些特征的阐述和归纳给出其定义。在这些定义中，比较有代表性的是 3V 定义，即认为大数据需满足三个特点：规模性（Volume）、多样性（Variety）和高速性（Velocity）。维基百科对大数据的定义简单明了：大数据是指利用常用软件工具捕获、管理和处理数据所耗时间超过可容忍时间的数据集。

知识链接

数据分析从小数据开始

大数据最引人注目的是“大”，但是有时从小一些的数据集开始分析也是可以的，直到你能够分辨出你所寻找的是什么。如果你的研究对象为开业小于一年的零售店，那么你不需要一个大的 IT 系统来获取、贮存以及分析所有信息。如果你想要获得更愿意购买你的商品的顾客统计资料，那么很多免费的资源（例如 Google Adwords 以及其相关的分析工具）可以帮助你达到目的。一旦你明白数据分析如何使你受益以及使你明白去获得什么，你将会非常确定地想要更大规模以及更可信的方法。

3. 云计算

Google 作为大数据应用最为广泛的互联网公司之一，2006 年率先提出“云计算”的概念。云计算是一种大规模的分布式模型，通过网络将抽象的、可伸缩的、便于管理的数据能源、服务、存储方式等传递给终端客户。根据维基百科的说法，狭义云计算是指 IT 基础设施的交付和使用模式，指通过网络以按照需求量和易扩展的方式获得所需资源；广义云计算是指服务的交付和使用模式，指通过网络以按照需求量和易扩展的方式获得所需服务。目前云计算可以认为包含三个层次的内容：服务（IAAS）、平台即服务（PAAS）和软件即服务（SAAS）。国内的阿里云与云谷公司的 XENSYSTEM，以及在国外已经非常成熟的 INTEL 和 IBM 都是云计算的忠实开发者和使用者。

云计算是大数据的基础平台与支撑技术。如果将各种大数据的应用比作一辆辆“汽车”，那么支撑起这些“汽车”运行的“高速公路”就是云计算。正是云计算技术在数据存储、管理与分析等方面的支撑，才使大数据有用武之地。

4. 数据可视化

数据可视化是指将数据分析结果用简单且视觉效果好的方式展示出来，一般运用文字、表格、图标和信息图等方式展示。Word、Excel、PPT、水晶易表等都可以作为数据可视化的展示工具。现代社会已经进入一个速读时代，好的可视化图表可以清楚地表达数据分析结果，大大节约了思考的时间。

数据分析的使用者有大数据分析专家和普通客户，他们对大数据分析最基本的要求就是数据可视化，因为数据可视化能够直观地呈现大数据的特点，让数据自己说话，让观者直接看到结果，这就是数据可视化的作用。

5. 数据挖掘

大数据分析的理论核心就是数据挖掘。各种数据挖掘的算法基于不同的数据类型和格式能更加科学地呈现出数据本身的特点，能更快速地处理大数据。如果采用一种算法需要花好几年才能得出结论，那么大数据的价值也就无从说起了。可视化是给人看的，数据挖掘是给机器看的。集群、分割、孤立点分析还有其他的算法可以使我们深入数据内部去挖掘价值。这些算法不仅能够处理大数据的数据量，而且能够在一定程度上满足处理大数据的速度要求。

数据挖掘的重点不在数据本身，而在于如何能够真正地解决数据运营中的实际商业问题。但是，要解决商业问题，就得让数据产生价值，就得做数据挖掘。

6. 语义引擎

非结构化数据与异构数据等的多样性带来了数据分析新的挑战与困难，需要一系列的工具去解析、提取、分析数据。语义引擎需要被设计成能够从文档中智能提取信息，使之能从大数据中挖掘出特点，通过科学建模和输入新的数据，预测未来的数据。

7. 数据质量

在数据分析和数据挖掘之前，首先必须保证高质量的数据，完成数据质量的处理工作，即对数据的集成和处理。因此，更好的数据意味着更好的决策，否则就是 GIGO（Garbage in，Garbage out）。所以，数据分析的前提就是保证数据质量。

数据质量的处理工作主要包括两方面：数据集成和数据清洗，关注的对象主要有原始数据和元数据两方面。

知识链接

元数据

元数据是指信息的信息，描述信息的属性信息。一个信息的元数据可以分为三类：固有性元数据，是指事物固有的与事物构成有关的元数据；管理性元数据，是指与事物处理方式有关的元数据；描述性元数据，是指与事物本质有关的元数据。

以摄像镜头为例，镜头的固有性元数据包括品牌、参数、类型、重量、光圈、焦距等信息；镜头的管理性元数据包括商品类型、上架时间及库存情况；镜头的描述性元数据包括用途、特色，如人文纪实和人像摄影。

8. 数据预测分析

预测分析是大数据技术的核心应用，如电子商务网站利用数据预测顾客是否会购买推荐的产品，信贷公司利用数据预测借款人是否会违约，执法部门用大数据预测特定地点发生犯罪的可能性，交通部门利用数据预测交通流量等。预测是人类本能的一部分，只有通过大数据分析才能获取智能的、有价值的信息。越来越多的应用涉及大数据，大数据的属性决定了其存储的复杂性。大数据预测分析突破了预测分析一直是象牙塔里统计学家和数据分析师的工作的性质。随着大数据的出现，并整合到现有的 BI、CRM、ERP 和其他关键业务系统，大数据预测分析将起到越来越重要的作用。

数据预测分析可帮助网店做出正确而果断的业务决策，让客户更开心，同时避免灾难的发生，这是众多数据分析者的终极梦想，但是预测分析也是一个困难的任务。实施成功的预测分析有赖于数据质量、数据分析师、数据分析工具等。

知识链接

数据分析师应具备的能力

对于数据分析师来说，熟悉业务逻辑和掌握数据分析的方法与工具同样重要。数据分析师不可能在没有理解业务逻辑的基础上，提出一个基于数据的解决方案，因为每个行业都有不同的趋势、行为和驱动因素。事实上，一个不懂业务逻辑的数据分析师，其分析结果不会产生任何使用价值；而一个只懂业务逻辑而不精通数据分析方法与工具的数据分析人员，充其量只能算数据分析爱好者。现实情况是，懂数据分析的人很多，懂业务逻辑的人更多，但既懂业务又懂数据分析称得上“数据分析师”的人却非常少。

（二）网店数据分析流程

网店数据分析流程一般分六步走，具体为：明确分析目的和思路、收集数据、数据处理、数据分析、数据展现与报告撰写，如图 1 –3 所示，具体步骤如下：

图 1 –3　数据分析流程

1. 明确分析目的和思路

识别数据分析需求，明确数据分析目标，是确保数据分析过程有效性的首要条件。在开始进行数据分析之前，就应该冷静思考在数据分析过程中想要获得什么。例如，是想要更精确地确定网店的客户群吗？是想要扩大网店的客户群吗？或者是为了评估产品改版后的效果是否比之前有所提升吗？是为了找到产品迭代的方向吗？是想要进行科学的排班以至于不必在闲时浪费人力、在忙时缺少人手吗？明确通过数据分析要获得什么是至关重要的，就如同要明确这个过程中的挑战是什么以及如何确定是否能够达到目的。

明确了数据分析的目的，接下来需要确定数据分析思路。数据分析思路是指运用营销和管理的相关技术及方法，结合实际业务将数据分析目的层层分解，形成一个结构化的数据分析框架。数据分析框架的构建有助于提高数据分析维度的完整性和分析结果的有效性。

2. 收集数据

当通过数据分析来揭示变化趋势时，数据量越大越好。对于任何类型的统计分析，样本量越大，所得到的结果越精确。仅仅追踪公司一周的销售数据的价值是很难看出未来发展趋势的，3 个月的会好一些，6 个月的更佳。即使无法确定所寻找的是什么，也要确保所收集的数据包含的信息尽可能详尽和精确。试着弄清楚获得所需最优数据的途径，然后开始收集。如果没有数据，就不能够进行分析。

收集数据是如何将数据记录下来的环节。在这个环节中需要着重说明的是两个原则，即全量而非抽样，以及多维而非单维。今天的技术革命和数据分析 2.0 主要就体现在这两个层面之上。

（1）全量而非抽样。

由于系统分析速度以及数据导出速度的制约，在非大数据系统支撑的公司中，做数据分析的人员也很少能够做到对数据的全量收集和分析。但在未来这将不会成为一个问题。

（2）多维而非单维。

在数据维度上，要进行全面细化，将交互过程的时间、地点、人物、原因、事件全面记录下来，并将每一个板块进行细化，时间可以从起始时间、结束时间、中断时间、周期间隔时间等细分；地点可以从地市、小区、气候等地理特征、渠道等细分；人物可以从多渠道注册账号、家庭成员、薪资、个人成长阶段等细分；原因可以从爱好、人生大事、需求层级等细分；事件可以从主题、步骤、质量、效率等细分。通过这些细分维度，增加分析的多样性，从而挖掘规律。

有目的地收集数据是确保数据分析过程有效的基础，需要对收集数据的内容、渠道、方法进行策划，主要考虑：

① 将识别的数据分析需求转化为更具体的要求，如评价供方时，需要收集的数据可能包括其过程能力、测量系统不确定性等相关数据；

② 明确由谁在何时何处，通过何种渠道和方法收集数据；

③ 记录表应便于使用；

④ 采取有效措施，防止数据丢失和虚假数据对系统的干扰。

3. 数据处理

数据的处理是对已经采集到的数据进行适当的处理、清洗去噪。对收集数据进行抽取，从中提取出关系和实体，经过关联和聚合之后采用统一定义的结构来存储这些数据。在数据抽取时，需要对数据进行清洗和整理，保证数据的质量及可信性。常用的数据处理方法有清洗、抽取、合并、转换、计算、排序和分组。

（1）数据清洗。

数据清洗（Data Cleaning）是对数据进行重新审查和校验的过程，目的在于删除重复信息、纠正存在的错误，并提供数据一致性。数据清洗的方法包括去重、补缺和纠错。去重是删除重复的数据，减少对后续数据分析步骤的干扰。去重工作一般采用 Excel 工具，具体步骤如下：

步骤 1：从网上获取的原始空调型号一共有 12 个，如表 1－1 所示。

表 1－1 原始空调型号

序号	原始空调型号
1	Midea/美的 KFR－26GW/WCBD3@
2	AUX/奥克斯 KFR－35GW/NFI19＋3
3	Midea/美的 KFR－35GW/WDBD3@
4	Midea/美的 KFR－26GW/WCBD3@
5	Midea/美的 KFR－23GW/DY－PC400（D3）
6	Midea/美的 KFR－26GW/WCAB3@
7	Gree/格力 KFR－26GW/（26592）NhAc－3
8	TCL KFRd－23GW/BF33－I
9	Midea/美的 KFR－35GW/WCBD3@
10	TCL 移动水冷气扇小空调
11	Midea/美的 KFR－26GW/WCBD3@
12	AUX/奥克斯 KFR－35GW/BpNFI19＋3

去重的第一步是标识重复项，选择数据—高亮重复项，结果显示，Midea/美的 KFR－26GW/WCBD3@有 2 条重复项，如图 1－4 所示。

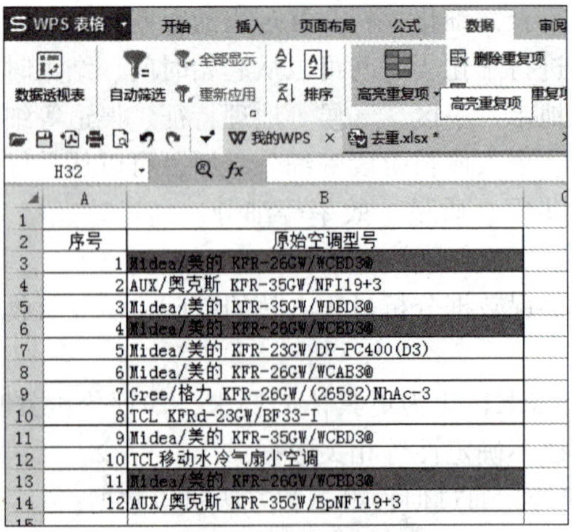

图 1－4 高亮重复项

步骤2：选择数据—删除重复项，打开“删除重复项”对话框，在“删除重复项”对话框中列选择“空调型号”，单击“删除重复项”按钮，删除2条重复项，如图1－5所示。

步骤3：删除后保留10条唯一项，将B2中“原始空调型号”改成“去重后的空调型号”，修改序号，如图1－6所示。

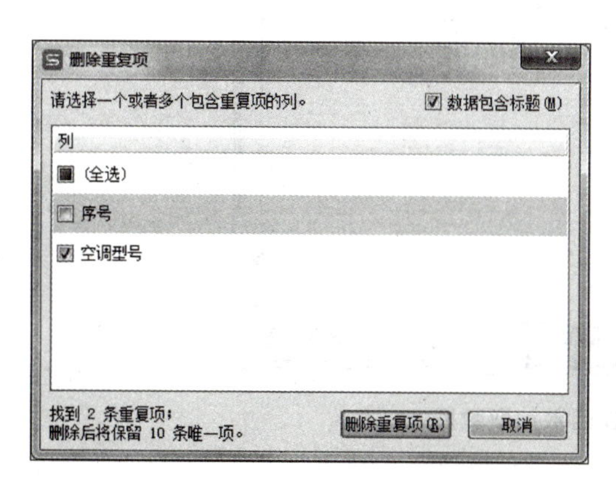

图1－5　删除重复项

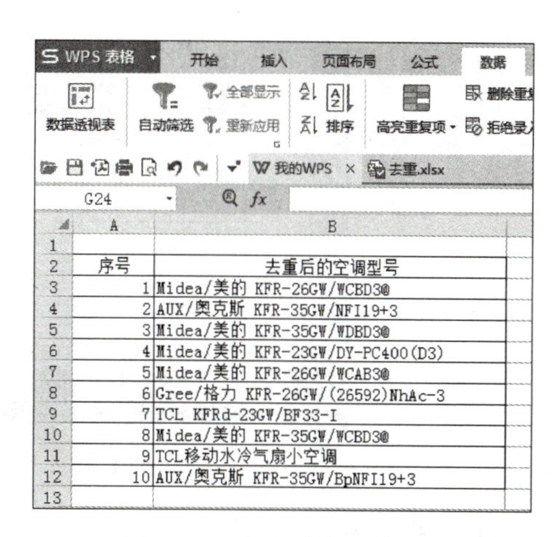

序号	去重后的空调型号
1	Midea/美的 KFR-26GW/WCBD3@
2	AUX/奥克斯 KFR-35GW/NFI19+3
3	Midea/美的 KFR-35GW/WDBD3@
4	Midea/美的 KFR-23GW/DY-PC400(D3)
5	Midea/美的 KFR-26GW/WCAB3@
6	Gree/格力 KFR-26GW/(26592)NhAc-3
7	TCL KFRd-23GW/BF33-I
8	Midea/美的 KFR-35GW/WCBD3@
9	TCL移动水冷气扇小空调
10	AUX/奥克斯 KFR-35GW/BpNFI19+3

图1－6　去重后的空调型号

去重可以节省存储空间，通过重复数据删除，可以大大降低需要的存储介质数量，进而降低成本，提升磁盘的写入性能，节省网络带宽。

（2）数据抽取。

数据抽取是指从原始数据表中抽取某些字段的部分信息，形成一个新的字段。数据抽取可以采用数据选项卡里的分列工具或者文本函数。图1－7是文本分列向导，根据分隔符或固定宽度对原始数据进行分列。图1－8是用函数“＝MID（C3，7，8）”从身份证号码中获取出生日期。

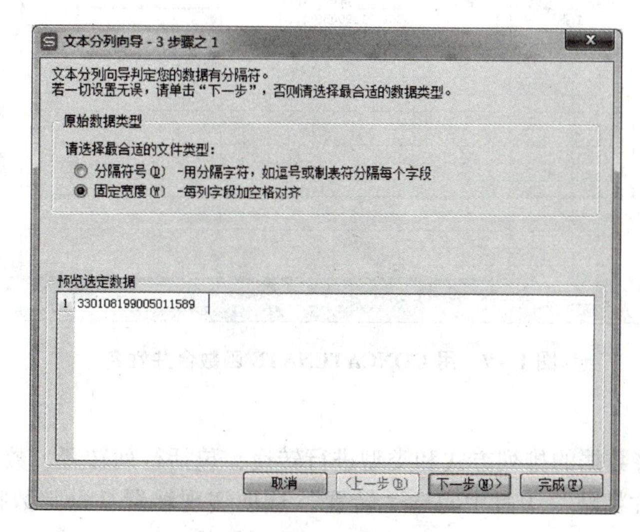

图1－7　本分列向导

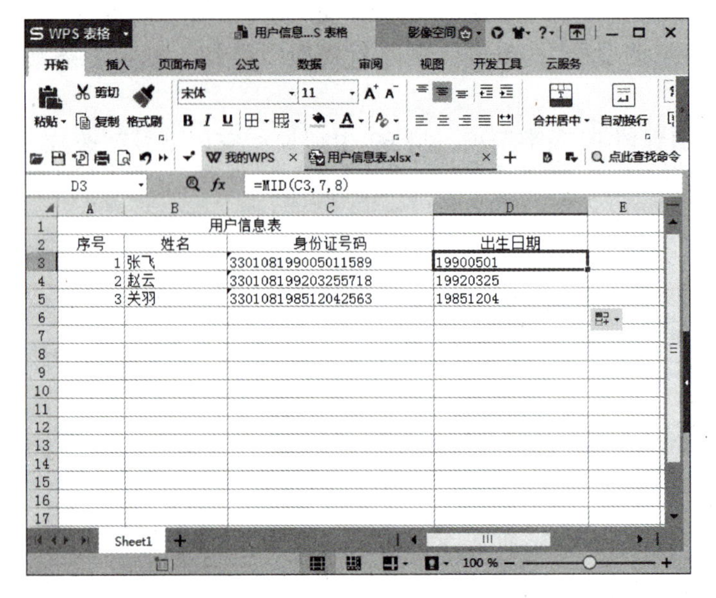

图 1－8　用 MID 函数抽取数据

（3）数据合并。

数据合并是指将多个数据表中的多个字段，组合成一个新的字段。数据合并通常采用 CONCATENATE 函数或者“&”（逻辑与）运算符。图 1－9 是用“＝CONCATENATE（B3，C3）”合并姓名。图 1－10 是用“＝B3&C3”合并姓名。

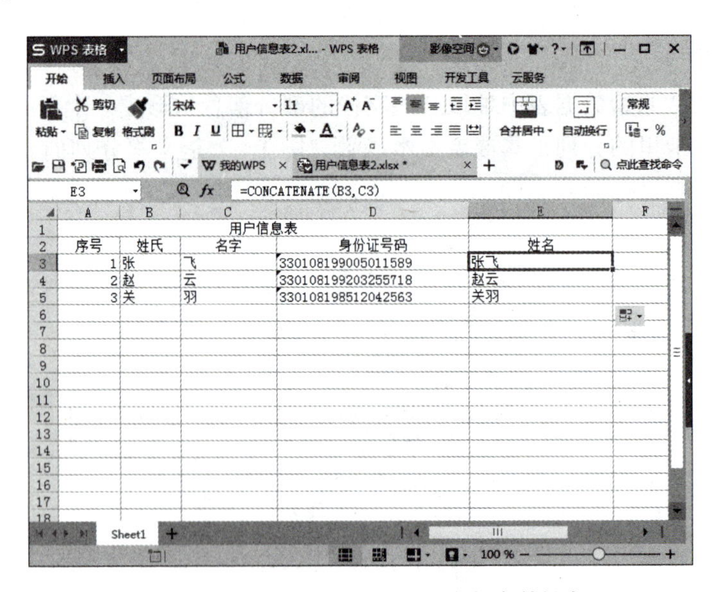

图 1－9　用 CONCATENATE 函数合并姓名

（4）数据转换。

数据转换是指将数据的排列方式和类型进行转换，包括行列转置、数据类型转化等。行列转置可在“选择性粘贴”工具中勾选“转置”选项实现转置粘贴。数据类型转化包括文本转数值、数值转文本、数值转日期，可采用“选择性粘贴”工具或分列工具。

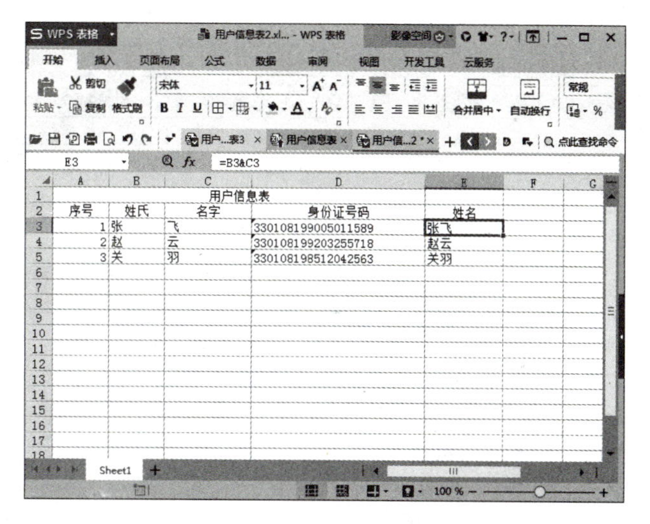

图 1－10　用“&”合并姓名

（5）数据计算。

数据计算是对数据表中的数据进行简单的计算。计算方法包括加、减、乘、除、数据标准化、加权求和等。在多指标评价体系中，由于各评价指标的性质不同，通常具有不同的量纲和数量级，不适合做直接的比较，而需要对原始指标数据进行标准化处理。数据标准化的常用方法有“0－1 标准化”“Z－score 标准化”和“按小数定标标准化”等。

0－1 标准化的计算公式为：$X^* = \dfrac{X - \min}{\max - \min}$，消除变量间的量纲，使数据具有可比性。

Z－score 标准化计算公式为：$X^* = \dfrac{X - \mu}{\sigma}$，其中 μ 为平均值，σ 为标准差。

（6）数据排序。

整理数据时，排序也是重要的方法之一，因为数据经过排序后，商家就很容易识别哪个数据最大，哪个数据最小，进而发现问题所在。排序的具体步骤如下：

步骤 1：打开空调各类型月销量数据，如表 1－2 所示。点击数据选项卡下“排序”按钮，开始排序。

表 1－2　空调各类型月销量数据

序号	空调型号	销量
1	Midea/美的 KFR－26GW/WCBD3@	8 742
2	AUX/奥克斯 KFR－35GW/NFI19＋3	7 674
3	Midea/美的 KFR－35GW/WDBD3@	5 213
4	Midea/美的 KFR－23GW/DY－PC400（D3）	3 125
5	Midea/美的 KFR－26GW/WCAB3@	2 189
6	Gree/格力 KFR－26GW/（26592）NhAc－3	1 908
7	TCL KFRd－23GW/BF33－I	1 324
8	Midea/美的 KFR－35GW/WCBD3@	3 174
9	TCL 移动水冷气扇小空调	14 106
10	AUX/奥克斯 KFR－35GW/BpNFI19＋3	2 349

步骤 2：设置“排序”对话框，列的主要关键字设为“月销量”，排序依据设为“数值”，次序设为“降序”，单击“确定”按钮，实施排序，如图 1－11 所示。

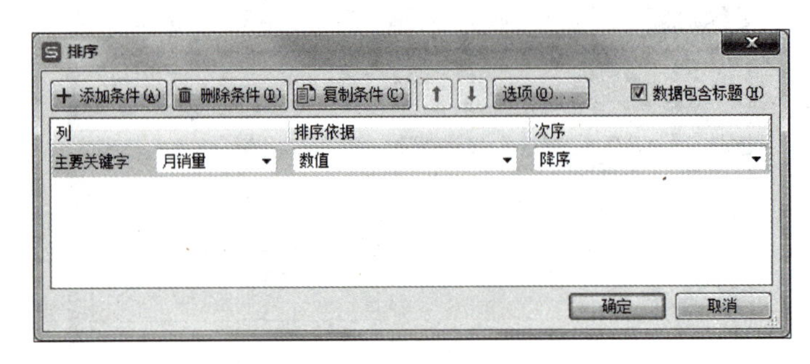

图 1-11 排序

排序的结果如表 1-3 所示，可以发现 TCL 移动水冷气扇小空调月销量最高，TCL KFRd-23GW/BF33-I 销量最低。

表 1-3 排序结果

序号	空调型号	月销量/件
1	TCL 移动水冷气扇小空调	14 106
2	Midea/美的 KFR-26GW/WCBD3@	8 742
3	AUX/奥克斯 KFR-35GW/NFI19+3	7 674
4	Midea/美的 KFR-35GW/WDBD3@	5 213
5	Midea/美的 KFR-35GW/WCBD3@	3 174
6	Midea/美的 KFR-23GW/DY-PC400（D3）	3 125
7	AUX/奥克斯 KFR-35GW/BpNFI19+3	2 349
8	Midea/美的 KFR-26GW/WCAB3@	2 189
9	Gree/格力 KFR-26GW/（26592）NhAc-3	1 908
10	TCL KFRd-23GW/BF33-I	1 324

（7）数据分组。

商家日常都会收集数据，日积月累，数据量就会变得很大，面对如此毫无规律的数据，商家就会感觉数据分析无从下手。如果数据经过分组整理，分析起来就相对容易一些。这里介绍通过建立数据透视报表来对数据进行分组管理的方法。

步骤 1：打开空调销售记录，如图 1-12 所示。选中数据选项卡下的“数据透视表”按钮，创建数据透视表。

空调销售记录

日期	空调型号	成交件数	成交金额
5月15日	AUX/奥克斯 KFR-35GW/NFI19+3	10	19990
5月15日	Midea/美的 KFR-26GW/WCBD3@	20	41980
5月15日	TCL KFRd-23GW/BF33-I	5	8495
5月16日	AUX/奥克斯 KFR-35GW/NFI19+3	15	29985
5月16日	Midea/美的 KFR-26GW/WCBD3@	22	46178
5月16日	TCL KFRd-23GW/BF33-I	8	13592
5月17日	AUX/奥克斯 KFR-35GW/NFI19+3	12	23988
5月17日	Midea/美的 KFR-26GW/WCBD3@	25	52475
5月17日	TCL KFRd-23GW/BF33-I	10	16990

图 1-12 空调销售记录

步骤2：设置“创建数据透视表”对话框，放置数据透视表的位置设为“新工作表”，单击“确定”按钮，创建数据透视表，如图1-13所示。

步骤3：设置数据透视表，字段列表选择日期、空调型号、成交件数、成交金额。数据透视表区域，行选择空调型号，值选择成交件数和成交金额，筛选器选择日期，如图1-14所示。

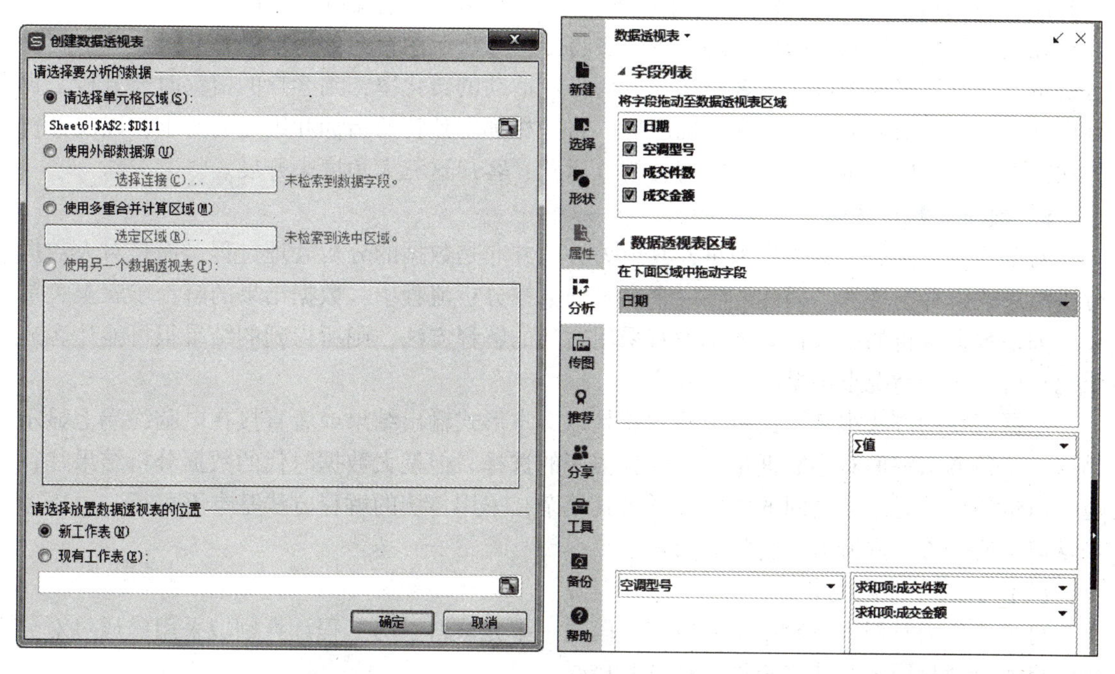

图1-13　创建数据透视表　　　　图1-14　设置数据透视表

步骤4：生成的数据透视表如图1-15所示。5月15—17日AUX/奥克斯KFR-35GW/NFI19+3空调成交件数37件，成交金额73 963元；Midea/美的KFR-26GW/WCBD3@空调成交件数67件，成交金额140 633元，TCL KFRd-23GW/BF33-I空调成交件数23件，成交金额39 077元。

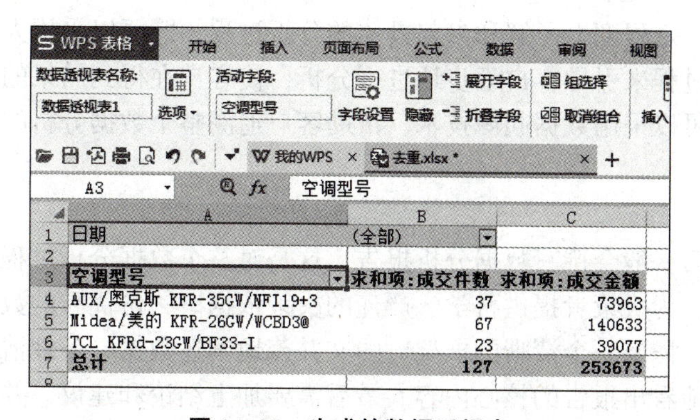

图1-15　生成的数据透视表

4. 数据分析

数据分析是整个大数据处理流程里最核心的部分，因为在数据分析的过程中，我们会发现数据的价值所在。数据分析是指将收集到的数据通过加工、整理和分析后，将其转化为信息的过程。

常用的分析数据方法有排列图、因果图、分层法、调查表、散布图、直方图、控制图、关联图、系统图、矩阵图、KJ 法、计划评审技术、PDPC 法、矩阵数据图等。

在数据分析方法的基础上，还要进一步将分析方法应用在业务需求中，基于业务主题的分析可以涉及太多的领域，从客户参与网店推广活动的转化率，到客户的留存时长分析，再到内部的各环节衔接的及时率和准确度等，每一种都有独特的指标和维度的要求，以及分析方法的要求，其中最重要的是围绕着营销、运营、客户这三大角度来开展。

5. 数据解释与展现

对于广大的数据信息客户来讲，其最关心的并非是数据的分析处理过程，而是对大数据分析结果的解释与展示。因此，在一个完善的数据分析流程中，数据结果的解释步骤至关重要。如果数据分析的结果正确但是没有采用适当的解释方法，则所得到的结果很可能让客户难以理解，极端情况下甚至会误导客户。

数据解释的方法很多，比较传统的就是以文本形式输出结果或者直接在电脑终端上显示结果。这种方法在面对小数据量时是一种很好的选择，但是大数据时代的数据分析结果往往也是海量的，同时结果之间的关联关系极其复杂，采用传统的解释方法基本不可行。可以考虑从以下两个方面提升数据解释能力。

（1）引入可视化技术。

可视化作为解释大量数据最有效的手段之一率先被科学与工程计算领域采用。通过对分析结果的可视化展示，使客户更易理解和接受。

常见的可视化技术有标签云（Tao Colud）、历史流（History Flow）、空间信息流（Spatial Information）等。数据可视化工具中，报表类的有 JReport，Excel，水晶易表，FineReport 等；BI 分析工具有 Power BI，Style Intelligence，BO，BIEE；国内的数据可视化工具有 BDP 商业数据平台，大数据魔镜，FineBI 商业智能软件等。可以根据具体的应用需要选择合适的可视化技术和工具。

（2）客户参与分析过程。

让客户能够在一定程度上了解和参与具体的分析过程。既可以采用人机交互技术，利用交互式的数据分析过程来引导客户逐步地进行分析，使客户在得到结果的同时更好地理解分析结果的由来，也可以采用数据起源技术，帮助客户追溯整个数据分析的过程，以便使其更好地理解结果。

6. 报告撰写

数据分析完成后一般会撰写数据分析报告。这是对整个数据分析过程的总结，是给企业决策者的一种参考，为决策者提供科学、严谨的决策依据。一份优秀的数据分析报告，需要有一个明确的主题，需要一个清晰的框架，图文并茂地阐述数据、条理清晰地展现内容，使决策者能一目了然地看出报告的核心内容。最后需要加上结论和建议，并提供解决问题的方案和想法，以便决策者在决策时把其作为参考。

（三）网店数据分析方法

从根本目的上来说，数据分析的任务在于抽象数据，形成有业务意义的结论。单纯的数据是毫无意义的，直接看数据是没有办法发现其中的规律的，只有通过使用分析方法将数据抽象处理后，人们才能看出隐藏在数据背后的规律。

1. 数据分析方法分类

数据分析方法的选取是整个数据处理过程中的关键步骤。一般从复杂度上来讲，分析方法可以分为三个层级，即常规分析方法、统计学分析方法和自建模型。

（1）常规分析方法。常规分析方法不对数据做抽象处理，主要是直接呈现原始数据，多用于针对固定的指标且周期性的分析主题。直接通过原始数据来呈现业务意义，主要通过趋势分析和占比分析来呈现，其分析方法是同环比分析及帕累托分析这两类。同环比分析的核心目的在于呈现本期与往期之间的差异，如销售量增长趋势；而帕累托分析则呈现单一维度中的各个要素占比的排名，比如各个城市本期的销售量增长趋势的排名，以及前百分之八十的增长量都由哪几个城市贡献这样的结论。常规分析方法已经成为最为基础的分析方法，在此不做详细介绍。

（2）统计学分析方法。统计学分析方法能够基于以往数据的规律来推导未来的趋势。根据原理不同，统计学分析方法包括有目标结论的有指导学习算法、没有目标结论的无指导学习算法以及回归分析。

（3）自建模型。自建模型是在分析方法中最为高阶也是最具有挖掘价值的，在今天多用于金融领域。业界专门为这个人群起了一个名字叫作宽客，这群人就是靠数学模型来分析金融市场的。统计学分析方法所使用的算法是具有局限性的，虽然其能够通用在各种场景中，但是它存在不精准的问题，在有指导和没有指导的学习算法中，得出的结论多数不精准，而在金融这种锱铢必较的领域中，这种算法显然不能达到需求的精准度要求，因此数学家在这个领域中专门自建模型，来输入可以获得的数据，从而得出投资建议。在统计学分析方法中，回归分析最接近于数学模型，但公式的复杂程度有限，而数学模型是完全自由的，能够将指标进行任意的组合，确保最终结论的有效性。

2. 常用的数据分析方法

（1）回归分析法。回归分析法是研究一个随机变量 Y 对另一个 X 或一组（$X1$，$X2$，…，Xk）变量的相依关系的统计分析方法。回归分析法（Regression Analysis）是确定两种或两种以上变数间相互依赖的定量关系的一种统计分析方法。其运用十分广泛，回归分析按照涉及的自变量的多少，可分为一元回归分析和多元回归分析；按照自变量和因变量之间的关系类型，可分为线性回归分析和非线性回归分析。

回归分析法简单说就是几个自变量加、减、乘、除后能够得出因变量来，以推算未来的因变量。比如想知道活动覆盖率、产品价格、客户薪资水平、客户活跃度等指标与购买量是否有关系，以及如果有关系，那么能不能给出一个等式来，把这几个指标的数据输入进去后，就能够得到购买量。这个时候就需要回归分析了，通过把这些指标以及购买量输入系统，运算后即可分别得出，这些指标对购买量有没有作用，以及如果有作用，那么各个指标应该如何计算才能得出购买量来。

回归分析工具是非常有用的一种预测工具，既可以对一元线性或多元线性问题进行预测分析，也可以对某些可以转化为线性的非线性问题进行预测。一般线性回归分析主要有以下5个步骤：

① 根据预测对象，确定自变量和因变量；

② 制作散点图，确定回归模型类型；

③ 估计参数，建立回归模型；

④ 检验回归模型；

⑤ 利用回归模型进行预测。

利用回归分析法进行预测时，常用的是一元线性回归分析（又称简单线性回归）。

某网店某商品1—7月的支付商品件数、件单价、支付金额如表1－4所示，将表格中的时间作为自变量，支付商品件数作为因变量，并假设它们之间存在线性关系：$Y = a + bX + \varepsilon$，式中，Y表示支付商品件数，X表示时间，要求利用回归分析法预测下一期的支付商品件数。

表1－4 某网店某商品1—7月的销售统计

月	支付商品件数/件	件单价/元	支付金额/元
1	557	2 884	1 606 312
2	485	2 573	1 247 674
3	349	1 680	586 407
4	347	2 100	728 572
5	355	2 036	722 650
6	291	1 884	548 147
7	240	1 885	452 418

步骤1：在Excel中，切换至“数据”功能区，在“分析”选项面板中单击“数据分析”，在弹出的“数据分析”对话框中选择“回归”，单击“确定”按钮，如图1－16所示。

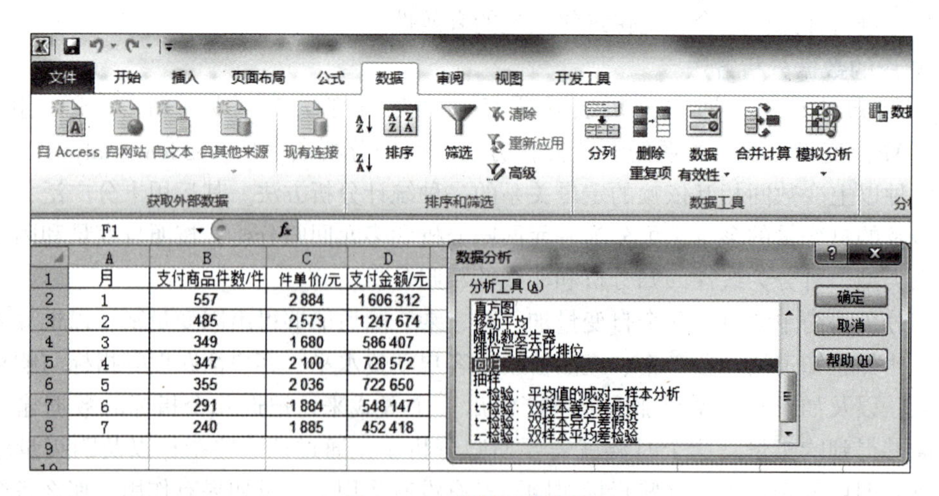

图1－16 选择回归分析

步骤2：单击“确定”按钮之后，弹出“回归”对话框，单击“输入”选项下的“Y

值输入区域（Y）”文本框右侧的按钮，选取“B1：B8”单元格区域，再单击“X值输入区域（X）：”文本框右侧按钮，选取选取“A1：A8”单元格区域，如图1－17所示。

步骤3：设置“回归”对话框，勾选“置信度（F）”“标志（L）”，在输出选项区中选中“输出区域（D）”，再单击“文本框”右侧按钮，在工作表中选中F1单元格，接着勾选“残差”选项区域与“正态分布”选项区中所有选项，并单击“确定”按钮，如图1－18所示。

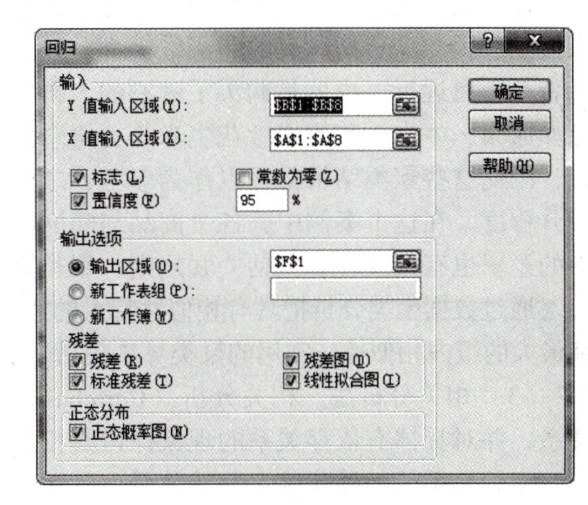

图1－17　输入区域　　　　图1－18　回归设置

步骤4：单击“确定”按钮后，在工作表中输出回归分析要点，回归分析完成，如图1－19所示。

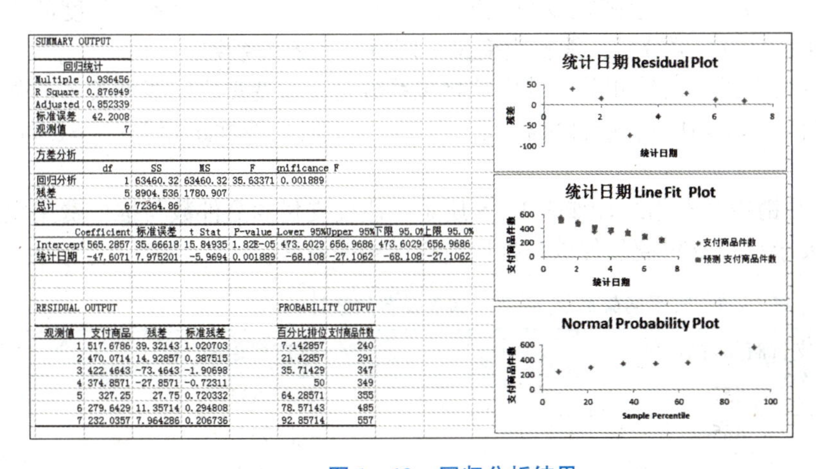

SUMMARY OUTPUT

回归统计	
Multiple	0.936456
R Square	0.876949
Adjusted	0.852339
标准误差	42.2008
观测值	7

方差分析

	df	SS	MS	F	gnificance F
回归分析	1	63460.32	63460.32	35.63371	0.001889
残差	5	8904.536	1780.907		
总计	6	72364.86			

	Coefficient	标准误差	t Stat	P-value	Lower 95%	Upper 95%	下限 95.0%	上限 95.0%
Intercept	565.2857	35.66618	15.84935	1.82E-05	473.6029	656.9686	473.6029	656.9686
统计日期	-47.6071	7.975201	-5.9694	0.001889	-68.108	-27.1062	-68.108	-27.1062

RESIDUAL OUTPUT

观测值	支付商品	残差	标准残差
1	517.6786	39.32143	1.020703
2	470.0714	14.92857	0.387515
3	422.4643	-73.4643	-1.90698
4	374.8571	-27.8571	-0.72311
5	327.25	27.75	0.720332
6	279.6429	11.35714	0.294808
7	232.0357	7.964286	0.206736

PROBABILITY OUTPUT

百分比排位	支付商品件数
7.142857	240
21.42857	291
35.71429	347
50	349
64.28571	355
78.57143	485
92.85714	557

图1－19　回归分析结果

步骤5：从回归分析结果中，可以得到时间与支付商品件数的一元线性回归分析方程为：$Y = 565.285\,714\,3 - 47.607\,142\,86X$，判定 $R^2 = 0.876\,949\,447$，其中回归模型 F 检验与回归系数的 t 检验相应的 P 值都小于0.01，即有显著线性关系。再将自变量“8”代入回归方程，得到8月预测的支付商品件数为184件。

回归分析方法可以应用到市场营销的各个方面，方便管理者了解用户，深度分析用户行为，从而得出相应的预防措施和解决办法。

（2）聚类分析法。聚类分析（Cluster Analysis）是指将物理或抽象对象的集合分组，成为由类似的对象组成的多个类的分析过程。聚类是将数据分到不同的类或者簇这样的一个过程，所以同一个簇中的对象有很大的相似性，而不同簇间的对象有很大的相异性。聚类分析是一种探索性的分析，在分类的过程中，人们不必事先给出一个分类的标准，能够从样本数据出发，自动进行分类。聚类分析使用不同方法，常常会得到不同的结论。不同研究者对同一组数据进行聚类分析，所得到的聚类数值也未必一致。

聚类分析法的应用是将指标之中所有类似属性的数据分别合并在一起，形成聚类的结果。比如最经典的酒与尿布分析，业务人员希望了解啤酒跟什么搭配在一起卖会更容易让大家接受，因此需要把所有的购买数据都放进来，计算后得出其他各个商品与啤酒的关联程度或者是距离远近，也就是购买了啤酒的人群同时还会购买哪些商品，这时会输出多种结果，比如尿布、牛肉、酸奶或者花生米等，每个商品都可以成为一个聚类结果，由于没有目标结论，因此这些聚类结果都可以作为参考，之后就是货品摆放人员尝试各种聚类结果来看效果提升程度。在这个案例中，各个商品与啤酒的关联程度或者是距离远近就是算法本身，这其中的逻辑也有很多种，包括关联规则、聚类算法等。

通过数据聚类分析把具有相似性特点的数据归为若干个簇，这些簇具有最小的组间相似性和最大的组内相似性。常用的聚类算法包括 k－means 算法、DBSCAN 算法和 CURE 算法等。

（3）相关分析法。相关分析（Correlation Analysis）是研究现象之间是否存在某种依存关系，并对具体有依存关系的现象探讨其相关方向以及相关程度。

相关关系是一种非确定性的关系，具有随机性，影响现象发生变化的因素不止一个，并且总是围绕某些数值的平均数上下波动。例如，以 X 和 Y 分别记录一个人的身高和体重，或访客数与成交量，则 X 与 Y 显然有关系，而又没有确切到可由其中的一个去精确地决定另一个的程度，这就是相关关系。

相关分析法是研究两个或两个以上随机变量之间相关依存关系的方向和密切程度的方法。利用 Excel 数据工具库中的相关分析，能找出变量之间所存在的关系数。

相关分析类别中最为常用的是直线相关，其中的相关系数是反映变量之间线性关系的强指标，一般用 r 表示，当 $-1 \leq r < 0$ 时，线性负相关；当 $0 < r \leq 1$ 时，线性正相关；$r = 0$ 时，变量之间无线性关系。

某网店某商品 1—7 月销售及费用统计如表 1－5 所示。假设支付商品件数与推广费用之间存在线性相关关系，要求计算支付商品件数与推广费用的相关系数。

表 1－5 某网店某商品 1—7 月销售及费用统计

月	支付商品件数/件	推广费用/元
1	557	1 532
2	485	955
3	349	1 680
4	347	2 100
5	355	2 036
6	291	1 884
7	240	1 885

步骤 1：在 Excel 中，选择“数据”选项卡，在“分析”面板中单击“数据分析”，再在弹出的“数据分析”对话框中选择“相关系数”，单击“确定”按钮，如图 1－20 所示。

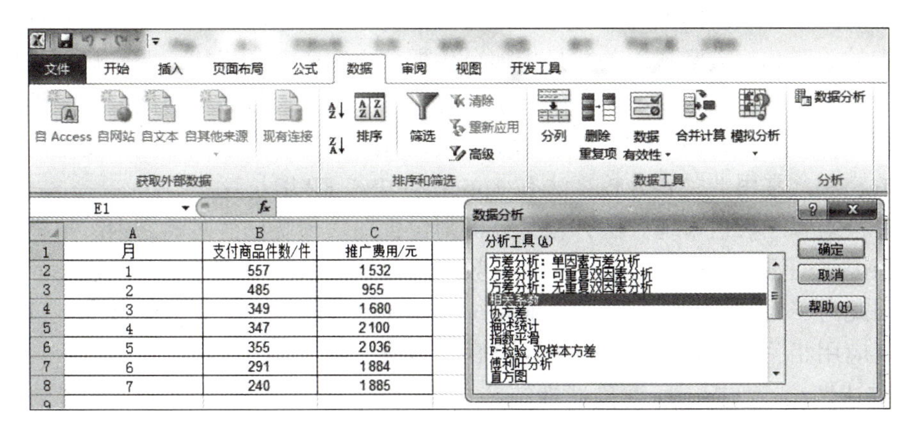

图 1－20　选择相关系数

步骤 2：设置弹出的“相关系数”对话框，单击“输入区域（I）”文本框右侧的按钮，在工作表中选择“B1：C8”单元格区域，并在“分组方式:”后选择“逐列（C）”，勾选“标志位于第一行（L）”，并在“输出选项”下方单击“输入区域（O）:”文本框右侧按钮，在工作表中选择“E1”单元格，单击“确定”按钮，如图 1－21 所示。

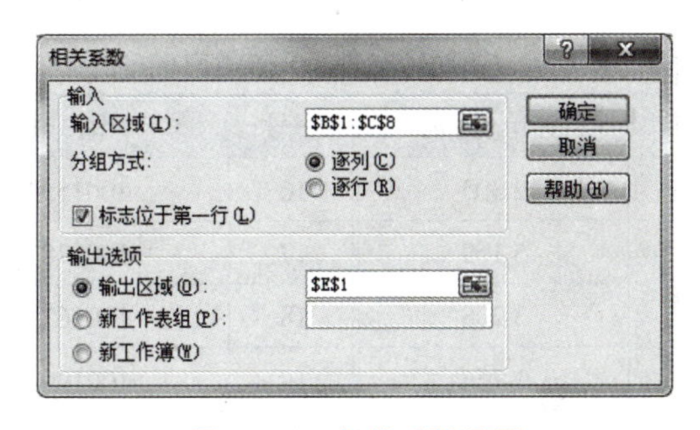

图 1－21　相关系数设置

步骤 3：单击“确定”按钮之后，相关分析即完成，计算得到的相关系数如表 1－6 所示。支付商品件数与推广费用的相关系数为 0.906 243 768，属于高度正相关。

表 1－6　相关系数

内容	支付商品件数/件	推广费用/元
支付商品件数	1	
推广费用	0.906 243 768	1

知识链接

相关系数

相关系数 r 的取值范围为 $[-1, 1]$，其正负号可反映相关的方向，如果相关系数为 $0 \leqslant |r| \leqslant 0.3$，则相关程度为低度相关；如果相关系数为 $0.3 \leqslant |r| \leqslant 0.8$，则相关程度为中度相关；如果相关系数为 $0.8 \leqslant |r| \leqslant 1$，则相关程度为高度相关。

分析事物间依存关系的方法还有一种是关联分析法。关联分析法是从大量数据中发现项集之间有趣的关联和相关联系。关联是指多个数据项之间联系的规律。关联规则挖掘可以发现数据库中两个或者多个数据项之间的关系，可以用来寻找大量数据之间的相关性或者关联性，进而以对事物某些属性同时出现的规律和模式进行描述。由于其不受因变量的限制，因此有广泛的应用。常用的关联分析算法有 Apriori 算法和 FP 增长算法等。

关联分析隶属于灰色系统方法，相关分析则包含在数理统计的范畴之内。追根溯源，灰色系统意指因素间不具有确定关系的系统，数理统计是揭示不确定性的随机现象的统计规律的学科，因此对于因素间具有不确定性的系统，如社会、经济、农业等领域的大量因素分析问题，既可应用相关分析方法，也可应用关联分析方法解决。

（4）描述性统计分析。所谓描述性统计分析，就是在表示数量的中心位置的同时，还能表示数量的变异程度（即离散程度）。描述性统计分析一般有两种方法可以进行：频数分布分析和列联表分析。

描述性统计量包括均值、方差、标准差、最大值、最小值、极差、中位数、分位数、众数、变异系数、中心矩、中心矩、偏度、峰度、协方差和相关系数。

某网店 8 月 8 日共成交 30 笔订单，用户客单价如表 1－7 所示，要求对客单价进行描述性统计分析。

表 1－7　某网店 8 月 8 日的用户客单价

序号	用户 ID	客单价/元	序号	用户 ID	客单价/元
1	10012523	2 305	16	10015548	2 999
2	10013500	5 169	17	10017829	2 699
3	10014486	3 208	18	10016716	1 099
4	10016500	1 756	19	10019980	1 899
5	10018001	1 899	20	10022180	7 599
6	10016520	4 859	21	10011543	1 298
7	10015863	355	22	10014456	3 799
8	10013562	8 513	23	10015572	9 995
9	10018853	2 499	24	10012204	6 498
10	10019864	4 099	25	10016238	5 465
11	10013552	3 998	26	10013925	3 699
12	10020107	2 399	27	10020016	3 099
13	10017589	1 599	28	10018457	2 798
14	10018247	4 798	29	10014501	3 000
15	10020261	1 999	30	10015263	4 000

步骤 1：在 Excel 中，选择“数据”选项卡，在“分析”选项面板中单击“数据分析”，在弹出的“数据分析”对话框中选择“描述统计”，单击“确定”按钮，如图 1－22所示。

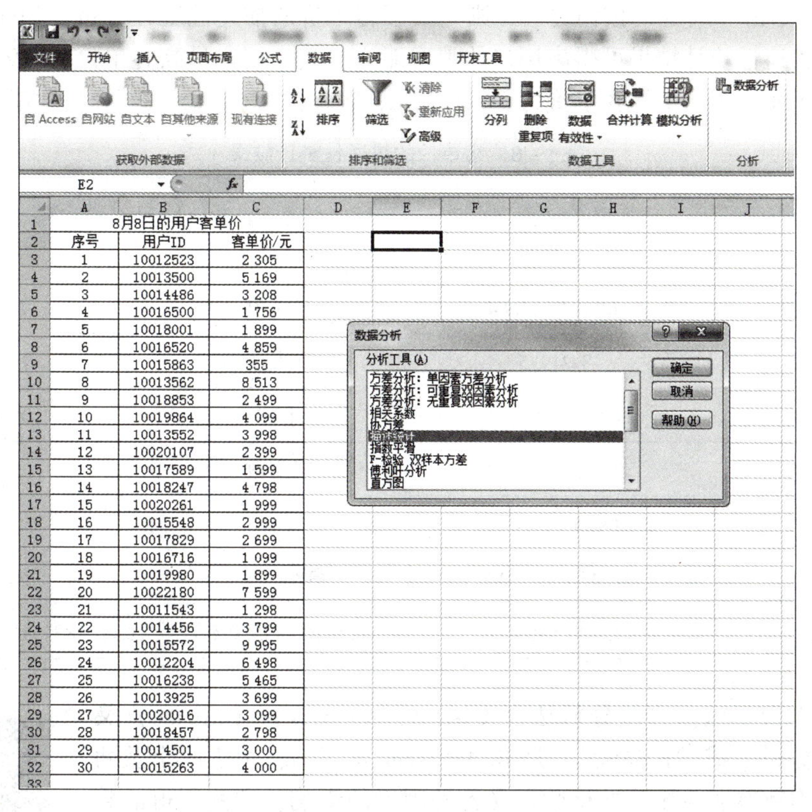

8月8日的用户客单价

序号	用户ID	客单价/元
1	10012523	2 305
2	10013500	5 169
3	10014486	3 208
4	10016500	1 756
5	10018001	1 899
6	10016520	4 859
7	10015863	355
8	10013562	8 513
9	10018853	2 499
10	10019864	4 099
11	10013552	3 998
12	10020107	2 399
13	10017589	1 599
14	10018247	4 798
15	10020261	1 999
16	10015548	2 999
17	10017829	2 699
18	10016716	1 099
19	10019980	1 899
20	10022180	7 599
21	10011543	1 298
22	10014456	3 799
23	10015572	9 995
24	10012204	6 498
25	10016238	5 465
26	10013925	3 699
27	10020016	3 099
28	10018457	2 798
29	10014501	3 000
30	10015263	4 000

图 1－22　选择描述统计

步骤 2：设置弹出的“描述统计”对话框，单击“输出区域（I）:”文本框右侧的按钮，在工作表中选择“C2：C32”单元格区域，并在“分组方式:”后选择“逐列（R）”，勾选“标志位于第一行（L）”，如图 1－23 所示。

步骤 3：单击“输出区域（O）”文本框右侧按钮，选择“E2”单元格，并勾选“汇总统计（S）”“平均数置信度（N）”“第 K 大值（B）:”“第 K 小值（M）”。将“平均数置信度（N）:”设为95%，“第 K 大值（A）:”和“第 K 小值（M）:”分别设为5，单击“确定”按钮，如图 1－24 所示。

图 1－23　描述统计输入

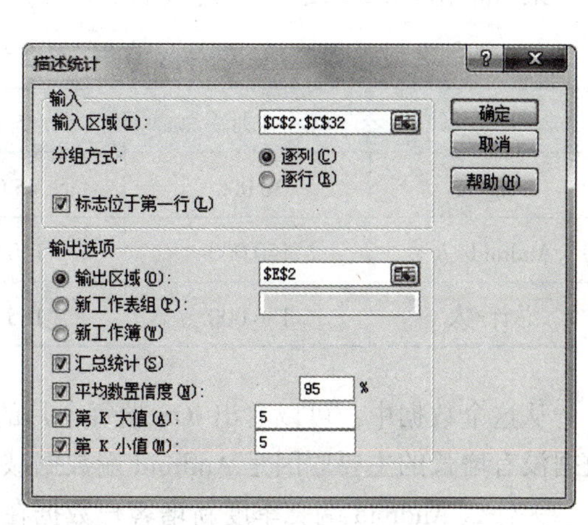

图 1－24　描述统计设置

步骤4：单击“确定”按钮之后，则完成了客单价的描述性统计分析，如表1－8所示。从客单价的描述性统计结果可得出用户的消费能力，其中用户最高客单价为9 995元，最低客单价为355元，用户平均客单价为3 646.7元，客单价数据呈现尖峭峰高度偏态分布。

表1－8　客单价的描述性统计结果

客单价/元		客单价/元	
平均	3 646.7	区域	9 640
标准误差	406.395 309 4	最小值	355
中位数	3 049.5	最大值	9 995
众数	1 899	求和	109 401
标准差	2 225.918 782	观测数	30
方差	4 954 714.424	最大（5）	5 465
峰度	1.450 612 548	最小（5）	1 756
偏度	1.223 575 471	置信度（95.0%）	831.171 733 1

（5）方差分析法。方差分析法（ANOVA，Analysis of Variance）又称“变异数分析”或“F检验”，是R. A. Fisher发明的，用于两个及两个以上样本均数差别的显著性检验。受各种因素的影响，研究所得的数据呈现波动状。

造成波动的原因有两类，一类是不可控的随机因素；另一类是研究中施加的对结果形成影响的可控因素。方差分析从观测变量的方差入手，研究诸多控制变量中哪些变量是对观测变量有显著影响的变量。

（6）交叉分析法。交叉分析法通常是把纵向对比和横向对比综合起来，对数据进行多角度的综合分析。举个例子：

① 交叉分析角度：客户端＋时间。

某App应用二季度（4月、5月、6月）的iOS端和Android端的客户数如表1－9所示。

表1－9　某App应用二季度的iOS端和Android端的客户数

项目	4月	5月	6月	总计
IOS/人	36 000	45 000	60 000	141 000
Android/人	150 000	140 000	130 000	420 000
总计/人	186 000	185 000	190 000	561 000

从这个数据中，可以看出iOS端每个月的客户数在增加，而Android端的在减少，总体数据没有增长的主要原因是Android端数据减少。

为什么Android端二季度新增客户数据在下降呢？一般这个时候，会加入渠道维度。

② 交叉分析角度：客户端＋时间＋渠道。

某 App 应用二季度（4 月、5 月、6 月）的 iOS 端和 Android 端的客户来源渠道分布如表 1－10所示。

表 1－10　某 APP 应用二季度的 iOS 端和 Android 端的客户来源渠道分布　　人

项目	渠道	4 月	5 月	6 月	总计
iOS	App Store	35 000	43 500	58 000	136 500
	越狱渠道	1 000	1 500	2 000	4 500
	总计	36 000	45 000	60 000	141 000
Android	A 预装渠道	100 000	80 000	70 000	250 000
	B 市场渠道	40 000	49 500	48 500	138 000
	C 地推渠道	6 000	6 000	7 000	19 000
	D 广告渠道	4 000	4 500	4 500	13 000
	总计	150 000	140 000	130 000	420 000
总计		186 000	185 000	190 000	561 000

从这个数据中可以看出，Android 端 A 预装渠道的分布占比比较高，但呈现逐渐减少的趋势，其他渠道的变化并不明显。

因此可以得出结论：Android 端在二季度的新增客户数量减少主要是由 A 预装渠道的分布减少而导致的。

所以说，交叉分析的主要作用，是从多个角度细分数据，从中发现数据变化的具体原因。

（7）时间序列分析法。时间序列是按时间顺序的一组数字序列。时间序列分析就是利用这组数列，应用数理统计方法加以处理，以预测未来事物的发展。时间序列分析是定量预测方法之一，它的基本原理：一是承认事物发展的延续性。应用过去的数据，就能推测事物的发展趋势。二是考虑到事物发展的随机性。任何事物的发展都可能受偶然因素的影响，为此要利用统计分析中的加权平均法对历史数据进行处理。该方法简单易行，便于掌握，但准确性差，一般只适用于短期预测。时间序列预测一般反映三种实际变化规律：趋势变化、周期性变化和随机性变化。

一个时间序列通常由四种要素组成：趋势、季节变动、循环波动和不规则波动。

① 趋势：是时间序列在长时期内呈现出来的持续向上或持续向下的变动。

② 季节变动：是时间序列在一年内重复出现的周期性波动。它是诸如气候条件、生产条件、节假日或人们的风俗习惯等各种因素影响的结果。

③ 循环波动：是时间序列呈现出的非固定长度的周期性变动。循环波动的周期可能会持续一段时间，但与趋势不同，它不是朝着单一方向的持续变动，而是涨落相同的交替波动。

④ 不规则波动：是时间序列中除去趋势、季节变动和周期波动之后的随机波动。不规则波动通常总夹杂在时间序列中，致使时间序列产生一种波浪形或震荡式的变动。只含有随机波动的序列也称为平稳序列。

（8）比较分析法。比较分析法也称对比分析法，是指将客观的事物进行对比，以达到认识事物的本质和规律，进而判断其优劣的研究方法。

一般来说，比较分析法通常将两个或两个以上的同类数据进行比较，从剖析、对比事物的个别特征和属性开始，辅助数据分析师进行数据分析的工作。比较分析法还可以分为横向比较和纵向比较两种

纵向比较是对同一事物不同时期状况的特征进行比较，从而认识事物的过去、现在及其未来的发展趋势。

横向比较是对不同国家、不同地区、不同部门的同类事物进行比较，从中找出差距，判断优劣。

在网店数据分析中，比较分析法主要从以下几点来进行数据比较，以便数据分析师更好地做出数据分析的建议以及数据分析报告，如图 1－25 所示。

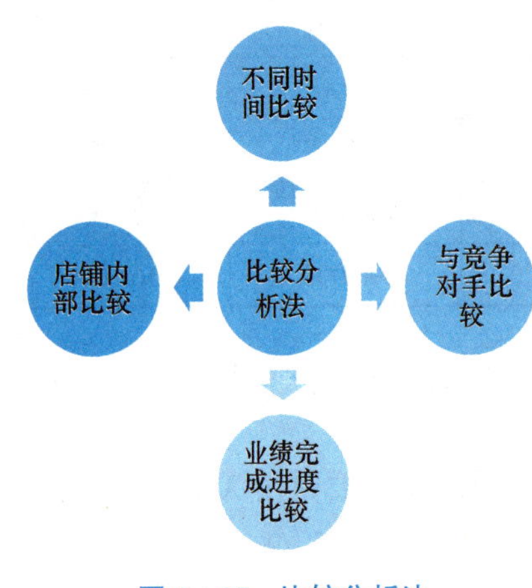

图 1－25　比较分析法

在比较分析中，选择合适的对比标准是十分关键的步骤，只有选择合适的对比标准，才能做出客观的评价。

（9）分组分析法。分组分析法是指通过统计分组的计算和分析，来认识所要分析对象的不同特征、不同性质及相互关系的方法。分组就是根据研究的目的和客观现象的内在特点，按某个标志或几个标志把被研究的总体划分为若干个不同性质的组，使组内的差异尽可能小，组间的差异尽可能大。分组分析法是在分组的基础上，对现象的内部结构或现象之间的依存关系从定性或定量的角度做进一步分析研究，以便寻找事物发展的规律，正确地分析问题和解决问题。

根据作用的不同，分组分析法分为结构分组分析法和相关关系分组分析法；结构分组分析法又可分为按品质标志分组分析法和按数量标志分组分析法，如图 1－26 所示。

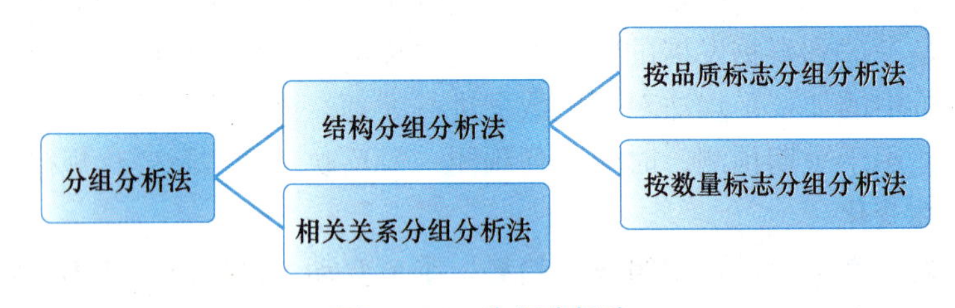

图 1－26　分组分析法

① 按品质标志分组分析法。分组是确定社会经济现象同质总体，研究现象各种类型的基础。俗话说“物以类聚，人以群分”，在复杂的社会经济现象总体中，客观上存在着多种多样的类型，各种不同的类型有着不同的特点以及不同的发展规律，而且同类事物聚集在一起，结合为同一类别或群体。分组可以将复杂的社会经济现象，按照量化研究的要求区分为一个个性质不同的类型，以进一步研究各组的数量特征和组与组之间的相互关系。按照不同的类别分辨事物，就不会混淆事物的性质，可以认识万物的本质特征了。

广义上说，任何统计分组都是把现象总体划分为不同的类型。

狭义上说，划分现象类型是指对某一复杂总体按重要的品质标志来分组，以反映不同性质的社会经济现象之间的相互关系。科学分组是区分现象的类型，正确了解、研究现象的实质，发挥统计研究作用的重要工具。

品质标志分组分析法就是用来分析社会经济现象的各种类型特征，从而找出客观事物规律的一种分析方法。

② 按数量标志分组分析法。数量标志分组分析法是用来研究总体内部结构及其变化的一种分析方法。

总体现象在科学分组的基础上，计算各组单位数或分组指标量在总体总量中所占比重，形成了总体的结构分布状况。

各组所占比重数大小不同，说明它们在总体中所处的地位不同，对总体分布特征的影响也不同，其中比重数相对大的部分，决定着总体的性质或结构类型。数量标志分组分析法借助于总体各部分的比重在量上的差异和联系，用以研究总体内部各部分之间存在的差异和相互联系。

③ 相关关系分组分析法。相关关系分组分析法是用来分析社会经济现象之间依存关系的一种分组分析法。

社会经济现象之间存在着广泛的联系和制约关系，其中关系紧密的一种联系就是现象之间的依存关系。如商品流转额中商品流转速度与流通费用率之间存在着依存关系；工业产品的单位成本、销售总额与利润也呈依存关系。分析研究现象之间依存关系的统计方法很多，如相关回归分析法、指数因素分析法、分组分析法等，其中分组分析法是最基本的方法，是进行其他分析的基础。

分组分析法分析现象之间的依存关系，是将现象之间属于影响因素的原因标志作为自变量，而把属于被影响因素的结果指标作为因变量。首先对总体按原因标志分组，其次按组计算出被影响因素的平均指标或相对指标，然后根据指标值在各组间的变动规律来确定自变量与因变量之间的依存关系，认识现象之间在数量上的影响作用和程度。

综上所述，分组分析法以按品质标志分组分析法为前提条件，通过品质标志分组分析法，可以分析现象的类型特征和规律性；利用按数量标志分组分析法可以分析现象总体内部的结构及其变化；利用相关关系分组分析法可以分析社会经济现象之间的相关关系。这三种分组分析法在实际中常常结合在一起使用。

知识链接

分组原则

分组时必须遵循两个原则：穷尽原则和互斥原则。

穷尽原则，就是使总体中的每一个单位都应有组可归，或者说各分组的空间足以容纳总体所有的单位。

互斥原则，就是在特定的分组标志下，总体中的任何一个单位只能归属于某一个组，而不能同时或可能归属于几个组。

（四）网店数据分析工具

1. R 语言

R 语言是一个用于统计计算和统计制图的优秀工具，现被广泛应用于数据挖掘，以及开发统计软件和数据分析中。近年来，易用性和可扩展性大大提高了 R 语言的知名度。除了数据，它还提供统计和制图技术，包括线性和非线性建模，经典的统计测试，时间序列分析、分类、收集等。其分析速度可比美 GNUOctave，甚至商业软件 MATLAB。Rstudio 是 R 语言的集成开发环境，如图 1－27 所示。

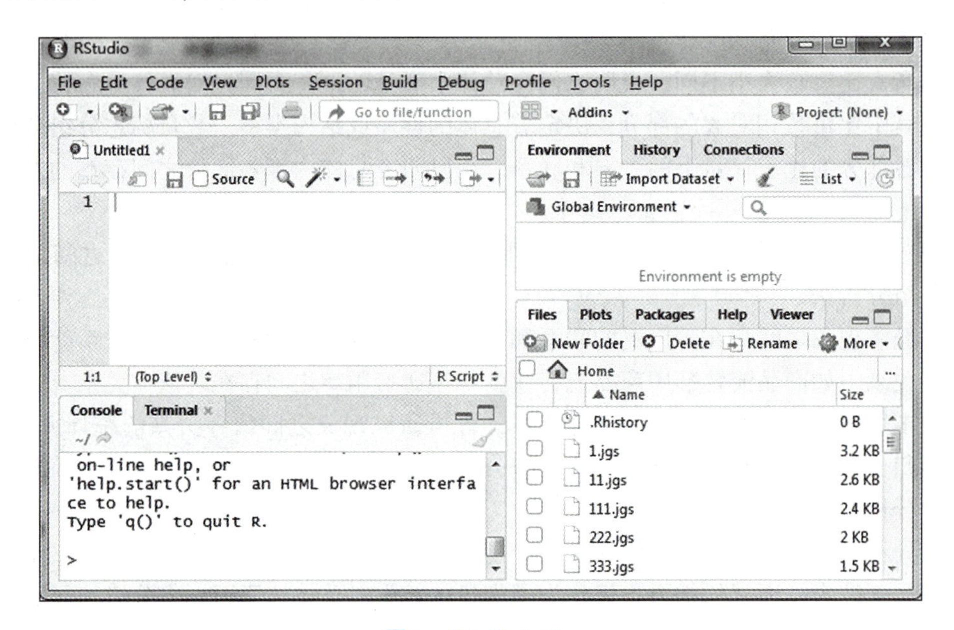

图 1－27 Rstudio

R 语言具备跨平台、自由、免费、源代码开放、绘图表现和计算能力突出等一系列优点，受到了越来越多的数据分析工作者的喜爱。

2. SPSS

SPSS 是国际上公认的权威的统计分析软件，广泛应用于自然科学与社会科学研究中。SPSS 和 R 语言相比，不需要编程，只需点击菜单和对话框，易学易用，在短时间内甚至几秒钟内即可得出数据分析结果，但要求掌握基本的统计原理。

SPSS 是世界上最早采用图形菜单驱动界面的统计软件，它最突出的特点就是操作界面极为友好，输出结果美观漂亮，如图 1－28 所示。它将几乎所有的功能都以统一、规范的界面展现出来，使用 Windows 的窗口方式展示各种管理和分析数据方法的功能，用对话框展示出各种功能选择项。用户只要掌握一定的 Windows 操作技能，粗通统计分析原理，就可以使用该软件为特定的科研工作服务。

3. Minitab

Minitab 软件是现代质量管理统计的领先者，全球六西格玛实施的共同语言，以无可比拟的强大功能和简易的可视化操作深受广大质量学者和统计专家的青睐，如图 1－29 所示。Minitab 于 1972 年被研发于美国的宾夕法尼亚州州立大学（Pennsylvania State University），到目前为止，已经在全球 100 多个国家，4 800 多所高校被广泛使用。

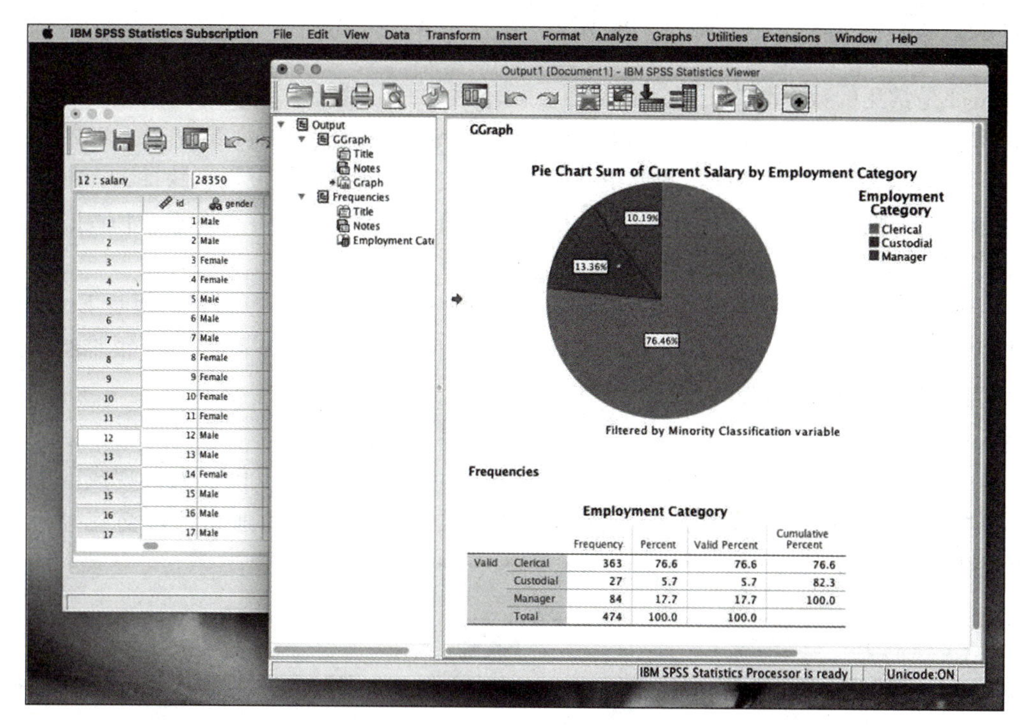

图 1－28　IBM SPSS Statistics

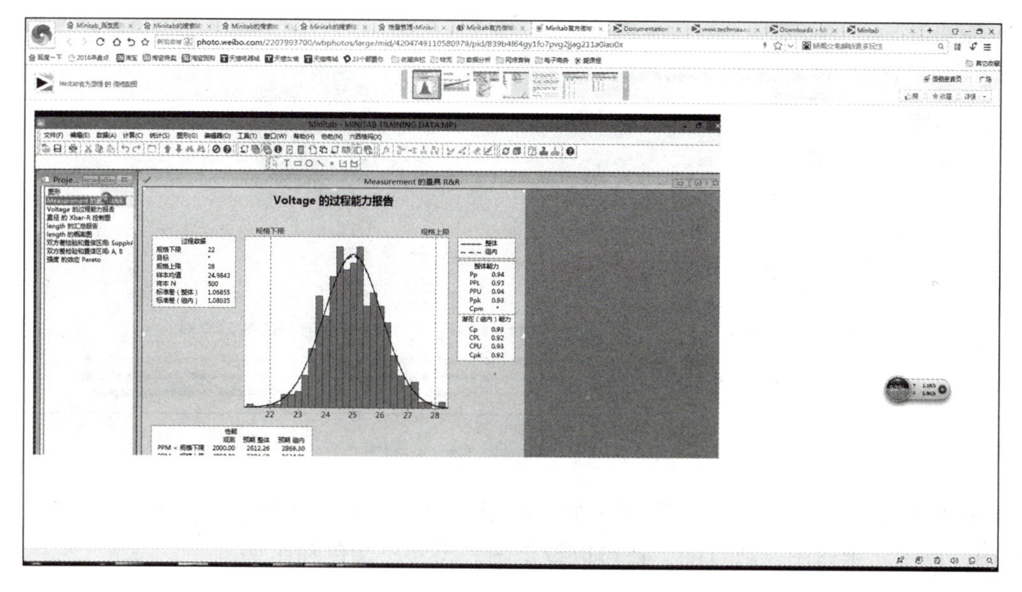

图 1－29　Minitab

Minitab 功能菜单包括：假设检验（参数检验和非参数检验）、回归分析（一元回归和多元回归、线性回归和非线性回归）、方差分析（单因子、多因子、一般线性模型等）、时间序列分析、图表（散点图、点图、矩阵图、直方图、茎叶图、箱线图、概率图、概率分布图、边际图、矩阵图、单值图、饼图、区间图、Pareto、Fishbone、运行图等）、蒙特卡罗模拟和仿真、SPC（Statistical Process Control，统计过程控制）、可靠性分析（分布拟合、检验计划、加速寿命测试等）和 MSA（交叉、嵌套、量具运行图、类型 I 量具研究等）等。

4. Excel

Excel 是常用的数据分析工具，在作图方面不失为一款优秀软件。与当前流行的数据处理图形软件 MATLAB、AUTOCAD、SIGMAPLOT、SPSS 等相比，Excel 不需要一定的编程知识和矩阵知识，图表类型多样，图形精确、细致、美观，而且操作灵活、快捷，图形随数据变化呈即改即现的效果，既能绘制简单图形，亦能绘制较为复杂的专业图形。Excek 与 SPSS 之间可以进行数据、分析结果的相互调用。

Excel 作为数据分析的一个入门级工具，是快速分析数据的理想工具。但是 Excel 分析结果信息量少，在颜色、线条和样式上选择的范围有限，这也意味着用 Excel 很难制作出能符合专业出版物和网站需要的数据图。

5. Google Chart API

Google Chart API 提供了一种非常完美的方式来可视化数据，提供了大量现成的图标类型，包括从简单的线图表到复杂的分层树地图等，它还内置了动画和用户交互控制，如图 1 – 30所示。

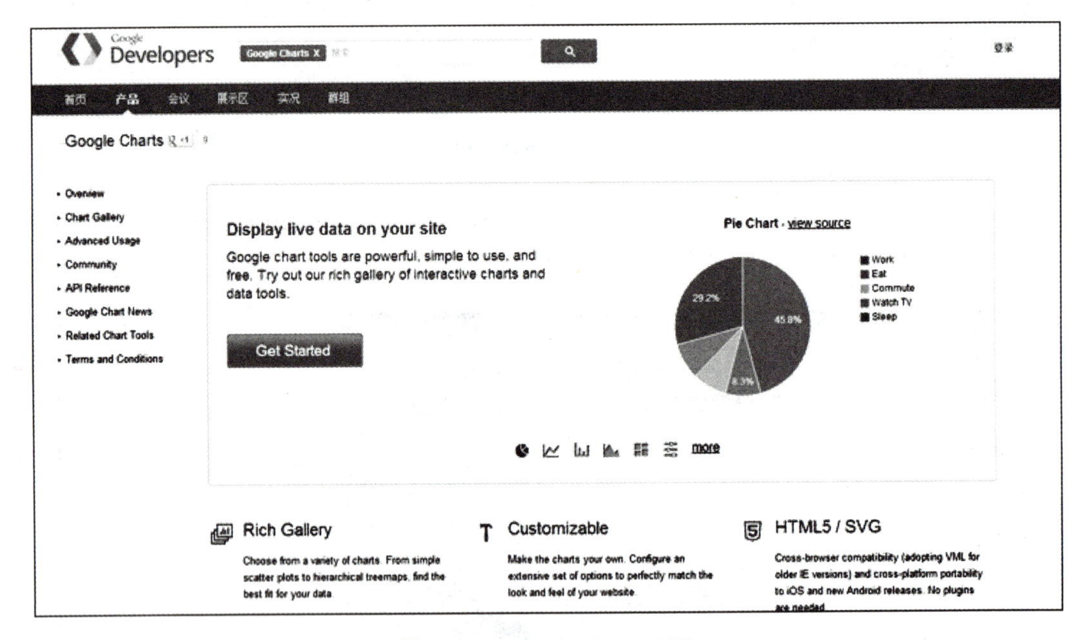

图 1 – 30　Google Chart API

Google Chart API 为每个请求返回一个 PNG 格式图片，目前提供如下类型图表：折线图、柱状图、饼图、维恩图、散点图，还可以设定图表尺寸、颜色和图例。

6. 水晶易表

水晶易表（Crystal Xcelsius）是全球领先的商务智能软件商 SAP Business Objects 的最新产品，只需要简单地点击操作，Crystal Xcelsius 就可以让静态的 Excel 电子表格充满生动的数据展示、动态表格、图像和可交互的可视化分析，还可以通过多种“如果……那么会（What If）”情景分析进行预测，如图 1 – 31 所示。通过一键式整合，这些交互式的 Crystal Xcelsius 分析结果就可以轻松地嵌入 PowerPoint、Adobe PDF 文档、Outlook 和网页上了。

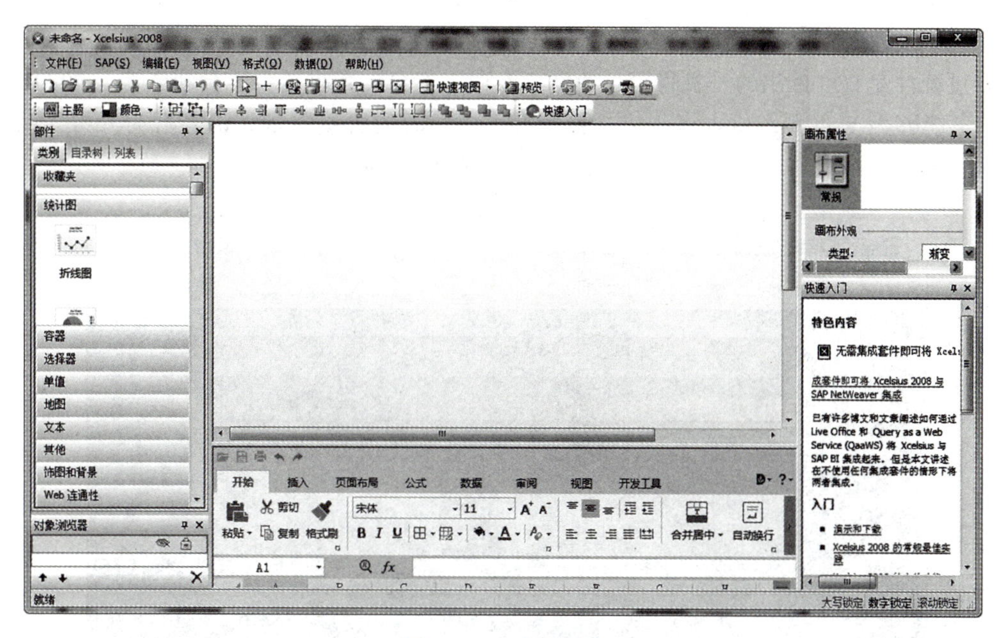

图 1-31　水晶易表

水晶易表被 PC Magazine 评为 2005 年年度十大最佳软件之一，是最佳智能演示的解决方案。水晶易表能够帮助企业管理数据、呈现数据，并且辅助讲解数据。使用水晶易表可以让商业信息得到更加充分的表现！它可以协助分析人员进行多维、交叉、模拟的分析，并将分析结果整合成一页式报表，最终提交给老板，这有助于将数据变成财富。水晶易表为业务人员提供了一种全新而美观的数据呈现方法，吸引了更多的眼球，提高了沟通的有效性。企业老板/决策者可以轻松了解实时而准确的数据信息，透过一页式报表掌控全局，从而提升决策的品质与速度，并做好部门绩效管理。

7. Power BI

Power BI 是微软最新的商业智能（BI）概念，包含了一系列的组件和工具，如图 1-32 所示。Power BI 是微软官方推出的可视化数据探索和交互式报告工具，它的核心理念就是让用户不需要强大的技术背景，只需要掌握 Excel 这样简单的工具就能快速上手商业数据分析及可视化。

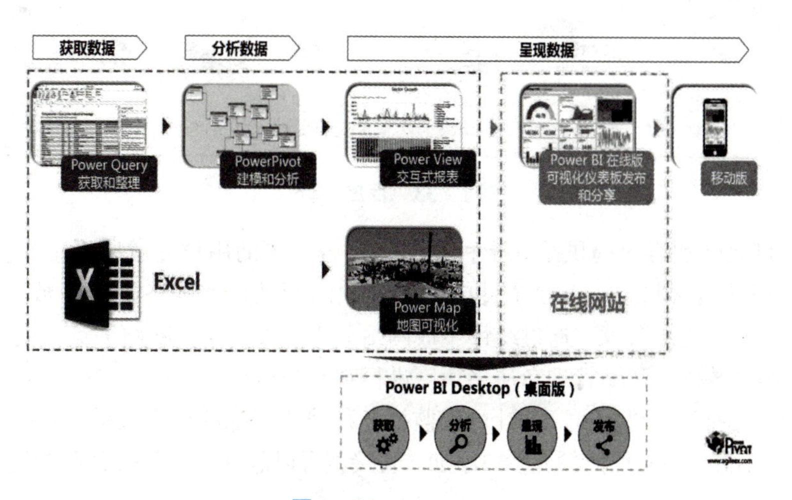

图 1-32　Power BI

8. 百度统计

百度统计是百度推出的一款稳定、免费、专业、安全的数据统计、分析工具，如图 1－33 所示。其能够为 Web 系统管理者提供权威、准确、实时的流量质量和访客行为分析，助力日常指标监控，为系统优化、提升投资回报率等目标提供指导。

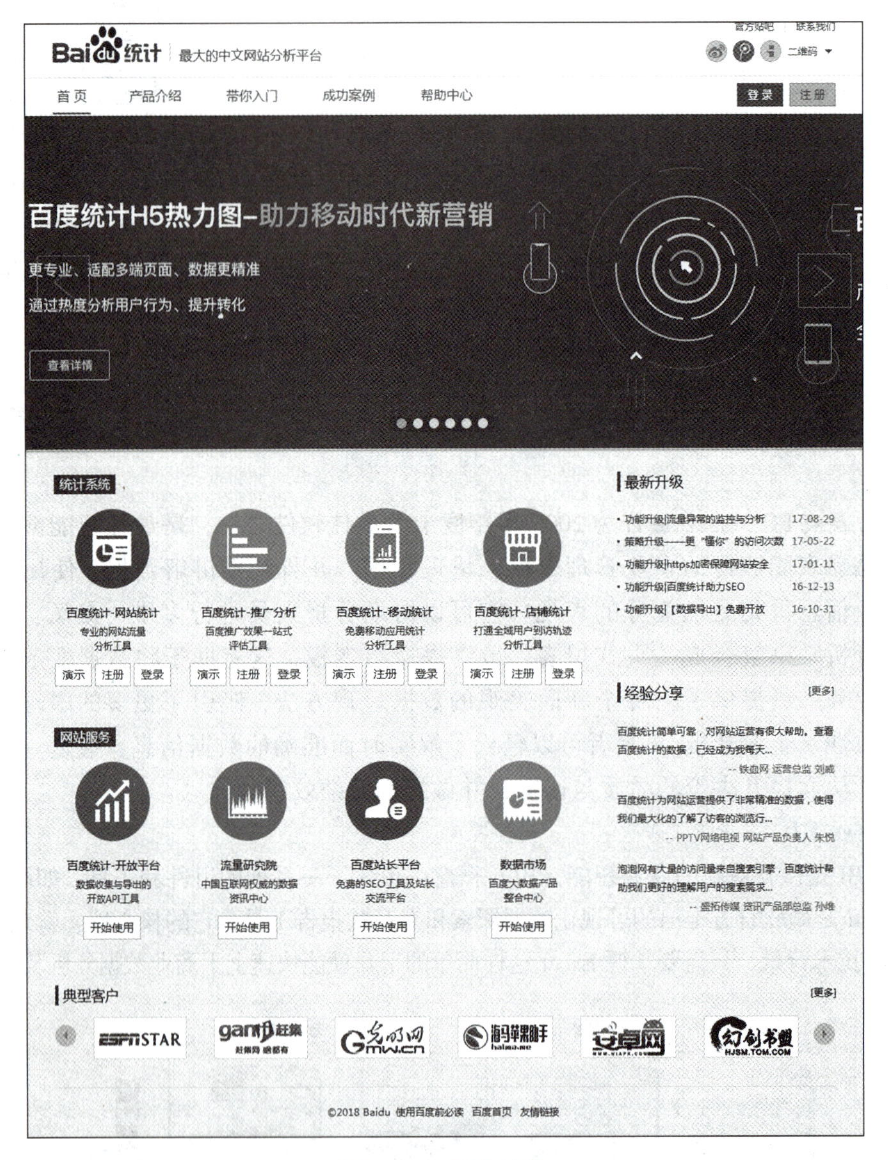

图 1－33　百度统计

百度统计目前已为客户提供了几十种图形化报告，帮助用户完成以下工作：

（1）监控网站运营状态。百度统计能够全程跟踪网站访客的各类访问数据，如浏览量、访客数、跳出率、转化次数等，通过统计生成网站分析报表，展现网站浏览的变化趋势、来源渠道、实时访客等数据，帮助管理者从多角度进行观察与分析。

（2）提升网站推广效果。百度统计可以监控各种渠道来源的推广效果。其已与百度渠道的推广完美结合，不需要设置任何额外参数添加，直接就可以监控到最细粒度的推广点击效果。

对于其他渠道的投放、推广效果，百度统计提供了指定广告跟踪方式，通过 utm 加码方式即可完成监控部署。网站管理者可根据推广流量的后续表现，细分来源和访客，调整 SEO 和 SEM 策略，获得更优的推广效果。

(3) 优化网站结构和体验。通过统计中页面上下游、转化路径等定制分析，定位访客流失环节，有针对地查漏补缺，后续通过热力图等工具有效地分析点击分布和细分点击属性，摸清访客行为，提升网站吸引力和易用性。

9. Google Analytics

Google Analytics 是著名互联网公司 Google 为网站提供的数据统计服务。可以对目标网站进行访问数据统计和分析，并提供多种参数供网站拥有者使用。

Google Analytics 是 Google 的一款免费的网站分析服务，诞生以来广受好评。Google Analytics 功能非常强大，只要在网站的页面上加入一段代码，就可以提供丰富详尽的图表式报告。Google Analytics 向客户显示人们如何找到和浏览客户的网站以及客户如何改善访问者的体验。Google Aralytics 提高了客户的网站投资回报率，在网上获取了更多收益。

客户的免费 Google Analytics 账户有 80 多个报告，可对客户整个网站的访问者进行跟踪，并能持续跟踪客户的营销广告系列的效果，不论是 AdWords 广告系列、电子邮件广告系列，还是任何其他广告计划。利用此信息，客户将了解哪些关键字真正起作用，哪些广告词最有效，访问者在转换过程中从何处退出。请勿因此功能免费提供而小看它，Google Analytics 是一种功能全面而强大的分析软件包，如图 1-34 所示。

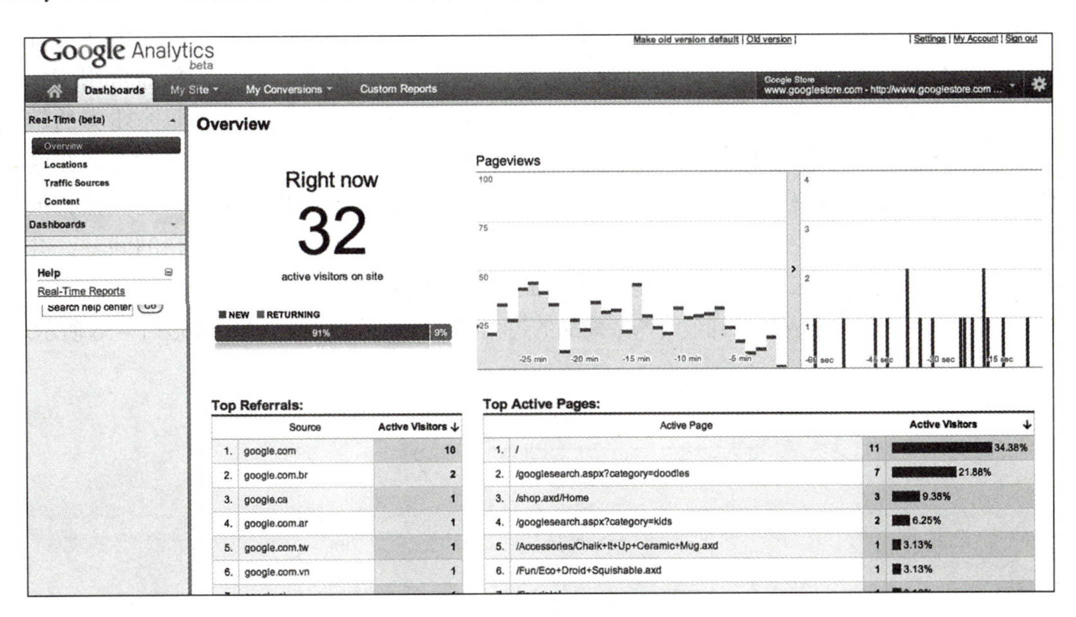

图 1-34　Google Analytics

10. 爱站网

爱站网是一家专门针对中文站点提供服务的网站，主要为广大站长提供站长工具查询，如图 1-35 所示。爱站网除了为站长们提供 IP 反查域名、Whois 查询、PING 检测、网站反向链接查询、友情链接检测等站长常用工具之外，还研发出独具特色的百度权重查询功能，为站长提供网站百度权重值查询。

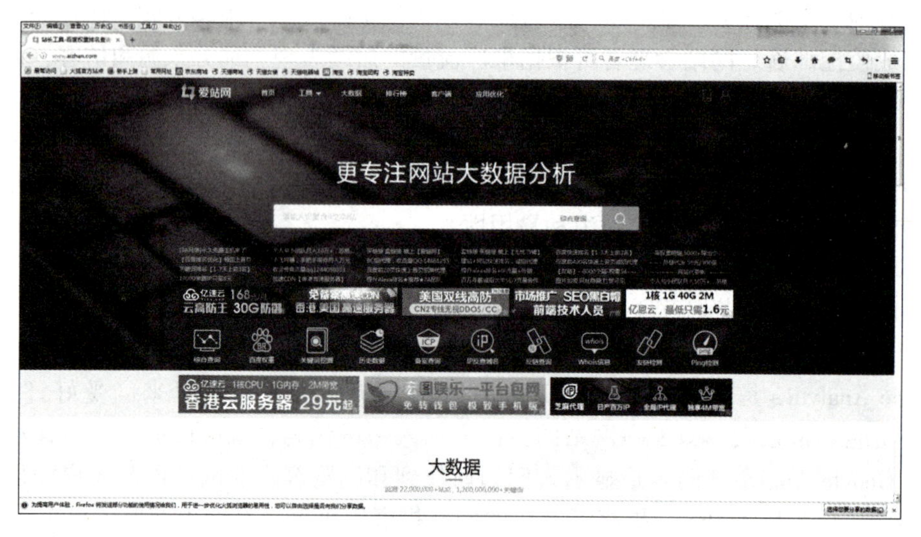

图 1－35　爱站网

（五）网店数据分析模型

常用的网店数据分析模型主要有漏斗分析模型和 AARRR 分析模型。

1. 漏斗分析模型

漏斗分析模型适用于业务流程比较规范、周期长、环节多的流程分析，通过漏斗各环节业务数据的比较，能够直观地发现和说明问题所在。在网站分析中，漏斗分析通常用于转化率比较，不仅能展示客户从进入网站到实现购买的最终转化率，还可以展示每个步骤的转化率。漏斗分析模型不仅能够提供客户在业务中的转化率和流失率，还揭示了各种业务在网站中受欢迎的程度。虽然单一漏斗图无法评价网站某个关键流程中各步骤转化率的高低，但是通过前后对比或是不同业务、不同客户群的漏斗图对比，能够发现网站中存在的问题，并寻找到最佳的优化空间，这个方法被普遍用于产品各个关键流程的分析。

比如，分析从客户进入网站到最终购买商品的过程中客户数量的变化趋势，如图 1－36 所示。

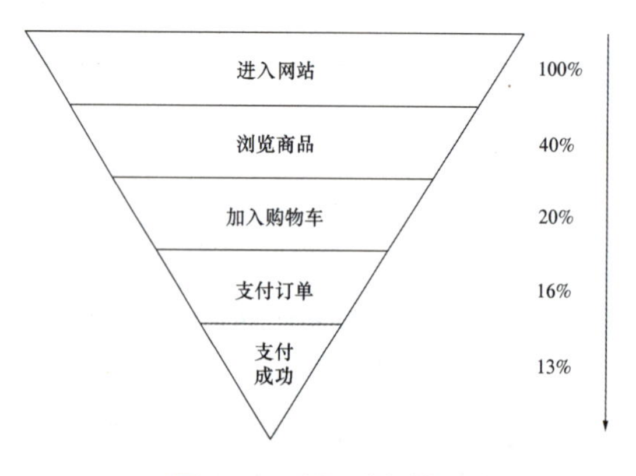

图 1－36　漏洞分析模型

从客户进入网站到浏览商品页面，转化率是 40%；浏览商品到加入购物车，转化率是 20% 等，要找出哪个环节的转化率最低，就要有对比数据。

比如第一个，进入网站到浏览商品，如果同行业水平的转化率是45%，而本网店只有40%，则说明这个过程没有达到行业平均水平，需要分析具体原因在哪里，再有针对性地去优化和改善。

当然，这是一种理想化的漏斗模型，数据有可能是经过汇总后得出的。而真实的客户行为往往并不是按照这个简单流程来的。此时需要分析客户为什么要经过那么复杂的路径来达到最终目的，思考这中间是否有优化的空间。

2. AARRR 模型

AARRR 模型是所有的产品经理都必须掌握的一个数据分析模型。AARRR（Acquisition，Activation，Retention，Revenue，Refer）是硅谷的一个风险投资人戴维·麦克鲁尔在2008年创建的，分别是指获取（Acquisition）、激活（Activation）、留存（Retention）、收入（Revenue）和推荐（Refer），分别对应这一款产品生命周期中的5个重要环节，如图1-37所示。

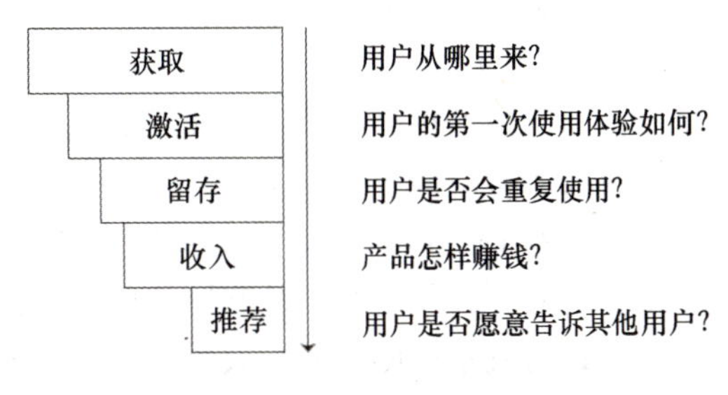

图1-37　AARRR 模型

（1）获取。运营一款产品的第一步，毫无疑问是获取客户，也就是大家通常所说的推广。如果没有客户，就谈不上运营。

所谓的获取用户，其实就是商家从各个渠道去发布产品相关信息，然后吸引用户前来访问的一个过程。既然是从各个渠道获取用户，自然每个渠道获取用户的数量和质量都是不一样的，这个时候商家就要留心每个渠道转化过来的用户数量和质量，重点关注那些ROI比较高的推广渠道。

（2）激活。获取客户后，如何把他们转化为活跃用户，是商家面临的第一个问题。客户能否被激活，一个重要的因素是推广渠道的质量好坏。差的推广渠道带来的是大量一次性客户，也就是只访问一个页面就离开的客户。严格意义上说，这种不能算是真正的客户。好的推广渠道往往是有针对性地圈定了目标人群，其带来的客户和网店设定的目标人群有很大吻合度，这样的客户通常比较容易激活，成为活跃客户。另外，挑选推广渠道的时候一定要先分析自己网店的特性（例如销售的产品是否为小众品牌）以及目标人群。有的推广渠道对一些网店来说是合适的，但对另外一些网店却不一定合适。

客户能否被激活的另一个重要的因素是产品本身是否能在客户访问之初的几秒钟内抓住他们。再好的产品，如果给人的第一印象不好，也会"相亲"失败，成为"嫁不出去的老大难"。

客户被激活，说明商品对于客户是有吸引力的，客户愿意在网店里发生一系列行为。

（3）留存。当客户被激活后，又会发现另外一个问题："客户来得快、走得也快"，客户没有黏性，因此接着需要解决的一个问题是如何留住用户。

通常保留一个老客户的成本要远远低于获取一个新客户的成本。所以狗熊掰玉米（拿一个、丢一个）的情况是网店运营的大忌。但是很多网店确实并不清楚客户是在什么时间流逝的，于是一方面不断地开拓新客户，另一方面又不断地有大量老客户流失。

解决这个问题首先需要通过日留存率、周留存率、月留存率等指标监控网店的客户流失情况，并采取相应的手段在客户流失之前，激励这些客户继续光顾网店。

解决这个问题首先需要通过日留存率、周留存率、月留存率等指标监控应用的用户流失情况，并采取相应的手段在客户流失之前唤醒客户。

（4）收入。企业的本质是逐利的，不赚钱的公司也是不道德的。增加收入可以有很多的方法，比如通过营销手段获取更多的用户来购买商品；拓展广告业务；通过提高单个客户的价值来增加收入等。

获取收入其实是网店运营最核心的一块，所以运营要关注一个指标——投资回报率（ROI）。投资回报率 = 某个时间周期的利润/投入成本 ×100%，从公式可以看出，网店可以通过降低投入成本，提高投资回报率；或者通过提高单位投入的产出来提高投资回报率。投资回报率的优点是计算简单。投资回报率往往具有时效性——回报通常是基于某些特定时间段的。

前面所提的提高活跃度、提高留存率，对获取收入来说，是必需的基础。客户基数大了，收入才有可能上规模。

（5）推荐。以前的运营模型到第四个层次就结束了，但是社交网络的兴起，使运营增加了一个方面，就是基于社交网络的病毒式传播，这已经成为网店获取客户的一个新途径。这个方式的成本很低，而且效果有可能非常好；唯一的前提是产品自身要足够好，有很好的口碑。

从推荐到再次获取新客户，网店运营形成了一个螺旋式上升的轨道。而那些优秀的网店就很好地利用了这个轨道，不断扩大自己的客户群体，被更多的客户所熟知和认可。

通过上述这个 AARRR 模型，我们看到获取客户只是整个网店运营中的第一步，好戏都还在后头。如果只看推广，不重视运管中的其他几个层次，任由客户自生自灭，那么网店的前景必定是暗淡的。

（6）AARRR 模型应用。举个例子，用 AARRR 模型来衡量一个渠道的好坏。渠道 A 和渠道 B 的引流情况如图 1－38 所示。

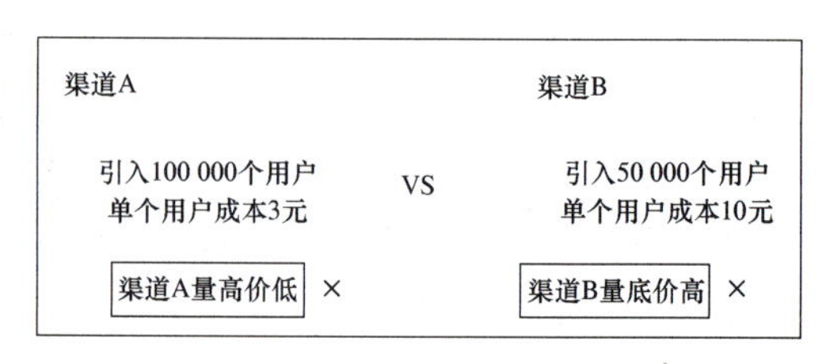

图 1－38　渠道 A 和渠道 B 的引流情况

如果单从数据表面来看，A 渠道会更划算，但实际这种结论是有问题的，用 AARRR 模型具体分析如下：

渠道 A 的单个留存客户成本是 60 元，单个付费客户成本是 300 元，如图 1－39所示。

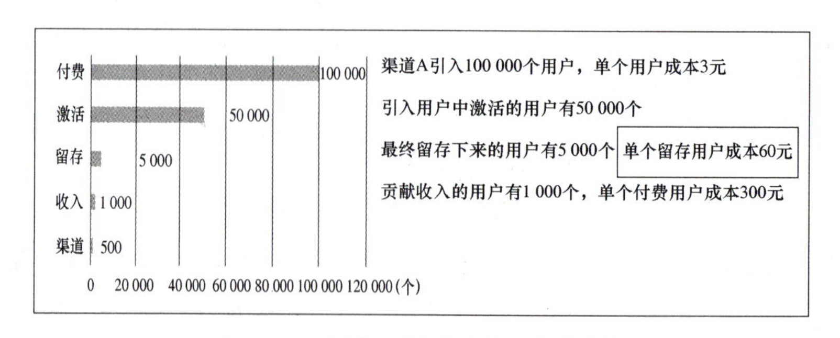

图 1－39　渠道 A 的单个留存客户成本

而渠道 B 的单个留存客户成本是 20 元，单个付费客户成本是 33 元，如图 1－40所示。

这样对比下来，B 渠道的优势远远大于 A 渠道。

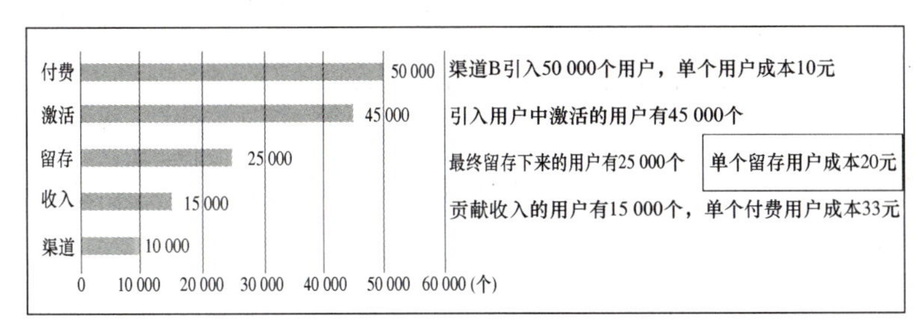

图 1-40　渠道 B 的单个留存客户成本

三、任务发布

（一）运用思维导图绘制淘宝网生意参谋的功能架构

1. 任务背景

生意参谋（图 1-41）诞生于 2011 年，最早是应用在阿里巴巴 B2B 市场的数据工具。2013 年 10 月，生意参谋正式走进淘系。2014—2015 年，在原有规划基础上，生意参谋分别整合了量子恒道、数据魔方，最终升级成为阿里巴巴商家端统一数据产品平台。当前生意参谋累计服务商家超 2 000 万，月服务商家超 500 万；月成交额 30 万元以上的商家中，逾 90% 的商家在使用生意参谋；月成交金额 100 万元以上的商家中，逾 90% 的商家每月登录生意参谋天次达 20 次以上。生意参谋的核心功能集数据作战室、经营分析、市场行情、装修分析、来源分析、竞争情报、数据学院等数据产品于一体，是商家统一数据产品的平台，也是大数据时代下赋能商家的重要平台。

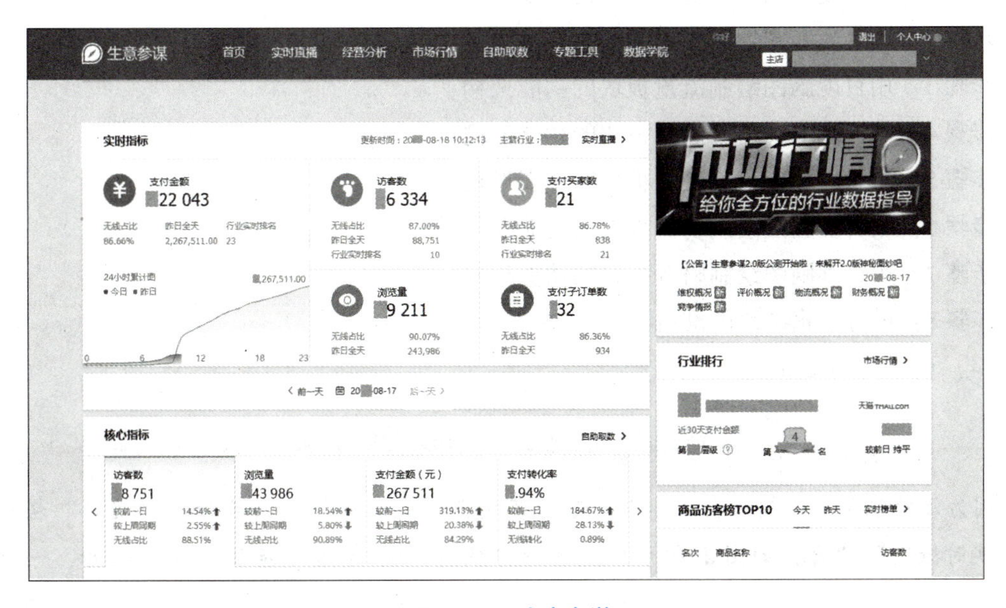

图 1-41　生意参谋

2. 任务内容

运用思维导图绘制淘宝网生意参谋的功能架构，架构层次要细化到具体指标，思维导图工具可以选用百度思维脑图（http：//naotu. baidu. com）。

3. 任务安排

本任务是一个团队任务，要求队员分工协作完成，时间为 3 天，完成后上交完成报告，并做好汇报结果的准备。

4. 任务实施

（1）构思（Conceive）。

What——运用思维导图绘制淘宝网生意参谋的功能架构。

Why——熟悉生意参谋数据分析平台和数据分析功能。

Who——这是一个团队作业，合作完成。

When——任务完成时间预计为 3 天。

Where——上课教室和课后自习室。

How——登录网店的生意参谋，查看生意参谋的每个板块，然后按数据分析功能逐级展开，用百度脑图绘制生意参谋的功能架构，并做好汇报结果的准备。

（2）设计（Design）。当前生意参谋的板块有首页、实时、作战室、流量、商品、交易、物流、营销、财务、市场、竞争、业务专区、取数、学院。这里不全面绘制这些板块，而是选择与网店运营有关的展开，包括实时、作战室、流量、商品、交易、物流、财务，绘制生意参谋的网店运营数据分析功能架构。

（3）实现（Implement）。

步骤 1：用百度脑图绘制实时板块的功能架构；

步骤 2：用百度脑图绘制作战室板块的功能架构；

步骤 3：用百度脑图绘制流量板块的功能架构；

步骤 4：用百度脑图绘制商品板块的功能架构；

步骤 5：用百度脑图绘制交易板块的功能架构；

步骤 6：用百度脑图绘制物流板块的功能架构；

步骤 7：用百度脑图绘制财务板块的功能架构；

步骤 8：做好汇报结果的准备。

（4）运作（Operate）。

生意参谋网店运营数据分析功能架构

因为篇幅限制，绘制的生意参谋网店运营数据分析功能架构只展开到“实时”板块下的“实时概况”栏目，如图 1 所示。其余部分需要学习者按功能层次逐级展开，一直到指标。

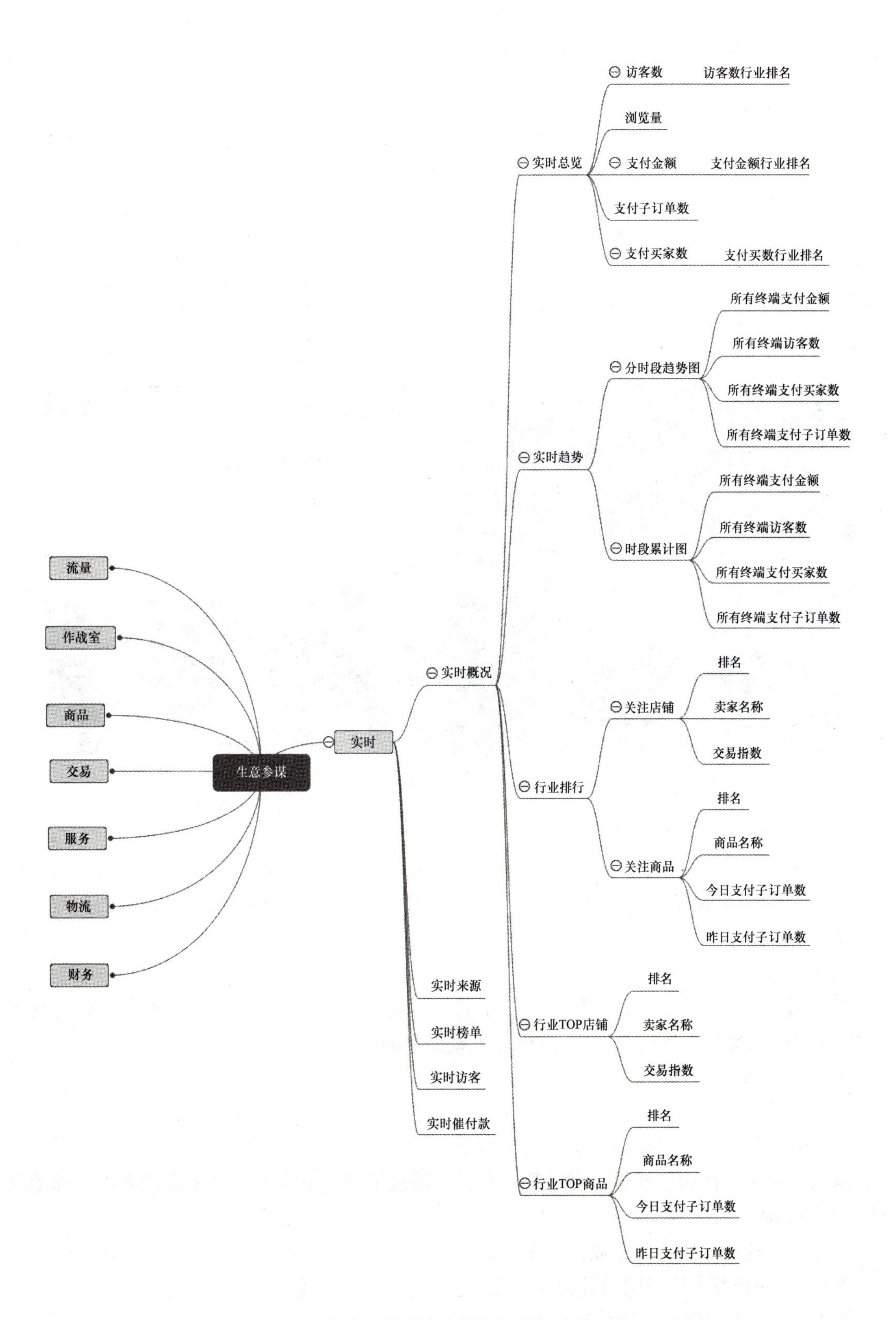

图 1　生意参谋网店运营数据分析功能架构

（二）基于 AARRR 模型分析云集微店

1. 任务背景

云集微店（图 1－42）是由浙江集商网络有限公司开发的一款 App 产品，于 2015 年 5 月正式上线运营。云集微店提供海量美妆、母婴、健康食品等高品质正品货源，并为用户搭建宣传推广、手把手培训、一件代发、无忧售后等零售服务体系，个人店主仅需通过分享完成商品的分销零售，轻松开店赚钱。在移动互联网时代，越来越多的人加入云集微店。没有货源、资金、仓储、发货、售后等后顾之忧，低门槛开店，创业变得简单轻松。云集微店一站式个人零售服务解决方案，开启了移动互联网时代电商发展的新模式。

图 1－42　云集微店

2. 任务内容

本任务基于 2A3R 模型分析云集微店，首先了解云集微店当前运营状况，然后深入分析云集微店是如何获取客户，如何激活客户，如何留存客户，如何获取收入，以及如何激发客户推荐云集的。

3. 任务安排

本任务是一个团队任务，要求队员分工协作完成，时间为 3 天，完成后上交《基于 2A3R 模型的云集微店分析报告》，并做好汇报结果的准备。

4. 任务实施

（1）构思。

What——基于 AARRR 模型分析云集微店。

Why——云集微店已经成为微商第一平台，通过了解云集微店，来了解微商以及移动电商当前发展状况。

Who——这是一个团队作业，合作完成。

When——任务完成时间预计为 3 天左右。

Where——上课教室和课后自习室。

How——熟悉 AARRR 模型，基于 AARRR 模型获取云集微店相关数据，利用这些数据对云集微店进行分析，包括如何获取客户，如何激活客户，如何留存客户，如何获取收入以及如何激发客户推荐云集。

（2）设计。云集微店数据分析采用 AARRR 模型，按照获取客户、激活客户、留存客户、网店收入和客户推荐一步步展开。

一些相关数据需从云集微店官网和云集微店的公开资料中查找。

（3）实现。

步骤 1：分析云集微店如何获取客户；

步骤 2：分析云集微店如何激活客户；

步骤 3：分析云集微店如何留存客户；

步骤 4：分析云集微店如何增加收入；

步骤 5：分析云集微店如何让客户推荐店铺；

步骤 6：撰写《基于 AARRR 模型的云集微店分析报告》；

步骤 7：做好汇报结果的准备。

（4）运作。

基于 AARRR 模型的云集微店分析报告

1. 云集微店获取客户

云集微店不是直接面向普通消费者的，而是吸引用户在云集微店上开店成为店主，然后店主在微信内将店铺链接或者商品链接分享到朋友圈或者发送给朋友，买家在微信中收到链接打开即可购物。买家不需要下载 App，也不需要注册账号。因此云集微店的客户事实有两个：一个是云集微店店主，另一个是普通消费者。

用户想在云集微店上开店的方式是通过朋友邀请或者直接扫描官网注册二维码加入云集微店。

据公开资料显示，云集微店店主的数目已经达到了 180 万，每月的销售额增长到了 7 亿。

2. 云集微店激活客户

一方面，云集微店设法激活店主，为店主提供采购自品牌方、全国总代理以及专柜的高品质正品商品；中华联合保险承保，支持 7 天无理由退货，让店主放心发布和销售云集微店的商品；店主无须压货，一件代发，专属客服解决售前售后问题；对于不懂微商的店主，安排专属客服手把手培训，全程指导从开店到卖货的所有问题。

另一方面，云集微店设法激活普通消费者，为消费者提供国际一线品牌商品，互联网热销爆款商品和自有品牌商品，确保商品质量有保障，而且不会出现乱价现象，所有商品的价格统一，全场包邮，遇到问题可以联系云集微店微信客服获取帮助。

2017 年云集微店 App（云集微店店主使用）日活用户峰值近 60 万，每天启动应用 6 ~ 14 次，人均单日使用 30 分钟左右。云集微店的买家分布从东海之滨的杭州到沙漠之边的喀什，从极光所在的漠河到碧海蓝天的三亚。近一年通过云集购物成功的普通消费者高达 500 万人次以上，来自三线及以下城市的订单量占比约 34%，云集微店平台上偏远地区订单量增长明显，新疆地区订单量 2017 年 5 月同比增长了 14.6 倍。

3. 云集微店留存客户

云集微店的选品贴近家庭主流消费的特点。在消费的品类上，SPU 架构日趋多元化，食品生鲜、美妆护肤、家居用品、数码产品均有旺销，说明消费者对云集微店产品非常认可。

云集微店公开其各端口 UV 和成交订单数，数据显示其转化率估值达 8.06%，这个数字远高于传统电商，也说明消费者对云集微店的认可。

50% 以上云集微店店主拥有微信好友 100 ~ 500 人，超过六成的店主每周联系好友不超过 15 位。这样中低频次的社交强度，和公众印象中的疯狂加好友、疯狂发消息的微商有明显的区别。

4. 云集微店收入

云集微店近两年的年度销售额增速超过 500%，本年第二季度销售额达 18.3 亿元，周年庆期间，单日销售额突破 1 亿元。

云集微店过去一年平均退货率仅为 3.4%，平均客单价稳定在 130 元左右；平台通过礼包赠送的商品销售件数占总销量的 3.67%，绝大部分营收通过商品交易模式获取。

云集微店目前还处于亏损经营状态，平台并没有在过去的经营活动中谋利。云集微店在市场的大量投入来自融资，其已经获得了凯欣资本与钟鼎创投的数亿元投资。

5. 云集微店客户推荐

云集微店鼓励店主对其进行推广，其他用户可以通过已开店的店主获取邀请码，这样云集微店会对已开店的店主给予一定额度的奖励。

云集微店是一款在共享经济背景下成立的社交零售平台，店主与其朋友圈内的普通消费者具有很强的关系链，同一个店主的朋友圈内的普通消费者之间也有很强的关系链，社交效果好，利于消费者之间的推荐。云集微店近两年的年度销售额的快速增长证明了这一点。

四、任务拓展

（一）运用思维导图绘制京东商智的功能架构

1. 任务背景

京东商智融合了京东云计算技术，跨越了业界大数据、高并发、实时展示的三大门槛，为京东开放平台的商家提供专业、精准的店铺运营分析，大幅提升了店铺运营效率、降低了运营成本、增强了用户体验，是商户“精准营销、数据掘金”的强大工具。京东商智不仅包含商品销售明细、店铺关键词、行业关键词、行业品牌分析、行业属性分析、店铺诊断、店铺评分、售后概况、仓储配送分析（只有入仓和用京配的商家能看到）、单品分析等罗盘模块，还增加了按小时流量分析，在交易概况中添加了下载数据等功能，又补充了对国际购商家的支持。

京东商智是京东官方重磅打造的集数据分析、智能运营、创意营销为一体的数据平台，为 POP 商家提供了更高效的数据运营体验，如图 1 – 43 所示。京东商智作为大数据智能工具，可以帮助商家进行数据分析，实现智慧化运营、数据化营销。

图 1-43　京东商智

2. 任务内容

京东商智共有三个版本：免费版、标准版和高级版。根据自身条件选择合适的版本进行分析，再运用思维导图绘制京东商智的功能架构，可按照维度和时间粒度进行架构层的细化分析。

3. 任务安排

本任务是一个团队任务，要求队员采用 CDIO 的方法分工协作完成，时间为 3 天，完成后上交《京东智商功能架构》，并做好汇报结果的准备。

（二）讲解一个大数据分析成功案例

1. 任务背景

马云说："互联网还没搞清楚的时候，移动互联就来了，移动互联还没搞清楚的时候，大数据就来了。"近两年，大数据这个词越来越为大众所熟悉，大数据一直以高冷的形象出现在大众面前。面对大数据，相信许多人都是一头雾水。

当前市场竞争异常激烈，各个商家和企业为了能在竞争中占据优势，真是费尽心思。大数据技术能给企业带来新的生机和活力，应用大数据技术能把企业大量的数据变成商家和企业需要的信息，再把这些信息变成价值，这样便提高了商家和企业的产值和效益，增强了企业的竞争实力。

2. 任务内容

学生自主选择一个基于大数据分析的成功案例，题材不限，自主分析案例发生的背景、内容、过程和结果以及所产生的问题，解析内在逻辑关系，并提出对策；将分析结果整理成一份演讲稿。

3. 任务安排

本任务是一个团队任务，要求队员分工协作完成，研讨时间为 1 天，制作演讲稿，并做好讲解大数据分析案例的准备。

项目结构

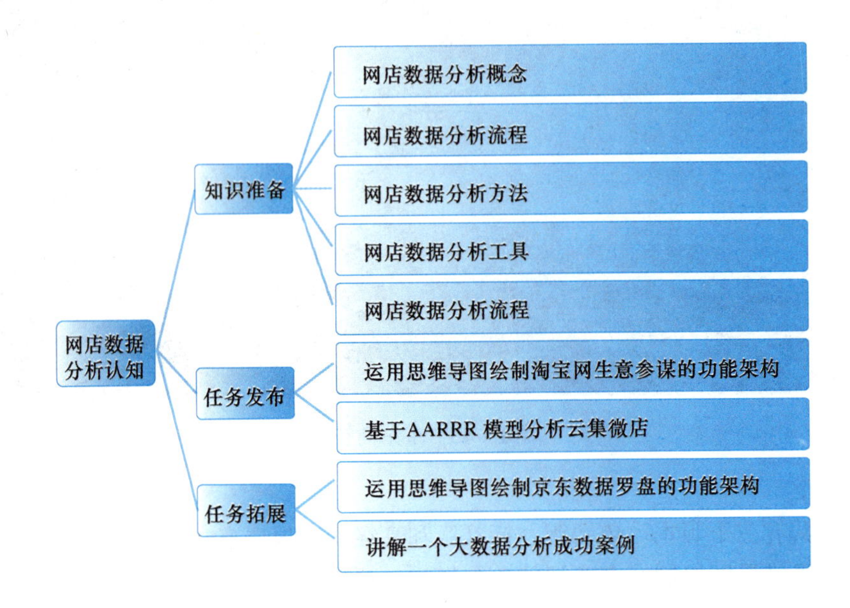

同步测试

一、判断题

1. 数据分析只有有了大数据才能做。 (　　)
2. EDA 进行分析之前一般都有预先设定的模型，侧重于已有假设的证实或证伪。 (　　)
3. 聚类分析是指将物理或抽象对象的集合分组成为由类似的对象组成的多个类的分析过程。 (　　)
4. SPSS 是采用图形菜单驱动界面的统计软件，无须编程。 (　　)
5. 通常保留一个老客户的成本要远远高于获取一个新客户的成本。 (　　)

二、选择题（单选多选不限）

1. 下列哪个不属于大数据的特点。(　　)

   A. 规模性　　B. 多样性　　C. 高速性　　D. 有效性

2. 元数据可以分为(　　)。

   A. 固有性元数据　　B. 管理性元数据

   C. 描述性元数据　　D. 操作性元数据

3. 一般从分析方法复杂度上来讲，数据分析方法可以分为(　　)。

   A. 常规分析方法　　B. 统计学分析方法

   C. 聚类分析方法　　D. 自建模型

4. AARRR 模型的重要环节有（　　）和推荐。

   A. 获取　　B. 激活　　C. 留存　　D. 收入

5. 下列关于回归分析结果中“P – value”描述正确的是(　　)。

A. 参数的 P 值，即弃真概率

B. 当 $P<0.01$ 时，可认为模型在 $\alpha=0.01$ 的水平上显著

C. 参数的 P 值，即弃假概率

D. 当 $P<0.01$ 时，可认为模型的置信度达到 99%

三、简答题

1. 简述数据分析在网店日常经营分析中的作用。
2. 数据分析师应具备哪些能力？
3. 简述数据分析的流程。
4. 一般线性回归分析主要有哪几个步骤？
5. 漏斗分析模型的关键流程有哪几个？

能力测评

通过本项目的学习，你是否已经掌握本项目的核心知识点和技能点，请做出自评。

知识点	网店数据分析的相关概念	□充分掌握□基本掌握□未掌握
	网店数据分析的流程	□充分掌握□基本掌握□未掌握
	网店数据分析的方法	□充分掌握□基本掌握□未掌握
	网店数据分析工具	□充分掌握□基本掌握□未掌握
	网店数据分析模型	□充分掌握□基本掌握□未掌握
技能点	运用思维导图绘制数据分析平台功能架构	□已经具备□初步具备□未具备
	运用 AARRR 模型分析产品的能力	□已经具备□初步具备□未具备
	讲解数据分析案例	□已经具备□初步具备□未具备
自评人（签名）： 年　月　日		教师（签名）： 年　月　日

项目二

网店运营数据分析

学习目标

知识目标

☞ 理解网店运营数据分析的相关概念；
☞ 熟悉网店运营数据分析工具；
☞ 理解和掌握网店运营数据分析指标。

技能目标

☞ 具备网店初步诊断分析能力；
☞ 具备 ROI 计算能力；
☞ 具备网店销售额精准诊断能力；
☞ 具备直通车 ROI 诊断分析能力。

基本素养

☞ 具有数据敏感性；
☞ 善于用数据思考和分析问题；
☞ 具备收集、整理和清洗数据的能力；
☞ 具有较好的逻辑分析能力。

一、项目导入

网上眼镜专营店挖掘卖点

随着电子商务逐渐成为商务和贸易的主要表现形式，数据成为未来商业发展的利器，锻造数据提炼和分析能力将会是每个优秀商家所必备的本领。要学会用数据找机会，应用各种统计分析方法对收集来的大量数据进行分析，提取有用的信息来形成结论和概括总结。只有实时的、实效的数据才是企业今后发展所需要的。数据可以反映人们一段时间的消费行为习惯。根据数据走势可分析未来的发展趋势。通过对消费人群的特性分析，可以知道人们消费的行为和习惯；通过对市场的细分，可以分析出更适合市场的商品，选择更合适的目标市场。

某网上眼镜专营店在运营前期，非常关注商品显性卖点和隐性卖点的发掘。商品显性卖点是指商品本身最直观的卖点及优势，其所售太阳镜的显性卖点为眼镜的颜色、材质、功能、品牌等。另外，在网上收集同类型款式太阳镜的相关数据，看看竞争对手是怎样进行卖点挖掘的，再根据所经营太阳镜的特点来挖掘商品的隐性卖点，作为商品显性卖点的强化。

第一，收集行业数据

要对太阳镜行业数据进行分析，需先采集网上综合排名前100名商家的数据。采集的数据内容包括店铺名称、所属店铺类型、商品链接、商品价格、收藏量、近30天销售额（销量、当前售价、销售额）、近7日每天的销售额（当天销量、当前售价、销售额）、近7日颜色销量的收集（镜框颜色、镜片颜色和组合颜色）、材质、功能、品牌、性别占比、年龄占比、镜框款式、热门关键词等，采集这些数据主要是为了给本网店的商品定位，以及商品上架的时候可以根据所搜集的信息进行相对应的最优上架。

第二，分析采集数据

分析采集到的太阳镜颜色和销量数据。表1所示为销量前5名的太阳镜颜色与销量的关系（一周时间）。

表1　销量前5名的太阳镜颜色与销量的关系（一周时间）

序号	镜框颜色	销量	镜片颜色	销量	组合颜色	销量
1	黑色	352	黑色	174	黑黑	97
2	金色	111	灰色	135	黑灰	66
3	银色	111	绿色	105	黑绿	45
4	枪色	91	茶色	92	茶茶	37
5	茶色	44	蓝色	78	枪灰	32

从表1中可以很清晰地看出，太阳镜镜框颜色中销量最高的是黑色，其次是金色和银色；而在镜片选择时，人们对黑色也情有独钟，其次是灰色和绿色。

对顾客的性别进行分析。将所采集店铺已销售商品的100名顾客的性别做数据透视，可以得知，男性占比63%，女性占比37%，所以选款时应偏向选择男性喜欢的款式、颜色。

对太阳镜的镜框镜片套餐搭配进行分析。从表1中可看出镜框和镜片组合的颜色中销量最高的是黑色+黑色组合，所以黑色成为人们选择太阳镜时最想考虑的颜色。

思考：

1. 以淘宝网为例，请说明太阳镜的相关行业数据可以从哪里采集到。
2. 试分析如何挖掘商品的隐性卖点。

二、知识准备

（一）网店运营数据分析概念

基于数据分析，商家能够掌握客户想要干什么，想要得到什么。商家甚至比客户更了解他们自己。

1. 网店运营分析

网店运营分析多从网店运营过程及最终的成效上来进行，重点分析过程中相关服务的及时率和有效率，以及不同类型客户对服务需求的差异。网店运营分析通常采用常规的数据分析方法，即通过同环比以及帕累托来呈现简单的变动规律以及主要类型的客户。网店运营分析还可以通过统计学分析方法，得出哪些特征的客户对哪些服务是有突出需求的，以及通过回归分析法来判断各项绩效指标中，哪些指标是对购买以及满意度有直接影响的。这些深入的挖掘可以帮助指导运营人员更好地完成任务。

2. 销售额计算公式

网店销售额计算公式为：

$$销售额 = 访客数 \times 转化率 \times 客单价$$

对于网店运营人员来说，提升销售额要做好这三项工作：增加访客数、提升转化率和提高客单价。

3. 利润计算公式

网店运营过程中，计算利润的公式为：

$$利润 = 访客数 \times 转化率 \times 客单价 \times 购买频率 \times 毛利润率 - 成本$$

对于运营人员来说，网店利润的增加不仅要增加访客数、提升转化率、提高客单价、提升购买率、增加毛利润率，还要降低成本。

4. ROI

ROI（Return on Investment，投资回报率）是指投资后所得的收益与成本间的百分比率，计算公式为：

$$投资回报率（ROI）= 利润/投资总额 \times 100\%$$

对于网店运营来说，需要时刻关注每一块钱广告消耗可以产生多少利润，即投入产出比。通过 ROI 数值，能够直接地判断营销活动是否盈利，如果 ROI 做到了 1，则可以判断本次营销活动的收益与花费是持平的。

知识链接

淘宝直通车的 ROI 计算

淘宝直通车效益是考核直通车运营绩效的关键点，因此淘宝直通车的 ROI 投入产出比是运营人员必须盯紧的重中之重，其计算公式为：

$$
\begin{aligned}
直通车的投资回报率（ROI） &= 直通车效益/直通车花费 \times 100\% \\
&= \frac{产出 \times 毛利润率 - 直通车花费}{直通车花费} \times 100\% \\
&= \frac{客单价 \times 成交笔数 \times 毛利润率 - 直通车花费}{直通车花费} \times 100\% \\
&= \frac{客单价 \times UV \times 转化率 \times 毛利润率 - 直通车花费}{直通车花费} \times 100\% \\
&= \frac{客单价 \times UV \times 转化率 \times 毛利润率 - UV \times PPC}{UV \times PPC} \times 100\% \\
&= UV \times \frac{客单价 \times 转化率 \times 毛利润率 - PPC}{UV \times PPC} \times 100\% \\
&= \frac{客单价 \times 转化率 \times 毛利润率 - PPC}{PPC} \times 100\%
\end{aligned}
$$

5. 访客数

访客数（Unique Visitor，UV）是指网店各页面的访问人数。所选时间段内，同一访客多次访问会进行去重计算。

知识链接

网店访客来源

对于网店运营来说，提升网店流量，增加网店访客数是一项重要工作。网店访客的来源渠道主要有 SEO（Search Engine Optimization，搜索引擎优化）、SEM（Search Engine Marketing，搜索引擎营销）、P4P（Pay for Performance，按效果付费）、硬广、EDM（Email Direct Marketing，电子邮件营销）、SNS（Social Networking Services，社会性网络服务）营销、淘宝客、IGA（In Game Advertising，游戏植入式广告）、博客营销、微博营销、网站联盟、网络广告联盟、会员营销、口碑营销、积分营销、赠送礼品、名人营销、事件营销、短信营销、体育营销、公益营销等。

6. 转化率

转化率（Conversion Rate，CR）是指所有到达网店并产生购买行为的人数和所有到达网店的人数的比率。转化率的计算公式为：

$$转化率 = (产生购买行为的客户人数 / 所有到达店铺的访客人数) \times 100\%$$

影响网店转化率的因素

网店转化率是影响网店销售额和利润的关键因素之一，而影响网店转化率的因素主要有商品分类导航、店铺装修、产品类别、主图设计、商品展示、商品性价比、客服质量、用户评价、售后服务质量、库存量和促销活动等。

7. 客单价

客单价（Per Customer Transaction，PCT）是指在一定时期内，网店每一个顾客平均购买商品的金额，即平均交易金额。客单价计算公式为：客单价 = 成交金额/成交用户数，或者客单价 = 成交金额/成交总笔数，一般采用前一个公式，即按成交用户数计算客单价。

单日客单价指单日每成交用户产生的成交金额。

客单价均值是指所选择的某个时间段，客单价日数据的平均值。例如按月计算客单价均值的公式为：

$$客单价均值 = 该月多天客单价之和/该月天数$$

知识链接

影响网店客单价的因素

网店销售额的增长，除了尽可能多地吸引访客和增加顾客交易次数以外，提高客单价也是非常重要的途径。影响网店客单价的因素主要有产品定位、相关品类扩充、关联营销、捆绑销售、入门级产品价格提升、商品价格分布、商品满减促销、优惠券赠送等。

客单价均值 = 该月多天客单价之和 / 该月天数

8. 购买频率

购买频率（Frequency of Purchase）是指消费者或用户在一定时期内购买某种或某类商品的次数。一般说来，消费者的购买行为在一定的时限内进行是有规律可循的。购买频率是度量购买行为的一项指标，一般取决于使用频率的高低。购买频率是企业选择目标市场、确定经营方式、制定营销策略的重要依据。

9. 毛利润率

毛利润率是毛利润占销售收入的百分比，其中毛利润是销售收入与销售成本的差额。网店毛利润率的计算公式为：

毛利润率 =（销售收入 − 销售成本）/ 销售收入

假如某网店商品售价为 150 万元，已销商品的进价为 125 万元，则毛利润为 25 万元，而毛利润率 =（25/150 × 100%）= 16.7%。

10. 成本

成本是商品经济的价值范畴，是商品价值的组成部分，也称费用。在进行网店经营活动过程中，需要耗费一定的资源（人力、物力和财力），其所费资源的货币表现及其对象化称为成本。美国会计学会（AAA）所属的“成本与标准委员会”对成本的定义是：成本是指为了达到特定目的而发生或未发生的价值牺牲。它可用货币单位加以衡量。

知识链接

网店运营成本构成

网店运营成本是指网店运营过程中的总花费，其构成包括推广成本、经营成本、IT 建维成本、管理成本、人员成本、商品折损成本、退换货成本、物流成本、库存成本等。

（二）淘宝网店运营数据分析工具

网店运营过程中针对网店的数据分析，已经成为每个网店运营人员每天的必备功课，它可以帮助运营人员准确地抓住用户动向和网店的实际状况。网店数据分析是一个非常复杂的过程，借助数据分析工具能够大大简化运营人员的工作。淘宝网店常用的数据分析工具有生意参谋、淘宝指数、魔镜和赤兔等。

1. 生意参谋 2.0

生意参谋（图 2－1）是阿里首个统一的商家数据商品平台。该平台累计服务商家 2 000 多万，每月有逾 600 万用户在此获取数据服务。2016 年，阿里巴巴旗下商家端数据商品平台生意参谋上线 2.0 版，除原有功能外，2.0 版新增了个性化首页、多店融合、服务分析、物流分析、财务分析和内容分析等多个功能。

图 2－1　生意参谋

2. 阿里指数

2015 年，阿里巴巴在原 1688 市场阿里指数、淘宝指数基础上，推出新版阿里指数，如图 2－2 所示。新版阿里指数是基于大数据研究的社会化数据展示平台，商家、媒体、市场研究员及其他想了解阿里巴巴大数据的人均可以通过该平台获取相关分析报告及市场信息。

图 2－2　阿里指数

目前，新版阿里指数里的区域指数及行业指数两大模块已率先上线，后期还会陆续推出数字新闻和专题观察等模块。区域指数主要涵盖部分省份买家和卖家两个维度的交易数据、类目数据、搜索词数据、人群数据。通过该指数，用户可以了解某地交易概况，发现与其他地区之间贸易往来的热度及热门交易类目，找到当地人群关注的商品类目或关键词，探索交易的人群特征。

行业指数则主要涵盖淘系部分二级类目的交易数据、搜索词数据和人群数据。通过该指数，用户可了解某行业现状，获悉它在特定地区的发展态势，发现热门商品，知晓行业内卖家及买家的群体概况。

3. 魔镜

魔镜是专注于竞争对手分析的数据分析平台，涵盖淘宝、天猫和京东三大网购平台，如图 2－3 所示。目前大数据魔镜有三个版本：个人基础版、个人专业版和企业版。

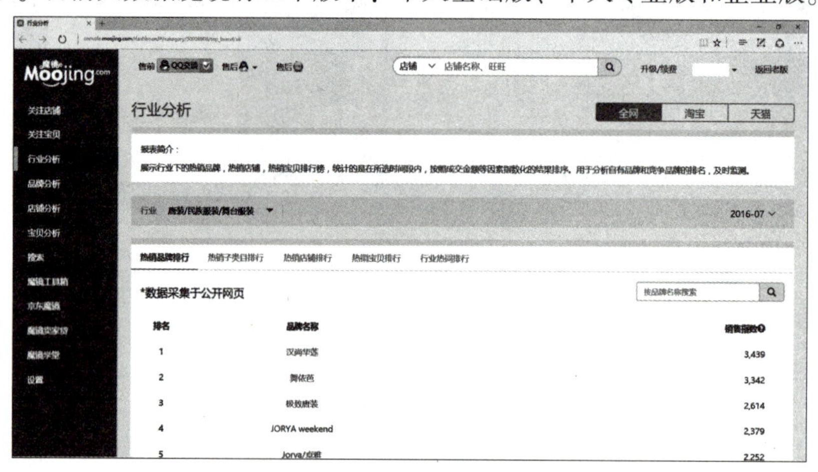

图 2－3　魔镜

魔镜的应用方法是通过“行业数据”和“销售数据”锁定同行的爆款单品，作为研究对象；通过“销售数据”确认同行爆款单品预热、启动、增长、稳定的各个阶段；通过“推广数据”研究同行爆款单品的推广策略，引流关键词、钻展、聚划算等投放；通过“运营数据”研究定价策略、标题调整策略；最后将学习到的方法和策略运营到自己店铺的爆款打造中，达到事半功倍的效果。

魔镜的功能包括直通车监测、自然搜索监测、手机搜索监测、天猫搜索监测、钻展监测、聚划算监测和店铺运营监测；提供各个类目及子类目下的热销店铺排行榜和店铺销售动态、品牌热销排行、商品热销排行；获取同行店铺每天的销售量、销售额、成交笔数和客单价；获取同行商品每天的销售量、销售额、成交笔数和客单价；跟踪竞品的价格变化趋势；提供竞品周内销售分布情况，以及同行店铺价格—销量分布情况；提供京东电商情报，帮助京东网店卖家科学地打爆款，监测范围涵盖京东快车、自然搜索、无线端，内容包括销售、评价。

4. 赤兔

赤兔是一款客服绩效管理工具，有助于网店运营人员全面掌握客服绩效，监测内容包括销售额、转化率、客单价、响应速度、工作量等客服绩效数据，并能指导排班，以及帮助分析流失原因，进而使客服提高业绩，如图 2－4 所示。

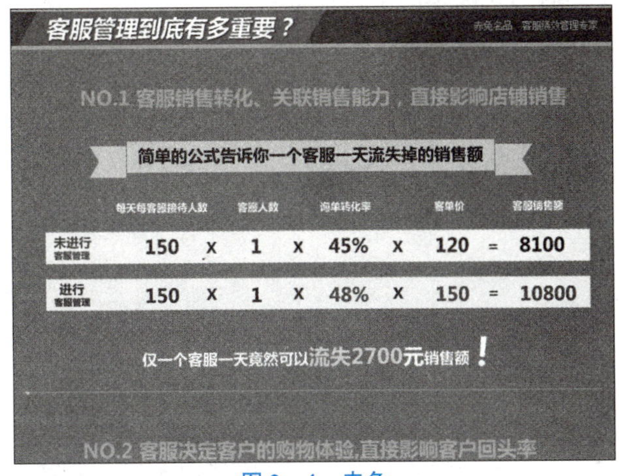

图 2－4　赤兔

（三）网店运营数据分析指标

网店运营做得好不好？怎么评价？数据，用数据说话。任何一家网店都要逐步实现运营数据化，以数据为指导思想，来发现问题、解决问题，逐步使运营工作稳健地走上一个又一个台阶。网店运营体系的数据模型分成六层。

第一层：日常基础数据分析。

1. 流量数据分析

1）独立访客数（UV）

计算公式：UV = 截至当前时间访问店铺页或商品详情页的去重人数。

指标意义：统计访问某网店的访客数量。

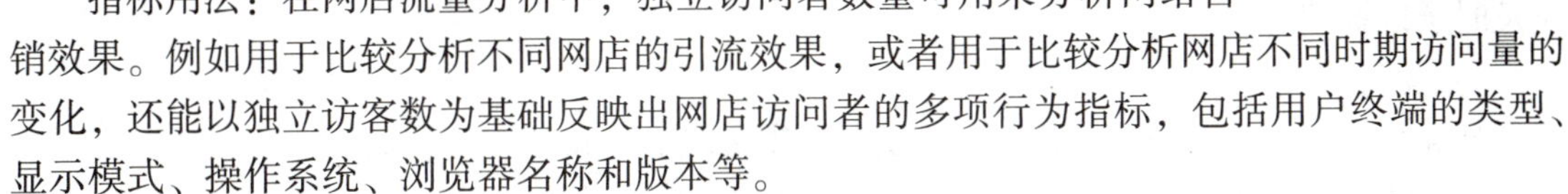

指标用法：在网店流量分析中，独立访问者数量可用来分析网络营销效果。例如用于比较分析不同网店的引流效果，或者用于比较分析网店不同时期访问量的变化，还能以独立访客数为基础反映出网店访问者的多项行为指标，包括用户终端的类型、显示模式、操作系统、浏览器名称和版本等。

2）浏览量（PV）

计算公式：PV = 网店或商品详情页被访问的次数。

指标意义：反映网店或商品详情页对用户的吸引力。

指标用法：当一个网店的客户浏览量低于行业平均水平时，说明内容不受用户喜欢，因此可以作为网店运营改进的依据。

3）平均停留时长

计算公式：平均停留时长 = 来访店铺的所有访客总的停留时长/访客数（秒）。

指标意义：反映访客在线时间的长短，时间越长，则网店黏性越高，即为访客提供了更有价值的商品和服务，转化访客价值的机会也就越多。

指标用法：当一个网店的平均停留时长低于行业平均水平时，说明网店的黏性不足，用户体验不好，需要改进。

4）跳失率

计算公式：跳失率 = 一天内来访店铺浏览量为 1 人次的访客数/店铺总访客数。

指标意义：该值越低表示所获取流量的质量越好。

指标用法：当一个网店的跳失率高于行业平均水平时，说明网店引来流量的质量不佳，或者需要改进购物流程和用户体验等环节。

5）店铺新访客占比

计算公式：店铺新访客占比 = 来访店铺的新访客数量/当天访客数量。

指标意义：反映访问网店的新用户比例。

指标用法：店铺新访客占比有一个合理范围，如果店铺新访客占比过低，则说明网店曝光偏少。

2. 订单数据分析

1）下单买家数

计算公式：下单买家数 = 统计时间内拍下商品的去重买家人数。

指标意义：反映店铺销售情况。

指标用法：通过下单卖家数的同比和环比，可以了解本网店销售变动情况。

2）支付买家数

计算公式：支付买家数 = 统计时间内完成支付的去重买家人数。

指标意义：反映店铺销售情况。

指标用法：通过支付卖家数的同比和环比，可以了解本网店销售变动情况。通过支付买家数行业排名，可以了解本网店在行业中所处的地位。

3）退款率

计算公式：退款率 = 退款成功笔数/支付子订单数 × 100%。

指标意义：反映店铺商品的品质好坏、商品的性价比以及服务态度，直接影响店铺的搜索排名。

指标用法：一旦店铺的退款率大于行业均值，则说明网店的售中和售后服务存在问题，应及时予以处理。

4）支付金额

计算公式：支付金额 = 统计时间内买家拍下商品后支付的金额总额。

指标意义：即为网店总销售额，反映网店销售情况。

指标用法：通过支付金额的同比和环比，可以了解本网店销售变动情况。通过支付金额行业排名，可以了解本网店在行业中所处的地位。

5）客单价

计算公式：客单价 = 统计时间内支付金额/支付买家数。

指标意义：衡量统计时间内每位买家的消费金额大小，是构成网店销售额的重要指标。

指标用法：如果本网店的客单价低于行业平均水平，则说明网店在关联销售、商品促销等环节存在不足，需要改进。

6）营业利润金额

计算公式：营业利润金额 = 营业收入金额 - 营业成本金额。

指标意义：反映网店在统计时间内的盈利情况。

指标用法：如果网店的营业利润金额未达到网店经营的预期目标，则需要寻找原因，并采取措施予以改进。

7）营业利润率

计算公式：营业利润率 = 营业利润金额/营业收入金额 × 100%。

指标意义：反映统计时间内网店的盈利能力，营业利润率高则表示网店盈利能力强；反之，则表示网店盈利能力弱。

指标用法：如果网店的营业利润率低于行业平均水平，则说明网店盈利能力不足，应该查找原因，并寻求对策。

8）支付商品件数

指标意义：支付商品件数是指统计时间内，买家完成支付的宝贝数量，例如出售篮球鞋 2 双，足球鞋 1 双，那么支付商品件数为 3。

指标用法：支付商品件数就是网店的销量，支付商品件数的变动趋势反映的是网店销量的变化趋势。如果支付商品件数趋于增长，则对网店有利，当支付商品件数趋于下降时，则要求网店运营人员查找原因，及时改进。

3. 转化率数据分析

1）下单转化率

计算公式：下单转化率 = 下单买家数/访客数 × 100%。

指标意义：反映统计时间内来访客户转化为下单买家的比例，衡量网店对访问者的吸引程度以及推广效果。

指标用法：如果网店的下单转化率低于行业平均水平，则说明网店对访问者吸引力不足，推广效果差，应及时转换思路。

2）支付转化率

计算公式：支付转化率 = 支付买家数/访客数 × 100%。

指标意义：反映统计时间内来访客户转化为支付买家的比例，衡量网店对访问者的吸引程度以及推广效果。

指标用法：如果网店的支付转化率低于行业平均水平，则说明网店对访问者吸引力不足，推广效果差，应积极寻找应对策略。

4. 效率数据分析

1）连带率

计算公式：连带率 = 销售商品总数量/成交订单总数 × 100%。

指标意义：连带率亦称为效益比、附加值、购物篮系数等，可以反映客户每次购买商品的深度。

指标用法：网店的连带率越高，客单价越高，越有助于提升全店的销售额。通过连带率的变化趋势，可以发现店铺客户购买商品深度的变化，以及关联推荐效果和客服水平的变化。

2）动销率

计算公式：动销率 = 动销品种数/店铺商品总品种数 × 100%。

指标意义：动销率用于评价网店各种类商品销售情况。

指标用法：如果动销率 $>100\%$，则说明在某段时间该分类出现了品种数流失的现象；如果动销率 $\leq 100\%$，则说明在某段时间内商品销售出现滞销现象。通过对动销率的分析比较，加强对低动销率商品的关注。

5. 库存数据分析

库存指标是指分析仓库中的货品综合的指标，包括库存金额、库存数量、库存天数、库存周转率以及售罄率。

1）库存天数

计算公式：库存天数 = 期末库存金额 ×（销售期天数/某个销售期的销售金额）。

指标意义：库存天数（DOS，Days of Store），也就是存货天数，它能有效衡量库存可持续销售的时间，并且与销售速度密切相关，随着销售速度的变化而变化。

指标用法：通过库存天数可以判断网店是否存在缺货的风险。

2）库存周转率

计算公式：库存周转率 = 销售数量/[（期初库存数量 + 期末库存数量）/2] ×100%。

指标意义：库存周转率是一个偏财务的指标，一般用于审视库存的安全性问题。在网店数据分析中，库存周转率高，则商品畅销；库存周转率低，则有滞销风险。

指标用法：可以作为网店判断和调整采购政策与销售政策的依据。

3）售罄率

计算公式：售罄率 = 某段时间内的销售数量/（期初库存数量 + 期中进货数量）×100%。

指标意义：售罄率是指一定时间段某种货品的销售占总进货的比例，是指一批货物销售多少比例才能收回销售成本和费用的一个考核指标。

指标用法：用于确定货品销售到何种程度才可以进行折扣销售、清仓处理。

售罄率标杆

售罄率可以反映商品在一定时间内的销售速度。数据分析师分析售罄率时，可以依据以下基本标杆来分析。

当 25% ≤ 售罄率 ≤50% 时，库存商品为滞销品，原因可能有季节因素、销售天数不够等。

当 50% ≤ 售罄率 ≤75% 时，库存商品为平销品，则网店员工应该调整商品的销售周期，密切关注库存平销品的动态。

当 75% ≤ 售罄率时，库存商品为畅销品，则网店员工应及时补货。

6. 退货数据分析

数据分析师可以从退货指标中，分析退货的原因以及制定合理的补救措施。退货指标有金额退货率、订单退货率和数量退货率。

1）金额退货率

计算公式：金额退货率 = 某段时间内的退货金额/总销售金额 ×100%。

指标意义：金额退货率是指商品售出后由于各种原因被退回的商品金额与同期总销售金额的比率。

指标用法：通过金额退货率的变动趋势可以从退货金额方面来判断网店商品质量和售后

服务质量。

2）订单退货率

计算公式：订单退货率 = 某段时间内的退货订单数量/总订单量 ×100%。

指标意义：订单退货率是指商品售出后由于各种原因被退回的订单数量与同期总订单量的比率。

指标用法：通过订单退货率的变动趋势可以从退货订单数量方面来判断网店商品质量和售后服务质量。

3）数量退货率

计算公式：数量退货率 = 某段时间内的商品退货数量/总销售数量 ×100%。

指标意义：数量退货率是指商品售出后由于各种原因被退回的数量与同期售出的商品总数量之间的比率。

指标用法：通过数量退货率的变动趋势可以从商品退货数量方面来判断网店商品质量和售后服务质量。

第二层：每周核心数据分析。

由于用户下单和付款不一定会在同一天完成，但一周的数据相对是精准的，因此把每周数据作为比对的参考对象，主要的用途在于，比对上周与上上周数据间的差别。运营做了某方面的工作，商品做出了某种调整，相对应地，数据也会有一定的变化，如果没有变化，则说明方法有问题或者问题分析不透彻。

1. 网店流量分析

网店流量分析指标主要有 UV、PV、平均浏览页数、在线时间、跳失率、回访者比率、访问深度比率和访问时间比率。这是最基本的，每项数据增加都不容易，如果增加，则意味着要不断改进每一个发现问题的细节，不断去完善购物体验。对重要的数据指标做必要的说明。

1）跳失率

跳失率高绝不是好事，所以要弄明白跳失的问题出在哪里。在一些推广活动中或投放大媒体广告时，跳失率都会很高，跳失率高可能意味着人群不精准，或者广告诉求与访问内容有巨大的差别，或者本身的访问页有问题。

2）回访者占比

计算公式：回访者占比 = 统计时间内 2 次及以上回访者数量/总来访者数量。

指标意义：反映网店的吸引力和访客忠诚度。

指标用法：在流量稳定的情况下，此数据太高则说明新用户开发得太少，太低则说明用户的忠诚度太差，复购率也不会高。

3）访问深度比率

计算公式 1：访问深度比率 = 访问超过 11 页的用户数量/总的访问数。

计算公式 2：访问时间比率 = 访问时间在 10 分钟以上的用户数/总用户数。

指标意义：这两项指标代表网店内容吸引力。

指标用法：访问深度比率和访问时间比率越高越好。

2. 交易数据分析

运营数据分析指标主要有总订单数、有效订单数、订单有效率、总销售额、客单价、毛利润、毛利率、下单转化率、付款转化率、退货率、DSR（Detail Seller Rating，卖家服务动态评分）；每日数据汇总，每周的数据一定是稳定的，主要比对上上周的数据，重点指导运营内部的工作，如商品引导、定价策略、促销策略和包邮策略等。运营数据分析人员要思考的是：比对数据，为什么订单数减少了但销售额增加了？这是不是好事？或者为什么客单价提高了但利润率降低了？这是不是好事？还有，能否做到销售额增长、利润率提高、订单数增加？所有的问题，在运营数据中都能够找到答案。

随着淘宝越来越注重商品的质量，淘宝搜索排名中 DSR 的权重在加大。DSR 包括宝贝与描述相符的程度、卖家的服务态度、卖家发货速度、退款率、店铺的好评率、纠纷退款率和发货时间七个方面。这意味着商家必须时刻注意店铺中商品的质量，从而保障消费者的权益。图 2－5 所示为韩都衣舍的 DSR 动态评分，从图中可以看出，该店铺半年内的宝贝描述、服务态度、发货方面的动态评分均高于同行业平均水平。

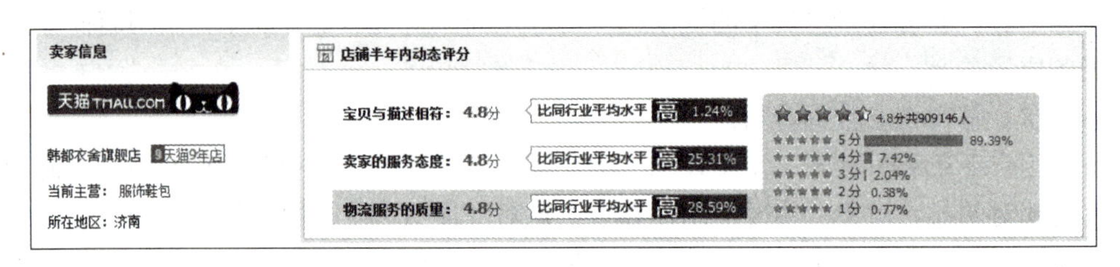

图 2－5　韩都衣舍的 DSR 动态评分

第三层：用户分析。

1. 访客分析

访客分析的主要指标有新访客数、新访客转化率、访客总数和所有访客转化率；概括性分析访客购物状态，重点在于本周新增了多少访客，新增访客转化率是否高于总体水平，如果新访客转化率很高，则说明引流方法有效，值得加强。

1）访客复购率分析

访客复购率分析指标包括 1 次购物比例、2 次购物比例、3 次购物比例、4 次购物比例、5 次购物比例、6 次购物比例和高频购物比例。

知识链接

复购率与收益

根据京东对大量商家对复购率和收益的分析结果显示：

1 次购物比例：93% 收入占比 83%。

2 次购物比例：5% 收入占比 11%。

3 次购物比例：1% 收入占比 3%。

3 次以上购物比例：1% 收入占比 3%。

这些数据表明，互联网公司要维持业绩的增长，新用户要抓，更要关注老用户的存留和复购。

2）转化率分析

转化率体现的是网店的购物流程、用户体验是否好，可以叫外功。复购率则体现网店整体的竞争力，是内功，包括知名度、口碑、客户服务、包装、发货单等每个细节，没有复购率的网店绝对没有任何前途，所以这也能够解释为什么很多网店愿意花大钱去投门户广告，为的就是获取用户的第一次购买，从而获得长期的重复购买。

运营的核心工作，一方面是做外功，提高转化率，获取消费者第一次购买行为；另一方面就是做内功，提高复购率，网店运营的根本就在于重复购买。所以网店运营是个综合学科，做好每门功课很不容易，只有依靠每个细节，才能奠定网店发展的基石。

第四层：流量来源分析。

分析流量来源时，淘宝网店可以用生意参谋，京东网店可以用数据罗盘，独立网店可以用 Google Analytics 或百度统计，它们统计的流量来源数据都比较详细。流量来源分析的意义如下：

1. 监控各渠道转化率

监控各渠道转化率是网店运营的核心工作，针对不同的渠道做有效的营销，访客数代表营销力度，转化率代表营销效果。

2. 发掘有效媒体

转化率的数据让运营人员清晰地了解什么样的渠道转化效果好，以此类推，同样的营销方式，用在同类的渠道上，效果差不到哪儿去，利用 BD（Bussiness Development，商务拓展）或广告去开发同类的合作渠道，复制成功经验。

流量分析是为运营和推广部门指导方向的，除了关注转化率，还要关注别的因素，如浏览页数、在线时间等都是评估渠道价值的指标。

第五层：内容分析。

网店内容分析主要有两项指标：跳失率和热点内容。

1. 跳失率分析

跳失率是个好医生，很适合给网店检查身体，哪里的跳失率高，就说明哪里存在问题，重点关注入店点击、购物车、客服咨询、下单等环节，这些是最基础的，当然也是最关键的。一般网店运营部会按期列出 TOP20 跳失率高的页面，然后内部展开重点讨论："为什么这些页面会有这么高的跳失率？"再依次进行改进。

2. 热点内容

这部分是用来指导运营工作的，如消费者最关注什么，哪些商品、分类、品牌点击量最高，有了这些数据，我们便可以推荐消费者最热的品牌、最受欢迎的商品等。

第六层：商品销售分析。

这部分是内部数据，根据每周、每月的商品销售详情，了解经营状况，做出未来销售趋势的判断。

1. 商品销售计划完成率

计算公式：商品销售计划完成率 =（企业商品实际销售量 × 计划单价）/（商品计划销售量 × 计划单价）

指标意义：这一指标主要考核企业的销售收入和销售计划的完成情况，也可以将计划数换算为去年同期实际数值，考核销售量变化情况。

指标用法：通过分析商品销售量计划完成情况，可以促使企业合理地制订计划，有计划地补偿生产耗费，减少商品库存，增加企业盈利。

2. 销售利润率

计算公式：销售利润率 = 企业利润/销售收入。

指标意义：通过销售利润率的计算可以分析出利润与销售收入的比重大小，反映的是企业的盈利能力。

指标用法：通过销售利润率的变化可以了解到企业经营动态和经营成果的变化情况。

3. 成本利润率

计算公式：成本利润率 = 企业利润/成本。

指标意义：该指标反映了企业投入产出水平，即所得与所费的比率。成本利润率是考核企业经营业绩的最重要指标。

指标用法：一般来说，成本费用越低，则企业盈利水平越高；反之，成本费用越高，则企业盈利水平越低。将企业的利润率指标与同行业其他企业的相关指标进行比较，可以对企业经营效益和工作业绩做出合理判断，并且通过对利润率指标与计划偏差的各因素分析，可以有效地找到问题的症结，从而提高企业的经营管理水平。影响成本费用利润率指标的因素有销售结构、销售价格、销售税金和销售成本等。

知识链接

利润评价指标应用示例

例如某电商企业10月销售收入为1 000 000元，销售成本为800 000元，利润为150 000元，则该企业的销售利润率 = 150 000 /1 000 000 = 15% ，成本利润率 = 150 000 / 800 000 = 18.8%。通过对销售利润率和成本利润率的计算，可以分析出该企业收入、支出与利润的比例关系，为考核该企业的经营业绩提供依据。

三、任务发布

（一）网店初步诊断

1. 任务背景

数据化运营之所以越来越重要，是因为数据是由消费者所产生的，借助数据进行多角度分析才能够更好地理解平台规则、消费者行为、市场变化、竞争对手运营手法，寻找运营规则。通过对网店运营数据的诊断，能够得到问题的反馈，比如搜索流量是否增长？直通车ROI是否提升？退款率是否上升？商品库存结构是否合理？销售额下降是由什么导致的？等等。根据数据反馈进行优化，才能够做好全局精准运营，实现运营效益最大化。

网店初步诊断是针对引起销售额变化的因素展开分析，分析的数据有店铺的访客数（UV）、店铺成交转化率和客单价。与行业均值或竞争对手做对比，以此来判断店铺的情况，以便做针对性的改进。

商家在店铺经营过程中总会出现各种问题，需要及时诊断，并对症下药。网店诊断的基本流程为：

（1）确定店铺问题出在哪里；

（2）收集网店数据，分析内在原因；

（3）收集行业和竞争对手数据，分析外在原因；

（4）撰写诊断报告；

（5）提出对策建议。

2. 任务内容

对经营的网店展开初步诊断，在销售额变化趋势分析的基础上对店铺的访客数（UV）、店铺成交转化率和客单价三个指标展开分析并做出诊断，根据诊断结果提出对策。

3. 任务安排

本任务是一个团队任务，要求队员分工协作完成，完成后上交《×××网店初步诊断报告》，并做好汇报结果的准备。

4. 任务实施

（1）构思。

What——做店铺诊断。

Why——初步了解店铺运营的整体情况。

Who——这是一个团队作业，合作完成。

When——任务完成时间预计为 1 小时。

Where——上课教室。

How——获取网店运营数据和行业数据，做对比分析。

（2）设计。

店铺诊断的依据是销售额 = 访客数 x 转化率 x 客单价，通过将本网店的这三个指标与行业的这三个指标进行对比分析，找出其中存在的差距。

（3）实现。

步骤 1：获取网店诊断的相关数据；

步骤 2：对比分析，找出差距；

步骤 3：商讨对策；

步骤 4：撰写《×××网店初步诊断报告》；

步骤 5：做好汇报结果的准备。

（4）运作。

×××网店初步诊断报告

1. 销售额诊断

某网店是一家天猫店，主营大家电类目，“最近 12 周”的支付金额变化趋势如图 1 所示。数据显示，该网店的支付金额在 28 周达到最高峰，之后销售额逐级下调，第 35 周的销售额较前一周下降 9.69%，较去年同期下降 27.35%，形势严峻。再与同行同层平均水平对比，可以发现同行同层平均支付金额并没有出现单边下跌的情景。因此本店铺的销售情况存在问题，情况比较严重，需要进一步分析销售额下降的原因。

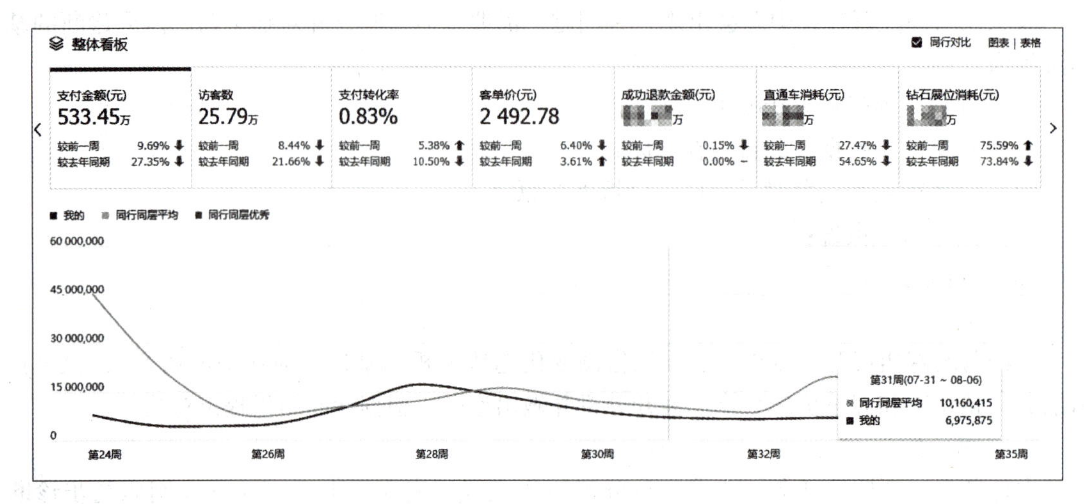

图1　网店“最近12周”的支付金额变化趋势

2. 访客数诊断

该网店“最近12周”的访客数变化趋势如图2所示。数据显示，该网店的访客数在28周达到最高峰，之后访客数开始下降，呈现单边下跌，第35周的访客数较前一周下降8.44%，较去年同期下降21.66%，情况不理想。再与同行同层平均水平对比，可以发现同行同层平均访客数同样出现单边下跌的情景，两者变化趋势基本保持同步。因此本店铺访客数下降属于行业趋势，不是本店铺经营存在的问题。

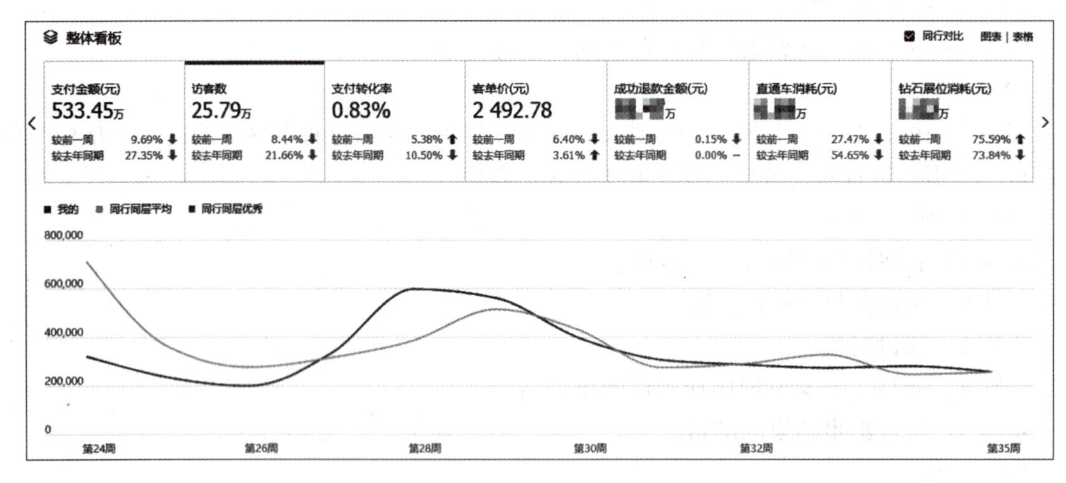

图2　网店“最近12周”的访客数变化趋势

3. 转化率诊断

该网店“最近12周”的转化率变化趋势如图3所示。数据显示，该网店的转化率在12周内出现小幅下降。第24周的支付转化率为1.11%，第35周的支付转化率为0.83%，下降幅度为25.23%。再来看同行同层平均的转化率，其在一定范围内波动，保持基本稳定，而且转化率整体水平明显高于该店铺，这说明该店铺内部运营和管理尚有不足。因此，可以诊断为该店铺转化率偏低，存在逐级小幅下降趋势，需要改进店铺内部运营与管理。

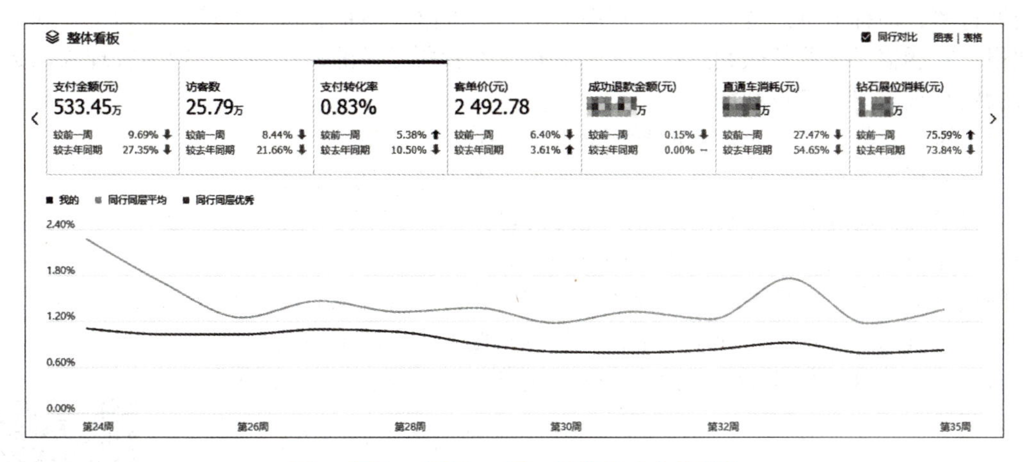

图 3　网店“最近 12 周”的转化率变化趋势

4. 客单价诊断

该网店“最近 12 周”的客单价变化趋势如图 4 所示。数据显示，该网店的客单价在 12 周内基本保持均衡，没有出现明显的上升或下降趋势。再来看同行同层平均的客单价，同样是在一定范围内波动，保持基本均衡，但客单价整体水平明显高于该店铺的，这说明该店铺关联营销和客户服务方面存在问题。因此，可以诊断为该店铺客单价整体偏低，需要改进店铺内的关联营销和客户服务。

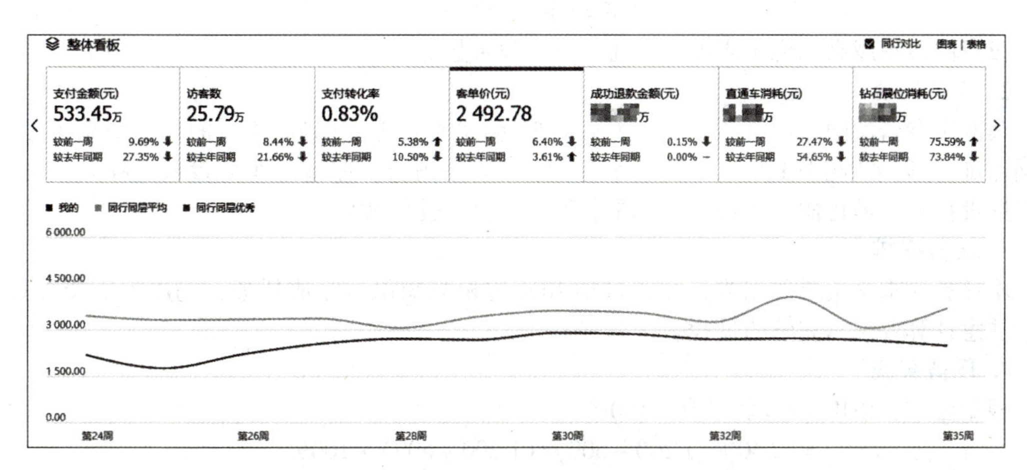

图 4　网店“最近 12 周”的客单价变化趋势

5. 综合诊断

该网店销售额出现下降，一方面是行业整体的访客数下降导致的，另一方面是转化率小幅下跌引起的。转化率是衡量店铺运营健康与否的重要指标，这也关系到店铺的盈利能力。因此该店铺的当务之急是提高支付转化率，同时设法提升客单价，这样才能在同行同层的店铺竞争中占据有利位置，赢得主动。

（二）ROI 计算

1. 任务背景

在电商运营过程中，ROI 是一个重要的指标，很多推广工作都会以 ROI 作为一种评估。

投资回报率，简称 ROI，是指通过投资而应返回的价值，即企业从一项投资活动中得到的经济回报。它涵盖了企业的获利目标，利润和投入经营所必备的财产相关，因为管理人员必须通过投资和现有财产获得利润。

ROI 的计算公式：ROI = 利润/投资总额 × 100%。

投资回报率有两种形式：基于销售额的 ROI 和基于利润额的 ROI。

直接 ROI：通过单一投放商品所产生的销售额来测算 ROI。这种直接的 ROI，往往获得的数据值比较低，有时候会影响正常的营销策略判断，可参考性不高。

间接 ROI：除了本身投放宝贝所产生的销售额外，还要考虑关联销售所带来的销售额，以及销售持续增长所产生的搜索权重带来的自然搜索量所产生的销售额。

直通车中将 ROI 简化为：直通车 ROI = 花费∶销售金额，如图 2－6 所示。

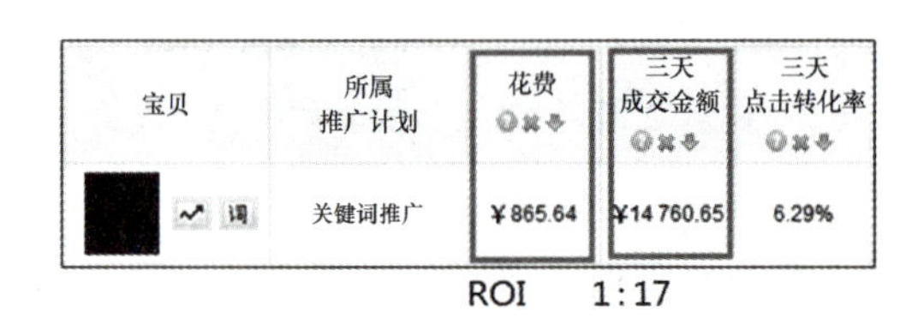

图 2－6 直通车 ROI

例如：一件衣服通过直通车推广，一个星期后台统计的结果如下：直通车花费 600 元，营业额 1 200 元，那么这一个星期直通车的 ROI 计算结果为：

$$ROI = 600:1\ 200 = 1:2$$

投资回报率越高，说明店铺的直通车推广效果越好。

2. 任务内容

某网店专营丝网印刷衬衫，该店主从 1688 阿里平台上以每件 24 元的价格采购了 50 件丝网印刷衬衫，共花去 1 200 元；然后在淘宝网店中销售，在直通车商投放 600 元广告费，卖出这批衬衫，销售额为 2 400 元。请计算 ROI 和直通车 ROI。

3. 任务安排

本任务要求学生单独完成，并在自学 ROI 的相关知识后完成任务，完成后上交计算结果。注意计算要展示完整的过程。

4. 任务实施

根据公式，

$$\begin{aligned} ROI &= 利润/投资 \times 100\% \\ &= (2\ 400 - 1\ 200 - 600)/(1\ 200 + 600) \times 100\% \\ &= 33.33\% \end{aligned}$$

$$\begin{aligned} 直通车\ ROI &= 直通车花费:成交金额 \\ &= 600:2\ 400 \\ &= 1:4 \end{aligned}$$

四、任务拓展

（一）网店销售额诊断方案设计与实施

1. 任务背景

网店在运营过程中，常常会遇到店铺发展的“瓶颈”，流量上不来，转化率上不来，销售额停滞不前，想要更上一个台阶，却不知是什么制约了店铺的发展、捆绑了网店发展的手脚。

网店初步诊断只能确认销售额下降是由访客数、转化率和客单价三个因素之中的某个或多个因素引起的，但引起访客数、转化率和客单价三个因素下降的原因又是什么呢？这需要进一步展开分析，直至找到网店销售额下降的根本原因，这样才能对症下药，找到解决销售下降问题的策略和措施。

2. 任务内容

针对自己经营的网店状况，设计网店销售额诊断方案，并在实践中检验网店销售额诊断方案的有效性，然后撰写《×××网店销售额诊断方案设计与实施报告》，内容包括：

（1）确定网店销售额诊断的数据指标体系；

（2）根据网店销售额诊断的数据指标体系查找数据源；

（3）实施网店销售额诊断；

（4）安排头脑风暴共商对策；

（5）对网店运营改进对策实施效果进行分析。

3. 任务安排

本任务是一个团队任务，要求运用 CDIO 的方法合作完成，完成后上交《×××网店销售额诊断方案设计与实施报告项目结构》，并做好汇报结果的准备。

（二）直通车 ROI 诊断方案设计

1. 任务背景

淘宝店做直通车推广，店主最关注的就是 ROI，也就是投入产出比。如果 ROI 低于 1，则赚的少于直通车赔的。

淘宝中的 ROI 是指投资回报率，也叫投入产出比，计算公式：投入产出比（ROI）= 总成交金额/花费。从这个公式可以看出，提升 ROI 有两个途径，一是提升总成交金额；二是降低总花费。

ROI 指标的意义就是能够直观地反映出直通车的效果，每家掌柜自己算一下，ROI 的盈利点在哪里，比如 100 元的商品，进价 70 元，ROI 要达到 1.7 以上，才能够保证不亏本。但这只是最直观的算法，直通车所提升的流量、促进的店铺转化成交以及加购收藏等隐性的成交也应该考虑进去。

影响 ROI 的因素主要有直通车的因素、宝贝因素和店铺因素。

2. 任务内容

根据自己经营网店的直通车投放情况，设计一个直通车 ROI 诊断方案，内容包括：

（1）确定影响直通车销售额和花费的关键因素，要尽可能细化；

（2）根据影响直通车销售额和花费的关键因素确定 ROI 分析的指标体系；

（3）基于 ROI 分析确定数据源；

（4）计算各项关键因素对 ROI 的影响程度和权重，并制作成用于 ROI 分析的表格；

（5）确定直通车 ROI 分析展开的时间节点及安排。

3. 任务安排

本任务是一个团队任务，要求运用 CDIO 的方法合作完成，完成后上交《直通车 ROI 诊断方案》，并做好汇报结果的准备。

项目结构

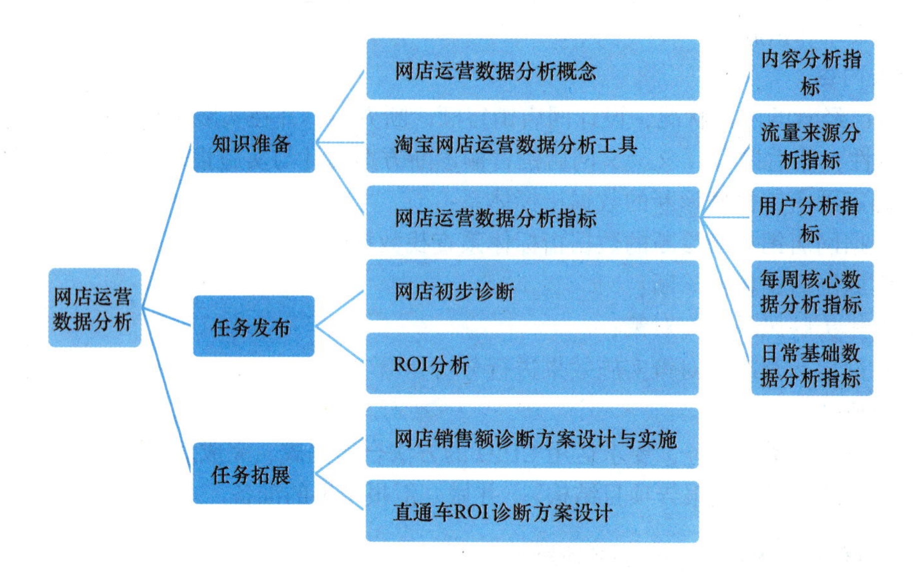

同步测试

一、判断题

1. 通过 ROI 数值，能够直接判断营销活动是否盈利，如 ROI 做到了 1，那么可以判断本次营销活动的收益与花费是持平的。（　　）
2. 魔镜是专注于竞争对手分析的数据分析平台，只针对淘宝网购平台。（　　）
3. 生意参谋不支持多岗多面及多店融合。（　　）
4. 平均停留时长反映访客在线时间的长短，时间越长，则网店黏性越低。（　　）
5. 跳失率越低表示所获取流量的质量越高。（　　）

二、选择题（单选多选不限）

1. 对于网店运营人员来说，提升销售额要做好的工作有（　　）。

A. 提高访客数　　B. 提高转化率
C. 提高客单价　　D. 提高利润率

2. 网店运营成本由（　　）等构成。

A. 推广成本　　B. 经营成本
C. IT 建维成本　　D. 人员成本

3. （　　）反映店铺商品的品质好坏和商品的性价比。

A. 退款率　　B. 跳失率
C. 连带率　　D. 售罄率

4. 网店的连带率越高，（　　）越高，有助于提升全店的销售额。

A. 访客数　　　B. 转化率

C. 客单价　　　D. 浏览量

5. 如果动销率 > (　　)，则说明在某段时间该分类出现了品种数流失的现象。

A. 100%　　B. 75%　　C. 50%　　D. 0

三、简答与计算题

1. 运营人员要怎样才能增加网店的利润？

2. 数据分析师应具备哪些能力？

3. 每周核心数据分析包含哪几个指标？

4. 某电商企业 3 月销售收入为 30 000 元，销售成本为 20 000 元，利润为8 000元，请计算该企业的销售利润率和成本利润率。

5. 某网店本月的访客数为 50 000 人，浏览量为 150 000 人次，转化率为 2%，客单价为 158 元，请计算该网店的本月销售额。

能力测评

通过本项目的学习，你是否已经掌握本项目的核心知识点和技能点，请做出自评。

知识点	网店运营数据分析的相关概念	□充分掌握□基本掌握□未掌握
	网店运营数据分析工具	□充分掌握□基本掌握□未掌握
	网店运营日常基础数据分析指标	□充分掌握□基本掌握□未掌握
	网店运营每周核心数据分析指标	□充分掌握□基本掌握□未掌握
	网店运营用户分析指标	□充分掌握□基本掌握□未掌握
	网店运营流量来源分析指标	□充分掌握□基本掌握□未掌握
	网店运营内容分析指标	□充分掌握□基本掌握□未掌握
技能点	网店初步诊断	□已经具备□初步具备□未具备
	ROI 计算	□已经具备□初步具备□未具备
	网店销售额诊断	□已经具备□初步具备□未具备
	直通车 ROI 诊断	□已经具备□初步具备□未具备
自评人（签名）： 年　月　日		教师（签名）： 年　月　日

项目三

网店流量数据分析

学习目标

知识目标

- ☞ 掌握流量来源分析；
- ☞ 掌握流量趋势分析；
- ☞ 掌握流量质量评估方法；
- ☞ 掌握流量价值计算方法；
- ☞ 懂得如何打造爆款引流；
- ☞ 理解7天螺旋的原理，熟悉7天螺旋操作方法；
- ☞ 理解千人千面的原理。

技能目标

- ☞ 具备展开流量来源对比分析的能力；
- ☞ 具备SEO标题优化能力；
- ☞ 具备合理设置商品上下架时间的能力；
- ☞ 具备商品类目优化的能力。

基本素养

- ☞ 具有数据敏感性；
- ☞ 善于用数据思考和分析问题；
- ☞ 具备收集、整理和清洗数据的能力；
- ☞ 具有较好的逻辑分析能力。

一、项目导入

长城润滑油“双十一”精准引流

1. 营销背景

“双十一”已经成为国内最大的电商购物节，长城润滑油作为传统的汽车用品行业，参与在线电商促销活动具有一定的挑战，为保证项目执行的结果，对人群精准定位有较高要求。

2. 营销目标

为“双十一”长城润滑油天猫店的页面引流，促进销售转化；在KPI方面，对PC及Mobile有不同的CPM及CPC考核要求。

3. 营销策略

通过程序化购买技术手段，实现精准的人群定向，如图1所示。

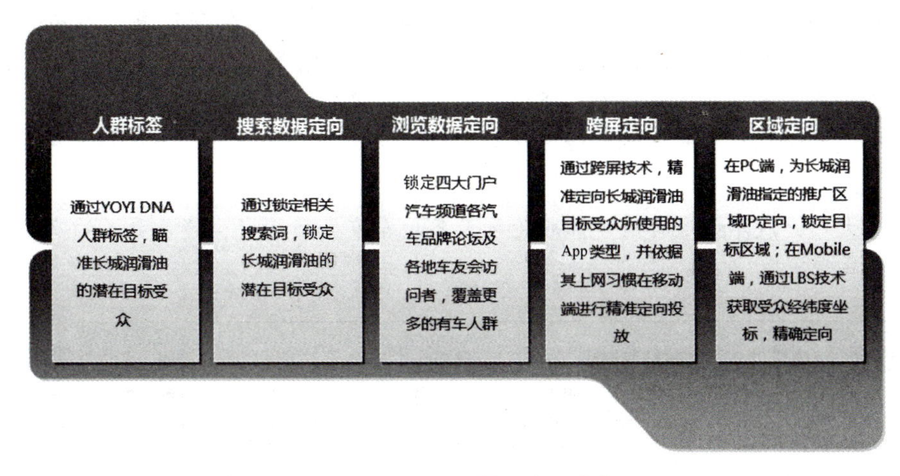

图1　长城润滑油精准人群定向

4. 人群标签

根据既定的目标人群画像，在YOYI人群标签系统中设置受众标签，进行精准投放，如图2所示。

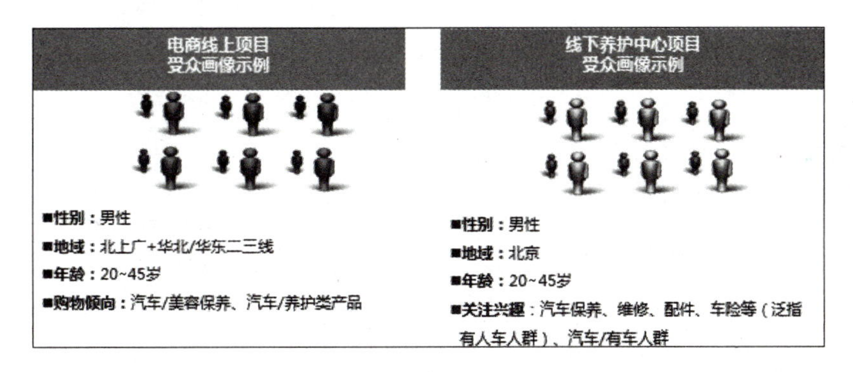

图2　人群标签

5. 搜索数据定向

通过搜索关键词，多方向锁定潜在目标受众，如图3所示。

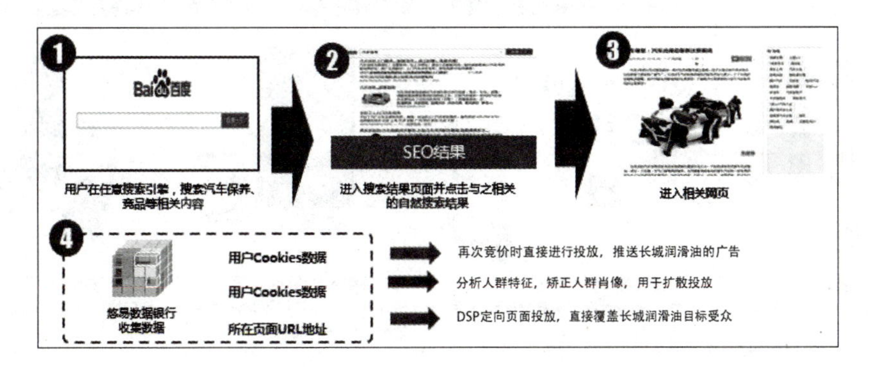

图3　搜索数据定向

6. 定向关键词列表

需求词有什么牌子润滑油好、车保养用什么润滑油、润滑油评测、润滑油推荐等。通用词有汽车润滑油、汽车养护、汽车保养等。兴趣词（拓展有车人群）有汽车用品、汽车改装、汽车美容、汽车养护、汽车配件、汽车维修、车险、车险理赔、验车、汽车年检等。竞品词有美孚、嘉实多、嘉实多极护、壳牌、昆仑等。品牌词及产品词有长城润滑油、长城金吉星、长城润滑油好吗、长城润滑油怎么样等。

7. 浏览数据定向

锁定四大门户汽车频道各汽车品牌论坛及各地车友会访问者，覆盖更多的有车人群，如图 4 所示。

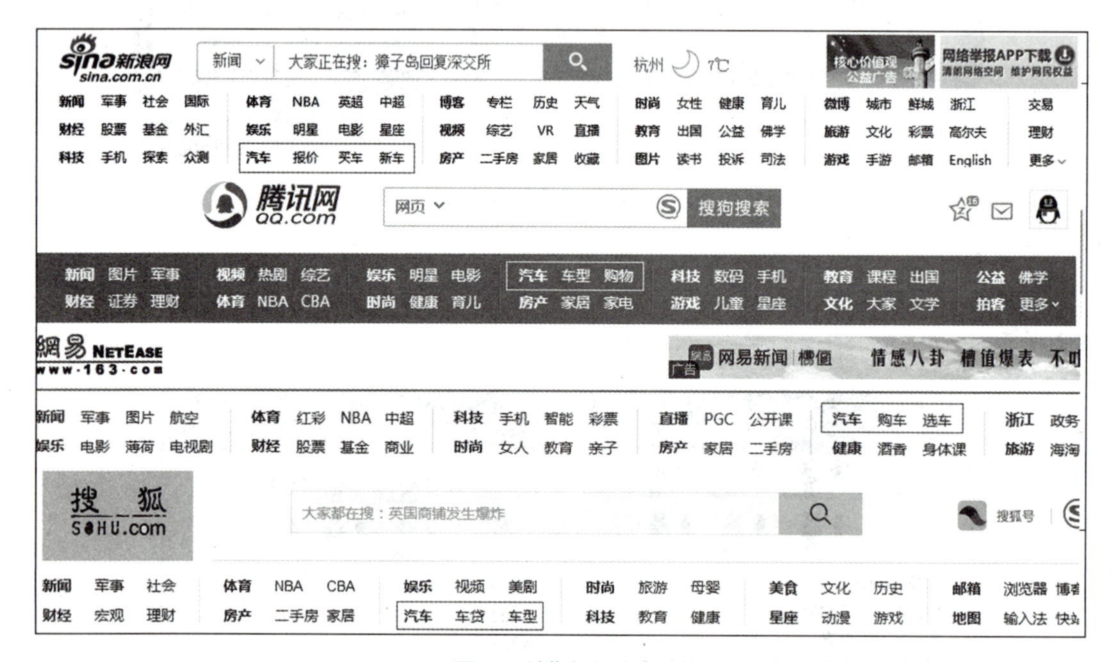

图 4 浏览数据定向

8. 跨屏定向

通过多种方式实现 PC 与 Mobile 的人群跨屏打通，更全面覆盖，更高效率，如图 5 所示。

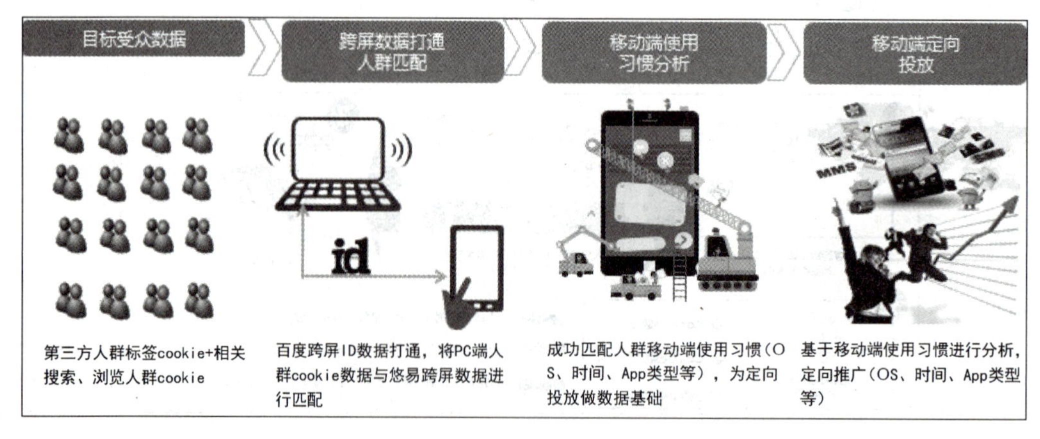

图 5 跨屏定向

通过跨屏技术，精准定向长城润滑油目标受众在移动端的使用习惯（如 App 类型、上网习惯等），进行精准定向投放。

9. 区域定向

在 PC 端，以长城润滑油指定的推广区域 IP 定向为前提，锁定目标区域；在 Mobile 端，通过 LBS 技术获取受众经纬度坐标，精确定向。

10. 引流效果与市场反馈

投放量超预期完成，KPI 超预期完成，到达率表现优异。悠易互通超额完成 PC 端和移动端广告展现及点击的预估指标。PC 端展现量完成率为 131%，点击量完成率为 122%；移动端点击量表现尤为突出，高于预期 387%。KPI 完成情况优异，对比 KPI，PC 端 CPM 及 CPC 均有 20% 左右的下降；移动端 CPM 降低 6%，CPC 比预期降低近 80%；PC 端到达率 63%，移动端到达率 33%，表现优于互联网常规水平，如图 6 所示。

PC端数据总览

投放总体结果	完成率
展现量	+31%
点击量	+22%
CPM	-24%
CPC	-18%
到达率	66%

Mobile端数据总览

投放总体结果	完成率
展现量	+7%
点击量	+378%
CPM	-6%
CPC	-79%
到达率	33%

图 6　引流效果与市场反馈

思考：

1. 什么是精准引流？
2. 长城润滑油如何实现精准引流？
3. 人群标签与定向之间是什么关系？

二、知识准备

（一）流量来源分析

流量是店铺生存的根本，其重要性不言而喻。对于一个数据分析师来说，首先要清晰地了解店铺流量来自哪里。

流量来源根据渠道的不同可以分为站内流量和站外流量，站内流量和站外流量的区别在于，站内的流量是平台已经培育好的，客户本身就是有购买需求的，所以成交的概率高，即高质量流量；而站外流量不一定有明确的购买需求，所以成交的概率相对较低，流量质量不可控。

淘宝站内流量根据付费情况分成免费流量和付费流量，免费流量根据客户的访问方式分成淘内免费和自主访问。

流量来源根据终端类型又可以分为 PC 流量和无线流量。

1. 站内免费流量

（1）淘内免费。如果把店铺比喻成大树，那么淘内免费就如同这棵大树的树根，卖家首先要做好淘内免费流量，然后再想办法扩展其他流量，这样店铺的根基才会牢固。淘内免费流量中的搜索流量和类目流量，是每个商家发布产品时都可获取的，且因为客户会通过搜索来找产品，这种搜索，目的性强，容易生成订单，所以从此渠道获得的流量，转化率较高，回头率也比较好。自然搜索流量的主要影响因素有宝贝的相关性、上下架时间、宝贝的最高权重、DSR评分、人气排名、转化率、收藏量、成交量、回头客等。图3－1所示为某网店一周的淘内免费流量，访客数达到420 699人次，排在前三位的是手淘搜索、淘内免费其他和手淘淘抢购。

流量来源	访客数		支付转化率		支付金额		客单价		操作
● 淘内免费	420,699	5.48%↓	0.91%	14.71%↓	10,187,944	19.31%↓	2,675.40	0.11%↑	趋势
手淘搜索	223,436	0.48%↑	0.80%	19.96%↓	4,736,890	18.28%↓	2,638.93	1.62%↑	详情 趋势 商品效果
淘内免费其他	103,334	13.40%↓	2.50%	6.23%↓	6,847,774	19.57%↓	2,645.97	0.96%↓	详情 趋势 商品效果
手淘淘抢购	64,176	23.97%↓	0.12%	40.00%↓	192,757	58.92%↓	2,471.24	9.94%↓	趋势 商品效果
手淘首页	29,909	26.20%↑	0.24%	3.73%↑	193,326	39.24%↑	2,685.08	6.36%↑	趋势 商品效果
手淘问大家	19,003	12.09%↓	4.61%	10.00%↓	2,271,017	21.84%↓	2,595.44	1.21%↓	趋势 商品效果
手淘旺信	16,887	7.03%↓	12.22%	12.02%↓	5,847,264	18.71%↓	2,834.35	0.63%↓	趋势 商品效果
猫客搜索	13,473	10.93%↑	0.94%	21.66%↓	355,994	12.73%↓	2,825.34	0.43%↑	详情 趋势 商品效果

图3－1 某网店一周的淘内免费流量

淘宝平台还会举办一些免费的促销活动，如淘金币、淘抢购、淘宝试用、淘宝清仓、天天特价等，此类活动引入的往往是对价格敏感的人群。商家参加促销活动是有条件的，这需要其必须在日常经营中打好基础，有活动机会时，及时报名。活动流量与报名的产品与竞争力有关，要争取多报一些活动，多参加淘宝帮派活动。

淘宝免费流量还包括阿里旺旺的非广告流量，如店铺街、淘宝画报、淘宝街掌柜说等。

免费流量占比高，代表商家的SEO标题优化做得不错，店铺的评分、商品的排名都很高。免费流量通常在店铺各类型流量中占比都比较大。

（2）自主访问。自主访问流量是指淘宝买家主动访问店铺时产生的流量，其来源包括购物车、我的淘宝、直接访问，是所有流量中质量最高的流量，稳定性好，成交转化率高。提升自主访问流量的关键是做好店铺或宝贝链接地址的推广以及回头客和回头客的口碑营销。图3－2所示为某网店一周的自主访问流量，访客数为36 284人，其中从购物车来的访客人数最多，从我的淘宝来的访客的支付转化率最高。

流量来源	访客数		支付转化率		支付金额		客单价		操作
● 自主访问	36,284	0.34%↓	10.29%	18.57%↓	10,069,880	20.15%↓	2,697.53	1.60%↓	趋势
购物车	24,294	4.54%↓	11.85%	14.86%↓	7,682,499	20.77%↓	2,668.46	2.52%↓	趋势 商品效果
我的淘宝	15,852	2.64%↑	16.69%	21.76%↓	7,474,495	19.67%↓	2,824.82	0.04%↑	趋势 商品效果
直接访问	429	13.49%↑	1.17%	120.28%↑	13,894	223.27%↑	2,778.80	29.31%↑	趋势 商品效果

图3－2 某网店一周的自主访问流量

自主访问量大，代表店铺的老客户多，说明商家的店铺具有一定的品牌效应。因为自主访问流量的转化率通常比较高，所以很多商家都会鼓励买家收藏自己的店铺或店铺中的商品。如果自主访问流量下降，那么商家就需要注意店铺的经营策略是否伤害到了老客户。

店铺规模、经营的商品种类不同，自主访问流量占比也会不同。但同样有规律可循，例如奶粉、化妆品的买家忠诚度高，这类店铺的自主访问流量占比就高。一些店铺销售的商品往往有自己的特色和个性，拥有一批粉丝，复购率高，自主访问流量占比也高。而像大家电、家具这种不需要经常购买的商品，老客户比较少，自主访问流量占比小。

2. 站内付费流量

付费流量是指卖家通过付费方式获得的流量，在店铺流量占比越大就意味着商家的成本越高，因此在使用这些流量前一定要明确引入流量的目的，做好推广策略，做好访客价值的估算。付费流量的特点是容易获取，精准度高，是店铺流量不可缺少的一部分，来源主要分为直通车、聚划算、淘宝客和钻石展位。图 3－3所示为某网店一周的付费流量，访客数为 131 045 人，该网店广告投入集中在直通车、聚划算和淘宝客。

流量来源	访客数		支付转化率		支付金额		客单价		操作
● 付费流量	131,045	12.72%↓	0.84%	17.09%↓	3,018,226	27.18%↓	2,731.42	0.63%↑	趋势
直通车	71,158	20.03%↓	0.60%	23.68%↓	1,098,701	41.61%↓	2,579.11	4.32%↓	详情 趋势　商品效果
聚划算	45,163	3.26%↓	0.80%	12.24%↓	1,037,415	11.49%↓	2,881.70	4.25%↑	详情 趋势　商品效果
淘宝客	15,385	21.79%↑	2.35%	35.00%↓	1,025,457	17.57%↓	2,840.60	4.13%↑	趋势　商品效果
智钻	838	78.93%↓	0.12%	5.06%↓	3,299	73.38%↓	3,299.00	33.08%↑	趋势　商品效果

图 3－3　某网店一周的付费流量

（1）直通车。直通车是按点击付费（CPC）的效果营销工具，为卖家实现宝贝的精准推广。通过直通车，商家的宝贝可以出现在搜索页的显眼位置，以优先的排序来获得买家的关注。只有当用户点击宝贝时才需要付费，而且系统能智能过滤无效点击，为商家精确定位适合的买家人群。图 3－4 所示为某网店一周的直通车流量，直通车引流关键词主要是空调、电视和美的变频空调。

直通车通过与搜索关键词相匹配，为淘宝买家推荐直通车宝贝，当买家浏览到直通车上的宝贝时，可能被图片和价格吸引，于是有了购买兴趣，点击进入。因此淘宝直通车为店铺带来的流量是精准有效的，吸引的是优质买家，而且买家进入店铺后，会产生一次或者多次的流量跳转，促成店铺其他宝贝成交，这有助于降低店铺的推广成本，提升店铺的整体营销效率。同时，淘宝直通车为广大淘宝卖家提供淘宝首页热卖单品活动、各大频道的热卖单品活动和不定期的淘宝各类资源整合的直通车用户专享活动。

直通车流量需要卖家把握好度，一般出价越高，排名就会越靠前，前提是宝贝的其他优化细节都做得比较到位。

（2）聚划算。聚划算是阿里巴巴集团旗下的团购网站，是一个定位精准，以 C2B 驱动的营销平台，除了主打的商品团和本地化服务外，为了更好地为消费者服务，还陆续推出了品牌团、聚名品、聚设计、聚新品等新业务频道。由淘宝网官方开发平台，并由淘宝官方组织的一种线上团购活动形式。聚划算的基本收费模式为“基础费用 + 费率佣金”。图 3 – 5 所示为某网店一周的聚划算流量。

店铺来源 > 来源详情　　直通车　　取消关注

细分来源　商品效果　人群透视　　周（07-17~07-23）

☑ 访客数　☑ 支付转化率　☑ 支付金额　☑ 客单价　☐ 下单金额　☐ 下单买家数　已选 4/5 重置
☐ 下单转化率　☐ 支付买家数　☐ UV价值

流量来源	访客数	支付转化率	支付金额	客单价	操作
其他	14 741	1.98%	743 209	2 545.23	趋势
空调	5 407	0.65%	75 264	2 150.40	趋势
电视	2 501	0.40%	18 890	1 889.00	趋势
美的变频空调	2 174	0.87%	72 874	3 835.47	趋势
电视机	1 270	0.47%	9 793	1 632.16	趋势
美的空调	851	0.82%	17 593	2 513.28	趋势
奥克斯空调 1.5匹	726	1.10%	16 792	2 099.00	趋势
志高 空调	487	0.41%	6 597	3 298.50	趋势

图 3 – 4　某网店一周的直通车流量

店铺来源 > 来源详情　　聚划算　　关注

细分来源　商品效果　人群透视　　周（07-17~07-23）

☑ 访客数　☑ 支付转化率　☑ 支付金额　☑ 客单价　☐ 下单金额　☐ 下单买家数　已选 4/5 重置
☐ 下单转化率　☐ 支付买家数　☐ UV价值

流量来源	访客数	支付转化率	支付金额	客单价	操作
其他	3 617	2.68%	256 877	2 648.21	趋势
https://ju.taobao.com/m/jusp/jd/songhuo/mtp.htm	2 102	1.43%	77 267	2 575.56	趋势
http://ju.taobao.com/m/jusp/jd/songhuo/mtp.htm	2 031	1.87%	98 158	2 583.10	趋势
http://jusp.tmall.com/act/o/qingliangju	924	0.00%	0	0.00	趋势
聚客搜索	769	1.56%	34 479	2 873.25	趋势
http://jusp.tmall.com/act/o/jujiaraaa	743	0.00%	0	0.00	趋势
聚客首页	731	0.00%	0	0.00	趋势
http://jusp.tmall.com/act/o/jiazhpp	633	0.16%	3 999	3 999.00	趋势
聚客minisite页	606	1.49%	27 038	3 004.22	趋势

图 3 – 5　某网店一周的聚划算流量

（3）淘宝客。淘宝客是一种按成交计费（CPS）的推广模式，属于效果类广告推广，卖家无须投入成本，在实际的交易完成后，其按一定比例向淘宝客支付佣金，没有成交就没有佣金。

淘宝客推广由淘宝联盟、淘宝卖家、淘宝客和淘宝买家四种角色合作完成。淘宝联盟是淘宝官方的专业推广平台。淘宝卖家可以在淘宝联盟上招募淘宝客，帮助其推广店铺以及宝贝。淘宝客利用淘宝联盟找到需要推广的卖家，然后获取商品代码。任何买家经过淘宝客的推广（链接、个人网站，博客或者社区发的帖子）进入淘宝卖家店铺完成购买后，淘宝客都可得到由卖家支付的佣金。简单说，淘宝客就是指帮助卖家推广商品并获取佣金的人。

淘宝客的付费方式的性价比最高，只有成交才会支付佣金。同时，性价比越高就意味着推广的门槛越高、难度越大，淘宝卖家在选择淘宝客时，应考虑到店铺的综合利润，当店铺商品的转化率不高或佣金较低时，淘宝客的动力就会减弱。图 3－6所示为某网店 12 周的淘宝客流量变化趋势，总体上不及同行同层平均访客数。

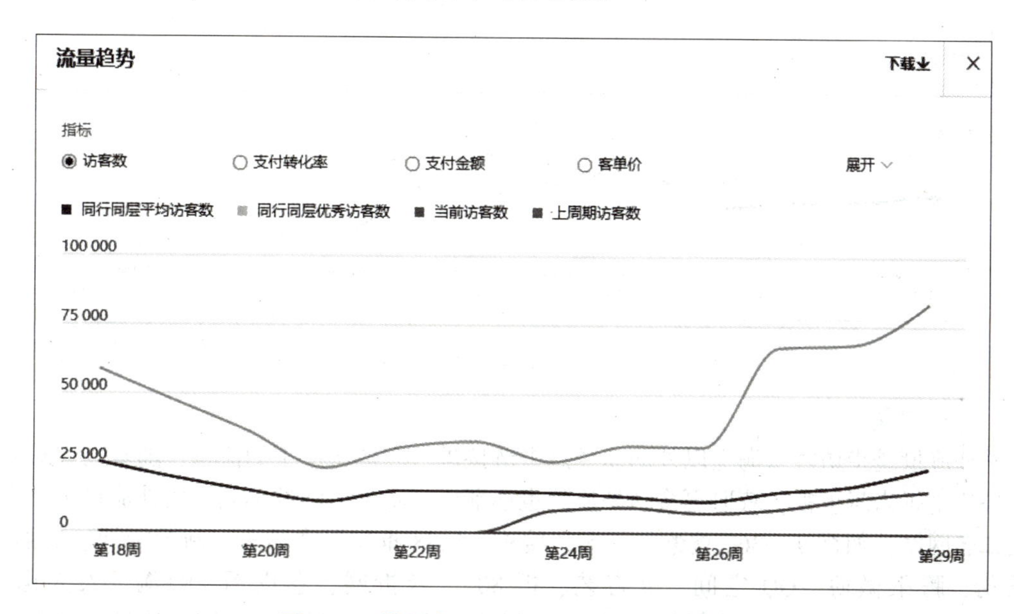

图 3－6　某网店 12 周的淘宝客流量变化趋势

淘宝客流量主要推广店铺的主推宝贝，店主可以寻找一些大的淘客进行合作，请他们参加一些淘宝客活动等，这相当于花钱请人帮忙为店铺做推广，但是风险相对比较低。

（4）钻石展位（智钻）。钻石展位是按展现收费（CPM）的推广方式（注：淘宝现在也提供 CPC 收费模式），有淘宝首页、类目首页、门户、画报等多个淘宝站内广告展位，以及大型门户网站、垂直媒体、视频站、搜索引擎等淘外各类媒体广告展位。钻石展位主要依靠图片的创意吸引买家的兴趣，以此获取巨大的流量。钻石展位可以做人群定向和店铺定向，定向包括地域、访客和兴趣点三个维度，主动把广告投放给潜在的目标客户。如果说直通车是布点，那么钻石展位就是铺面，商家可以自己通过客户需求分析，判断出目标客户具有哪些特征，哪些店铺的客户也同样是你的客户，然后通过定向，将广告展现在这些客户面前。钻展的引流花费相对比较大，但是引来的流量通常都是比较精准有效的，通过这样的方式能够更大面积地覆盖网络，大大增加产品展现在买家面前的机会。图 3－7所示为某网店 12 周的智钻流量变化趋势，从数据上看，智钻不是该网店的主要推广方式，投入较少，可能与支付转化率偏低有关。

钻石展位既可以做单品推广，也可以做店铺推广。单品推广一般适合需要长期引流的宝贝和不断调高单品成交转化率的卖家。店铺推广主要针对有一定活动运营能力或者短时间内需要大量流量的大中型卖家。

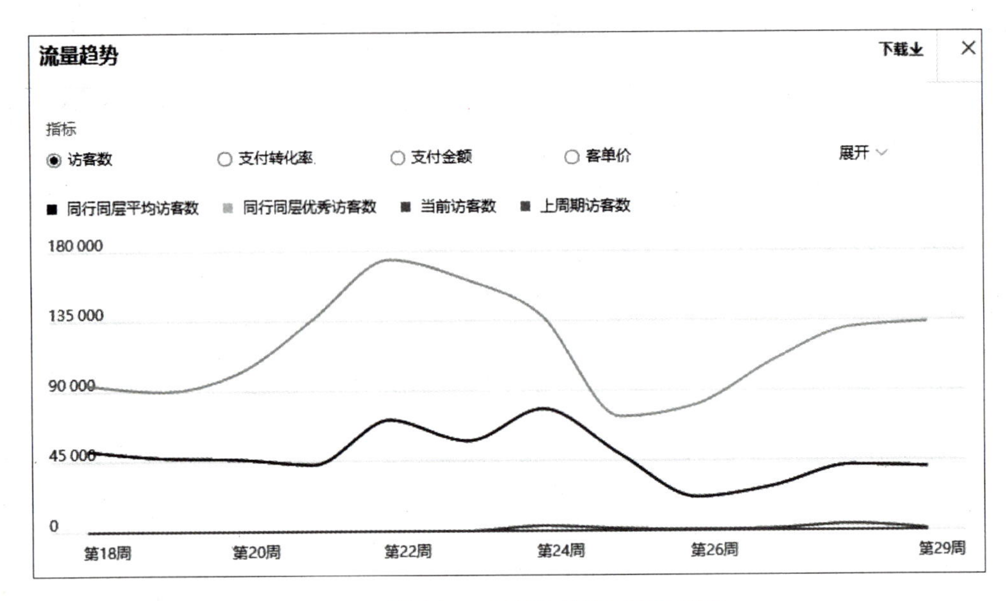

图 3－7 某网店 12 周的智钻流量变化趋势

3. 站外流量

站外流量是指访客从淘宝以外的途径点击链接进入店铺所产生的流量，随着淘宝对店铺的站外流量越来越重视，获取更多站外流量也逐渐成为卖家关注的焦点。站外流量主要来自各大知名网站，如百度、360 搜索、一淘、搜狗、1688 批发平台搜索、新浪微博、美丽说、蘑菇街、腾讯微博、QQ 空间、爱奇艺、折 800、米折网、卷皮网、嗨淘、人人逛街、FACEBOOK、优酷、必应、有道等。图 3－8 所示为某网店一周的淘外网站流量，搜狗的访客数相对比较多，但淘外网站流量的支付转化率均为零，应加以分析。

流量来源	访客数		支付转化率		支付金额		客单价		操作
● 淘外网站	307	9.97%↓	0.00%	0.00%	0	0.00%	0.00	0.00%	趋势
搜狗	232	5.69%↓	0.00%	0.00%	0	0.00%	0.00	0.00%	趋势 商品效果
淘外网站	70	21.35%↓	0.00%	0.00%	0	0.00%	0.00	0.00%	详情 趋势 商品效果
百度	5	16.67%↓	0.00%	0.00%	0	0.00%	0.00	0.00%	趋势 商品效果

图 3－8 某网店一周的淘外网站流量

站外流量来源根据内容可以细分为影视、军事、娱乐、教育、社交等，卖家需要根据店铺风格进行选择，如年轻类的店铺就比较适合新浪微博、无线陌陌等站外资源位，因为该类网站面向的群体都是一些年轻人，这些网站更容易引起他们的关注和购买欲；而一些男装店铺就比较适合一些中华网、凤凰网等站外资源位，因为该类网站面对的群体都比较男性化，经济实力比较高、购买力比较强。

站外流量大，代表商家在淘宝站外做的推广多。而站外流量转化率低，占比过大，往往会造成转化率下降。而转化率降低又会影响店铺的综合评分，导致商品搜索权重下降。

4. 无线流量

移动时代的来临，吸引了大部分的消费者，消费者更多地选择了手机购物，不再集中于

PC 桌面时代的集中时间逛淘宝。流量也因此变得更加碎片化，商家的流量主战场也因此转移到了手机淘宝上。当前无线流量已经成为流量来源主要载体，在淘宝的很多类目中，无线访客占比达到 80%，甚至更高。图 3－9 所示为某网店一周的无线流量。

构成　分析　对比　同行　　周（ 07-17~ 07-23 ） 无线端

流量来源构成　　隐藏空数据　下载

☑ 访客数　☑ 支付转化率　☑ 支付金额　☑ 客单价　☐ 下单金额　☐ 下单买家数　已选 4/4 重置
☐ 下单转化率　☐ 支付买家数　☐ UV价值

流量来源	访客数		支付转化率		支付金额		客单价		操作
淘内免费	420 699	5.48%↓	0.91%	14.71%↓	10 187 944	19.31%↓	2 675.40	0.11%↑	趋势
付费流量	131 045	12.72%↓	0.84%	17.09%↓	3 018 226	27.18%↓	2 731.42	0.63%↑	趋势
自主访问	36 284	0.34%↓	10.29%	18.57%↓	10 069 880	20.15%↓	2 697.53	1.60%↓	趋势
淘外网站	307	9.97%↓	0.00%	0.00%	0	0.00%	0.00	0.00%	趋势
其它来源	26	36.84%↑	0.00%	0.00%	0	0.00%	0.00	0.00%	趋势

图 3－9　某网店一周的无线流量

无线端自然搜索排序的各个影响因素中销量权重最大。要提高无线端自然搜索排名，需要设置手机专享价，可以获得搜索加权。若店铺在无线端没有产品的关键词排位，则可以采用优惠等方式引导客户从 PC 端首页扫码进入无线端购买；若店铺在无线端有产品的关键词排位，则可以设法保持日常该宝贝的点击量与转化率，从而稳定该单品无线端的流量引入，具体方法有：通过淘抢购活动引入的大量流量进行销售，提高该单品销售数量、稳定该单品无线端的流量引入，或者通过无线端钻石展位转化、无线端直通车转化、微淘定期推送信息与微淘特定优惠吸引已关注店铺品牌以及收藏过店铺的客户进行购买，提升该单品的销售量。

有了流量数据后，接着需要分析店铺的流量是否健康，访客的行为特征是怎样的，各个渠道获得的流量质量如何。如果发现某个渠道获得的流量存在问题，则应进一步分析影响该流量的各个相关因素。

（二）流量趋势分析

流量是淘宝店铺的生命线，没有流量就意味着没有订单。然而流量入口众多，类型各异，网店流量趋势出现问题时，人们往往很难厘清头绪，此时需要一个清晰的解决思路，以快速找到问题的症结所在，一招制胜。

图 3－10 所示为网店流量趋势出现问题时的解决思路。当商家发现网店流量趋势出现问题时，首先与本行业的流量变化趋势进行对比，确认流量趋势呈现下降是否是本店铺自己的原因，如果确认是本店铺自己的原因，接下来要查看各种类型流量数据，分析不同类型流量的变化趋势，找出有问题的流量，然后思考可能导致这种类型流量出现波动的因素有哪些，找到关键点所在，再对症下药。

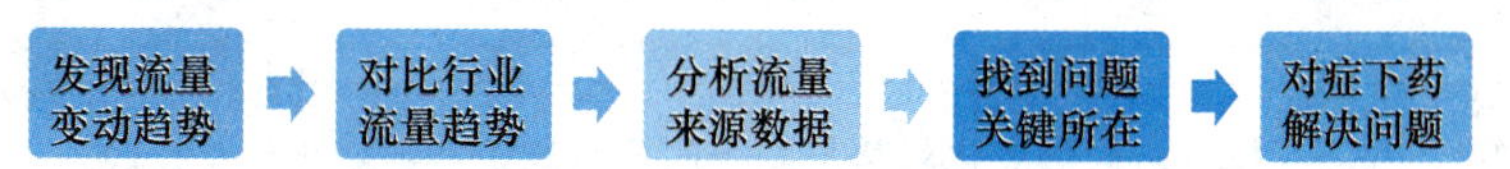

图 3－10　网店流量趋势出现问题时的解决思路

流量变动趋势分析与问题的解决思路是一条主线，其中可以拓展出很多的细分思路。例如商家发现免费流量下降是导致店铺流量趋势呈现下降的主因，那么就深入分析免费流量相关的因素，包括关键词、商品标题、店铺评分、市场变化等，仅仅市场变化这一项就又可以拓展出许多节点，如季节、天气影响，或是淘宝推广动态变化等。不仅如此，流量趋势的变动可能不止由一个因素导致，而是由多种因素导致的。例如店铺免费流量和自主访问流量都发生了变化，与自主访问流量相关的是老客户因素，与免费流量相关的是新客户因素，那么商家就要考虑是不是店铺的某种改变让老客户和新客户都不喜欢？是不是店铺的整体风格或是模特等的变化导致了流量的下降？

1. 发现流量变动趋势

图 3－11 所示为某网店将近一个月的访客数变化趋势：流量自 7 月 22 日达到最高点后开始下降，在 8 月 14 日达到最低点。流量变动趋势明显。

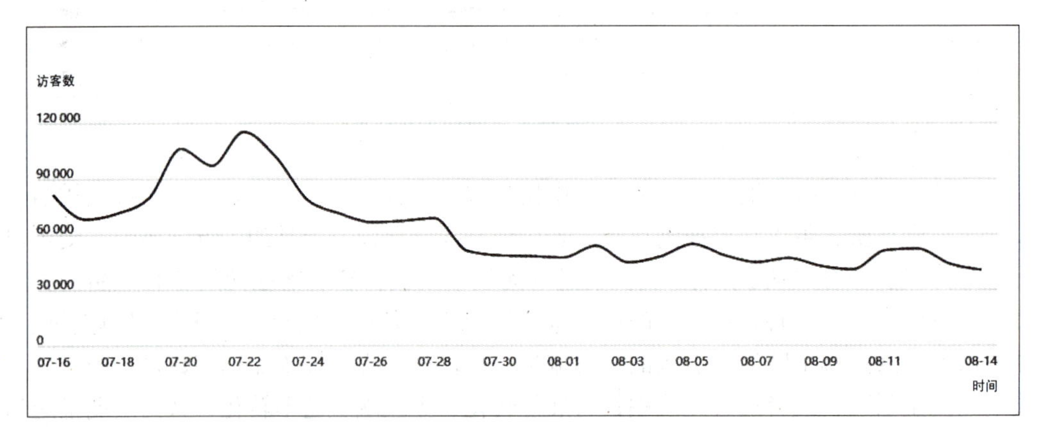

图 3－11　访客数变化趋势

2. 对比行业流量趋势

选择与同行同层平均访客数进行比较。同行同层平均访客数自 7 月 23 日达到最高点后也呈下降趋势，两者的访客数基本同步（图 3－12），在 8 月 10 达到最低点，之后流量开始上升，在 8 月 14 日，同行同层平均访客数为 72 349 人，该网店的访客数为 40 694 人，差距明显，因此需要对 8 月 14 日的流量进行深入分析。

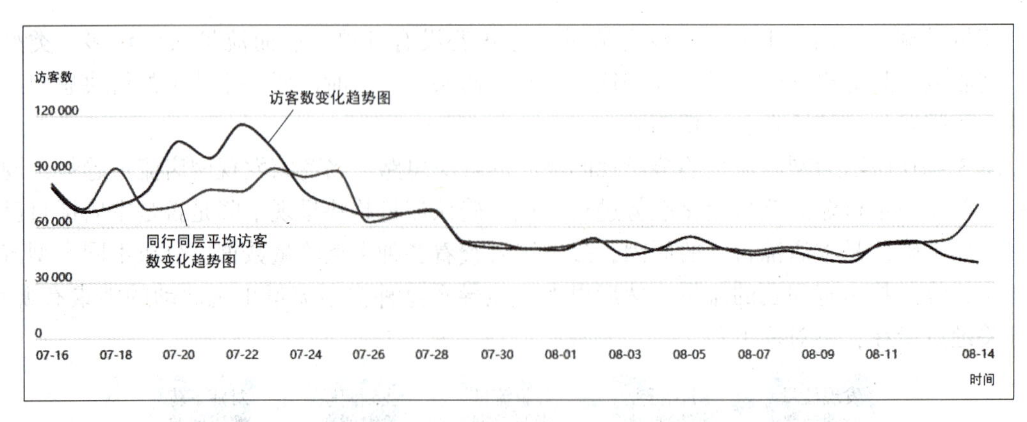

图 3－12　访客数变化趋势与同行同层平均访客数变化趋势比较

3. 分析流量来源数据

8 月 14 日该网店的访客数为 40 694 人，较前 1 日下降 7.67%，如图 3－13 所示。再来查看流量来源细分的变化。

访客数/人	浏览量/人次	跳失率/%	人均浏览量/人次	平均停留时长/m
40 694 较前1日 7.67% ↓	122 954 较前1日 6.12% ↓	57.70% 较前1日 0.22% ↓	3.02 较前1日 1.68% ↑	29.49 较前1日 0.27% ↑
老访客数/人	**新访客数/人**	**关注店铺人数/人**		
7 749 较前1日 1.72% ↑	32 945 较前1日 9.63% ↓	35 较前1日 75.00% ↑		

图 3－13　8 月 14 日该网店的具体指标网店的访客数

8 月 14 日该网店的流量来源排行无线端 TOP10 如图 3－14 所示，手淘搜索较前 1 日下降 8.06%，人数为 1 397 人；直通车下降 6.28%，人数为 449 人；手淘首页下降 5.79%，人数为 192 人；手淘问大家下降 8.95%，人数为 108 人；猫客搜索下降 28.45%，人数为 272 人；淘内免费其他流量是增长的。可见，手淘搜索人数的下降是网店流量下降的主要原因，需要对手淘搜索人数下降展开进一步的分析。

流量来源排行TOP10　　无线 ∨　　店铺来源 ›

排名	来源名称	访问：访客数 较前1日	转化：下单买家数 较前1日	下单转化率 较前1日	操作
1	手淘搜索	15 926 8.06% ↓	143 15.32% ↑	0.90% 25.44% ↑	详情　趋势
2	淘内免费其他	8 593 7.80% ↑	242 46.67% ↑	2.82% 36.05% ↑	详情　趋势
3	直通车	6 705 6.28% ↓	57 72.73% ↑	0.85% 84.29% ↑	详情　趋势
4	手淘首页	3 122 5.79% ↓	13 30.00% ↑	0.42% 38.00% ↑	趋势
5	购物车	2 667 1.68% ↑	296 54.97% ↑	11.10% 52.42% ↑	趋势
6	我的淘宝	1 896 5.16% ↑	300 33.33% ↑	15.82% 26.79% ↑	趋势
7	淘宝客	1 287 14.20% ↑	40 166.67% ↑	3.11% 133.52% ↑	趋势
8	手淘旺信	1 128 0.09% ↑	157 61.86% ↑	13.92% 61.71% ↑	趋势
9	手淘问大家	1 099 8.95% ↓	54 86.21% ↑	4.91% 104.51% ↑	趋势
10	猫客搜索	684 28.45% ↓	12 71.43% ↑	1.75% 139.60% ↑	详情　趋势

图 3－14　8 月 14 日该网店的流量来源排行无线端 TOP10

4. 找到问题关键所在

8 月 14 日手淘搜索流量细分来源显示，排在前 3 位的分别是空调，容声冰箱旗舰店官方店电视，搜索访客数分别为 605 人、594 人、245 人，如图 3－15 所示。

细分来源 商品效果 人群透视 日（08-14~08-14）

☑ 访客数 ☑ 支付转化率 ☑ 支付金额 ☑ 客单价 ☐ 下单金额 ☐ 下单买家数 已选 4/5 重置
☐ 下单转化率 ☐ 支付买家数 ☐ UV价值

流量来源	访客数	支付转化率	支付金额	客单价	操作
空调	605	0.33%	6 297	3 148.50	趋势
容声冰箱旗舰店官方店	594	1.35%	14 892	1 861.50	趋势
电视	245	0.00%	0	0.00	趋势
海信电视官方旗舰店	219	0.00%	0	0.00	趋势
美的变频空调	202	0.00%	0	0.00	趋势
冰箱	174	0.00%	0	0.00	趋势
奥克斯旗舰店官方旗舰	160	0.63%	2 099	2 099.00	趋势
空调挂机	147	0.00%	0	0.00	趋势
美的空调	140	0.00%	0	0.00	趋势
其他	126	0.00%	0	0.00	趋势

图 3－15　8 月 14 日手淘搜索流量细分来源

8 月 13 日手淘搜索流量细分来源显示，排在前 3 位的是空调、容声冰箱旗舰店官方店、海信电视官方旗舰店，搜索访客数分别为 778 人、689 人、340 人（图 3－16）。

细分来源 商品效果 人群透视 日（08-13~08-13）

☑ 访客数 ☑ 支付转化率 ☑ 支付金额 ☑ 客单价 ☐ 下单金额 ☐ 下单买家数 已选 4/5 重置
☐ 下单转化率 ☐ 支付买家数 ☐ UV价值

流量来源	访客数	支付转化率	支付金额	客单价	操作
空调	778	0.00%	0	0.00	趋势
容声冰箱旗舰店官方店	689	0.44%	3 476	1 158.66	趋势
海信电视官方旗舰店	340	0.59%	3 498	1 749.00	趋势
美的变频空调	310	0.00%	0	0.00	趋势
冰箱	251	0.00%	0	0.00	趋势
电视	247	0.41%	1 099	1 099.00	趋势
空调挂机	237	0.42%	2 999	2 999.00	趋势
奥克斯旗舰店官方旗舰	184	1.63%	8 297	2 765.66	趋势
乐视官方旗舰店	179	0.56%	2 099	2 099.00	趋势
美的空调	164	0.00%	0	0.00	趋势

〈上一页 1 2 3 4 … 100 下一页〉 跳转

图 3－16　8 月 13 日手淘搜索流量细分来源

8 月 14 日大家电行业热词榜如图 3－17 所示，搜索人气排名前 3 的是空调、冰箱和洗衣机，相对应的点击人数分别为 25 353 人、27 500 人、20 890 人。

8 月 13 日大家电行业热词榜如图 3－18 所示，搜索人气排名前 3 的是空调、冰箱和洗衣机，相对应的点击人气分别为 24 629 人、27 842 人、20 790 人。

行业热词榜 累计值　自然日（08-14~08-14）　大家电　所有终端

热门搜索词　热门长尾词　热门核心词　热门品牌词　热门修饰词

热搜搜索词　下载

请输入关键词

热搜排名	搜索词	搜索人气	商城点击占比	点击率	点击人气	支付转化率	直通车参考价
1	空调	51 845	88.82%	48.43%	25 353	1.90%	0.94
2	冰箱	43 505	83.80%	58.80%	27 500	3.21%	1.13
3	洗衣机	35 956	82.34%	52.71%	20 890	3.81%	1.62
4	电视	34 710	79.89%	58.37%	20 803	1.75%	0.99
5	洗衣机 全自动	27 359	69.80%	91.60%	19 717	4.28%	2.02
6	美的官方旗舰店	26 814	99.78%	157.93%	15 901	6.77%	2.43
7	冰箱小型	26 569	51.45%	106.32%	20 551	3.32%	0.99
8	空调挂机	24 312	79.50%	78.22%	15 111	2.52%	0.84
9	电视机	24 055	81.44%	55.30%	14 277	2.25%	0.99
10	油烟机	23 970	61.34%	105.85%	16 941	5.90%	4.16

图 3-17　8 月 14 日大家电行业热词榜

行业热词榜 累计值　自然日（08-13~08-13）　大家电　所有终端

热门搜索词　热门长尾词　热门核心词　热门品牌词　热门修饰词

热搜搜索词　下载

请输入关键词

热搜排名	搜索词	搜索人气	商城点击占比	点击率	点击人气	支付转化率	直通车参考价
1	空调	44 621	86.73%	50.76%	24 629	0.60%	1.00
2	冰箱	43 867	82.63%	57.84%	27 842	1.82%	1.14
3	洗衣机	35 527	80.41%	51.20%	20 790	2.49%	1.58
4	电视	34 823	77.11%	57.61%	20 760	0.88%	1.01
5	洗衣机 全自动	27 301	63.33%	93.28%	19 818	3.60%	2.10
6	冰箱小型	26 781	48.17%	109.22%	21 442	3.07%	1.05
7	美的官方旗舰店	26 357	99.80%	174.67%	16 191	2.28%	2.49
8	空调挂机	25 024	73.72%	80.80%	16 052	0.82%	0.72
9	电视机	24 382	79.49%	55.64%	14 133	1.19%	1.01
10	油烟机	24 028	58.64%	108.21%	17 400	4.95%	4.25

图 3-18　8 月 13 日大家电行业热词榜

8 月 14 日与 8 月 13 日细分来源访客数与行业搜索点击人气对比分析如表 3 –1所示。其中总体占比 = (8 月 14 日手淘搜索关键词访客人数 – 8 月 13 日手淘搜索关键词访客人数)/8 月 14 日较前 1 日手淘搜索下降人数。

表 3 – 1 细分来源访客数与行业搜索点击人气对比分析

手淘搜索关键词	本店访客数				行业搜索点击人气		
	8 月 14 日/人	8 月 13 日/人	环比/%	总体占比/%	8 月 14 日/人	8 月 13 日/人	环比/%
空调	605	778	–22.24	–12.38	25 353	24 629	2.94
容声冰箱旗舰店官方店	594	689	–13.79	–6.80	4 993	5 244	
电视	245	247	–0.81	–0.14	20 803	20 760	0.21
海信电视官方旗舰店	219	340	–35.59	–8.66	7 574	6 878	10.12
美的变频空调	202	310	–34.84	–7.73	5 859	6 083	–3.68
冰箱	174	251	–30.68	–5.51	27 500	27 842	–1.23
奥克斯旗舰店官方旗舰	160	184	–13.04	–1.72	3 193	3 120	2.34
空调挂机	147	237	–37.97	–6.44	15 111	16 052	–5.86
美的空调	140	164	–14.63	–1.72	6 430	6 155	4.47
合计	2 486	3 200	/	–51.11	/	/	/

通过对比分析可以发现，手淘搜索关键词中主要的关键词均出现搜索人数下降的现象，其中“空调”“海信电视官方旗舰店”“美的变频空调”“容声冰箱旗舰店官方店”“空调挂机”“冰箱”搜索人数下降较多，环比下降幅度较大，总体占比较大，这 6 个关键词的搜索人数下降是引起手淘搜索流量下降的关键因素。

在对比行业搜索点击人气时，“空调”和“海信电视官方旗舰店”的行业搜索点击人气环比是上升的，但本店访客数却出现较大比例的下降，说明本店在这两个关键词上的竞争力在下降，这就是问题的症结所在。

5. 对症下药解决问题

找到流量下降的原因后，商家把改进的重点放在提升“空调”和“海信电视官方旗舰店”这两个关键词的竞争力上，一段时间的运营后取得明显成效，店铺流量恢复到同行同层平均水平。

（三）流量质量评估

网店获取的流量来自多个不同的渠道，不同渠道获得的数据来源有高质和低质的区别。高质量的流量能够给网店带来优质的潜在客户，而低质的流量对网店的作用非常有限。对于网店来说，最终的目的是获取利润、产生经济效益，所以对流量质量的评估关键在于确定流量本身的有效性，确实流量是否能带来价值。

我们对一个网店各个渠道获得的流量进行评估时，需要关注几个重要指标：免费流量与付费流量之比、真实流量占比、有效流量占比和高质流量之比。

免费流量是通过免费渠道来获得访客的，而付费流量是通过付费方式获得的。真实流量是剔除虚假流量之后的流量。有效流量是登录网店后并非立即离开的这部分流量，虽然这部分访客不一定会产生购买行为。高质量流量是指与网店有互动行为的流量，包括下单、支付、加购、收藏，或咨询，以及浏览较多网页的访客。

流量质量的评估通常采用转化率、活跃客户率和参与指数作为衡量流量有效性的三项宏观指标。

转化率是指流量带来的访客中成交客户的比例，直接衡量流量的效果。

活跃客户率是指流量带来的访客中活跃客户的比例，衡量流量的潜在价值。

参与指数是指一段时间内流量带来的访客平均访问网店的次数，衡量流量带来的访客的黏性。

当某个渠道带来的流量的三项指标都很高时，流量就可以定性为高质量。当某个渠道所获流量在这三项指标上有高有低时，就可以将转化率作为主要指标。

案　例

某网店无线端7月主要流量来源有5个，每个流量来源的访客数、转化率、活跃客户率和参与指数如表2所示，请评估5个渠道所获取流量的质量。

表2　某网店无线端7月主要流量来源

流量来源	访客数/人	转化率/%	活跃客户率/%	参与指数
淘内免费	965 047	1.39	1.93	1.86
付费流量	291 207	1.28	1.37	1.24
自主访问	87 462	15.06	3.51	2.73
淘外网站	765	0.25	0.51	1.22
淘外 APP	538	0.13	2.78	1.95

（四）流量价值计算

现在好多店铺都在使用直通车引流，而且将来淘宝、天猫前期也将更多地趋向于用付费流量来增加店铺的流量。但引入的流量到底有没有价值呢？这就需要进行计算了。计算流量的价值，可以帮助卖家知道店铺整体流量的健康状态，尤其是店铺经营进入稳定期后，每一个流量能产生多少价值商家要做到心中有数，如果流量价值开始下降，那么商家就需要考虑是不是在错误的引流渠道上投入了太多的资源。

1. 获取数据

流量价值（UV价值）的定义是一个流量能带来多少交易金额，又称流量产值。流量价值的计算公式一为：

流量价值＝流量产生的交易金额/流量大小
＝访客数×转化率×客单价/访客数
＝转化率×客单价

流量价值（UV价值）还可以定义为一个流量能带来多少利润。流量价值的计算公式二为：

$$
\begin{aligned}
\text{流量价值} &= \text{流量产生的利润}/\text{流量大小} \\
&= \text{访客数} \times \text{转化率} \times \text{客单价} \times \text{利润率}/\text{访客数} \\
&= \text{转化率} \times \text{客单价} \times \text{利润率}
\end{aligned}
$$

根据公式，计算流量价值需要获取的数据包括店铺的交易金额、访客数、转化率和客单价。在生意参谋的首页的运营视窗中的整体看板可以获取每日的交易、流量、商品、推广和服务相关的数据，如图 3－19 所示。

运营视窗　管理视窗　日（ 06-06 ）

整体看板　图表 | 表格

		06-06	较上周同期	06-05	较上周同期	06-04	较上周同期	06-03	较上周同期
交易	支付金额	2 658 509.73	+5 110.93%	145 559.82	+90.49%	168 907.94	+5.41%	1 348 143.80	+508.69%
	支付转化率	1.99%	+1 384.49%	0.28%	+65.41%	0.30%	+18.76%	1.11%	+212.30%
	客单价	3 055.76	+205.47%	1 155.24	-10.80%	1 351.26	-35.91%	2 930.75	+36.29%
	支付买家数	870	+1 605.88%	126	+113.56%	125	+64.47%	460	+346.60%
	支付老买家数	75	+3 650.00%	10	+150.00%	7	-22.22%	23	+130.00%
	老买家支付金额	266 834.00	+>9 999%	15 570.99	+202.00%	14 212.00	-13.56%	70 310.00	+307.93%
	支付件数	1,122	+1 834.48%	134	+123.33%	132	+53.49%	583	+402.59%
	支付子订单数	976	+1 707.41%	134	+123.33%	130	+56.63%	512	+361.26%
流量	访客数	43 765	+14.91%	44 939	+29.11%	42 226	+38.49%	41 282	+43.00%
	浏览量	143 232	+21.66%	140 382	+35.76%	121 687	+41.51%	126 551	+73.68%
商品	加购人数	1 857	-16.20%	2 647	+36.09%	1 924	+20.85%	1 769	+69.77%
	加购件数	10 400	+202.15%	5 339	+85.70%	2 831	+21.82%	2 423	+71.60%
	商品收藏人数	752	-17.27%	1 007	+24.78%	904	+31.97%	778	+48.47%
推广	直通车消耗	14 081.74	-9.52%	15 609.76	+2.77%	14 800.83	+10.59%	13 239.97	+47.14%
	钻石展位消耗	423.71	-78.80%	1 098.81	-2.87%	1 083.95	+160.40%	754.62	+99.45%
	淘宝客佣金	726.53	+112.04%	933.49	+126.70%	646.98	-89.38%	654.81	+36.76%
服务	成功退款金额	306 880.99	+892.37%	86 389.18	+105.75%	102 737.00	+210.91%	247 613.65	+278.97%

图 3－19　整体看板

2. 计算流量价值

在获得计算流量价值所需的数据之后，将数据输入 Excel 表格，按照公式计算流量价值。该网店 6 月 3—6 日的流量价值如表 3－2 所示。

表 3－2　流量价值（6 月 3—6 日）

项目 \ 日期	6 月 3 日	6 月 4 日	6 月 5 日	6 月 6 日
支付金额/元	1 348 143	168 907	145 559	2 658 509
访客数/人	41 282	44 939	43 765	43 765
流量产值/元	32. 656 920 69	3. 758 583 9	3. 325 922 5	60. 745 093
浏览量/人次	126 551	121 687	140 382	143 232
浏览量价值/元	10. 652 962 05	1. 388 044 7	1. 036 877 9	18. 560 859
转化率/%	1. 11	0. 30	0. 28	1. 99
客单价/元	2 930	1 351	1 155	3 055
利润率/%	10	10	10	10
流量价值/元	3. 252 3	0. 405 3	0. 323 4	6. 079 45

根据流量价值公式一计算得到该网店的流量价值，6 月 6 日的流量价值最高，每位访客产生的支付金额为 60.75 元；6 月 3 日的流量价值也达到每位访客 32.66 元，6 月 5 日的最低，每位访客产生的支付金额最低 3.33 元；浏览量价值也相近，6 月 6 日的浏览量价值最高，每个浏览量产生的支付金额为 18.56 元；6 月 3 日的浏览量价值也达到每个浏览量 10.65 元，6 月 5 日的最低，每个浏览量带来的交易金额最低为 1.04 元。根据流量价值公式二计算得到该网店的流量价值，6 月 6 日的流量价值最高，每位访客产生的利润为 6.08 元；6 月 3 日的流量价值也达到每位访客 3.27 元，6 月 5 日的最低，每位访客产生的支付金额最低 0.32 元。

商家可以依据自己店铺的流量价值控制广告成本，如果该商家表示要考虑 ROI（投资回报率），则只需将直通车、钻石展位以及其他类型广告的点击成本控制在流量价值以下。

（五）爆款引流

爆款是指人气指数极高、销售量很旺、供不应求的商品，常指网店销售，亦有指实物店铺销售。爆款的具体表现是高流量、高曝光率、高成交转化率。从严格意义上讲，爆款可以分成两种：引流爆款和盈利爆款。引流爆款也叫小爆款，盈利爆款也叫大爆款。从成本上讲，引流爆款的利润一般比较低。

爆款让众多商家关注的原因主要是某件宝贝的热销，能够拉动店铺的成交额快速增长，甚至影响一整个季度的销售格局。在成功打造爆款宝贝之后，商家可以从整个爆款销售周期中循环获得收益。

如今淘宝上的商品以“万”为单位计，如何打造一款爆款呢？在行业以“千”为单位的商家中，如何让顾客从千百万商品大军中找到自己的商品——爆款？什么样的款才算是爆款，如何打造爆款？这是万千商家所孜孜以求的。

1. 全盘分析

全盘分析是要对整个市场进行综合的考查分析。商家想要把某一类商品某件单品打造成爆款之前，首先，必须了解这类目商品在整个市场中的销售潜力，消费群体对此类商品的需求和购买意向，只有拥有大量的潜在客户的商品，才有爆起来的可能，这就是常说的宝贝“有后劲”。其次，要把控好自己的商品，商品质量要经得住考验。最后，一定要做到心中有数，控制好自己的理智，对自己人力、物力、财力的投入要有计划地进行，对自己要达到的目标有合理的预期。

2. 选款

爆款的挑选和推广是决定爆款成败的关键因素。挑选一个好的有潜质的商品作为爆款，是成功的开端，直接关系到爆款是否成功。

一个商品要成为爆款需要具备哪些条件呢？能够成为爆款的商品大多是高附加值、具有鲜明特色、卖点独特、口感或者包装形态有创新的商品。通常挑选的爆款商品在五个数据维度上应该有出色的表现，分别为浏览量、人均停留时长、跳出率、转化率和收藏量，如图 3－20 所示。

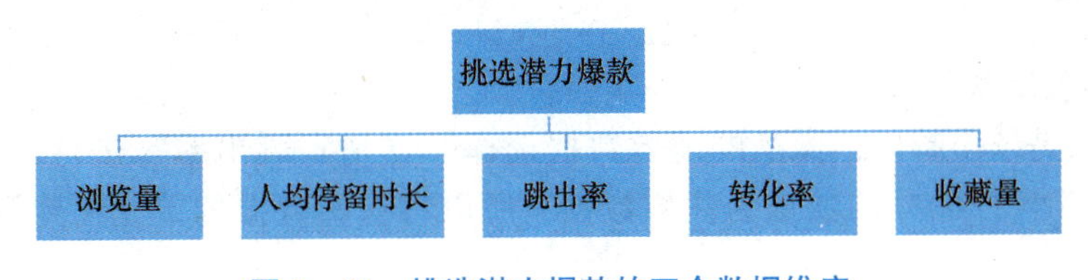

图 3－20　挑选潜力爆款的五个数据维度

首先是浏览量。没有流量的商品是不具备成为爆款的基本潜质的，但是流量大的商品就能成为爆款商品吗？换一个角度来思考，有一款商品，它的流量已经是全店商品中最大的，但销量却处于中下水平，也就说明其转化能力低下，不适合用来打造爆款。

人均停留时长代表访客对这款商品的感兴趣程度，人均停留时长越长，说明这款商品对访客的吸引力越大。

跳出率与转化率大小同样代表了商品被销售出去的概率大小。爆款商品一定要选择跳出率低、转化率高的商品。

收藏量代表一款商品被多少买家关注，关注的买家越多，这款商品就越有可能在后期增加销量。所以在选择潜力爆款商品时，不得不看它的收藏量大小。

某网店利用浏览量、人均停留时长、跳出率、转化率和收藏量五个指标筛选潜力爆款商品的步骤如下。

1）平均停留时长筛选

从生意参谋的商品效果分析获取商品的绩效数据，然后选择“平均停留时长”进行降序排列。由于平均停留时长越长越好，因此要筛选出平均停留时长较长的商品。本例以平均停留时长大于等于 60 秒的数据为优质数据，将这些数据的单元格用深色进行填充，如图 3－21所示。

	A	B	C	D	E	F
1	商品标题	浏览量	平均停留时长	详情页跳出率	支付转化率	收藏人数
2	LG WD-N12430D 6千克滚筒洗衣机 全自动变频超薄智能静音特价包邮	42	314.05	28.75%	0.00%	0
3	Philips/飞利浦 32PHF5081/T3 32英寸液晶电视智能网络平板电视机	29	155.39	0.00%	0.00%	0
4	AUX/奥克斯 KFR-25GW/F01A+3 正1匹p冷暖定速节能空调挂机	56	154.39	0.00%	0.00%	0
5	Midea/美的 KF66/150升-MI(E4) 空气能热水器家用150升空气源热泵	40	122.9	60.42%	0.00%	0
6	大1匹挂机变频冷暖空调挂Galanz/格兰仕 KFR-26GW/RDVDLL9-150(2)	63	109.57	49.44%	0.00%	0
7	Sanyo/三洋 XQB70-M1055N 7千克全自动洗衣机 送货上门 包邮	46	109.36	15.00%	0.00%	0
8	沙宣电吹风家用大功率 吹风机宿舍发廊不伤发冷热风恒温吹风筒	52	108.99	56.03%	0.00%	0
9	Midea/美的 KF66/200升-MI(E4) 空气能热水器 200升家用空气源热泵	53	108.1	64.44%	0.00%	0
10	大1.5匹挂机变频冷暖空调Gree/格力 KFR-35GW/(35596)FNAa-A3 Q铂	70	102.14	29.45%	0.00%	3
11	SIEMENS/西门子 SC73E610TI进口全嵌入式家用全自动洗碗机镶嵌式	681	91.98	66.81%	0.24%	7
12	Galanz/格兰仕 KFR-35GW/RDVdLD9-150(2)大1.5匹变频冷暖空调挂机	35	84.23	0.00%	0.00%	0
13	AUX/奥克斯家庭中央空调商用一拖五6匹变频冷暖型DLR-160W/DCZ2	781	84.04	64.21%	0.00%	5
14	Joyoung/九阳 K15-F626电热水壶304不锈钢家用烧水壶保温自动断电	46	83.83	0.00%	0.00%	0
15	Hisense/海信 LED43EC660US 43英寸4K超高清智能平板液晶电视机42	57	80.99	27.71%	0.00%	0
16	SIEMENS/西门子 SK23E800TI 洗碗机 家用进口嵌入式立式	238	79.27	50.45%	0.00%	3
17	伊莱特 EB-IC4A4L智能IH电饭煲4L迷你电饭锅家用正品3~4~6人	111	78.96	39.31%	0.00%	4
18	Bear/小熊 SNJ-530酸奶机家用全自动包邮米酒机大容量陶瓷内胆	46	76.59	48.33%	0.00%	3
19	LG WD-A12411D 8千克变频滚筒洗衣机 全自动烘干机/家用干衣机	29	76.37	10.00%	0.00%	0
20	变频小1.5匹壁挂空调Gree/格力 KFR-32GW/(32592)FNhDa-A3品园	28	76.28	0.00%	0.00%	1
21	AUX/奥克斯 中央空调 家用 一拖六 6匹 变频 空调DLR-160W/DCZ2	910	74.7	67.12%	0.16%	7
22	TCL小1匹单冷节能静音高效挂壁空调定速挂机TCL KF-23GW/BF33-I	68	73.77	26.11%	0.00%	0
23	志高空调大2匹变频冷暖柜机家用立式圆柱Chigo/志高 NEW-LV18C1H3	170	73.53	50.92%	0.00%	1
24	伊莱特 EB-FCM48A 全智能电饭煲4L预约定时饭锅5~6人	224	73.28	67.15%	0.00%	0
25	3匹高端柜机圆柱立式空调Gree/格力 KFR-72LW(72551)NhAa-3 i酷	54	72.94	26.67%	0.00%	1
26	方太EMD6T+HT8BE云魔方顶吸式抽油烟机燃气灶套餐烟灶套装特价	247	71.45	57.28%	0.00%	4
27	SIEMENS/西门子 KG23F1830W 大容量时尚金 三门零度保鲜冰箱	43	71.19	10.00%	0.00%	3
28	Bear/小熊 YSH-A03U1迷你养生壶自动加厚玻璃 电热杯煮花茶壶	82	70.37	30.18%	1.89%	1
29	Midea/美的 RSJ-20/150RD 空气能热水器150升一体机 家用 节能 电	84	70	60.95%	0.00%	1
30	海信空调1元特权指定型号抵900元！	40	69.92	35.37%	3.33%	0
31	风管机空调家用变频中央空调大1.5匹 AUX/奥克斯GR-36DW/BPDC6-C	725	69.79	62.14%	0.00%	7
32	大1匹挂机变频壁挂空调Gree/格力 KFR-26GW/(26592)FNhDa-A3品圆	157	69.14	58.98%	0.00%	6
33	大6匹美的中央空调家用变频一拖五MDVH-V160W/N1-612P(E1) Midea	111	69.1	52.65%	0.00%	0
34	Sharp/夏普 LCD-65TX83A 液晶电视机65英寸4k高清智能网络平板70	2 900	68.49	71.39%	0.36%	8
35	Fotile/方太 JSG25-13BESW燃气热水器天然气液化气平衡式智能新款	289	67.14	58.48%	0.00%	5
36	Philips/飞利浦 32PHF5050/T3 32英寸平板网络智能WIFI液晶电视机	39	67.1	1.31%	0.00%	3
37	德国SIEMENS/西门子 SN23E832TI 全自动洗碗机家用消毒刷碗柜嵌入	1 118	66.87	64.21%	0.16%	16
38	TCL 55A880C 55英寸4K超高清曲面WIFI智能语音LED液晶电视机彩电	188	66.73	71.09%	0.00%	1
39	Haier/海尔E900T6A+QE636B欧式顶吸 吸油烟机 燃气灶 套餐	689	66.7	68.89%	0.83%	13
40	Changhong/长虹 50D3P 50吋32核4K智能 HDR平板液晶LED电视机55	494	66.45	63.78%	0.00%	2

图 3－21 平均停留时长筛选

2）详情页跳出率筛选

跳出率自然是越小越好，商品的绩效数据选择“详情页跳出率”进行升序排序。本例以详情页跳出率小于 60% 的数据为优质数据，所以将这些数据的单元格用深色进行填充，如图 3－22 所示。

	A	B	C	D	E	F
1	商品标题	浏览量	平均停留时长	详情页跳出率	支付转化率	收藏人数
2	Philips/飞利浦 32PHF5081/T3 32英寸液晶电视智能网络平板电视机	29	155.39	0.00%	0.00%	0
3	AUX/奥克斯 KFR-25GW/F01A+3 正1匹p冷暖定速节能空调挂机	56	154.39	0.00%	0.00%	0
4	Galanz/格兰仕 KFR-35GW/RDVdLD9-150(2)大1.5匹变频冷暖空调挂机	35	84.23	0.00%	0.00%	0
5	Joyoung/九阳 K15-F626电热水壶304不锈钢家用烧水壶保温自动断电	46	83.83	0.00%	0.00%	0
6	变频小1.5匹壁挂空调Gree/格力 KFR-32GW/(32592)FNhDa-A3品园	28	76.28	0.00%	0.00%	1
7	Ronshen/容声 BD/BC-145MB 家用 单温 冷柜 强冷冻力顶开门多模式	58	65.15	0.00%	0.00%	2
8	Sanyo/三洋 DG-F75266BCG7.5千克变频滚筒空气洗衣机全自动消毒防臭	78	59.63	0.00%	0.00%	1
9	Galanz/格兰仕 KF-23GW/LP47-150(2) 小1匹单冷节能空调挂机	28	34.18	0.00%	0.00%	1
10	格力小1.5匹智能变频空调 Gree/格力 KFR-32GW/(32559)FNAc-A3	37	29.71	0.00%	0.00%	0
11	Littleswan/小天鹅 TB60-V1059H 6千克全自动波轮洗衣机分期	28	21.96	0.00%	0.00%	1
12	Hisense/海信 BCD-171F/Q 电冰箱两门家用小型节能静音双门式冰箱	31	20.41	0.00%	0.00%	0
13	AUX/奥克斯 KFR-32GW/HU+3 小1.5匹定频节能静音冷暖挂机空调	27	18.56	0.00%	0.00%	0
14	Galanz/格兰仕 XQG70-Q710滚筒洗衣机7千克全自动家用节能甩干	38	15.27	0.00%	0.00%	1
15	AUX/奥克斯 KFR-50GW/SA+3 大2匹冷暖节能防霉超静音大2p空调挂机	30	14.9	0.00%	0.00%	1
16	Fotile方太补邮费/差价专用链接	27	12.74	0.00%	22.22%	0
17	AUX/奥克斯 KF-26GW/AFF600+3大1匹单冷达人壁挂式卧室挂机空调	33	12.66	1.11%	0.00%	1
18	TCL D32E161 32英寸网络液晶电视机 LED卧室Wifi平板彩电	52	19.08	1.18%	0.00%	0
19	Philips/飞利浦 32PHF5050/T3 32英寸平板网络智能Wifi液晶电视机	39	67.1	1.31%	0.00%	3
20	美的电风扇FS40-13GR遥控落地扇 智能预约定时家用风扇学生扇	58	20.43	1.67%	2.22%	0
21	Bear/小熊 DKX-230UB 30开家用多功能烘焙电烤箱上下独立控温	46	15.77	1.67%	0.00%	1
22	Philips/飞利浦吸尘器FC5822无尘袋家用卧式吸尘器1400W 全国包邮	48	12.33	5.00%	0.00%	0
23	Hisense/海信 BCD-206D/Q1三门冰箱小型家电家用冷藏冷冻电冰箱	50	18.83	6.43%	0.00%	0
24	大1匹定速挂机冷暖空调Gree/格力 KFR-26GW/(26592)NhDa-3 品圆	50	50.74	7.22%	0.00%	1
25	Bear/小熊 QSJ-B03D1 料理机绞肉机家用电动碎肉机搅拌打肉器	58	30.8	7.22%	0.00%	0
26	LG WD-A12411D 8千克变频滚筒洗衣机 全自动烘干机/家用干衣机	29	76.37	10.00%	0.00%	0
27	SIEMENS/西门子 KG23F1830W 大容量时尚金 三门零度保鲜冰箱	43	71.19	10.00%	0.00%	3
28	SIEMENS/西门子 BCD-610W(KA92NV41TI)对开门双门电冰箱变频无霜	29	41.6	10.00%	0.00%	0
29	SIEMENS/西门子 XQG70-WM12E2680W 7千克全自动智能滚筒洗衣机	55	31.22	10.00%	0.00%	1
30	Galanz/格兰仕 BCD-217T三门小冰箱家用三开门电冰箱节能静音冷藏	30	30.09	10.00%	0.00%	1
31	FSJ-A05E2小熊细腻粉碎机家用打粉机中药材磨粉机钢磨研磨机	36	27.46	10.00%	0.00%	0
32	1匹挂机壁挂冷暖空调 Gree/格力 KFR-23GW/(23592)NhDa-3 品圆	65	25.37	10.00%	0.00%	3
33	大1.5匹节能Hisense/海信 KFR-35GW/ER09N3(1L04) 冷暖空调挂机	60	28.28	10.30%	0.00%	1
34	乐视TV Letv Max70 70英寸超级安卓智能网络3D平板LED液晶电视机	53	51.37	11.19%	0.00%	0
35	3匹定频立式圆柱柜机空调Gree/格力 KFR-72LW/(725511)NhAaD-3	38	24.01	11.67%	0.00%	2
36	MeiLing/美菱 BCD-448ZP9CX对开门电冰箱家用节能四门变频多开	49	41.25	12.78%	0.00%	0
37	Bear/小熊 SNJ-B15D1家用全自动不锈钢6分杯纳豆米酒酸奶机正品	30	13.29	12.78%	0.00%	0
38	美的电风扇FS40-11L1落地扇 家用静音风扇 学生扇 摇头电扇	45	12.89	13.57%	0.00%	0
39	Haier/海尔 EC6005-T+ 60升电热水器 洗澡淋浴 防电墙 送货入户	68	38.02	14.17%	0.00%	1
40	AUX/奥克斯 KFR-26GW/BpHBV+2 大1匹挂机变频冷暖壁挂式空调2级	75	22.69	14.17%	0.00%	0

图 3－22 详情页跳出率筛选

3）支付转化率筛选

商品支付转化率越高越好，商品的绩效数据按“支付转化率”进行逆序排列，排序后，选择优质数据进行标识。本例以支付转化率大于“1%”的数据为优质数据，将这些优质数据所在的单元格用深色进行填充，如图 3－23 所示。

	A	B	C	D	E	F
1	商品标题	浏览量	平均停留时长	详情页跳出率	支付转化率	收藏人数
2	Fotile方太补邮费/差价专用链接	27	12.74	0.00%	22.22%	0
3	Joyoung/九阳 K15-F626电热水壶家用烧水壶304不锈钢保温自动断电	6 330	23.33	60.65%	3.46%	77
4	海信空调1元特权指定型号抵900元！	40	69.92	35.37%	3.33%	0
5	Ronshen/容声 BCD-165MB 家用 双温 冷柜 顶开式双门双温柜	267	38.59	36.78%	2.90%	2
6	Joyoung/九阳 JYK-17F05A电热水壶家用电水壶自动断电大容量烧水	14 705	25.08	61.86%	2.73%	198
7	Haier/海尔 FCD-208XHT 208升大冷冻室小冷藏室家用双温双箱冰	147	39.56	24.93%	2.67%	2
8	Joyoung/九阳 K17-F66家用电热水壶保温壶烧水壶食品级不锈钢1.7开	362	25.88	44.60%	2.62%	4
9	Ronshen/容声 BCD-218D11N 三门式电冰箱三开门家用冷冻冷藏	50 167	28.69	62.30%	2.45%	459
10	Midea/美的 BCD-210TM(E)三门电冰箱三开门节能家用冷藏冷冻静音	8 182	31.85	63.71%	2.34%	69
11	美的YGJ15D1正品烫衣服挂烫机家用蒸气迷你手持挂式电熨斗熨烫机	147	48.13	49.25%	2.30%	7
12	Fotile/方太 ZTD100F-J78智能嵌入式家用消毒柜消毒碗柜新品上市	892	42.15	66.01%	2.29%	14
13	Joyoung/九阳 K15-F623电热水壶304不锈钢家用烧水壶保温自动断电	6 148	19.28	61.49%	2.28%	87
14	Bear/小熊 DDZ-A35M5电炖锅紫砂隔水炖盅煲汤煮粥锅全自动	142	44.98	54.89%	2.25%	3
15	TCL大1匹智能钛金变频节能壁挂式空调TCL KFRd-26GW/EL23BpA	1 883	32.77	56.75%	2.23%	19
16	美的电风扇FS40-13GR遥控落地扇 智能预约定时家用风扇学生扇	58	20.43	1.67%	2.22%	0
17	Joyoung/九阳 DJ13B-C85SG免滤豆浆机全自动家用多功能果汁米糊	77 199	33.08	59.08%	2.18%	846
18	Bear/小熊 QSJ-B03E1绞肉机家用不锈钢绞馅绞菜多功能切碎机	71	20.74	23.33%	2.17%	2
19	whaley/微鲸 49D2U3000智能语音电视D系列49D 49吋平板液晶4K 50	6 313	36.47	57.09%	2.04%	66
20	微鲸乐歌加厚32/40/43/49/50/55吋通用电视壁挂架显示器支架 壁挂	400	28.1	58.21%	2.01%	3
21	Hisense/海信 KFR-26GW/EF20A1(1N23) 大1匹一级能效变频空调	189	33.84	54.85%	2.00%	0
22	Hisense/海信 KFR-72LW/85F-N2(3D03) 3匹二级节能艺术柜机空调	1 027	30.72	47.27%	1.98%	18
23	Hisense/海信 BD/BC-143NA/B 冷冻冷藏柜 小冰柜冰箱 保鲜	4 973	31.62	62.80%	1.94%	48
24	Bear/小熊 YSH-A03U1迷你养生壶自动加厚玻璃 电热杯煮花茶壶	82	70.37	30.18%	1.89%	1
25	Haier/海尔 CXW-200-C150/欧式侧吸式/吸油烟 抽油烟机送货入户	737	33.15	63.91%	1.86%	7
26	Hisense/海信 XQB70-H3568 7千克全自动洗衣机波轮甩干家用节能	711	24.98	59.81%	1.84%	5
27	大1.5匹冷暖挂机节能壁挂式静音空调AUX/奥克斯 KFR-35GW/NFI19+3	7 343	26.89	59.10%	1.80%	66
28	Skyworth/创维 32X5 32英寸 智能Wifi 网络平板LED液晶电视机40	24 865	27.43	59.20%	1.74%	219
29	Xiaomi/小米 小米电视4A 43英寸智能网络wifi平板液晶电视机42 40	81 575	31	57.62%	1.72%	574
30	Haier/海尔 EB72M2W 7.2千克全自动波轮小型省水家用洗衣机	2 209	25.47	65.24%	1.68%	9
31	美的家用平烫挂烫双杆蒸气挂烫机熨衣板电熨斗熨衣服正品YGD20D7	379	34.48	65.61%	1.66%	5
32	Haier/海尔 BCD-160TMPQ双门式家用电冰箱冷藏冷冻节能电冰箱小型	22 460	24.54	63.40%	1.63%	225
33	Haier/海尔 EC6002-D6（U1） 60升电热水器/洗澡淋浴 智能 一级	130	33.53	43.78%	1.52%	1
34	Haier/海尔 EC6002-D 60升储水式电热水器防电墙洗澡淋浴遥控家用	107	43.58	45.42%	1.49%	1
35	Hisense/海信 KFR-26GW/EF20A2(1N24) 二级变频空调节能挂机	246	27.49	48.84%	1.49%	2
36	Haier/海尔 BC/BD-202HT/家用小冰柜 冷柜/节能省电/冷藏冷冻切	492	34.7	57.55%	1.47%	2
37	Joyoung/九阳 JYL-C012九阳多功能料理机 家用搅拌果汁绞肉	875	30.25	68.58%	1.47%	10
38	whaley/微鲸 43D2FA 43吋智能网络DLED液晶平板旗舰电视机 40 42	1 982	38.75	57.50%	1.46%	20
39	大1匹二级变频智能挂机空调Kelon/科龙 KFR-26GW/EFQRA2(1N20)	313	40.91	43.70%	1.43%	7
40	Hisense/海信 KFR-50LW/A8X720Z-A1(1P38) 2匹变频柜机空调	137	27.1	36.00%	1.41%	2

图 3－23 支付转化率筛选

4）收藏人数筛选

商品的收藏量也是越高越好，所以这里需要对“收藏人数”进行降序排列。对于排序后的收藏人数，商家可根据全店平均水平选择优质数据范围。本例以收藏人数大于100人的数据为优质数据，所以将收藏人数大于100人的单元格用深色进行填充，如图3－24所示。

	A	B	C	D	E	F
1	商品标题	浏览量	平均停留时长	详情页跳出率	支付转化率	收藏人数
2	Xiaomi/小米 小米电视4A 55英寸液晶电视机超高清4K智能网络60 50	196 042	29.64	60.00%	0.88%	1 428
3	Midea/美的 KFR-26GW/WCBD3@大1匹智能冷暖静音壁挂式空调挂机	157 789	29.17	59.90%	0.92%	1 397
4	大1.5匹智能变频空调壁挂式冷暖挂机Midea/美的 KFR-35GW/WCBA3@	119 344	37.54	62.18%	0.65%	915
5	Joyoung/九阳 DJ13B-C85SG免滤豆浆机全自动家用多功能果汁米糊	77 199	33.08	59.08%	2.18%	846
6	Hisense/海信 LED43T11N 43英寸智能液晶彩电网络平板电视机42 40	86 504	27.91	59.70%	0.57%	772
7	Hisense/海信 LED65EC780UC 65英寸曲面智能4K超高清液晶电视机60	78 804	29.58	60.42%	0.21%	681
8	Midea/美的 KFR-72LW/WPCD3@大3p匹静音冷暖智能客厅立式柜机空调	65 075	28.68	62.31%	0.79%	609
9	Xiaomi/小米 小米电视4A 43英寸智能网络wifi平板液晶电视机42 40	81 575	31	57.62%	1.72%	574
10	Midea/美的 KFR-26GW/WCBA3@大1匹智能云变频壁挂机冷暖空调	64 187	26.8	61.29%	0.62%	561
11	Skyworth/创维 42E5ERS 42英寸高清电视机 监控液晶彩电40 43 55	69 020	26.94	60.97%	0.63%	511
12	Midea/美的 KFR-35GW/WCBD3@大1.5匹智能静音冷暖壁挂式空调挂机	49 787	34.37	58.22%	1.09%	502
13	Ronshen/容声 BCD-218D11N 三门式电冰箱三开门家用冷冻冷藏	50 167	28.69	62.30%	2.45%	459
14	TCL L32F3301B 32英寸高清液晶平板卧室蓝光电视机老人机40 39	63 541	25.03	63.16%	0.89%	448
15	Sony/索尼 KD-55X7000D 55英寸超高清4K网络液晶智能电视机 50 60	25 321	29.25	60.31%	0.22%	378
16	TCL D43A810 43英寸高清智能Wifi 液晶平板电视机LED彩电39 40 42	45 038	27.55	59.84%	0.81%	370
17	Midea/美的 KFR-51LW/WPCD3@大2匹静音冷暖智能客厅立式柜机空调	40 018	27.1	63.88%	0.67%	368
18	Hisense/海信 LED32EC200 32英寸高清液晶平板液晶LED电视机40	36 710	20.8	63.44%	0.36%	326
19	Xiaomi/小米 小米电视4A 65英寸4k高清智能网络液晶电视机60 70	37 132	32.57	60.27%	0.59%	311
20	Changhong/长虹 39M1 39英寸彩电LED高清蓝光液晶平板电视机40 32	34 706	29.29	58.58%	1.17%	298
21	大2匹二级Hisense/海信 KFR-50LW/85F-N2(2N14)客厅空调圆柱柜机	28 080	26.23	58.44%	0.40%	290
22	TCL 1匹壁挂静音冷暖节能省电定速挂机空调TCL KFRd-25GW/EP13	28 555	22.04	57.99%	0.70%	278
23	Hisense/海信 LED65EC660US 65英寸4K高清智能液晶平板电视机60	21 118	27.29	59.10%	0.23%	276
24	乐视TV 超4 X50英寸乐视电视机液晶智能网络55官方旗舰店49超级60	21 910	30.89	57.23%	1.09%	272
25	乐视TV 超4 X55乐视电视机55英寸液晶4k智能网络官方旗舰店 60 65	31 570	32.57	56.82%	0.66%	272
26	Ronshen/容声 BCD-456WD11FP 十字多门双变频变温静音风冷电冰箱	24 410	34.56	61.60%	0.51%	265
27	Hisense/海信 LED55EC780UC 55英寸曲面4K超高清液晶智能电视机50	31 831	31.71	63.22%	0.30%	260
28	AUX/奥克斯 KFR-26GW/BpNFI19+3大1匹冷暖型变频挂式挂机家用空调	27 309	26.79	66.70%	0.89%	251
29	乐视TV 超4 X43英寸超级乐视电视机液晶智能Wifi官方旗舰店40 42	38 827	31.18	56.01%	0.87%	251
30	Hisense/海信 LED60EC660US 60英寸4K高清智能平板液晶电视机55	22 628	29.57	60.54%	0.23%	251
31	Midea/美的 KFR-35GW/BP3DN8Y-PC200(B1)大1.5匹家用变频空调挂机	33 259	30.36	61.09%	0.27%	243
32	Skyworth/创维 42X5 42英寸高清智能Wifi网络液晶电视机彩电40 43	28 377	25.14	53.28%	1.11%	236
33	Haier/海尔 BCD-160TMPQ双门式家用电冰箱冷藏冷冻节能电冰箱小型	22 460	24.54	63.40%	1.63%	225
34	Sony/索尼 KD-65X7500D 65英寸超高清4k液晶智能电视机60 55 70	26 153	29.36	62.65%	0.10%	223
35	Skyworth/创维 32X5 32英寸 智能Wifi 网络平板LED液晶电视机40	24 865	27.43	59.20%	1.74%	219
36	Hisense/海信 LED55EC520UA 55英寸智能4K超清液晶网络电视机50 8	19 501	29.81	60.54%	0.38%	213
37	Hisense/海信 BCD-518WT对开门双门式家用风冷无霜冷藏冷冻电冰箱	12 308	24.7	59.70%	0.42%	210
38	Midea/美的 KFR-35GW/WXAA2@大1.5匹二级变频冷暖壁挂式空调挂机	30 176	31.41	54.69%	0.39%	209
39	Hisense/海信 LED55EC720US 55英寸4K智能液晶平板网络电视机60	21 662	30.35	60.59%	0.19%	199
40	Joyoung/九阳 JYK-17F05A电热水壶家用电水壶自动断电大容量烧水	14 705	25.08	61.86%	2.73%	198

图3－24 收藏人数筛选

5）找出潜力爆款

将商品绩效数据按浏览量的大小进行降序排列，但浏览量数据并不是越大越好，也不是越小越好，需要做综合判断。总体而言，平均停留时长、详情页跳出率低、支付转化率高、收藏量大、浏览量适中的商品是潜力爆款的首选。

图3－25中的“Xiaomi/小米 小米电视4A 43英寸①智能网络wifi平板液晶电视机42 40”“乐视TV 超4 X50英寸乐视电视机液晶智能网络55官方旗舰店49超级60”“Joyoung/九阳 DJ13B－C85SG免滤豆浆机全自动家用多功能果汁米糊”数据满足这五项数据维度的要求，适合做潜力爆款，可以进行跟进监督，打造成爆款商品。“Midea/美的KFR－35GW/WCBD3@大1.5匹智能静音冷暖壁挂式空调挂机”也满足这五项数据维度的要求，但由于其有很强的季节性，因此在打造爆款时要选择好时机。

在筛选潜力爆款商品时，还要注意商品的生命周期。如果一个商品在浏览量、平均停留时长、跳出率、转化率和收藏量五个维度上表现得都很好，但这个商品已经处于生命周期的衰退期，那么也是不合适将其打造成爆款商品的。

3. 提炼卖点

款式选好了，那应该干什么？拍照？发布宝贝？优化关键搜索字？软文发布？渠道推广？都

① 1英寸＝2.54厘米。

不是。如何提炼卖点换取用户的大量关注度，打什么概念来吸引消费者才是关键的第二步。

	A	B	C	D	E	F
1	商品标题	浏览量	平均停留时长	详情页跳出率	支付转化率	收藏人数
2	Xiaomi/小米 小米电视4A 55英寸液晶电视机超高清4K智能网络60 50	196 042	29.64	60.00%	0.88%	1 428
3	Midea/美的 KFR-26GW/WCBD3@大1匹智能冷暖静音壁挂式空调挂机	157 789	29.17	59.90%	0.92%	1 397
4	大1.5匹智能变频空调壁挂式冷暖挂机Midea/美的 KFR-35GW/WCBA3@	119 344	37.54	62.18%	0.65%	915
5	Joyoung/九阳 DJ13B-C85SG免滤豆浆机全自动家用多功能果汁米糊	77 199	33.08	59.08%	2.18%	846
6	Hisense/海信 LED43T11N 43英寸智能液晶彩电网络平板电视机42 40	86 504	27.91	59.70%	0.57%	772
7	Hisense/海信 LED65EC780UC 65英寸曲面智能4K超高清液晶电视机60	78 804	29.58	60.42%	0.21%	681
8	Midea/美的KFR-72LW/WPCD3@大3匹静音冷暖智能客厅立式柜机空调	65 075	28.68	62.31%	0.79%	609
9	Xiaomi/小米 小米电视4A 43英寸智能网络wifi平板液晶电视机42 40	81 575	31	57.62%	1.72%	574
10	Midea/美的 KFR-26GW/WCBA3@大1匹智能云变频壁挂机冷暖空调	64 187	26.8	61.29%	0.62%	561
11	Skyworth/创维 42E5ERS 42英寸高清电视机 监控液晶彩电40 43 55	69 020	26.94	60.97%	0.63%	511
12	Midea/美的 KFR-35GW/WCBD3@大1.5匹智能静音冷暖壁挂式空调挂机	49 787	34.37	58.22%	1.09%	502
13	Ronshen/容声 BCD-218D11N 三门式电冰箱三开门家用冷冻冷藏	50 167	28.69	62.30%	2.45%	459
14	TCL L32F3301B 32英寸高清液晶平板卧室蓝光电视机老人机40 39	63 541	25.03	63.16%	0.89%	448
15	Sony/索尼 KD-55X7000D 55英寸超高清4K网络液晶智能电视机 50 60	25 321	29.25	60.31%	0.22%	378
16	TCL D43A810 43英寸高清智能WIFI液晶平板电视机LED彩电39 40 42	45 038	27.55	59.84%	0.81%	370
17	Midea/美的KFR-51LW/WPCD3@大2匹静音冷暖智能客厅立式柜机空调	40 018	27.1	63.88%	0.67%	368
18	Hisense/海信 LED32EC200 32英寸高清液晶平板液晶LED电视机40	36 710	20.8	63.44%	0.36%	326
19	Xiaomi/小米 小米电视4A 65英寸4k高清智能网络液晶电视机60 70	37 132	32.57	60.27%	0.59%	311
20	Changhong/长虹 39M1 39英寸彩电LED高清蓝光液晶平板电视机40 32	34 706	29.29	58.58%	1.17%	298
21	大2匹二级Hisense/海信 KFR-50LW/85F-N2(2N14)客厅空调圆柱柜机	28 080	26.23	58.44%	0.40%	290
22	TCL 1匹壁挂静音冷暖节能省电定速挂机空调TCL KFRd-25GW/EP13	28 555	22.04	57.99%	0.70%	278
23	Hisense/海信 LED65EC660US 65英寸4K高清智能液晶平板电视机60	21 118	27.29	59.10%	0.23%	276
24	乐视TV 超4 X50英寸乐视电视机液晶智能网络55官方旗舰店49超级60	21 910	30.89	57.23%	1.09%	272
25	乐视TV 超4 X55乐视电视机55英寸液晶4k智能网络官方旗舰店 60 65	31 570	32.57	56.82%	0.66%	272
26	Ronshen/容声 BCD-456WD11FP 十字多门双变频变温静音风冷电冰箱	24 410	34.56	61.60%	0.51%	265
27	Hisense/海信 LED55EC780UC 55英寸曲面4K超高清液晶智能电视机50	31 831	31.71	63.22%	0.30%	260
28	AUX/奥克斯 KFR-26GW/BpNFI19+3大1匹冷暖型变频挂式挂机家用空调	27 309	26.79	66.70%	0.89%	251
29	乐视TV 超4 X43英寸超级乐视电视机液晶智能wifi官方旗舰店40 42	38 827	31.18	56.01%	0.87%	251
30	Hisense/海信 LED60EC660US 60英寸4K高清智能平板液晶电视机55	22 628	29.57	60.54%	0.23%	251
31	Midea/美的 KFR-35GW/BP3DN8Y-PC200(B1)大1.5匹家用变频空调挂机	33 259	30.36	61.09%	0.27%	243
32	Skyworth/创维 42X5 42英寸高清智能Wifi 网络液晶电视机彩电40 43	28 377	25.14	53.28%	1.11%	236
33	Haier/海尔 BCD-160TMPQ双门式家用电冰箱冷藏冷冻节能电冰箱小型	22 460	24.54	63.40%	1.63%	225
34	Sony/索尼 KD-65X7500D 65英寸超高清4k液晶智能电视机60 55 70	26 153	29.36	62.65%	0.10%	223
35	Skyworth/创维 32X5 32英寸 智能Wifi 网络平板LED液晶电视机40	24 865	27.43	59.20%	1.74%	219
36	Hisense/海信 LED55EC520UA 55英寸智能4K超清液晶网络电视机50 8	19 501	29.81	60.54%	0.38%	213
37	Hisense/海信 BCD-518WT对开门双门式家用风冷无霜冷藏冷冻电冰箱	12 308	24.7	59.70%	0.42%	210
38	Midea/美的 KFR-35GW/WXAA2@大1.5匹二级变频冷暖壁挂式空调挂机	30 176	31.41	54.69%	0.39%	209
39	Hisense/海信 LED55EC720US 55英寸4K智能液晶平板网络电视机60	21 662	30.35	60.59%	0.19%	199
40	Joyoung/九阳 JYK-17F05A电热水壶家用电水壶自动断电大容量烧水	14 705	25.08	61.86%	2.73%	198

图 3-25　找出潜力爆款

一是“痛点”才能是爆款的卖点。能够在短时间内吸引众多用户眼球的卖点，一定都是用户感兴趣的、能够引发用户疯狂转载的卖点，一定是真正击中消费者痛点的卖点，这会使它有成为爆款的可能。因此，把握消费者的痛点是爆款的基础。二是要让用户感到“痛快”，就是既要让用户用得爽，能抓住其痛点，也要能够快速传播，瞬间引爆市场。三是能在网络上形成共振的暴点，那必然带着强大的口碑和强关系的推动，在熟人的关系上产生裂变，引发病毒式传播，这也是爆款必不可少的利器之一。

最近在家电市场上，免拆洗是继大吸力、低噪声后消费者关注的第三个热点、卖点，也是消费者的痛点。家电的清洗历来是个难题，在生活中，总是能听到不少消费者抱怨自家的家电藏污纳垢，但又苦于无方。拥有自清洗功能的产品一经推出，就广受“图省事”的消费者的青睐，特别是清洗烦琐的洗衣机与吸油烟机。“自清洗”一下子成为时下人们购买洗衣机与吸油烟机的一项重要指标，亦是家电厂商的一大卖点。

以往企业推出的自清洗洗衣机多以“高温杀菌”为卖点，利用洗衣机滚筒底部散发的蒸气，快速瓦解异味、杀菌。而今最新理念的自清洗洗衣机通过重新改进洗衣机的内在结构，使用特殊柔性纳米物质在洗衣机内外桶夹层之间不断地运动，同时在运动过程中形成“动水”水流，使得洗涤水中的污渍不易在内外桶壁上附着和沉积。换句话说，每洗一次衣服，就等于为洗衣机内、外桶内壁洗了一次澡。

具体而言，提炼卖点方法如下：

（1）看市场容量，大家都在做的别做，有很强劲竞争对手的不做，要做一个相对细分的领域；

（2）卖点首先要从消费者的认知里去找，不要用商人的角度去找（站在用户的角度去描述你的产品）；

（3）拒绝含混不清、定义模糊的字眼，销售不是与人辩论，而是勾起人的兴趣！怎样勾起人的兴趣？卖萌、各种优惠等，让你的大脑开启“头脑风暴”模式吧；

（4）文字简洁有力，一句话代替千言万语！让用户看了之后有一种喝了一杯烈酒的爽烈感觉，而不是喝了一杯白开水的感觉！

4. 定价

定价是爆款商品的标配，如何制定最具吸金力和吸睛力的价格呢？

首先，比较三大网站自营最低价，包括天猫、京东和苏宁易购，并且通过大宗采购做到全网最低价，消费者可直接在门店自行比价。

其次，调研竞争对手，除了线上，主要竞争对手来自本区域和周边地区其他家电零售卖场，主要为国美和苏宁电器。价格制定一定要保障自己的利益，一定要反复强调厂家的价格管控，不能因为价格过低而“只赚了吆喝”。

再次，进行各品牌同尺寸、同功能的机型价格比较，做纵向比较。

最后，大型活动的价格设计要合理。在本系统内部做价格的横向比较，包括内购会、“双十一”以及国庆、元旦大型活动的价格，以生成最具性价比的爆款价格。

对爆款商品进行定价时，必须确定此款商品与同类商品相比具有的众多优势。而性价比也是买家所关注的重点。只有被大家关注并认可，商品才有爆的希望。

店家还可以在爆款商品下做关联购买的商品推荐，尽可能地吸引顾客组合购买商品，提高客单价，这也是弥补爆款商品利润不高的办法。总之，选择爆款商品时，把握好质量和盈利的中间点，注重性价比，靠超优价格取胜。

5. 商品预热

市场分析、选款、提炼卖点、定价这些准备工作做好后，就进入了商品的预热阶段，在这一阶段中，需要大量的电商销售经验以及对店铺后台的数据的分析能力。销售经验是必备的硬件，后台数据分析是软件，同时也是核心，在这一步过程中，需要对店铺流量、宝贝被访排行、进店搜索关键词、客户咨询量、成交率、跳失率的变化进行深入研究，最终通过预热所得到的数据确定宝贝的发展趋势；同时也为下一步即宝贝的优化奠定基础。

6. 促销方式

在这个商品无限丰富的年代，竞争十分惨烈。所有的消费需求都正在被满足或者已经被满足，所以爆款必须有新奇特的亮点，去创造消费需求，而且需要不断变化促销花样，避免沉闷，以多变、快变取胜，否则就很容易被市场淹没。

传统线下的卖家有可能做一个广告用好几个月去循环播放，但在电商平台上，活动更新的频率可能要以“天”为单位换算。每天活动都不断变换，才能让消费者感到新鲜、过瘾。

因为在移动互联网时代，3 个月等于过去的 1 年，1 年等于过去的 5 年。同样的话题说 10 次就成了“祥林嫂”了。商家必须今天做 0 元秒杀、明天推广限量版、后天买一送一、大后天参加聚划算等，要以最快的速度变换促销花样，防止消费者出现审美疲劳。

因为网络的转换成本很低，所以要尽快更新爆款商品的促销主题、促销方式，最终增强商品和消费者的黏性，就像是男学生沉迷于网游、女顾客买衣服上瘾一般，让消费者每天都牵挂，通过变换不同种促销方式来激发消费者积极地参与、互动，这是能够把商品打造成爆款的重要指标。

7. 口碑营销

要做好爆款商品，口碑营销非常重要。比较快速的方式是抓住意见领袖，再利用其影响力迅速影响广大消费者。抓住意见领袖、大 V 的一个关键点就是加紧嫁接热点，提升短期事件辐射力。

在刘翔曾在奥运等国际大赛上屡次取得好成绩时，可口可乐、伊利都以巨资进行广告制造和传播，这是中小企业不能实现的。但是上海一家冰棍厂，却巧用关系与机会以花费很小的代价（几乎可以忽略不计），使刘翔吃该品牌冰激凌的照片传遍了世界，这就是市场敏感、创意与胆识的力量。

因此，企业品牌要迅速打响，提高知名度，成为爆款，就必须加紧嫁接热点事件，炒作事件营销，以使品牌以最短、最经济的方式辐射到社会公众。当然，爆款能否持续，剩下的 10% 的因素在于能不能将粉丝（传统而言，就是忠诚顾客）沉淀下来，从而重复使用商品。粉丝是爆款的基础，也是让爆款持续的关键。从品牌美誉度、产品体验、售服等方面做好，让粉丝有良好的感觉。

8. 商品优化

在商品预热、促销和营销之后，市场对拟打造的爆款商品的反应数据就出来了，接着需要做的就是不断优化商品的运营。

如果店铺整体流量少，则应结合进店搜索关键词，对宝贝大标题进行优化，在尽可能多地使用搜索热词的同时不要偏离宝贝自身的属性。不要吝惜双手，要充分利用微博、微信等各种推广方式，时刻记住，破茧之前，终究是蛹！

出现宝贝被访量低的情况，首先要确定主推宝贝处在店铺中最明显的区域，然后对其大标题进行优化，这是淘宝搜索的关键。

如果进店搜索关键词少，则首先要了解主推商品所属类目的搜索关键词的热词，将这些关键词尽可能多地添加到自己的店铺中。毕竟，只有吸引客人来了，才有可能销售自己的商品。

当客户跳失率高，店铺出现咨询量大但是成交量少的问题时，运营人员就需要多多和客服沟通，了解是什么原因让顾客放弃对宝贝的购买意图。

持续优化商品详情页，加入好评截图、文案描述等，带动销售气氛，提升转化率。

9. 拓展商品

经过上面几步之后，如果效果不错，相信宝贝的销量会慢慢提高，直到成为小爆款、爆款。然而一个店铺只依靠单一的爆款盈利，恐怕也会有不小的压力，所以需要想办法提高流量的利用率。流量，就是指爆款所给网店带来的访客，提高这些访客的利用率，就是指通过对店铺内其他宝贝进行及时的更新、优化等，来提高这些访客的二次购买率和提高其单次购买消费金额，实现从点到线、从线到面的更好效果。商家的目标不仅要爆款，还要爆店！

（六）七天螺旋

1. 七天螺旋概念

“七天螺旋”是指在一个下架周期内，如果商家产品的销量环比增长，那么店铺的流量也会跟着增长。

淘宝搜索引擎，如果没有设定好一个找出好宝贝的路线，那么基本上，淘宝首页是会被所有卖了几万件的卖家占领的，新宝贝第一天上传是 0 销量，它怎么会被买家看到呢？其实当商家发布一个宝贝后，淘宝搜索引擎都会给这个新上线的宝贝一个流量，叫扶植流量，目的是让新产品有一个展示的机会。淘宝正是利用给新产品的这个展示机会，也就是这个扶植流量来考查此新产品的受欢迎度的。如果买家在店铺里面停留时间长，访问深度也不错，同时转化率也很好，那么淘宝就会认为此商品是受欢迎的。相反，如果买家进来只是简单地看了看，然后马上就关闭了，也没成交，就相当于买家认为此商品没有什么浏览价值，淘宝监测到买家的这个行为后，也会认为此宝贝是没有价值的。

这样一周下来，淘宝通过监测用户行为就可以判断出这个产品是否受欢迎，是否是买家所喜欢和需求的。如果一周下来，这个新产品的转化率和访问深度都是不错的，那么淘宝会在下一周给予此宝贝更多的流量。到下周，如果宝贝的转化率还在上升，访问深度仍然不错，那么到了下下周的时候淘宝还会给店铺更多的流量。这就是一个所谓的七天螺旋，如图 3－26所示。

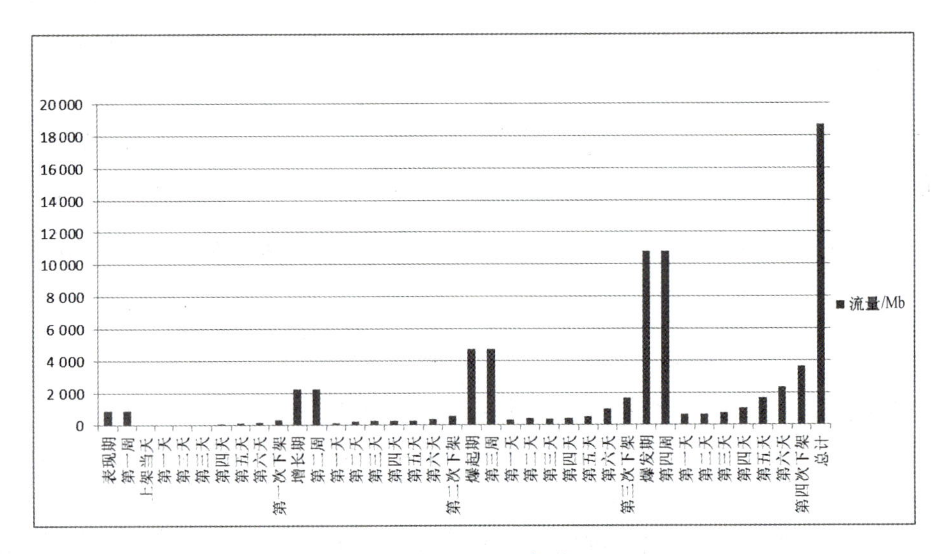

图 3－26　七天螺旋

2. 宝贝人气模型

影响宝贝搜索排名最重要的两个分值是宝贝人气值和宝贝质量分，其中宝贝人气值又有两个最重要的权重，即七天人气值增长和搜索转化跟同类目同级别的门店比较排名。

假设本店铺的销量每天是 100 件，连续 7 天都是 100 件，那么本店铺的人气值增长就是 100%；但是竞争对手的宝贝，第一天卖了 2 单，第七天卖了 30 单，竞争对手的人气值增长是 1 500%；竞争对手的人气七天增长分值比本店铺一个月卖 3 000 件要高！

淘宝搜索引擎要找出来的是“顾客越来越喜欢的宝贝”，所以七天增长率，是决定人气排名几乎占 30% 的权重因素。

淘宝搜索引擎重视的是“我给你流量，你能不能帮我产生销量”，因此搜索转化跟同类目同级别的门店比较排名，也要占到人气排名 30% 的权重。

淘宝给店铺的流量来自哪里？直通车、钻展、付费流量、淘宝客都在搜索转化排名的分值里面算零分，这些转化都不会帮助店铺获得这 30% 的权重。

如果本店铺 12 000 Mb 的流量成交了 120 件，转化率为 1%；竞争对手 800 Mb 的流量卖了20件，转化率为2.5%，论排名，竞争对手在本店铺前面。如果本店铺的成交还包括直通车、钻展、淘宝客的付费流量，那么竞争对手的排名就比本店铺更靠前了。

宝贝排名前进一页，自然流量就增加*N*%，但只有通过自然搜索进来的转化，才参与排名，所以店铺的人气分要高，必须做到“淘宝给店铺30个免费自然搜索流量，店铺必须产生最少1单销售”，因为淘宝搜索引擎判断为“有成长空间”的宝贝，拥有它的店铺才会得到更多流量。怎么多给店铺流量？就是排名往前，每增加一页40名的排名，店铺流量基本能够有80%的增长。

3. 七天螺旋周期

宝贝新品上线后的七天螺旋周期分为三个阶段：宝贝新上期、螺旋上升期和快速爆发期。

（1）宝贝新上期。在宝贝新上线后，店铺首先要做的是保证宝贝详页基本优化完毕，标题初步符合用户搜索需求，最好是针对小众类目。在第一个七天内，宝贝是没有人气得分的，不过第一个七天，淘宝会给新宝贝一个比较高的权重得分。这个时期可以通过“掌柜说”来引流。还有就是类目流量，一定要确保宝贝标题主关键词的正确性，同时，标题里面要有两个左右小众类目的关键词。

当然，还有一个非常关键的因素，那就是上下架时间。以灯具类目为例，销售最好的时段为周一18:00—22:00，所以店铺选择在这个时间段内上架。这样在7日之后，宝贝会在周一旺季时间段自动下架（下架时间会提高店铺的权重）。另外，在19:00之前下架的宝贝，有15分钟的展示时间；在19:00之后下架的宝贝，可以获得30分钟的展示时间。

比如搜索8厘米筒灯，第一页位于第二位的店铺的销售量为9笔，所以大家可以看到，销售量只有几笔的店铺也可以排在前面，这其实是由下架时间决定的。另外，还要注意的一点就是，爆款宝贝一定要用橱窗推荐，没有橱窗推荐，就不能获得下架前的展示。

（2）螺旋上升期。在这个阶段，宝贝通过第一个七天的上下架销售，已经具备了一定的人气。这个时候是提升宝贝人气排名非常关键时刻，提升宝贝人气排名的方法如下：

①提高宝贝人气。新店铺有顾客访问，就一定要设法把他们留下来，达成交易；试想一下，淘宝今天给本店铺10个自然访客，本店铺达成了1笔交易，明天给本店铺25个自然访客，本店铺达成2笔交易，本店铺的自然流量转化率就提高了，本店铺的宝贝人气也会相对应地提高。淘宝给店铺流量的方法就是提高宝贝的排名。因此，在这个阶段，一是要尽可能地提高自然流量转化率，比如通过包邮、满减等形式。

②宝贝标题优化。一般来说，宝贝标题适合优化的频率是7～10天。另外，需要提醒的是，不要频繁优化标题，否则会被当作替换宝贝降权。宝贝标题优化的关键就是，删除无流量小众类目和流量下降的小众类目的关键字。一般地，一个宝贝标题的主流量关键词是通过三周以上运营后确定的，确定后建议大家不要修改主流量关键词。

（3）快速爆发期。这个时期，宝贝销量达到几十笔后，已经积累了比较高的人气得分，类目流量的导入也会加快。由于前面各阶段自然流量的转化很高，因此淘宝会给卖家店铺更多的流量。

4. 七天螺旋操作

比如商家上架一件女装，从零做起，最开始考虑的不是要做多少数据的量，而是要学会调研价格。这款宝贝适合什么价格，放在什么类目下面，要把市场铆钉钉好。

（1）定时上架。用店铺宝贝的总量除以总时间（7 天，168 个小时），算出每隔多长时间上架一个商品，然后在淘宝助理里面设定上架。

（2）优化好价格和详情页。例如在女装市场上，别的商家卖60 元或70 元，本店铺也卖60 元或70 元，那么店铺的螺旋会做得很累，建议考虑差别定价，也许店铺定的价格与其他商家的有差异，反而会做得更加轻松，但是要注意，要在主图、详情页和卖点上做充分提点，体现产品的价格优势。

（3）提升转化率与访问深度。如果详情页设计得好，自然会提升转化率与访问深度。淘宝上有很多通过详情页提升转换率和深度的案例。怎么设计可以访问我淘网，上面有很多淘宝开店的详细知识。

新宝贝上线时淘宝必然会对其有一个考验期。有考验期，有扶植流量，七天螺旋法就有它的生存空间，所以一定要有耐心，经得住考验，坚持做下去。

（七）千人千面

千人千面是指基于淘宝网庞大的数据库，构建出买家的兴趣模型，再从细分类目中抓取那些特征与买家兴趣点匹配的推广宝贝，使其展现在目标客户浏览的网页上，帮助店铺锁定潜在买家，实现精准营销。

千人千面实际上是对流量的划分，不同的人推荐不同的产品。具体而言，就是根据个人的行为习惯（经常浏览的产品、购买过的产品、收藏、加购以及消费水平等）去给买家匹配、推荐适合的产品。访客打开淘宝网，搜索同一个关键词两次，两次的展现并不是完全一样的，这也就是所谓的千人千面。淘宝首页的热卖单品、必买清单、猜你喜欢这些窗口都会根据访客最近的浏览、收藏、加购、购买等这一系列的行为去推荐产品。其实这个也不难理解，如果淘宝推荐的东西不是访客想买的，甚至访客根本就不会去关注，那么访客会点进去浏览、购买吗？答案当然是不会。平台也是希望通过更多的人的购买行为达成更多的成交量，所以对流量进行了划分，使相应的流量匹配相应的产品，从而大大提高流量的价值。

1. 猜你喜欢

猜你喜欢就是通过访客的访问、收藏、购买等一系列行为来判断“访客需要什么样的产品”，进而给访客精准推荐。图 3 - 27 中，淘宝向该消费者推荐最多的是手机，那么我们可以推测淘宝认为该消费者对购买手机有很强的意愿。

那么作为商家，如何能让自己的产品展现在这个板块呢？

首先，商家要知道淘宝是怎么制定“猜你喜欢”这个规则的。

第一是直接相关。比如买家搜索、收藏、加购、购买某种产品的行为，会导致其手淘首页出现这类商品。

如果访客搜索过手机，那么手淘首页就会出现访客之前没有搜索过的手机；如果访客搜索了没买，或者收藏了没买，那么淘宝首页就有必要给访客做一个推荐。

其次是间接相关。以搜索牛仔裤为例，它除了给访客推荐牛仔裤产品外，还会给访客推荐与之相关的东西，比如运动裤。淘宝认为访客买了牛仔裤，可能还会需要一条运动裤。

平台推荐产品的核心是：投其所好。怎么理解呢？就是根据访客的行为习惯，给其

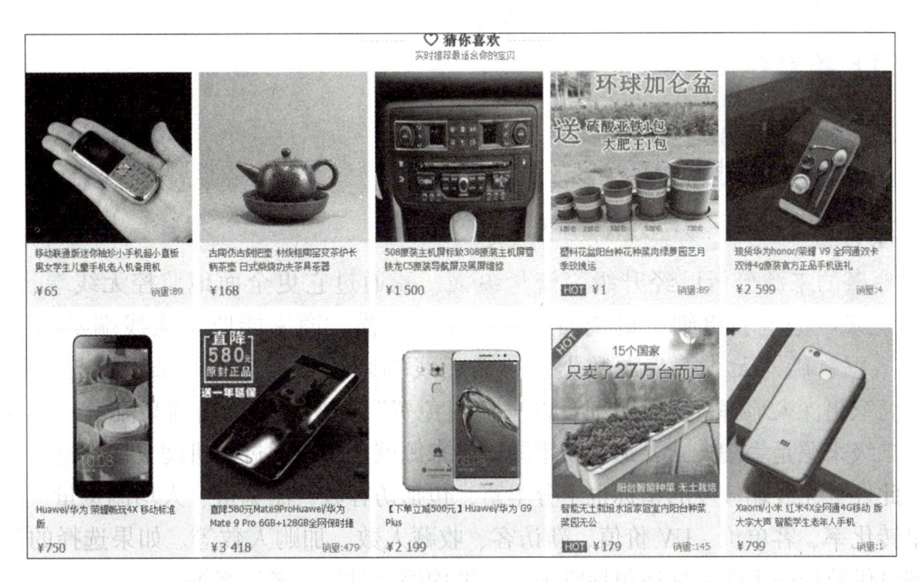

图 3－27　淘宝的“猜你喜欢”板块

推荐他喜欢的或者很可能喜欢的东西，增加其购买的可能性。

淘宝不会每个店铺都推荐，只会推荐卖得好的商家。所以想让淘宝去推荐自己的店铺，就需要保证自己的产品有高于同行的点击率、收藏加购和转化率等。

2. 店铺标签

其实店铺标签不难理解，就是构成自己店铺的人群画像。人群画像显示消费者身上的两个属性，一个是基本属性；另一个是行为属性。消费者身上的基本属性有年龄性别占比、地理位置爱好占比、会员等级、消费层级、价格带构成、天气属性等。消费者身上的行为属性有浏览过的痕迹，已购买、已收藏的宝贝，主搜关键词等。这里理解一句话，千人千面的淘宝搜索结果是消费者身上的标签与店铺和宝贝身上的标签的双向交叉选择。

店铺标签不是短期之内形成的，是长期作用的结果。所以要想了解自己的店铺标签，或者给自己店铺打上不错的标签，就要对数据做出统计。如果一个店铺的标签没打好，引入的流量和标签不匹配，引进来的流量不精准，那么转化就无从谈起。店铺标签主要是通过每天的访客情况和已购客户的情况形成的，所以每一个进店的客户都会对店铺造成潜移默化的影响。很多人用淘客推荐了不少产品，但效果微乎其微，甚至自然搜索的流量还在减少，这就是因为没有做好店铺的标签，甚至打乱了本来的标签。

那么怎么去给自己的店铺打上适合的标签呢？怎么样才能引入精准的流量呢？首先分析店铺产品的特点，产品适合什么样的人群，店铺的产品针对的是哪类人。分析完产品的特点以后，大家可以用直通车的定向推广去把产品展示到这些人的面前，而不是盲目地去推广，以免花费大量的资金，却不一定会收到多好的效果。

千人千面的出现意味着店铺在引流的时候是应该有选择的，重点是引进那些与店铺定位相契合的流量。如果引进的流量与店铺定位不符，就会打乱店铺的定位，使店铺的标签变得不清晰，自然很难得到淘宝的推荐。

三、任务发布

（一）流量来源对比分析

1. 任务背景

生意参谋的来源分析已经升级为流量纵横，能通过它更全面地监控无线端、PC端流量数据，无线数据也会更细、更全面。通过流量纵横，商家能监控无线端实时数据、无线端历史数据、店铺无线端来源数据、单品无线端来源数据。不同来源还支持三级细分，可以帮助商家更深入地解析流量明细。以“淘内免费”为例，如果店铺某流量一级来源是淘内免费，二级来源是手淘搜索，那么新增的三级来源就是用户通过手机淘宝搜索进入该店铺的关键词。此外，无线端涉及的指标也十分丰富，包括访客数、浏览量、人均浏览量、支付转化率、下单转化率、客单价、UV价值、新访客、收藏人数、加购人数等。如果选择的是历史时间段，则可供监控的无线指标还包括跳失率、平均停留时长、老访客等。

流量纵横还有两大主要功能：制订计划和流量监控。制订计划主要分为事件中心和计划中心。而流量监控主要分为流量看板、计划监控、店铺来源和商品来源。

知己知彼，方能百战百胜。流量纵横能够帮助商家更好、更快地了解流量来源，但对于商家来说，不仅要关注自己网店的流量，还要时刻关注行业流量来源的变化，从细微之处找到差异，快速改进，这样才能确保自己在竞争中立于不败之地。

2. 任务内容

请以自家经营的网店为分析对象，取最近一周或一个月流量来源的细分数据绘制四张饼图，第一张为自家网店的PC端流量来源饼图，第二张为自家网店的无线端流量来源饼图，第三张为同行的PC端流量来源饼图，第四张为同行的无线端流量来源饼图。将四张饼图做对比分析并做诊断，以发现自家网店流量来源与同行的差异，并提出改进意见。

3. 任务安排

本任务是一个团队任务，要求队员分工协作完成，完成后上交《网店流量来源对比分析报告》，并做好汇报结果的准备。

4. 任务实施

（1）构思。

What——任务要求绘制四张流量来源细分的饼图，并做对比分析。

Why——通过流量来源的对比分析，发现自家网店流量来源与同行的差异，并提出改进意见。

Who——这是一个团队作业，合作完成。

When——任务完成时间预计为2个小时。

Where——上课教室。

How——利用生意参谋获取流量数据，绘制流量来源数据的饼图，然后对四个流量来源饼图做对比分析。

（2）设计。

第一，登录网店的生意参谋，获取自家网店和同行的流量来源细分数据；第二，对数据进行整理；再次按店铺和终端分类绘制四张饼图；第三，分类做对比分析，发现流量来源差异，并提出改进意见；第四，撰写《网店流量来源对比分析报告》，并做好汇报结果的准备。

（3）实现。

步骤1：登录自家网店的生意参谋，从流量地图中下载自家网店和同行最近一个月的流量来源细分数据；

步骤2：对获取的流量来源数据进行整理，剔除访客数为零的流量来源，将访客数较少的一些流量来源进行合并，删除重复数据；

步骤3：按店铺和终端分类绘制四张饼图；

步骤4：分类做对比分析，发现流量来源差异；

步骤5：提出改进意见；

步骤6：撰写《网店流量来源对比分析报告》；

步骤7：做好汇报结果的准备。

（4）运作。

《×××网店流量来源对比分析报告》

1. ×××网店10月PC端流量来源占比分布

×××网店10月PC端流量来源占比分布如图1所示，数据显示该网店的流量主要来自天猫搜索、直通车、淘宝搜索、直接访问、聚划算，合计占比为83%。该网店淘内免费流量合计占比为51%；付费流量合计占比为36%；自主访问流量合计占比为12%；站外流量合计占比为1%。

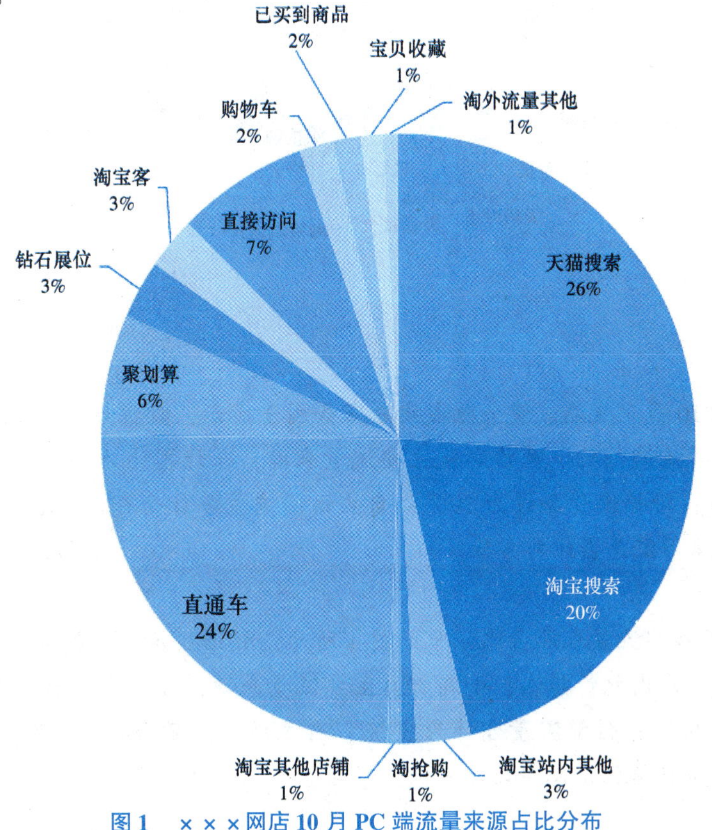

图1　×××网店10月PC端流量来源占比分布

2. 同行10月PC端流量来源占比分布

同行10月PC端流量来源占比分布如图2所示，数据显示同行流量主要来源有天猫搜索、淘宝搜索、直通车、聚划算、直接访问、淘抢购，合计流量为80%。同行淘内免费流量合计占比为56%；付费流量合计占比为30%；自主访问流量合计占比为9%；站外流量合计占比为5%。

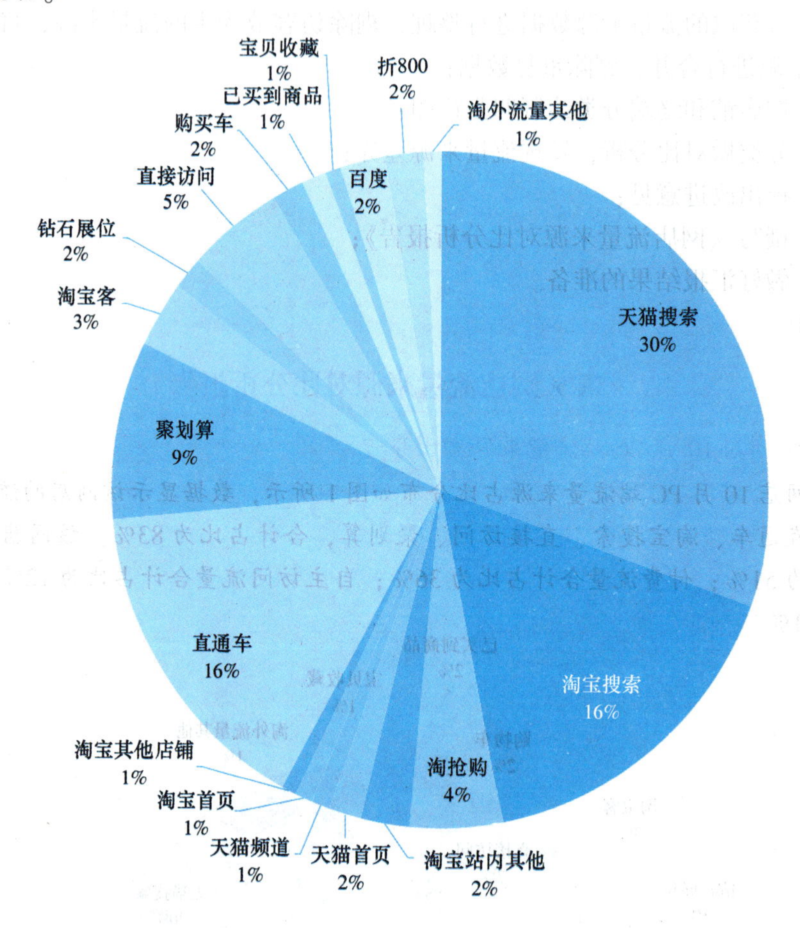

图2 同行10月PC端流量来源占比分布

3. ×××网店10月无线端流量来源占比分布

×××网店10月无线端流量来源占比分布如图3所示，数据显示手淘搜索、淘内免费其他、直通车、手淘淘抢购、购物车是主要流量来源，合计占比为77%。该网店淘内免费流量合计为75%；付费流量合计为19%；自主访问流量合计为6%；淘外网站汇总、淘外App汇总和其他来源汇总占比非常低。

4. 同行10月无线端流量来源占比分布

同行10月无线端流量来源占比分布如图4所示，数据显示手淘搜索、直通车、手淘淘抢购、钻石展位、淘内免费其他、手淘首页主要流量来源，合计占比为76%。该网店淘内免费流量合计为63%；付费流量合计为33%；自主访问流量合计为2%；淘外网站汇总、淘外App汇总和其他来源汇总占比非常低。

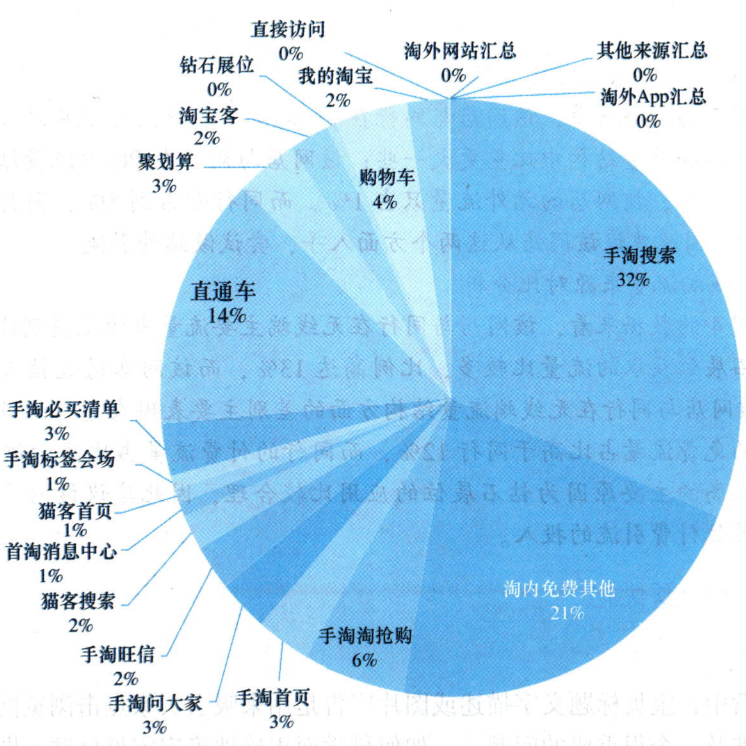

图 3　×××网店 10 月无线端流量来源占比分布

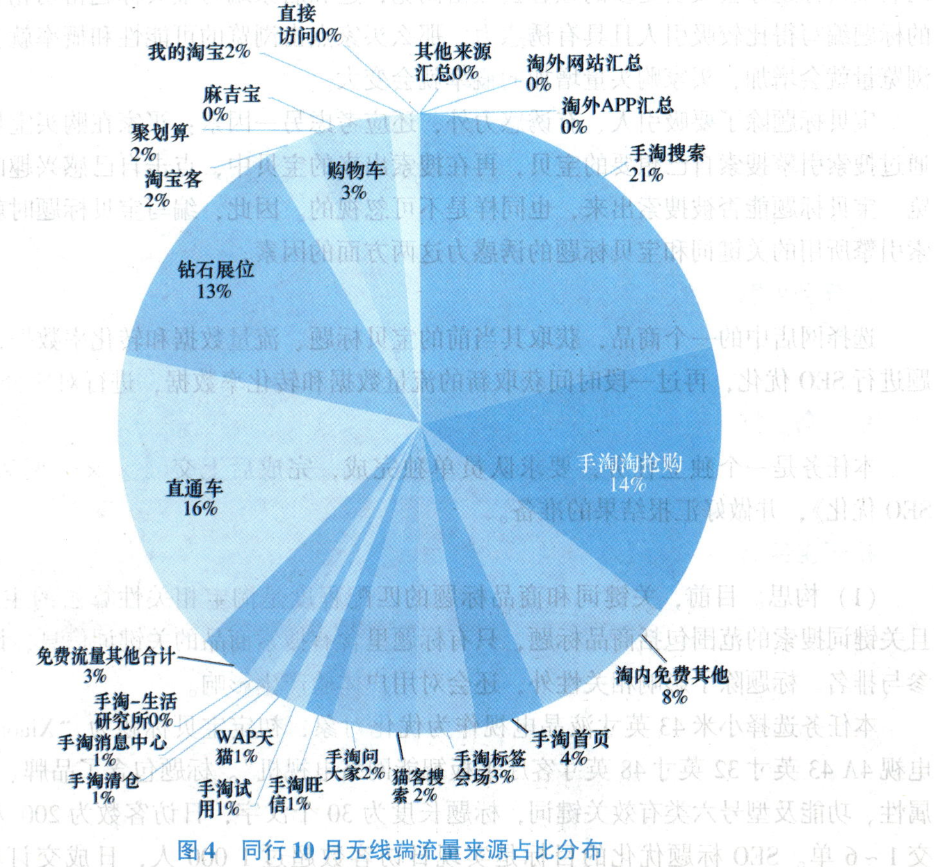

图 4　同行 10 月无线端流量来源占比分布

5. 对比分析

1）10 月 PC 端流量来源对比分析

从图 1 和图 2 的数据来看，该网店与同行在 PC 端主要流量来源上基本一致，稍有差别的是淘抢购在同行的流量结构中比重更大一些；该网店与同行在 PC 端流量结构方面的差别主要表现为站外流量，该网店的站外流量只占 1%，而同行却占到 5%，同行的站外流量主要来自百度 800，因此建议该网店从这两个方面入手，尝试做站外引流。

2）10 月无线端流量来源对比分析

从图 3 和图 4 的数据来看，该网店与同行在无线端主要流量来源上差别比较大，相对来说，同行在钻石展位获取的流量比较多，比例高达 13%，而该网店通过钻石展位获取的流量不足 1%；该网店与同行在无线端流量结构方面的差别主要表现在免费流量和付费流量占比上，该网店的免费流量占比高于同行 12%，而同行的付费流量占比高于该网店 14%，同行付费流量占比高的主要原因为钻石展位的应用比较合理，因此建议该网店从钻石展位入手，加大钻石展位付费引流的投入。

（二）SEO 标题优化

1. 任务背景

在网店经营中，宝贝标题文字描述或图片广告是用来吸引买家点击浏览网店宝贝的手段及途径。这就涉及一个很重要的问题——如何科学而正确地确定宝贝标题，即编写怎么样的网店宝贝标题才会吸引更多的顾客去点击浏览，这和店家编写宝贝标题密切相关，如果店家的标题编写得比较吸引人且具有诱惑力，那么买家点击浏览的可能性和概率就会增大，点击浏览量就会增加，买家购买量增加的概率就会变大。

宝贝标题除了要吸引人、有诱惑力外，还应考虑另一因素：买家在购买宝贝时，往往会通过搜索引擎搜索自己想要的宝贝，再在搜索出来的宝贝中，点击自己感兴趣的宝贝进行浏览。宝贝标题能否被搜索出来，也同样是不可忽视的。因此，编写宝贝标题时就应该考虑搜索引擎所用的关键词和宝贝标题的诱惑力这两方面的因素。

2. 任务内容

选择网店中的一个商品，获取其当前的宝贝标题、流量数据和转化率数据，对商品的标题进行 SEO 优化，再过一段时间获取新的流量数据和转化率数据，进行对比分析。

3. 任务安排

本任务是一个独立任务，要求队员单独完成，完成后上交《×××网店×××宝贝 SEO 优化》，并做好汇报结果的准备。

4. 任务实施

（1）构思。目前，关键词和商品标题的匹配程度是淘宝相关性算法的主要依据之一，且关键词搜索的范围包括商品标题，只有标题里含有搜索商品的关键词信息，该商品才能够参与排名。标题除了影响相关性外，还会对用户体验产生影响。

本任务选择小米 43 英寸液晶电视作为优化对象，初定宝贝标题为“Xiaomi/小米 小米电视 4A 43 英寸 32 英寸 48 英寸客厅平板智能网络电视机”。标题包含了品牌、品名、类别、属性、功能及型号六类有效关键词，标题长度为 30 个汉字，日访客数为 200 人左右，日成交 1 ~ 6 单。SEO 标题优化的目标是实现日访客数超过 1 000 人，日成交订单达到 30 单左右。

（2）设计。SEO标题优化首先是获取候选关键词，然后是筛选关键词，再利用筛选出来的关键词组合标题，常用的标题组合公式为：

核心关键词 + 属性关键词 + 营销词 + 类目相关词 = 标题

核心关键词是形容一件商品最本质的词汇。初定宝贝标题中的“小米电视”属于核心关键词，是标题中必不可少的词汇，它说明了一件商品是什么，也是买家搜索最多的词汇。品牌词“Xiaomi/小米”也属于该宝贝的核心关键词。

属性关键词是描述商品特点和优点的词。初定宝贝标题中的“智能”“网络”“4A”“43英寸”“32英寸”“48英寸”为属性关键词，它们说明了小米电视的特点和优点。属性关键词在商品标题中的占比比较大。

营销词就是吸引买家的词，用以增加商品在同类商品中的竞争力，常见的营销词有“包邮”“正品”“特价”等，初定宝贝标题中缺少营销词。

类目相关词的作用是增加商品被搜到的概率。小米电视属于“大家电”类目下的“平板电视”子类目，初定宝贝标题中的“平板”和“电视”可以组合成类目词“平板电视”。

主要针对属性关键词、营销词进行优化。候选关键词取自淘宝搜索下拉框、淘宝排行榜、生意参谋、直通车关键词词表等。

（3）实现。要科学地确定宝贝标题，在编写宝贝标题时除了要考虑包含买家搜索宝贝时可能会用到的关键词外，还应该考虑包含宝贝所要传达的信息、新颖、诱惑和遐想等方面的关键词，其中所要传达宝贝的信息尽量包含宝贝的类别、品名、卖点等。

步骤1：选择网店中的一个商品，获取其当前的宝贝标题、流量数据和转化率数据；

步骤2：从淘宝搜索下拉框、淘宝排行榜、生意参谋、直通车关键词词表等多个渠道获取和建立候选关键词词表；

步骤3：根据一定的规则筛选关键词；

步骤4：利用筛选出来的关键词组合新的标题；

步骤5：宝贝新的标题发布一段时间后，再次获取宝贝的流量数据和转化数据，进行对比分析；

步骤6：撰写《×××商品SEO标题优化分析》；

步骤7：做好汇报结果的准备。

（4）运作。

小米电视SEO标题优化分析

1. 选择商品，获取宝贝标题和绩效数据

选择小米电视，43英寸4A智能网络电视，售价1 999元，快递费100元，月销量95元，商品详情页如图1所示。

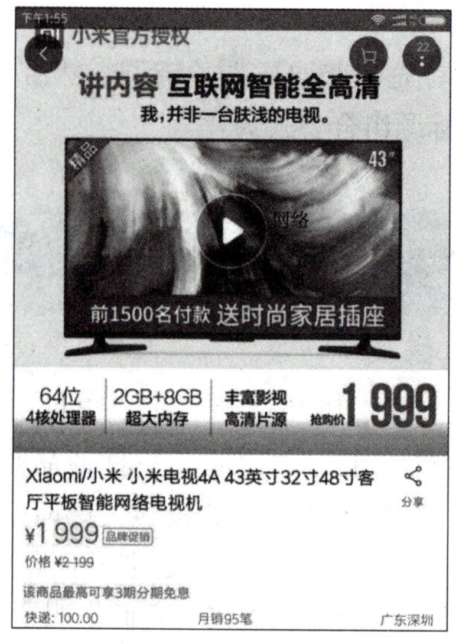

图 1　小米 43 英寸 4A 智能网络电视

小米电视的初定标题和一周绩效如表 1 所示。

表 1　小米电视的初定标题和一周绩效

宝贝标题	一周访客数	一周支付件数
Xiaomi/小米　小米电视 4A 43 英寸 32 英寸 48 英寸客厅平板智能网络电视机	1 425	22

2. 获取和建立候选关键词词表

从淘宝搜索下拉框、淘宝排行榜、生意参谋、直通车关键词词表获取了大量与小米电视相关的关键词。按照搜索人气，部分候选关键词排行为电视、电视机、小米电视、液晶电视、平板电视、电视机 40 寸、网络电视、智能电视、小米电视 4A、Wifi 电视、小米电视 32 寸、小米电视 43 寸，如图 2 所示。

关键词	搜索人气 ≑	搜索人数占比 ≑	搜索热度 ≑	点击率 ≑	商城点击占比 ≑	在线商品数 ≑	直通车参考价 ≑
电视	104 383	14.40%	230 973	54.10%	76.39%	0	1.61
电视机	73 301	14.29%	167 524	53.03%	77.59%	827 977	1.61
小米电视	36 278	26.88%	67 884	129.88%	88.18%	23 874	1.21
液晶电视	36 054	2.34%	77 702	49.65%	76.10%	0	3.25
平板电视	32 753	1.99%	58 216	54.09%	86.56%	0	3.19
电视机40寸	29 402	3.03%	60 821	103.58%	47.61%	16 950	4.24
网络电视	22 333	1.05%	36 366	80.26%	53.86%	0	4.19
智能电视	13 108	0.43%	34 083	55.94%	79.36%	0	1.43
小米电视4A	7 552	2.01%	14 073	112.39%	82.62%	2 474	0.88
Wifi电视	5 161	1.09%	10 394	95.46%	65.23%	222	1.76
小米电视32英寸	4 007	0.73%	9 278	99.87%	73.06%	3,651	0.51
小米电视43英寸	3 569	0.61%	9 273	108.77%	75.59%	2,253	1.29

图 2　部分候选关键词排行

3. 筛选关键词

根据搜索人气、搜索热度、点击率、在线商品数来筛选关键词，最终选择小米电视、小米电视 4A、小米电视 43 英寸、智能电视、网络电视、Wifi 电视、平板电视、液晶电视、电视机、电视机 40 寸、小米电视 32 寸、小米电视 43 寸。

4. 组合新标题

将筛选出来的关键词按照公式进行组合，新的宝贝标题如图 3 所示，为“Xiaomi/小米 小米电视 4A 43 英寸智能网络 Wifi 平板液晶电视机 32 40”。

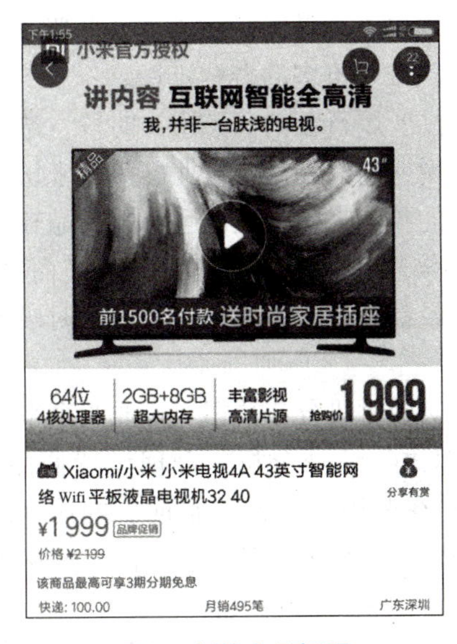

图 3　新的宝贝标题

5. 获取新的绩效数据做对比分析

该网店的小米电视新标题发布一个月后，商品绩效有了明显上升。一周的访客数和支付件数与之前的比较如表 2 所示。

表 2　小米电视新标题发布后一周的访客数和支付件数与之前的比较

宝贝标题	一周的访客数/人	一周的支付件数/件
Xiaomi/小米 小米电视 4A 43 英寸 32 英寸 48 英寸客厅平板智能网络电视机	1 425	22
Xiaomi/小米 小米电视 4A 43 英寸智能网络 Wifi 平板液晶电视机 32 40	7 596	137

小米电视的 SEO 标题优化是成功的，商品绩效有了明显提升，一周访客数从 1 425 人上升到 7 596 人，最近一周支付件数从 22 件上升到 137 件，支付转化率从 1.54% 上升到 1.80%。

四、任务拓展

（一）设置商品上下架时间

1. 任务背景

淘宝是一个充满竞争的世界，如果商家不懂得有效规避竞争对手，就很难将商品的销量最大化。安排商品上下架时间也是如此，不仅要找访客多的时段，还要找竞争小的时段。

商品上下架时间是商品排名的一个重要参数，搜索一款商品时，即将下架的宝贝排名会比较靠前，比较容易被搜索到，所以，如何设置店铺宝贝的上、下架时间，争取更多的自然流量是至关重要的。

淘宝商品上下架周期为一周时间，刷新时间为 15 分钟，例如：某款宝贝上架时间是周一晚上 10 点 30 分，那么第二周周一晚上 10 点 30 分前的 15 分钟搜索这款商品，它的排名会非常靠前。

店铺的商品应选择在一周之内一个最优时间段进行上架，那么自然在临近下架时，商品就会有更多的机会展示给客户，带来更多的自然流量。

大商家需要更多地关注商品所属行业的买家来访时段，选择高峰时段上架，获得更多流量；而对于中等规模的商家来说，它们在考虑行业的买家来访高峰的同时，还需要考虑竞争商品的上下架时段，选择行业的买家来访量较高且竞争商品较少的时段上架；小商家则还需要关注自己店铺的买家什么时候来，同时也要比中等规模商家更加关注竞争商品的上架时段，选择行业和店铺买家访问量都高且竞争商品也较少的时段上架。

2. 任务内容

对网店最近一个月的店铺访客时段分布数据、行业买家来访时段分布数据、店铺竞争实力以及竞品上架时段分布数据进行综合分析，合理设置商品上、下架时间，设计并填写“商品上下架时间调整表”，并在两周后对比调整前后的访客流量数据，分析设置商品上、下架时间是否合理，如果发现访客流量未增长或者下降，应深入分析原因。

3. 任务安排

本任务要求学生运用 CDIO 的方法单独完成，完成后上交“×××网店商品上下架时间调整表”，并做好汇报结果的准备。

（二）商品类目优化

1. 任务背景

对淘宝宝贝进行优化，是很多淘宝店主都能熟练掌握的技巧。不过大多数店主在优化宝贝的时候，都把重点放在 SEO 方面，主要针对宝贝标题和详情页下功夫。很少有人会注意对一些细节方面的优化，比如对宝贝商品类目的优化。淘宝商品的搜索，大部分是通过输入关键词，所以在 SEO 方面下功夫是没错的。不过除此之外，还是有很多买家是根据商品的类目进行搜索的，或者将两种搜索方式结合，先用关键词找出相关商品，再通过类目进一步筛选。

所以，店主在上传商品的时候需要将商品放在特定的类目之下，而淘宝也为每一个商品提供了固定的类目存放路径，方便商家管理自己的商品。不过很多店主在选择类目的时候比较任性，觉得差不多就行，或者干脆找了个“其他”类目凑合着。殊不知，店主在将后台商品上传的时候，类目准确度越高、商品属性填写越完善，就越容易被买家精准搜索到，从而增加店铺的流量来源，提高销量。这也就需要店主在上传宝贝时，多在细节上留意。

2. 任务内容

检查网店全部商品的类目是否设置合理，检查工具采用生意参谋/市场行情/搜索词查询，即将商品类目名称作为搜索词进行查询，在查询结果的类目构成里列出了关联类目的点击人气和点击人数占比，看看原来选择的商品类目是不是点击人气和点击人数占比最高的类目，不是的话应该及时做出修改。

3. 任务安排

本任务要求学生运用 CDIO 的方法单独完成，完成后上交《×××网店商品类目优化》，并做好汇报结果的准备。

项目结构

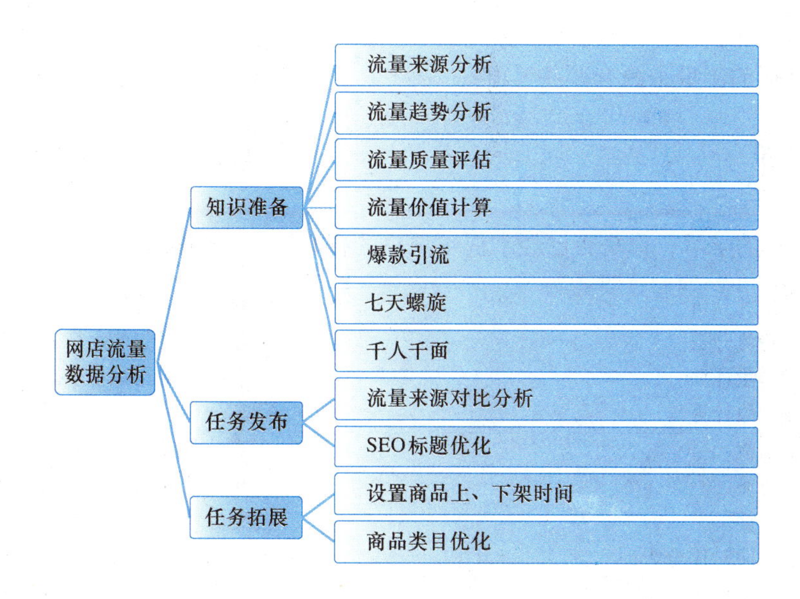

同步测试

一、判断题

1. 直通车是按点击付费（CPC）的效果营销工具，为卖家实现宝贝的精准推广。（　　）
2. 淘宝客是一种按成交计费（CPS）的推广模式，属于效果类广告推广。（　　）
3. 钻石展位是按展现收费（CPM）的推广方式。（　　）
4. 爆款的具体表现是高流量、高跳失率、高成交转化率。（　　）
5. 在千人千面的背景下，店铺标签是可以在短期之内形成的。（　　）

二、选择题（单选多选不限）

1. 流量来源根据渠道的不同可以分为(　　)。

A. 站内流量　　B. 站外流量　　C. 免费流量　　D. 付费流量

2. 自主访问流量来源包括(　　)。

A. 购物车　　B. 直通车　　C. 我的淘宝　　D. 直接访问

3. 流量质量的评估通常采用(　　)作为衡量流量有效性的宏观指标。

A. 访客数　　B. 转化率　　C. 活跃客户率　　D. 参与指数

4. 宝贝新品上线后的七天螺旋周期分成的阶段有（　　）。

A. 宝贝新上期　　B. 螺旋上升期　　C. 稳定期　　D. 快速爆发期

5. 编写宝贝标题时应该考虑（　　）这两方面的因素。

A. 搜索引擎所用的关键词　　B. 字体颜色

C. 商品所在类目　　D. 宝贝标题的诱惑力

三、简答题

1. 自然搜索流量的主要影响因素有哪些？
2. 什么是七天螺旋？
3. 什么是千人千面？
4. 如何打造爆款？
5. 淘宝网店的流量来源有哪些渠道？

能力测评

通过本项目的学习，你是否已经掌握本项目的核心知识点和技能点，请做出自评。

知识点	流量来源分析	□充分掌握□基本掌握□未掌握
	流量趋势分析	□充分掌握□基本掌握□未掌握
	流量质量评估	□充分掌握□基本掌握□未掌握
	流量价值计算	□充分掌握□基本掌握□未掌握
	爆款引流	□充分掌握□基本掌握□未掌握
	七天螺旋	□充分掌握□基本掌握□未掌握
	千人千面	□充分掌握□基本掌握□未掌握
技能点	流量来源对比分析	□已经具备□初步具备□未具备
	SEO 标题优化	□已经具备□初步具备□未具备
	设置商品上、下架时间	□已经具备□初步具备□未具备
	商品类目优化	□已经具备□初步具备□未具备
自评人（签名）： 年　月　日		教师（签名）： 年　月　日

项目四

网店转化率数据分析

学习目标

知识目标

☞ 掌握与电商转化率相关的计算，理解电商转化率的重要性；
☞ 理解成交转化漏斗模型；
☞ 熟悉网店的转化路径；
☞ 熟悉转化率分析指标，掌握转化率分析指标的计算公式；
☞ 了解影响转化率的因素；
☞ 掌握直通车转化分析。

技能目标

☞ 具备跳失率诊断与优化的能力；
☞ 具备店铺首页装修因素分析能力；
☞ 具备点击率诊断与优化的能力；
☞ 具备商品详情页装修因素分析的能力。

基本素养

☞ 具有数据敏感性；
☞ 善于用数据思考和分析问题；
☞ 具备收集、整理和清洗数据的能力；
☞ 具有较好的逻辑分析能力。

一、项目导入

亚马逊金牌服务会员的高转化率

据美国《福布斯》网站4月7日报道，随着亚马逊金牌服务（Amazon Prime）在全美各大城市首次推出1小时和2小时送达服务（图4－1），亚马逊的年度订阅服务开始将沃尔玛和塔吉特等在线竞争对手一一排挤出市场。

图 4－1　亚马逊金牌服务

亚马逊金牌会员服务的吸引力是无可争辩的，原因是这项服务会加快送货速度，而此前亚马逊已经拥有价格低、产品系列广泛以及优质客户服务等优势。同样重要的是，金牌会员服务还增强了亚马逊的网络效应，过去几年中这项服务的爆炸式增长促使商家（包括亚马逊平台上的第三方商家以及直接向亚马逊出售商品的批发商和制造商）提供了更多符合该服务资格的商品。

市场研究咨询公司 Millward Brown Digital 对超过 200 万名网购消费者的购物方式进行了分析，结果发现，亚马逊金牌服务会员身份会缩小顾客愿意考虑的零售商的范围。

该公司从对亚马逊金牌服务会员与非金牌服务会员交叉购物的分析中发现，在进行网购时，同时考虑沃尔玛和塔吉特等其他大众零售网站的亚马逊金牌会员不到 1%。而非亚马逊金牌服务的顾客在亚马逊和塔吉特零售网站之间交叉购物的可能性是金牌服务会员的 8 倍之多。

研究表明，年亚马逊金牌服务会员在亚马逊网站点击量中的贡献比例增长了 300%。这一涨幅意味着，越来越多其他零售网站的潜在顾客成为亚马逊金牌会员。在 2014 年的假日季中，沃尔玛网站的顾客中有 8% 是亚马逊金牌服务会员。相比 2013 年同一时期的 2%，这一比例有所增加。

美国消费者情报研究合作伙伴的调查显示，亚马逊目前在全球拥有约 4 000 万金牌服务会员，远高出 2013 年 3 月的约 1 000 万。

亚马逊金牌会员的消费水平要高出普通的网购消费者，前者每年在亚马逊购买价值 1 500 美元的产品和服务，而非金牌服务的普通客户在亚马逊的消费不及金牌服务会员的一半，每年约为 625 美元。

对沃尔玛、塔吉特和其他零售网站而言，亚马逊金牌服务会员的“转化率”，即实际购买人数占总访问人数的百分比，可能会是最发人深省的数字。据悉，63% 的金牌服务会员在访问亚马逊网站期间发生支付交易的转化率，是非金牌服务会员的近 5 倍。

浏览传统大型仓储式超市零售网站的顾客数量出现大幅下滑。研究显示，浏览塔吉特零售网站并发生购买行为的消费者占到 2%，与这家美国电商将近 3% 的平均转化率相接近。而沃尔玛零售网站的转化率为 5%。

亚马逊金牌服务会员在这两个网站消费的可能性要略高，这些客户在塔吉特和沃尔玛网站上的转化率达到6%。即便如此，与亚马逊不断增长的两位数高转化率相比仍然相去甚远。(文章写于2015-04-08)

思考：

1. 亚马逊金牌服务会员的转化率有多高？
2. 亚马逊竞争对手沃尔玛和塔吉特网站上的转化率有多高？
3. 亚马逊金牌服务会员转化率高的原因是什么？

二、知识准备

网店引来流量，却没有成交，即引来的流量对商家没有价值。只有提高流量的转化率，商家才能真正赚到钱。一个店铺流量转化率的大小，考验的是店铺的内在功力，受店铺装修、宝贝详情页的设计、商品描述、商品定价等多方面因素的影响。

（一）电商转化率

1. 转化率公式

转化率指在一个统计周期内，完成转化行为的次数占推广信息总点击次数的比率。转化率高说明进店的客户中成功交易的人数比例高。要想网店有销量，就要让进店的客户下单购买商品，提高转化率。转化率是衡量店铺运营健康与否的重要指标。转化率的计算公式为：

转化率＝(转化次数/点击量)×100%

比如，有100名访客访问某网店，其中有50名访客点击浏览某商品的信息，最终2人购买了该商品，那么该商品的成交转化率为：2/50×100%＝4%。

知识链接

转化率相关数据

与转化率有关的网店数据主要有5个：全店转化率、单品转化率、转化笔数、转化金额和退款率。

转化分析时，不仅要注意全店的转化率，还要注意单品的转化率，转化率高并不代表店铺的成交金额高，所以还要注意转化的笔数和转化的金额；同样的道理，如果转化率高但退款率也很高，那么出现退款情况的交易等于没有转化，还会反过来影响店铺的声誉。

2. 转化率重要性

从典型电商公司的销量和利润公式分解可以看出转化率的重要性。

销量＝流量×转化率　　(1)

从式(1)中，可以看到流量和购买转化率都是影响销量的因素。如果店铺流量转化低，则可以换一下顺序来思考，会不会是商家获取的流量有问题？是不是流量的质量不高？

会不会是流量不够精准？除了流量不够精准以外，还需要考虑是不是店铺的装修、宝贝的详情页以及价格的原因等。

$$利润 = 销售额 \times 净利润率 \tag{2}$$

$$= 购买人数 \times 客单价 \times 净利润率 \tag{3}$$

式中，购买人数等于有效进店人数，即产生购买转化行为的进店人数。式（3）又可以表示为：

$$利润 = 进店人数 \times 购买转化率 \times 客单价 \times 净利润率 \tag{4}$$

由于访客主要通过广告、推广、搜索三种途径进店，因此进店人数就等于这三种途径的有效展现数量，即浏览展现后产生实际点击行为的人数。式（4）还可以表示为：

$$利润 = (广告展现 \times 广告转化率 + 推广展现 \times 推广转化率 + 搜索展现 \times 搜索转化率) \times 购买转化率 \times 客单价 \times 净利润率 \tag{5}$$

有时候广告、推广、搜索展现做得很吸引人，即点击率很高，但转化率却不高；有时为了争抢市场份额，电商会降低客单价来提高展现数量，但由式（5）可以看出，当前电商的净利润率极低，客单价也低，导致电商利润低，甚至是亏本经营。而提高展现数量意味着高成本并且不能保证客户点击了该展现，因此转化率才是电商利润的源泉，是网店最终是否盈利的核心，提升网店转化率是电商必采取的战略决策。

（二）成交转化漏斗模型

世界上的任何东西，发生相互之间的传递、转化时，一定会导致损耗，换句话说，商家投入的资源不可能完全转化为订单。从客户通过展现进入网店开始，客户每访问一步，都有可能产生客户流失，尤其是客户触达第一个页面（不一定是网店首页）的流失率往往很高，导致这种现象的因素很多，例如进入者因为被广告诱导进入页面，后来发现其与预期严重不符，于是赶紧退出。

从展现到成交，转化漏斗模型（图4－2）有四个关键步骤。

图4－2 转化漏斗模型

1. 展现

客户想要看到商家的推广信息，所以宝贝的关键词就得展现给客户，那展现量与什么有关呢？

（1）匹配模式。淘宝搜索关键词匹配方式有三种，一是精确匹配，买家搜索词与所设关键词要求完全相同；二是中心词匹配，买家搜索词包含了卖家所设关键词；三是广泛匹配，买家搜索词与卖家所设关键词相关。

举例：

① 若商家设置的关键词是“连衣裙”（精确匹配方式），只有买家搜索连衣裙的时候，商家的推广才可以得到展现的机会，当买家搜索的是雪纺连衣裙、裙子等时，商家的推广因为不是完全相同（或者是同义词），就不会有展现的机会。

② 若商家设置的关键词是“连衣裙”（中心词匹配方式），当买家搜索连衣裙、雪纺连衣裙、白色连衣裙、针织连衣裙等时，因为完全包含了商家设置的关键词，则有展现的机会，流量较多。

③ 若商家设置的关键词是连衣裙（广泛匹配方式），当买家搜索连衣裙、雪纺连衣裙、白色连衣裙、针织连衣裙、裙子等时，因为与商家设置的关键词相关（包括精确匹配方式、中心词匹配方式），则均有展现的机会，流量更多！

（2）关键词排名。用户搜索某个关键词时，如手机、珍珠、空调等，搜索结果的排名顺序对展现量有着直接的影响。关键词排名越靠前，客户就越容易看到商家或宝贝的信息。在行业大词上关键词的排名高，则意味着商家在行业的影响力超过同行。

（3）关键词的数量。关键词的数量越多，商家或宝贝的展现量会越多。但是需要注意的是应根据检索词报告否定一些无相关的搜索词和根据关键词报告否定一些低展现低点击率没转化的关键词，否则将影响关键词的质量分，导致关键词排名下降。

自然搜索中商品标题包含的关键词限制在60个字符，30个汉字的范围内。直通车规定一个产品最多能设置200个关键词。

（4）推广的时间长短。在做SEM（搜索引擎营销）时，如果推广人员设置账户推广在日间，夜间就会把账户暂停了，所以一些客户夜间搜索关键词时就看不到该商家的推广信息了，这样该商家的关键词也就得不到展现。

（5）推广地域。在做SEM时，商家设置的推广地域越广，覆盖的人群就越多。但不同地区的点击率和成交转化率是不一样的，如果选择的推广地域多，而一些地区的点击率和成交转化率却很低，这样也会影响关键词的质量分，不利于关键词的排名。

（6）推广预算。在做SEM时，商家的SEM推广账户每天都会有一定的预算，当预算额度用完时，账户暂停，再不展现推广信息。

2. 点击

当商家或宝贝的关键词得到足够多的展现时就要考虑怎样才能吸引客户去点击推广信息。在做SEM时，有三个关键因素：一是主图的创意度；二是关键词与主图创意度的相关性；三是账户结构，账户结构很重要，需要合理设置推广计划和推广单元。

图4－3所示为“T恤短袖男”的搜索结果，图中显示的六件商品中，左边四件商品是自然搜索结果，右边两件商品是淘宝直通车推送，吸引访客点击的首先是主图的创意。

3. 浏览

当客户要点击商家或宝贝的推广信息时，只有当他顺利而又快速地打开登录页时，才算访问到商家的店铺首页或宝贝页面。这主要跟网站的访问速度和网页能否打开有关，还与宝贝详情页的设计有关。

如果登录页是宝贝页，则访客看到的是宝贝的一组主图、价格、运费、销量、累计评价数、尺码表和颜色表，如图4－4所示。当访客在登录页再次点击收藏、打开详情页、发起旺旺咨询、加入购物车、立即订购时，该访客才算有效入店。

图 4-3 “T 恤短袖男” 的搜索结果

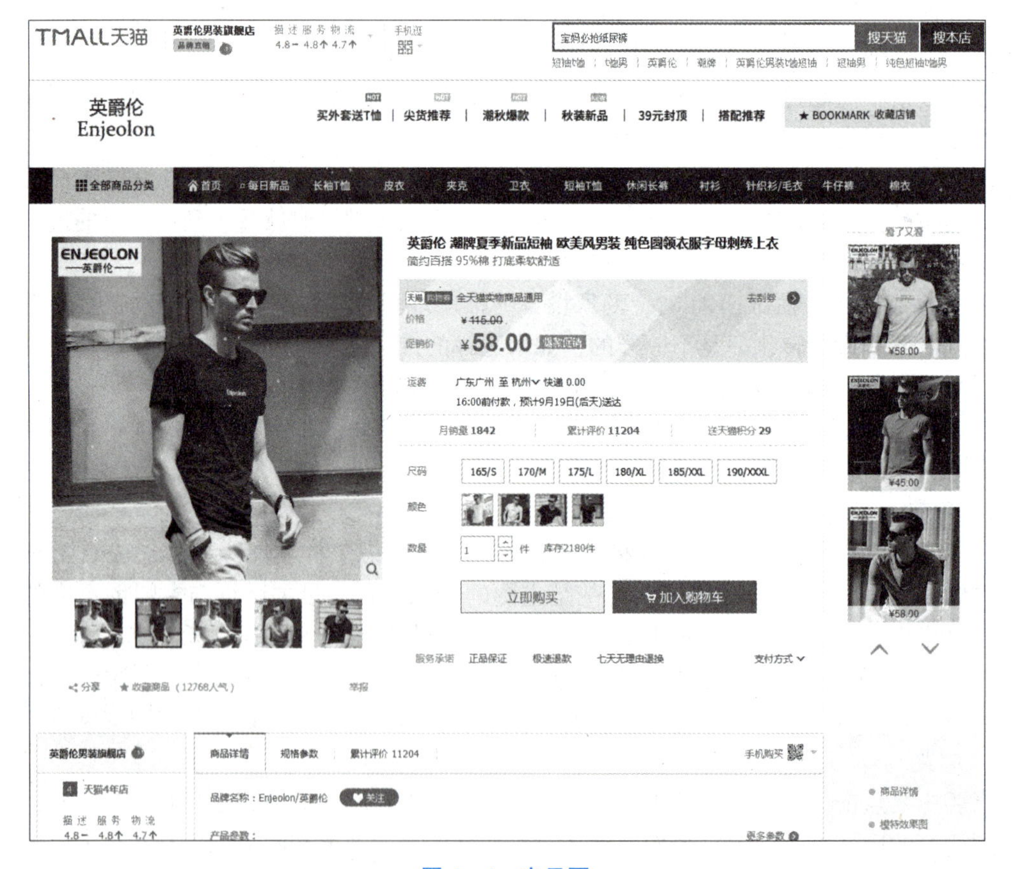

图 4-4 宝贝页

当客户登录商家或宝贝的页面时，其能否有欲望去咨询商品的相关信息，主要取决于以下几个因素：一是关键词与登录页面的相关性高低；二是登录页面内容是否满足客户的需求；三是登录页面的体验好坏程度。

4. 订单

客户有欲望去购买商家的产品时，就会联系客服，这时是否达成订单，主要看客服的能力和水平了。

（1）客服的回应速度。当有人咨询产品的信息/服务时，应尽快回应，做出回答。

（2）客服的服务态度。这是服务质量的基础，优质的服务是从优良的服务态度开始的。

（3）客服的专业性。客服要对客户专业地介绍产品/服务，回答客户的问题，这能够提高订单生成的成功率。

（三）转化路径

以某个网店为例，一般的客户购物路径如图 4－5 所示。

1. 进入页面

每一步用户访问，都有可能产生用户流失，尤其是用户触达的第一个页面（即客户浏览的第一个页面，但不一定是网店首页），流失率往往过高。

如果登录页是首页，那么跳失率在 50% 左右属于正常水平，太高，则说明首页的设计存在问题，导致很多顾客进入首页后就失去了访问店铺宝贝的兴趣，继而离开；顾客进入首页后，如果没有离开就会进一步选择宝贝点击，那么从首页到店铺各个宝贝页的点击率就十分值得关注了，毕竟只有宝贝页点击率增加，才能促进店铺整体业绩的提高。

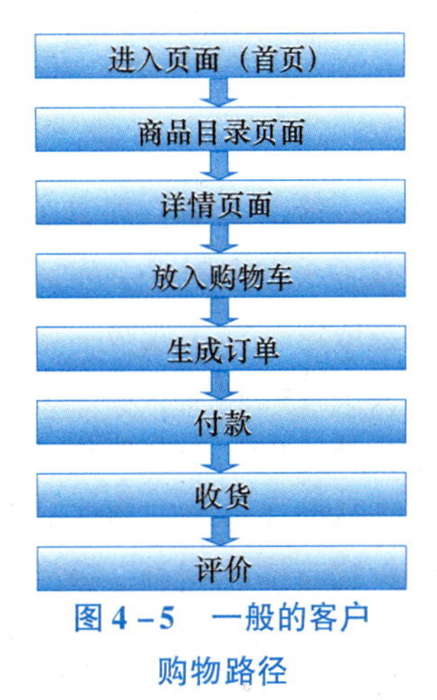

图 4－5　一般的客户购物路径

如果登录页是宝贝页，就要看跳失率和收藏率这两个指标了。如果跳失率高，则说明宝贝页存在问题，需要从宝贝页的图片、描述和定价等方面进行考虑；如果顾客进入宝贝页未购买，但进行了收藏，则说明顾客对这个宝贝感兴趣，日后回头购买的可能性会比较大，所以提高宝贝收藏率可以促成日后的交易。

2. 商品目录页面

接下来到商品目录页面，如果客户在网店首页采用店内搜索方式对商品进行搜索，就会进入搜索结果页。搜索结果页面包含了一个搜索结果的列表，即商品目录，如果搜索结果页的展示不能符合搜索者的要求，访客找不到他想找的预期商品，那么访客就会流失。访客如果在搜索结果页找到了他想要找的商品，其就会点击该商品，访问该商品的详情页面。

3. 详情页面

顾客到达详情页面，如果店铺装修不美观、定价过高、销量过少、客户评价过低、详情页设计不合理、店铺客服不给力，客户难以进行下单决策，也会造成客户流失。

4. 放入购物车

顾客将商品放入购物车。据淘宝的经验数据显示，从访问到购物车，平均来讲，100 个人进来，只有四五个人把东西放到购物车，即便是放入了购物车，也依然有较大的流失率，因此一般的购物网站都会有“立刻购买”的按钮。

5. 生成订单

生成订单。客户下订单，表示其有强烈的购买欲望，但不等于成交，因为还有一个支付环节。如果一家店铺在订单与支付之间存在很大的客户流失现象，就会严重影响销售额的增长，因此需要做深入分析，注意每一个细节。

6. 付款

买家支付货款，买卖双方达成交易，这并不意味着交易完成，因为从成交到交易完成还有物流配送与买家收货签收环节。如果买家在付款后取消交易，说明买家对达成的交易产生疑虑或后悔。对此，一些平台的应对策略是加快物流速度，尽量减少买家因后悔而取消交易的机会。

7. 收货

买家收货并签收，买卖双方交易完成。但是网购消费者有七天犹豫期，买家可以发起七天无理由退货。买家退货的理由有质量问题、尺寸问题、描述不符问题，以及假冒品牌、发错货、商品破损等问题，这就需要卖家做好售后服务、物流配送等方面的工作，并减少工作上的失误。

8. 评价

一般情况下，买家主动评价比较少，买家只有对商品和服务在使用过程中出现不满意且卖家不予理会时才会发起评价，负面评价会比较多。一些卖家为了改变这一状况，常常利用优惠或返现等手段吸引买家做出正面评价，但这样的评价又显得不够公正。现在淘宝推出新的会员评级制度，生意参谋基于用户过去 12 个月在淘宝的“购买、互动、信誉”等行为，综合计算出一个分值为淘气值，即客户不仅要买得多，还要参与互动，才能获得更高的分值，从而促进客户更多地参与评价，提高评价的真实性。所以，卖家更要重视产品质量，做到货物与描述相符，提高客户服务质量，让客户满意。

产品运营分析人员需要根据转化路径，整理出各个环节的漏斗模型数据，考量有可能造成客户流失的因素，进行针对性的优化。需要提醒的是，整个客户行为以最终的产品转化为评价标准，各环节的转化率息息相关，不能简单地只对某个环节的转化率提升，这样有可能会造成负面的客户体验，得不偿失。例如，某产品为了拉新，进行有诱导性的 TIPS（提示）弹窗，吸引客户进入，虽然在第一阶段，可以带来大流量，却对后面环节的转化率提升无益。再提醒一点，不同客户类别在漏斗中的转化率往往有较大差异，除了对整体客户的转化分析之外，还可以进行客户细分的漏斗模型分析，例如对不同进入渠道、不同注册来源、不同产品使用年限、不同性别、不同年龄等多种因素进行分析。

（四）转化率分析指标

从展现到商品成交的转化过程，常用的指标有点击率、跳失率、有效入店率、详情页跳出率、咨询率、咨询转化率、静默转化率、收藏转化率、加购转化率、下单转化率、下单支付转化率和支付转化率。

图 4-6 所示为某网店一周（7.17—7.23）PC 端的商品效果，支付金额排在第一名的是美的大 1.5 匹智能变频空调，点击率为 4.77%，详情页跳出率为 84.59%，下单转化率为 1.76%，下单支付转化率为 89.08%，支付转化率为 1.56%。

1. 点击率

点击率是指统计日期内，网店展示内容被点击的次数与被显示次数之比，即 clicks/views。它是一个百分比，反映了网页上某一内容的受关注程度，经常用来衡量广告的吸引程度。

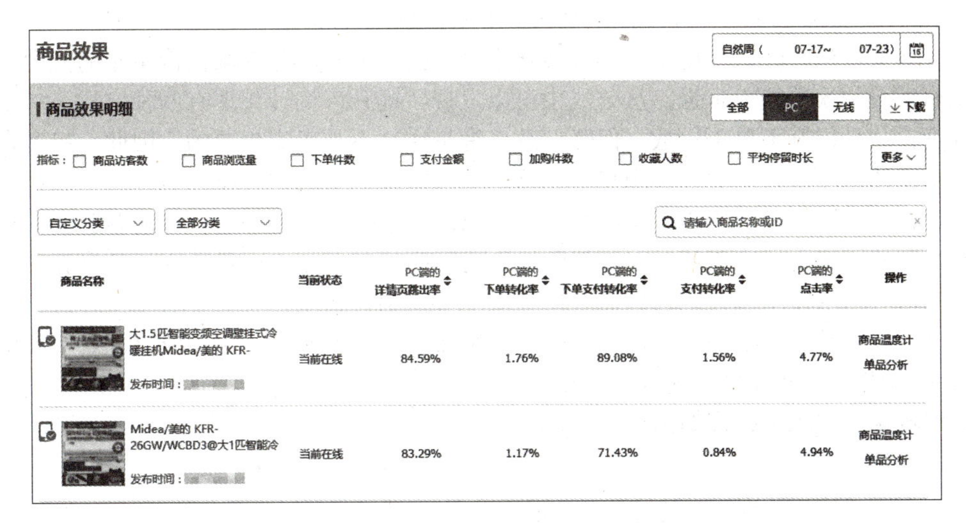

图 4-6　某网店一周 PC 端的商品效果

点击率 = 网店展示内容被点击的次数/总展示次数

2. 跳失率

跳失率是指一天内，来访店铺浏览量为 1 人次的访客数/店铺总访客数，即访客数中，只有一个浏览量的访客数占比，它反映的是某个页面对访客的吸引力和黏性。该值越低表示流量的质量越高，对访客的吸引力和黏性越高。

3. 有效入店率

有效入店率是衡量访客是否流失的一个很重要的指标。通常我们所说的访客跳失人数是指访客问店铺一个页面就离开的访客数。与跳失人数相反的是有效入店人数，有效入店人数指访问店铺至少两个页面才离开的访客数，当访客到达店铺后，进行直接点击、收藏店铺、旺旺咨询、加购物车、立即订购等操作后离开店铺，那么这都算有效入店。

访客数 = 有效入店人数 + 跳失人数

有效入店率 = 有效入店人数/访客数

对于一个店铺来说，要尽可能地降低全店的跳失率，增加全店的有效入店人数。

4. 详情页跳出率

详情页跳出率是指统计时间内，访客在详情页中没有发生点击行为的人数/详情页访客人数，该值越低越好。详情页跳出率较高，则说明详情页的设计并没有很好地留住用户。

详情页跳出率 = 1 - 点击详情页人数/详情页访客数

5. 咨询率

咨询率是指统计时间内，访客中发起咨询的人数占比。访客发起咨询说明访客对该商品已经有了购买意愿。

咨询率 = 咨询人数/访客数

6. 咨询转化率

客户因参与店铺活动而被吸引，这时，其往往需要咨询客服来解答其疑问，那么咨询转化率的高低就会受顾客在咨询途中所接触到的客服的服务态度的影响。从访问到询单到下单到付款，最后产生一个最终付款成功率，即最终付款人数与访客数之比。最终付款成功率与咨询转化率和静默转化率有关。

咨询转化率 = 下单用户数/总咨询量

总咨询量可从旺旺后台得出。咨询转化率这个指标考核的是客服接待买家的能力，其越高，说明客服的谈单能力越强。从公式中可以发现，提升咨询转化率有两种方式，一是降低总咨询量；二是提升下单用户数。但降低总咨询量往往不是卖家想要的，因此，提升咨询转化率最重要的一点就是增加下单用户数，这是考核客服能力的重要指标。

一个客服能力的高低取决于她的服务意识以及主动销售技能如何。好的客服会尽量让每一位来咨询的顾客下单购买产品，不仅购买所选择的当前产品，而且购买连带推荐的一系列产品，我们可以从客服聊天记录里面看出客服的主动销售技能。

影响咨询转化率的因素有五个：客服服务意识；专业技能（淘宝技能及产品知识了解）；主动销售；服务态度；响应速度。

咨询转化率的产生过程如图 4 -7 所示。

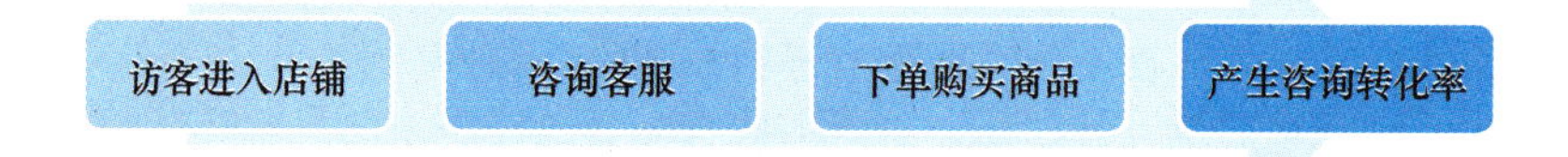

图 4 -7　咨询转化率的产生过程

7. 静默转化率

与咨询转化率相对应的是静默转化率。静默成交用户指未咨询客服就下单购买的用户。店铺里会有部分用户（特别是老客户），在购买的时候不咨询客服就直接下单了。它考查的是店铺的整体水平，包括店铺的装修、宝贝的描述、店铺的 DSR 动态评分以及老客户关系维护水平等。

静默转化率 = 静默成交人数/访客数

静默转化率是这样产生的：访客进入店铺后没有咨询客服，自发下单购买商品。静默转化是商家最喜欢的一种转化方式，不需要推销就有订单自动上门。静默转化率产生的过程如图 4 -8所示。

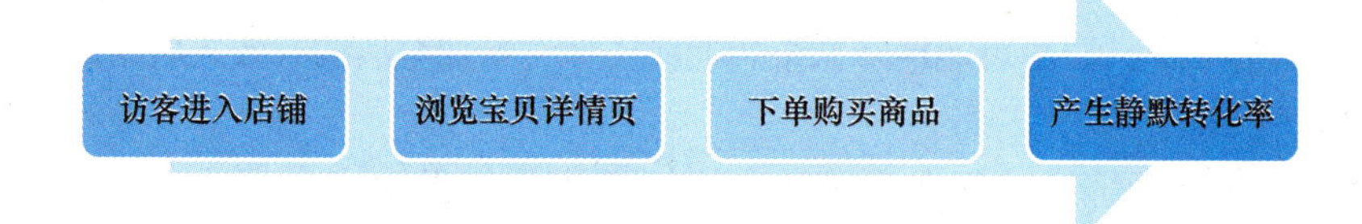

图 4 -8　静默转化率产生的过程

8. 收藏转化率

收藏转化率是指在统计时间内，收藏人数与访客数之比。访客如果收藏了店铺或宝贝，则说明对该店铺或宝贝产生了兴趣。

9. 加购转化率

加购转化率是指在统计时间内，加购物车人数与访客数之比。访客如果将某个宝贝加入购物车，则说明对该宝贝产生了购买的欲望。

10. 下单转化率

下单转化率是指在统计时间内，下单买家数与访客数之比，即来访客户转化为下单买家的比例。

下单转化率主要考验店铺和商品带给访客的感受，如果两者都能给访客带来良好的感觉，那么下单转化率就高。

11. 下单支付转化率

下单支付转化率是指在统计时间内，下单且支付的买家数与下单买家数之比，即统计时间内下单买家中完成支付的比例。

下单支付转化率代表下单的访客中最终进行支付的比例。当下单支付转化率太低，例如低到80%时，就代表有100个人下单，却只有80个人付款，商家就要思考为什么有20个人下单后又放弃购买了呢？到了下单这一步，就说明访客的购买意向已经非常强烈了，但最终还是放弃了付款，原因何在？是商品的问题还是价格的问题？是否需要一个专门的客服来进行催付款的工作呢？

12. 支付转化率

支付转化率是指在统计时间内，支付买家数与访客数之比，即来访客户转化为支付买家的比例。

支付转化率代表的是最终达成交易的买家比例，商家可以将支付转化率与下单转化率进行比较分析，如果支付转化率比下单转化率低得多，则需要考虑是不是客服在与买家交流时一味重视下单量，而不在意顾客真正的需求。

衡量关键词的好坏，除了关注搜索量大小外，还要关注支付转化率。如果一个关键词搜索量很大，但支付转化率很小，就如同实体店中销售一个新奇的商品，看的人多，买的人少一样。网店商家如果使用了支付转化率低的关键词，有可能造成商品转化率下降，进而影响了商品的搜索权重。图4－9所示为生意参谋中市场行情栏目下搜索词为“运动鞋”的结果，对8月21—27日的支付转化率进行排序，可以发现相关搜索词中“运动鞋鞋垫”“增高鞋垫 运动鞋”“儿童运动鞋男 学生”“鞋子男 休闲鞋透气 运动鞋”“鞋子男 夏 运动鞋”“鞋子男 运动鞋”“儿童白色运动鞋”的支付转化率最高。

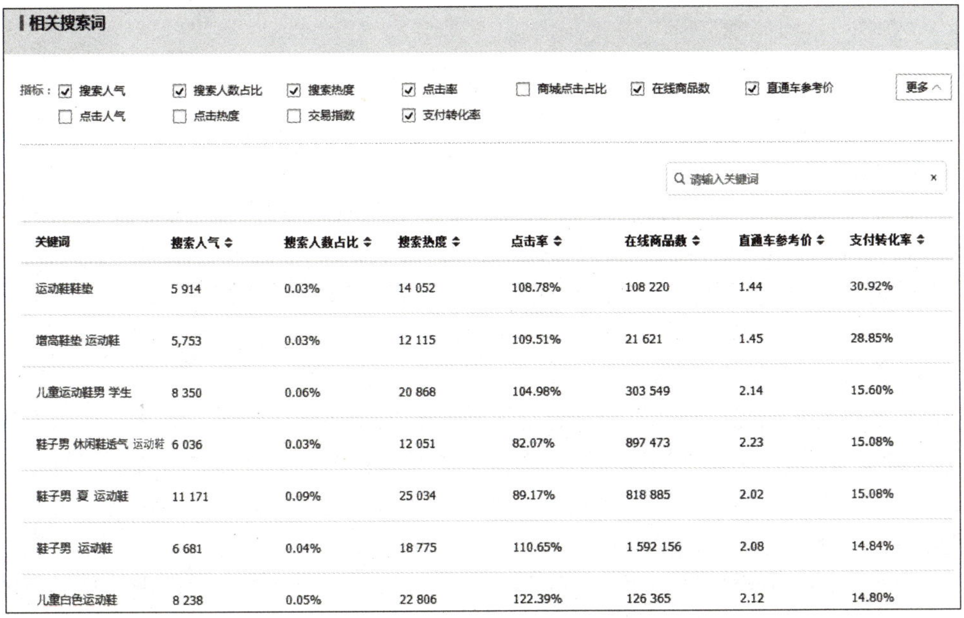

相关搜索词

指标：☑ 搜索人气　☑ 搜索人数占比　☑ 搜索热度　☑ 点击率　☐ 商城点击占比　☑ 在线商品数　☑ 直通车参考价　更多
☐ 点击人气　☐ 点击热度　☐ 交易指数　☑ 支付转化率

请输入关键词

关键词	搜索人气	搜索人数占比	搜索热度	点击率	在线商品数	直通车参考价	支付转化率
运动鞋鞋垫	5 914	0.03%	14 052	108.78%	108 220	1.44	30.92%
增高鞋垫 运动鞋	5,753	0.03%	12 115	109.51%	21 621	1.45	28.85%
儿童运动鞋男 学生	8 350	0.06%	20 868	104.98%	303 549	2.14	15.60%
鞋子男 休闲鞋透气 运动鞋	6 036	0.03%	12 051	82.07%	897 473	2.23	15.08%
鞋子男 夏 运动鞋	11 171	0.09%	25 034	89.17%	818 885	2.02	15.08%
鞋子男 运动鞋	6 681	0.04%	18 775	110.65%	1 592 156	2.08	14.84%
儿童白色运动鞋	8 238	0.05%	22 806	122.39%	126 365	2.12	14.80%

图4－9　对“运动鞋”的搜素结果

关键词的转化率并不是固定不变的，随着市场动向和季节变化，关键词的转化率也会提高或降低，所以商家最好定期监控商品标题组成关键词的转化率大小，及时换掉那些不能带来转化的词，只有这样才能让商品销售与市场同步。

（五）影响转化率的因素

转化率与广告展现、推广展现、搜索展现、购买展现有关。从消费者的角度出发，影响电商转化率的因素共有 12 个。

1. 商品价格

商品价格不仅影响商品的搜索权重，还影响进入店铺的访客最终是否会下单购买。商品的价格并非越低越好，而是要在分析整个行业的成交价格和成交量的基础上来确定。图 4－10所示为某网店的价格带，可以发现 1 500 ~3 500元是该网店最能被买家接受的价格，支付买家占比达到 53. 14%。

价格带构成　　全部　PC　无线　下载

价格带	支付买家占比	支付买家数	支付金额	支付转化率	操作
0~150元	3.27%	72	7 204.77	2.29%	查看趋势
150~500元	5.59%	123	39 727.00	1.61%	查看趋势
500~1 500元	21.36%	470	602 933.00	1.23%	查看趋势
1 500~3 500元	53.14%	1 169	2 835 921.00	0.94%	查看趋势
3 500~6 000元	15.05%	331	1 390 047.00	0.51%	查看趋势
6 000元以上	3.45%	76	612 011.00	0.19%	查看趋势

图 4－10　某网店的价格带

2. 顾客评价

访客在下单购买商品前一般都会去查看商品的顾客评价、问大家，以及 DSR，所以顾客评价的内容、DSR 分值和问大家中买家的回复对转化率有重要的影响。图 4－11 所示为沃萨驰旗舰店的动态评分和服务情况，三项动态评分均高于同行业平均水平，5 分好评率达到 91. 29%，纠纷退款率为零，这足以证明它是一家让人放心的店铺。

3. 详情页设计

访客在网店购物与在实体店购物的体验是不一样的。在实体店中，顾客可以真实地触摸商品，判断它的质量，但在网店购物时，顾客对商品质量的判断在很大程度上取决于宝贝详情页的设计。在宝贝详情页中，内容板块一般含有商品主图展示区，用来向访客展示商品的各属性效果；文字描述区，用来向访客介绍商品的特点和细节；其他功能区，用来引导访客持续访问和收藏商品。宝贝详情页的整体颜色、板块的布局设计都要尽量做到让买家消除在商品质量方面的疑虑，放心购物。

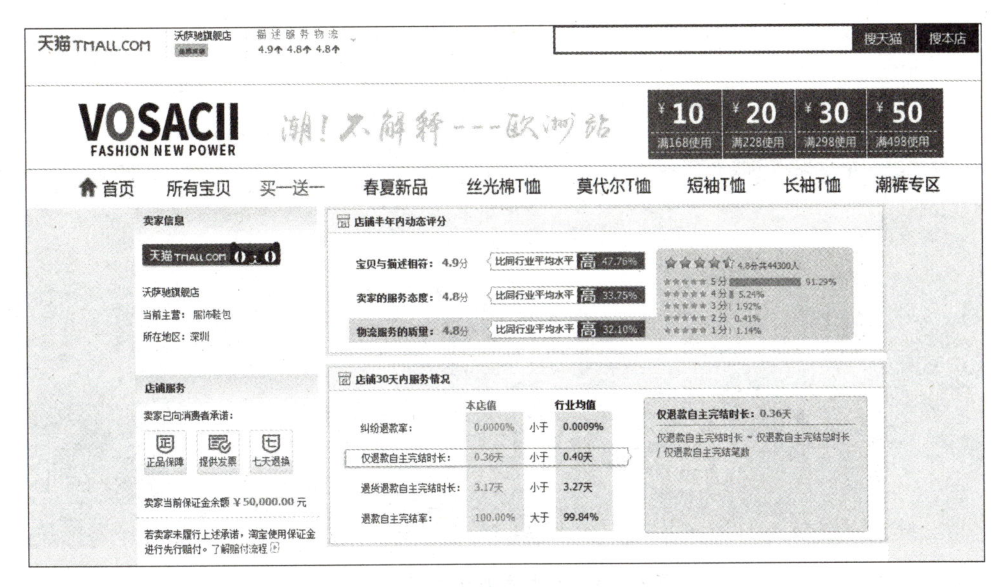

图 4－11　沃萨驰旗舰店的动态评分和服务情况

图 4－12 所示为某网店的宝贝详情页的部分截图，通过向访客展示商品的细节，吸引访客下单购买。

图 4－12　某网店的宝贝详情页的部分截图

4. 店铺装修

店铺装修的美观、专业，会让访客从心理上产生一种信任感，从而产生吸引力，这对提高转化率大有裨益。反之，如果店铺的装修毫无风格可言，整体配色也乱七八糟，那么访客的第一感觉就是店铺环境差，商品质量应该也好不到哪里去，从而造成访客流失，转化率降低。

图 4－13 所示为格力官方旗舰店的首页，店铺装修显得高端、大气、上档次，与格力品牌相符，赢得了消费者的信赖。

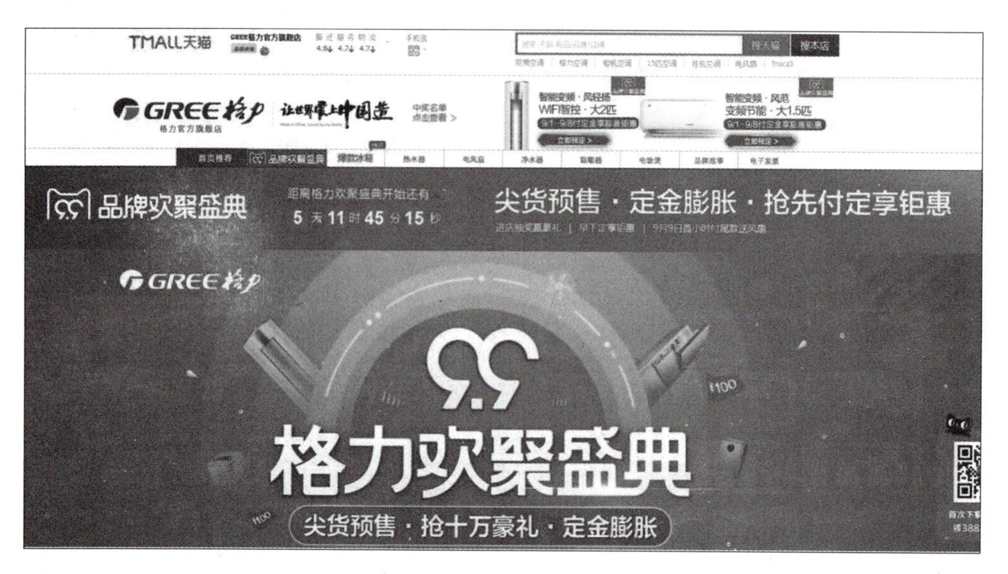

图 4 – 13 格力官方旗舰店的首页

5. 促销活动

访客都有买便宜、实惠的东西的消费心理。商品的打折促销、买就赠等活动往往会对消费者产生很大的吸引力。所以促销活动也是影响转化率的重要因素。常见的促销方式有指定促销、组合促销、借力促销、附加值促销、奖励促销、赠送类促销、时令促销、定价促销、回报促销、产品特性促销、临界点促销、限定式促销、名义主题促销、另类促销和纪念式促销等。

案例分析

促销方式判断

图 4 – 13 中，格力官方旗舰店的首页展示的是格力欢聚盛典的倒计时，广告语为“尖货预售·定金膨胀·抢先付定享钜惠”，请指出这属于哪种促销方式，并说明理由。

6. 消费能力

访客的消费能力对商品转化率也有重要的影响，消费能力高的访客对商品价格不敏感，但对商品的品牌、质量和设计等方面要求高，如果网店的宝贝在这些方面能够符合这部分访客的需求，则转化率就高；反之，转化率就低。消费能力低的访客对商品价格比较敏感，但由于消费观念不同，很难通过购买金额和数量直接判定访客的消费能力是较高、一般还是较差。比如有些网购者的消费能力一般，但由于注重享受，因此网购的金额较大、数量较多。

7. 消费观念

访客的消费观念分成三种：理性消费、感觉消费和感性消费。理性消费的购买标准是产品“好”“坏”与价格“便宜”“不便宜”；感觉消费的购买标准是“喜欢”“不喜欢”；感性消费的购买标准是“满意”“不满意”。第一种消费观念的中心是“节俭”，后两种消费观念更侧重“享受”。

一般来说，消费能力较差的客户，消费观念更理性，即侧重“节省”；消费能力更高的客户，消费观念更感性即侧重“享受”。当然，也有消费能力高的消费者是理性消费者，消费能力低的消费者是感性消费者。

8. 访问目的

主动使用站内搜索来查找和浏览产品信息的访客，其访问目的往往是计划内购物，而通过分类购物蓝和引导购物蓝浏览产品信息和在站内胡乱点击浏览信息的访客，其访问目的大多是闲逛。

显而易见，计划内购物者的购买转化率常大于闲逛者的购买转化率。然而，绝大多数网购者并没有明确的购买目标，即他们的访问目的是闲逛。因此，为消费者推荐购买目标，刺激他们的购买“点”，对于提高购买转化率尤为重要。

9. 浏览时间

我们处在一个信息爆炸的时代，广告无处不在，信息无孔不入，消费者每天都会接触成千上万的营销信息。高密度的信息轰炸，已经让消费者变得越来越麻木。30 秒，抓住消费者的心，成为营销成败的决定性因素。第一个 30 秒引起注意；第二个 30 秒引发兴趣；第三个 30 秒引人入胜；第四个 30 秒引出行动。

经分析发现，如果访客在网店停留的时间为 30 ~ 60 秒，则转化为订单的可能性为 0.5% ~1.5%；如果客户在网页停留的时间为60 ~150 秒，则转化率为2% ~3%；如果停留时间为 150 秒以上，则转化率会在 4% 以上。因此怎样延长客户停留在网店上的时间是电商值得思考的问题。

一般来说，如果访问目的是闲逛或者网店对访客的吸引力较强，则访客的页面浏览时间会较长；如果访问目的是计划内购物或者网店对访客的吸引力较弱，则访客的页面浏览时间会较短。

10. 购物体验

访客购物体验问题会严重影响成交转化率。访客的购物体验优、良还是较差可以通过反复测试和分析顾客评价来了解，主要包括搜索精准匹配程度、页面浏览速度、页面简捷度和操作难易度、动线设计、图片质量、客户服务、支付环节的流畅性、物流配送速度等方面。顾客的反馈信息能较客观地反映其真实的购物感受，这对于完善电商网站十分重要。

一般来说，购物搜索匹配精准、页面浏览速度快、动线设计合理、图片质量清晰、支付环节流畅、宝贝与描述相符、客服服务态度好、物流配送速度快，消费者的购物体验就好，就有可能重复购买。反之，消费者的购物体验就越差，就很可能不会再光顾，并且可能会将不好的购物经验分享给好友。

11. 流量来源

访客根据流量来源可以分成老访客和新访客，通常情况下从自主访问流量入口进入的访客基本上都是老访客。当新访客转化率出现下降时，商家需要从商品的价格、主图质量、店铺评分、客户服务、促销活动、竞争因素、装修风格、品牌价值、付款方式、快递、页面打开速度、销量、商品描述、售后服务等方面进行反思，查看哪些方面没有做到位。当老访客转化率出现问题时，商家需要从店铺风格、商品质量、老客户维护、促销活动、店铺上新频率等方面查找问题，确定是什么原因导致老客户不再进店购买。

12. 访客地域

不同地区的访客对不同店铺、不同商品的访问量不同，但是访问量大并不代表成交量也大，所以访客地域的不同也会影响转化率。商家在全面分析店铺转化率数据时，不能遗漏访客地区这一因素。

图 4－14 所示为某网店销售的美的 KFR－26GW/WCBD3@空调的访客分析，地域 TOP5 显示：8 月 4 日的浙江省访客数最多，下单转化率也最高；湖南省的访客数排名第二，但下单转化率最低。如果商家做直通车推广，地域选择在浙江省、江苏省和河南省会比较合适，因为这些地域的转化率较高，可以吸引更多的流量，这有助于提高店铺的成交业绩。

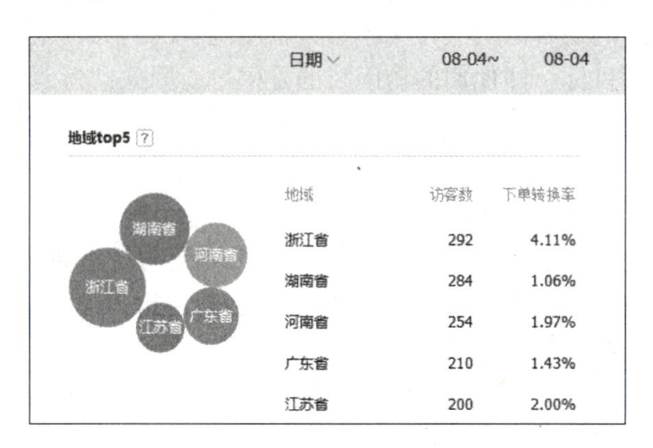

地域	访客数	下单转换率
浙江省	292	4.11%
湖南省	284	1.06%
河南省	254	1.97%
广东省	210	1.43%
江苏省	200	2.00%

图 4－14　某网店销售的美的 KFR－26GW/WCBD3@空调的访客分析

此外，还有购物时间段、购物时正在做的另一件事、朋友的意见、性别、年龄、心情等因素，它们也影响着购买转化率。

知识链接

转化率提升思路

当商家能够深入而客观地认识与店铺转化率相关的各项因素之后，就可以着手提升店铺的转化率了。转化率提升思路如图 4－15 所示，先内因后外因，逐步解决转化率存在的问题。

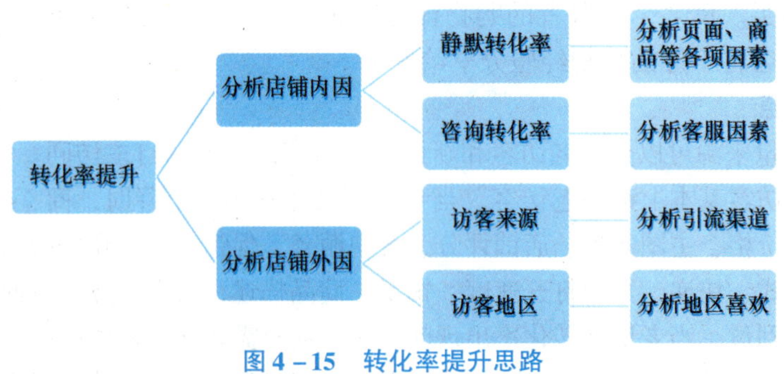

图 4－15　转化率提升思路

（六）直通车转化分析

1. 直通车概念

直通车又称为淘宝／天猫直通车，是运用搜索引擎营销（SEM）原理通过关键词竞价推出的以点击付费为计算方式从而实现宝贝精准推广的营销工具。其基本原则是展现不收费，按点击次数收费，而且同一 IP 地址一个宝贝同一天被点击次数只计 1 次。

2. 直通车推广原理

通过给参加直通车推广的宝贝设置与推广宝贝相关的关键词，使该宝贝被潜在买家搜索到，他们点击该宝贝进入了推广者店铺，这时就有可能产生购买行为。而与此同时，潜在买家的点击还会增加其他宝贝的浏览量，从而带动整个店铺的流量甚至销量。直通车推广由于能带来大量的流量和成交，因此已成为淘宝卖家强有力的工具。

3. 直通车竞价公式

淘宝直通车实际扣费 = 下一名出价 × 下一名质量得分 ÷ 自己的质量得分 + 0.01 元，从公式可以看出质量得分直接影响直通车价格，竞价者可以通过改变自己的质量得分来调整扣费。提高质量得分主要通过相关度、转化率、店铺状况进行优化。

相关度即一致性，是指宝贝标题、类目属性、宝贝描述等和所设定的关键词之间的紧密相关的程度。优化方法是找出最适合这个宝贝的几个关键词，在宝贝标题、详情页中进行有效配置。

转化率通过店铺的成交、收藏、点击等计算而来，因此要提高转化率就要提高店铺成交量、收藏量、点击量，例如通过优化标题、图片、详情页来吸引访客进行点击、收藏。影响直通车转化率的关键因素是创意质量和买家体验。创意质量是推广创意近期的关键词动态点击反馈。买家体验是根据买家在店铺的购买体验给出的动态反馈。

店铺状况主要看是否有违反淘宝规则的宝贝出现，如有，应及时纠正。

4. 直通车转化率

（1）直通车点击率。任何时候，点击率都是影响质量得分最重要的因素。点击率反映了买家对直通车宝贝的兴趣度，点击率更高的宝贝，在相同数量的展现量下可以获得更多的点击量。直通车宝贝的点击率由创意图片、关键词排位、人群定位、产品等因素共同决定。

① 创意图片。消费者在搜索产品时，第一时间看的就是产品主图，就直通车而言就是创意图片。创意图片的主要作用就是突出产品的核心卖点，让用户能第一时间感觉到产品的价值，刺激买家点击。买家搜索产品的时候，即使不是一目十行，也是一扫一大片。所以创意图片是很重要的，图片美不美观，能不能打动消费者，是不是就是消费者需要的那一款，就是在那一瞬间完全由图片体现出来的。

② 关键词排位。关键词排位的提升能够让店铺宝贝获得更多的展现量，展现量越多说明宝贝越有可能被用户点击进入，为店铺带来流量。

消费者在 PC 端的搜索结果页首排 1、2、3 是黄金位，右侧 1、2、3、4 是直通车优质位，下方的 5 个也是一个好的优质排位，第二页的点击率就呈下降的趋势。

无线端的直通车是和自然搜索排序展现在一起的，以“hot”为显著标志，前 3 名是必争之地，前 10 名也有机会被点击，但 10 名以后展现的机会就很少了。

③ 人群定位。搜索人群的展现原理是当买家进行搜索的时候，淘宝会根据买家的浏览记录，筛选商家进行千人千面展示。直通车开通搜索人群后，在千人千面的关键词展示下，针对不同买家搜索的关键词进行议价权重，让这一类的人群可以在更靠前的直通车展位看到商品展示，进而让店铺商品在精准的人群面前展示，可以进一步提高点击率和流量的精准性。

搜索人群的出价：

$$最终出价 = 关键词出价 + 关键词出价 \times 溢价比利$$

当产品的潜在消费者搜索时，这个关键词就会以基础出价加溢价的金额来竞争展现位置。例如某关键词出价为1元，溢价比例设置为50%，那么最终出价是1 +1 ×50% =1.5（元）。

搜索分群分为优质访客人群、自定义人群和天气人群，如图4 –16所示。

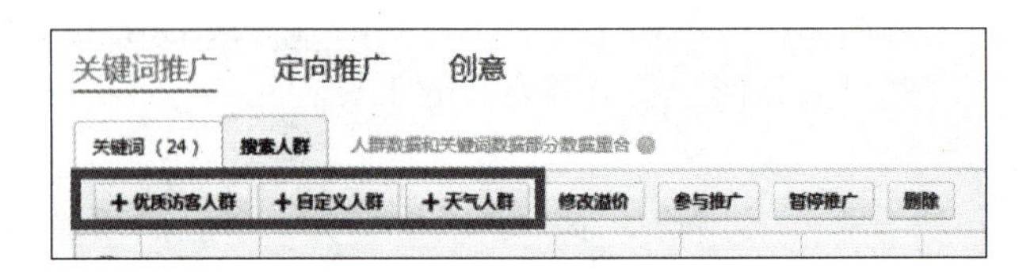

图4 –16 搜索分群

优质访客人群（图4 –17）是指浏览、收藏、加购过本店铺宝贝的一些客户，这一类客户是非常精准的，当宝贝二次曝光时很容易引起他们的注意。他们对本店铺有一定的了解，再加上店铺的一些活动以及优惠政策很吸引人，所以其很容易进行二次购买。相似店铺的访客就是本店铺的优质访客，这一块的流量是非常精准的。

状态	搜索推广	溢价	展现量	点击量	点击率	平均点击花费	花费	投入产出比	总收藏数	总购物车数	点击转化率	总成交笔数	总成交金额
优质人群													
推广中	店内商品放入购物车的访客	105%	632	115	18.20%	¥1.72	¥197.76	9.58	4	24	14.78%	17	¥1,895.13
推广中	收藏过店内商品的访客	5%	28	6	21.43%	¥1.85	¥11.12	-	-	-	-	-	-
推广中	购买过店内商品的访客	65%	48	2	4.17%	¥1.67	¥3.33	-	-	-	-	-	-
推广中	高购买频次的访客	5%	172	25	14.53%	¥1.54	¥38.59	2.47	2	5	4%	1	¥95.26
暂停	高消费金额的访客	5%	409	21	5.13%	¥1.87	¥39.23	1.88	0	1	4.76%	1	¥73.80
暂停	资深淘宝/天猫的访客	5%	-	-	-	-	-	-	-	-	-	-	-

图4 –17 优质访客人群

自定义人群（图4 –18）是指对访客进行精细划分，进行精准溢价，从而形成的一群人。首先根据访客特征，选择多种人群进行投放；然后根据不同人群的点击率和转化率的投入产出比，确定溢价的加价幅度，达到通过搜索人群的精准定向实现直通车精准引流的作用。设置自定义人群的类目单价比、性别、年龄时可参考生意参谋的人群画像进行。

人口属性人群													
推广中	18~24岁健身男士	20%	1 482	137	9.24%	¥1.60	¥218.73	3.35	3	9	5.11%	7	¥733.26
推广中	30~34岁男	70%	29 389	3 759	12.79%	¥1.69	¥6 335.47	3.69	59	294	5.88%	221	¥23 396.42
暂停	18~24岁男	15%	-	-	-	-	-	-	-	-	-	-	-
推广中	25~29岁男	45%	24 986	2 597	10.39%	¥1.53	¥3 979.63	2.98	60	179	4.31%	112	¥11 864.66

图4 –18 自定义人群

天气人群（图4 –19）是指根据天气状况来购买产品的人群。其经常会根据天气、空气质量、温度等，选择一些受天气影响比较大的产品。

天气人群

暂停	小雨	5%	526	55	10.46%	¥1.37	¥75.29	1.39	1	3	1.82%	1	¥104.40
暂停	阴或阵雨	5%	2 873	417	14.51%	¥1.58	¥657.61	1.90	7	47	3.60%	15	¥1 252.15
暂停	舒适	5%	-	-	-	-	-	-	-	-	-	-	-
暂停	大雨	25%	2 536	236	9.31%	¥1.36	¥320.31	2.86	5	11	3.81%	9	¥915.31
推广中	中雨	5%	15 203	1 909	12.56%	¥1.59	¥3 031.62	3.09	44	163	5.13%	98	¥9 355.04

图 4-19　天气人群

④ 产品。影响点击率高低的另一因素就是产品本身，产品的功能或设计对消费者有吸引力，自然能够获得更多的点击。

（2）直通车点击转化率。直通车官方非常强调要加强客户体验对质量分的影响，而客户体验最重要的指标就是点击转化率。淘宝直通车的点击转化率是指直通车点击在 15 天内转化支付宝成交的比例。它的公式是：

淘宝直通车点击转化率 = 总成交笔数/点击量

点击转化率反映了消费者对这款产品的接受度，更高的转化率可以支撑店铺的广告支出。点击转化率的影响因素主要是款式、价格、详情页、销量和评价。

查看关键词列表，对点击转化率高的词，提高出价，获得更优质的排名；反之，则降低出价，或者去掉转化率低的关键词，如图 4-20 所示。

推广单元列表　创意列表　关键词列表　地域列表　　关键词　直通车报表

过滤条件：请选择　细分条件：请选择　更多数据

状态	关键词	推广单元名称	推广单元类型	出价	展现量	点击量	点击率	花费	平均点击花费	点击转化率	操作
推广中	器材	一对	宝贝推广	¥0.05	14 952	1 699	11.36%	¥2 814.98	¥1.66	3.71%	分日详情
推广中	铃男健身	一对	宝贝推广	¥0.05	11 652	1 455	12.49%	¥2 199.52	¥1.51	2.27%	分日详情
推广中	铃男身	对	宝贝推广	¥0.05	11 063	990	8.95%	¥1 372.50	¥1.39	3.54%	分日详情
推广中	男健身	一对	宝贝推广	¥0.05	7 730	1 188	15.37%	¥1 886.44	¥1.59	5.05%	分日详情
推广中	哑铃男	一对	宝贝推广	¥0.05	5 348	669	12.51%	¥1 205.52	¥1.80	4.63%	分日详情

图 4-20　关键词列表

查看地域报表，是为单品选择接受度更高的地域，关闭投产低的地域，有效提高点击转化率，如图 4-21 所示。

也可以从产品本身去优化点击转化率。点击转化率与产品的选款、测款、定款、基础销量和买家秀、详情页密切相关，如图 4-22 所示。

想形成高转化率的产品，要做的第一步是选款，从店铺众多产品中选出潜力宝贝参加直通车推广。

过滤条件：请选择　　更多数据

省市	展现量 ↑	点击量 ↑	点击率 ↑	花费 ↑	平均点击花费 ↑	投入产出比 ↑	总收藏数 ↑	总购物车数 ↑	点击转化率 ↑	操作
安徽	2 431	269	11.07%	¥389.24	¥1.45	4.41	8	26	5.95%	分日详情
北京	2 732	270	9.88%	¥407.17	¥1.51	3.11	3	18	5.19%	分日详情
福建	2 534	256	10.10%	¥411.26	¥1.61	2.63	3	10	3.13%	分日详情
甘肃	551	50	9.07%	¥62.05	¥1.24	0	0	3	0%	分日详情
广东	10 999	1,070	9.73%	¥1 675.66	¥1.57	2.41	26	73	3.55%	分日详情
广西	798	85	10.65%	¥120.98	¥1.42	0	1	2	0%	分日详情
贵州	1 327	171	12.89%	¥242.94	¥1.42	1.14	2	8	1.75%	分日详情
海南	1 188	175	14.73%	¥241.31	¥1.38	0.79	2	9	1.14%	分日详情
河北	6 219	706	11.35%	¥947.26	¥1.34	3.44	14	56	5.38%	分日详情
河南	5 167	616	11.92%	¥905.01	¥1.47	2.31	16	39	2.76%	分日详情
黑龙江	1 919	216	11.26%	¥334.95	¥1.55	2.61	4	10	2.78%	分日详情
湖北	1 419	152	10.71%	¥250.27	¥1.65	3.13	2	13	5.26%	分日详情
湖南	1 295	143	11.04%	¥239.41	¥1.67	1.69	0	11	1.40%	分日详情
吉林	1 240	149	12.02%	¥208.26	¥1.40	0.50	0	12	0.67%	分日详情
江苏	6 888	751	10.90%	¥1 229.61	¥1.64	1.70	9	41	2.13%	分日详情

图 4－21　地域报表

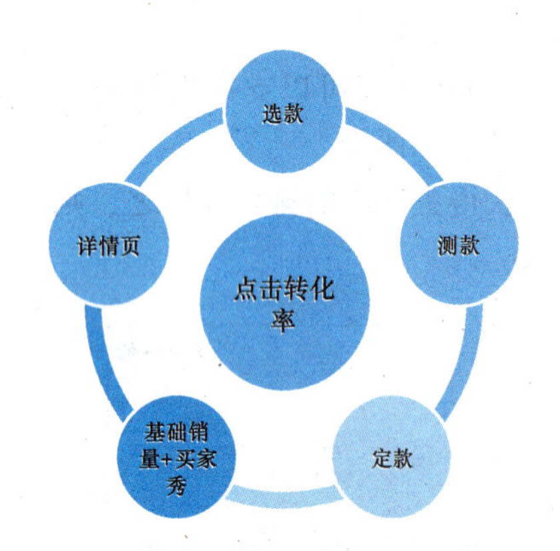

图 4－22　点击转化率与很多因素相关

第二步是测款。当商家选择出 N 个有潜力的宝贝时，就代表其一定能火吗？当然不是，还需要测款，测款的常用工具是直通车和钻展。测款通常看 2 个维度，第 1 个维度是展现量超过 1 000 个，点击率是否能超过本行业的1.5～2 倍（针对的是常规居中的类目，特别偏大或偏小的类目不在其中）；第 2 个维度是将点击量超过 100 人次的商品的加购和收藏总和，除以点击量，看结果是否超过 10%，如果是，则可以将这款产品确定为潜力爆款。

第三步是定款。定款首先要看主图，平台给店铺的是展现机会，但能否获得流量就靠买家是否点击了，而点击量与宝贝主图的颜值成正比。其实平台最开始的时候，也会测款，给所有宝贝一定量的展现，如果产品能消化展现被点击次数，形成流量，平台就给它更多的展现；如果产品不能消化，没有点击，也就没有流量，就被淘汰。

第四步是基础销量和买家秀。大部分访客都会先关注评价，再看买家秀，最后才看宝贝描述。顾客说好，是客户鉴证，第三方评价更能获得访客信任。基础销量和买家秀的位置越来越重要，甚至在详情页前面。

第五步是详情页。美观整齐的详情页可以吸引顾客眼球，获得顾客的注意力，从而减少跳失率。通过图片与文字的结合，可以强化顾客的购买兴趣，激发其为产品买单的欲望，催促其行动，达成交易。

三、任务发布

（一）跳失率诊断与优化

1. 任务背景

跳失率是指顾客通过相应入口进入网店后，只访问了一个页面就离开的访问次数占该入口总访问次数的比例。英文全称为 BounceRate，翻译为跳失率。BounceRate 在淘宝店铺分析指标中是最重要的指标之一，它的计算方法为：BounceRate = Single Page Visitors/Total Visitors，也就是跳失率 = 只浏览了一个页面的访客/全部的访客。降低网店跳失率实际上就是想办法减少只访问一页的网店用户数量，提高店铺关联产品的销量。如果顾客打开了第一个页面就黯然离开，那么商家需要展开自我诊断，其中的关键是进行商品详情页设计和关联营销。

很多时候，商家在生意参谋后台可以看到店铺页面跳失率很高，访客停留时间很短，这时商家就会认为是自己的店铺页面做得不够漂亮，视觉呈现不够精美，所以就把很多心思放在了作图上，可跳失率并没有因此降低。

2. 任务内容

选择一家网店的一个高跳失率宝贝作为对象，展开跳失率诊断，首先分析影响跳失率的相关因素，然后确定导致宝贝跳失率高的主要因素，再提出优化措施。

3. 任务安排

本任务是一个团队任务，要求队员分工协作完成，完成后上交《×××商品跳失率诊断和优化报告》，并做好汇报结果的准备。

4. 任务实施

（1）构思。任务的目标是对×××商品进行跳失率诊断和优化，分析的重点为商品详情页，分析的内容包括商品的主图、细节图、销售、价格、卖点、优惠促销、免邮、运费险、宝贝评价、问大家和 DSR 等，分析的指标为访客数、跳失率、二跳率、访问深度、平均停留时长、加购转化率、收藏转化率、下单转化率和支付转化率等。

（2）设计。筛选出一个跳失率高的商品，将该商品添加到自定义装修分析，获取该商品详情页的点击分布数据；从商品效果分析中获取该商品的转化数据，包括页面性能、标题、价格、属性、促销导购、描述和评价数据；结合数据查看商品详情页，分析跳失率高的原因。

（3）实现。在项目四着陆页跳失分析过程中，发现有一个商品详情页在 TOP 引流入口排名第二，但跳失率高达 93.99%，其商品名称是“美的 KFR－26GW/WPAA3 大 1 匹变频冷暖空调”。

步骤 1：获取商品效果明细；

步骤 2：获取商品转化数据；

步骤 3：获取影响商品转化的影响因素；

步骤 4：获取该商品详情页的热力图；

步骤 5：获取该商品详情页；

步骤 6：撰写《×××商品跳失率诊断和优化报告》；

步骤 7：做好汇报结果的准备。

（4）运作。

×××商品跳失率诊断和优化报告

美的 KFR－26GW/WPAA3 大 1 匹变频冷暖空调详情页在 TOP20 引流入口排名第二，但跳失率高达 93.99%，因此选择该商品为跳失率诊断和优化对象。

1. 商品效果明细分析

美的 KFR－26GW/WPAA3 大 1 匹变频冷暖空调的商品效果明细（图 1）显示一周内 PC 端的访客数达到 1 502 人，浏览量 2 135 人次，平均停留时长 99.97 秒，访问深度 1.42 页/人，详情页跳出率 90.58%，支付件数 0。这里有异常数据两个，一个是跳出率；一个是支付件数，1 502个访客没有成交。

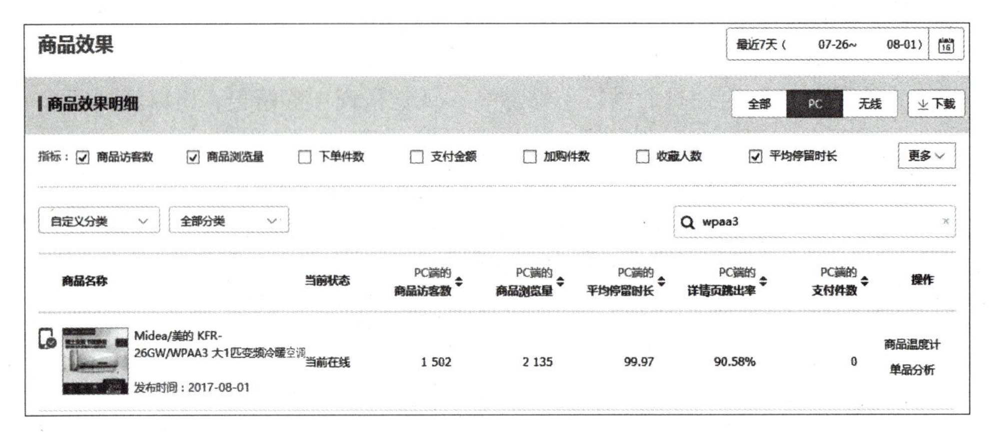

图 1　商品效果明细

2. 商品转化数据分析

美的 KFR－26GW/WPAA3 大 1 匹变频冷暖静音壁挂节能挂机空调（图 2）收藏人数 12 人，加入购物车 0 人，下单购买人数 0 人，支付购买人数 0 人。1 502人访问后没有加购、下单和支付。

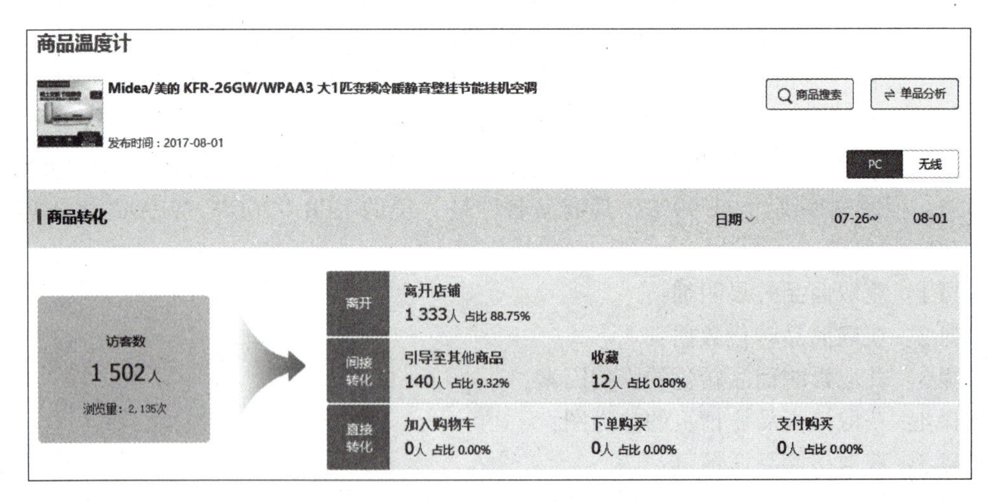

图 2　商品温度计

3. 影响商品转化影响因素分析

商品转化影响因素包含七个方面：页面性能、标题、价格、属性、促销导购、描述和评价。

（1）一周里 PC 端的页面性能。影响商品转化因素检测的页面性能结果（图 3）显示页面加载时长 35 秒，低于最近 1 天访客平均停留时长 108 秒。最近 1 天访问屏数分布显示访客只浏览该商品第一屏的比例为86%，同类商品这个比例为66%，问题可能出现在该商品详情页的第一屏，其是否是造成跳失率高的主因有待进一步分析。

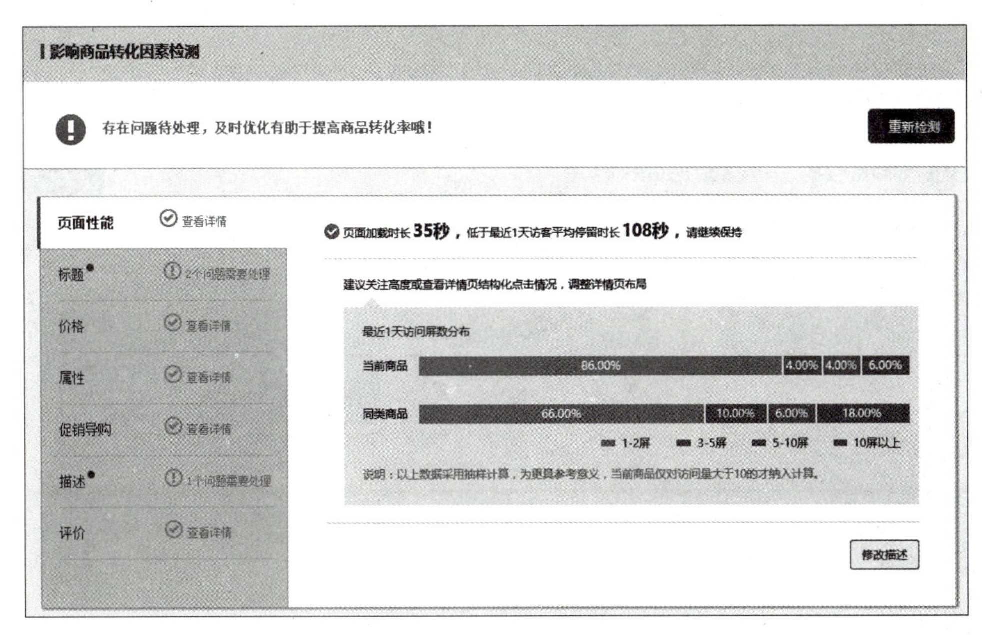

图3　影响商品转化因素检测的页面性能结果

（2）一周里PC端的标题。影响商品转化因素检测的标题结果（图4）显示当前商品标题存在两个方面的问题：一是标题中含有空格；二是标题未突出访客需求的卖点。虽然当前商品最近1天来访的TOP关键词与行业热门词存在不一致的情况，但不属于原则性问题，不是造成跳失率高的主要原因。

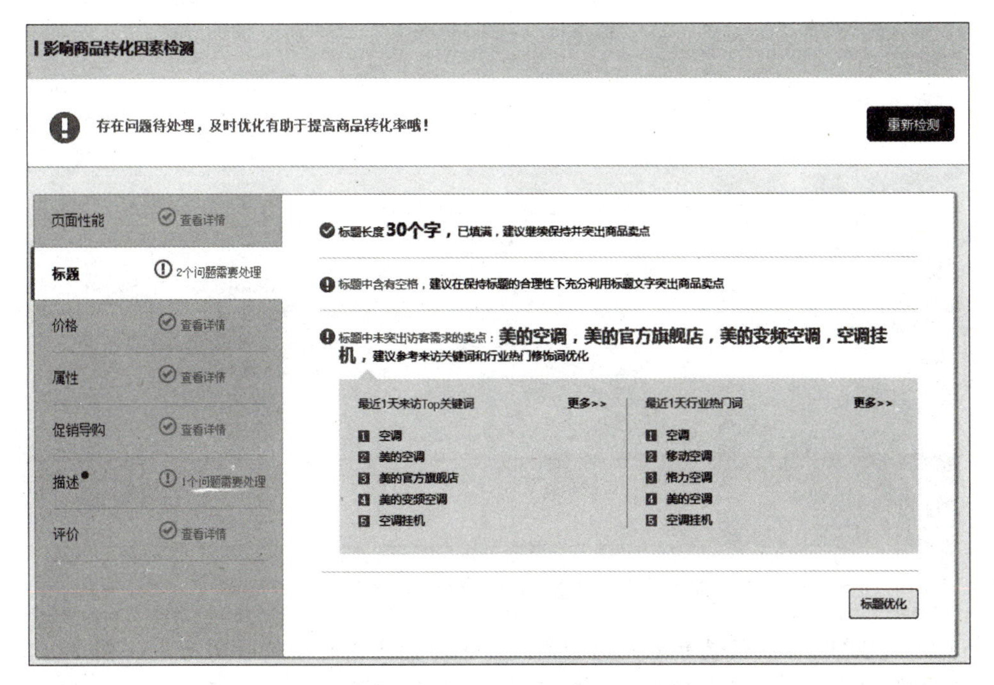

图4　影响商品转化因素检测的标题结果

（3）一周里 PC 端的价格。影响商品转化因素检测的价格结果（图 5）显示，当前商品的价格处于市场同类商品的主要价格带范围，而且属于低价区，因此价格在理论上不是造成该商品跳失率高的主要原因。

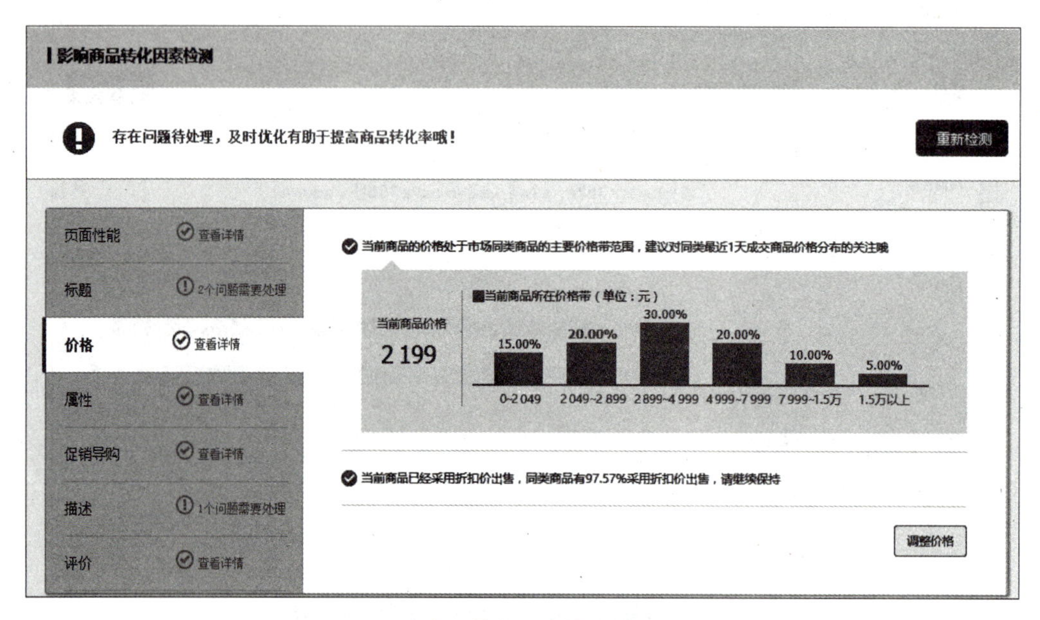

图 5　影响商品转化因素检测的价格结果

（4）一周里 PC 端的属性。影响商品转化因素检测的属性结果（图 6）显示，当前商品的热门属性为变频、大 1 匹、Midea/美的、壁挂式和三级能效，与市场热门属性一致，但这些热门属性是否影响到跳失率需要做进一步分析。

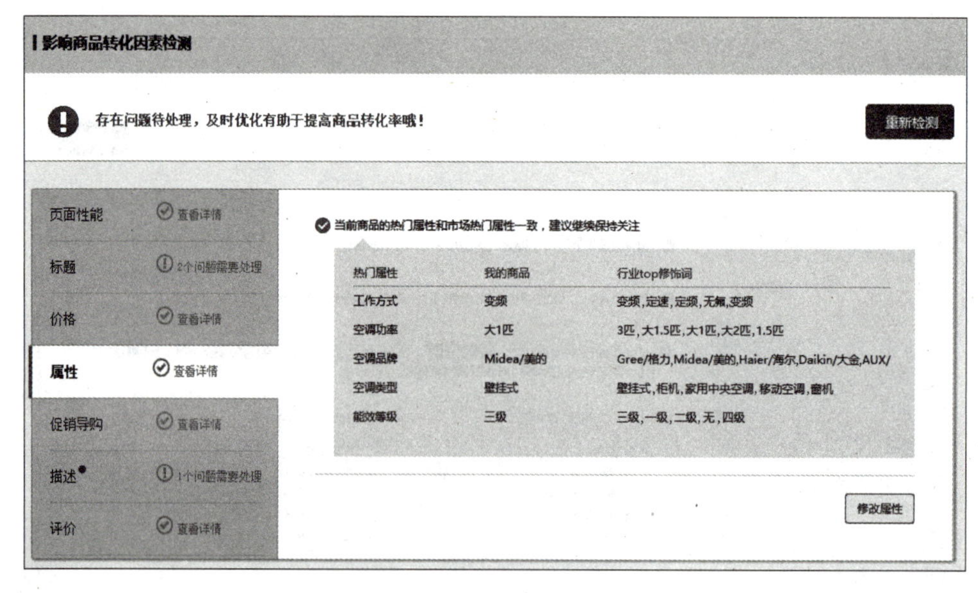

图 6　影响商品转化因素检测的属性结果

（5）一周里 PC 端的促销导购。影响商品转化因素检测的促销导购结果（图 7）显示当前商品没有做促销，不利于刺激客户的购买欲望，会对跳失率造成直接的影响。

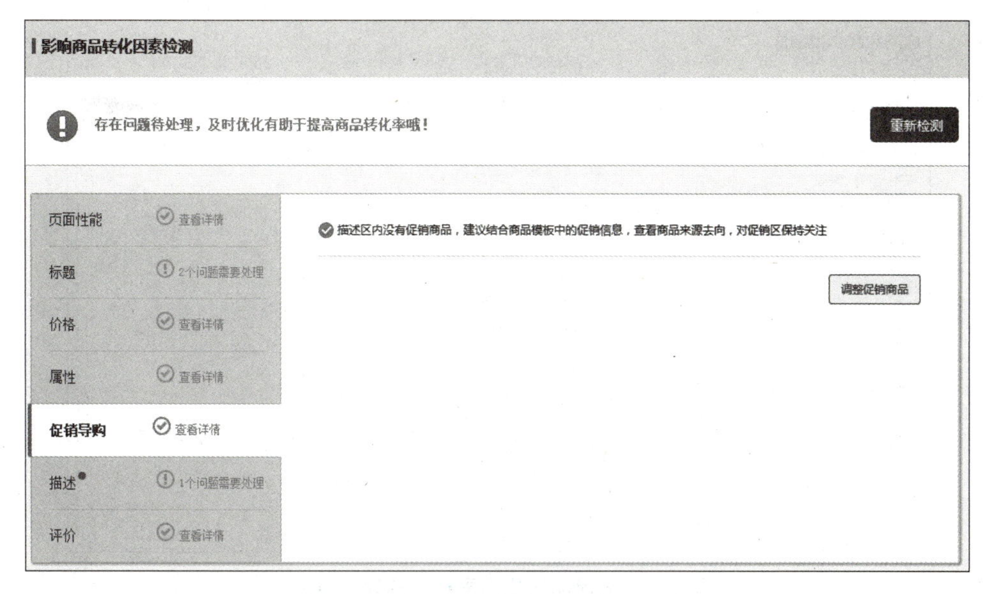

图 7　影响商品转化因素检测的促销导购结果

(6) 一周里 PC 端的描述。影响商品转化因素检测的描述结果（图 8）显示描述区内有图片 19 张，其中超大图片 12 张，没有超宽和超高图片，超大图片会影响页面加载速度，影响客户体验，从而影响跳失率，但是不是主要原因有待进一步分析。

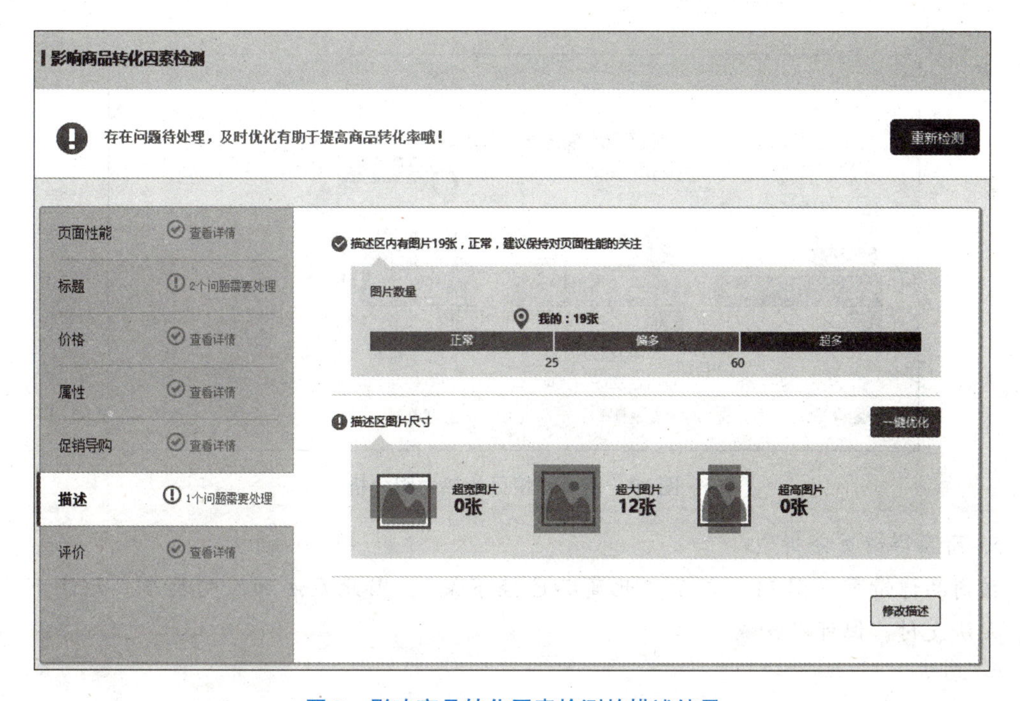

图 8　影响商品转化因素检测的描述结果

(7) 一周里 PC 端的评价。影响商品转化因素检测的评价结果（图 9）显示店铺评价三线飘红，买家均正面积极评价该商品，可见商品评价对客户的影响应该是好的，不是造成跳失率高的主要原因。

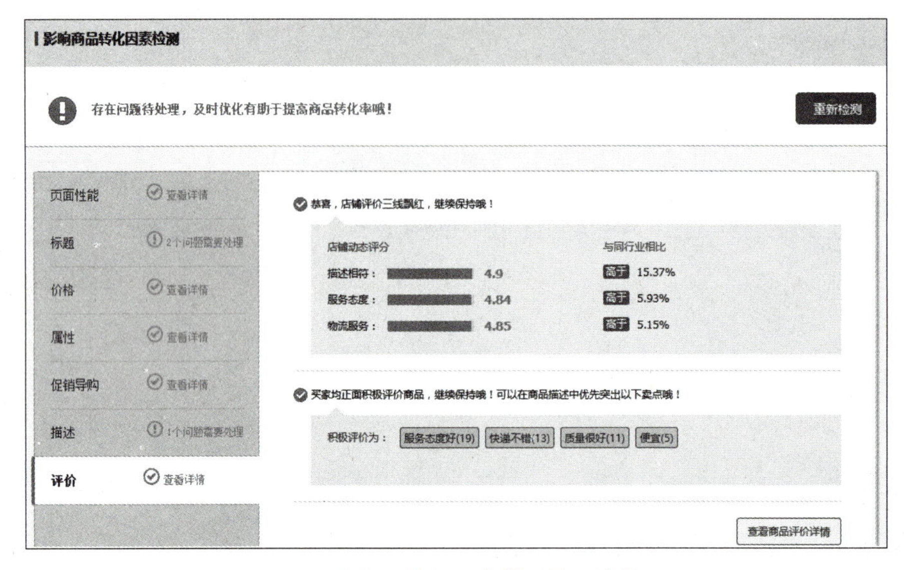

图 9　影响商品转化因素检测的评价结果

一周里无线端商品转化影响因素分析与 PC 端类似，不再展开。

4. 该商品详情页的热力图分析

从该商品详情页的热力图（图 10）点击次数分布来看，客户二跳主要选择美的KFR－35GW/WCBDS 大 1.5 匹挂机空调。

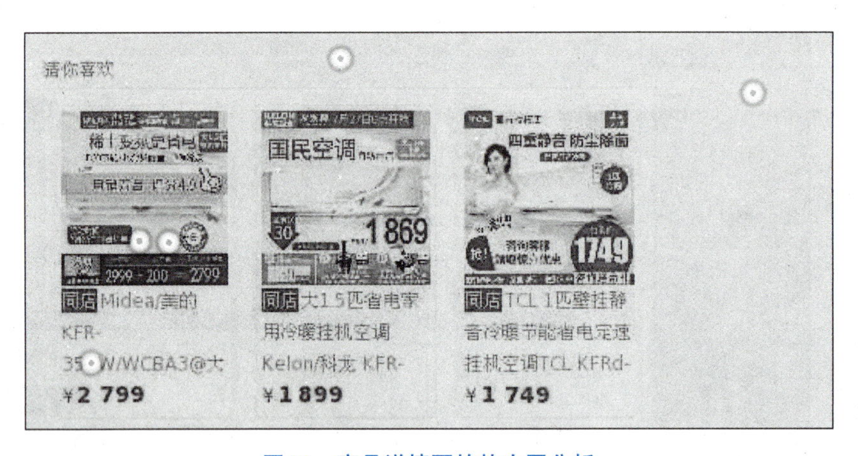

图 10　商品详情页的热力图分析

5. 商品详情页分析

该商品详情页（图 11）显示“此商品已经下架”，因此无法加入购物车、无法下单购买、无法支付，但可以收藏。

6. 总结

从上述跳失率影响因素分析可以得知，造成高跳失率的可能因素有页面加载时长 35 秒、从第一屏跳失比例高、热门属性（变频、大 1 匹、MIDEA/美的、壁挂式和三级能效）、没有做促销、超大图片 12 张；再结合商品详情页内容，可以发现该商品已经下架是造成跳失高的主要原因，图片超大、加载时间长对一些网络差的地区而言，也是造成跳失率偏高的原因。

图 11　商品详情页

7. 优化建议

将一个下架商品作为引流入口非常不合适，因此建议将该商品重新恢复上架，备足库存，做好促销和关联销售，降低跳失率。如果无法将该商品恢复上架，应该想办法找到替代商品作为新的引流入口。

（二）店铺首页装修因素分析

1. 任务背景

消费者进入店铺，第一眼看到的就是店铺的装修、店铺整体的合理布局以及产品的排版结构，而店铺颜色的科学搭配都会影响顾客的视觉效果，因为第一感觉不好时，看一眼就走了，浏览的页面就不会很深，从而提高跳失率。

店铺装修的好坏不仅直接影响顾客进店的感受，而且会对网店销量的高低产生至关重要的影响。好的店铺装修带给人们的视觉效果不仅能提高品牌溢价，而且能提升客户的黏性。既然店铺装修对一个网店来说如此重要，那么商家该如何做好这方面的工作呢？

2. 任务内容

以一家网店的无线端首页为对象，获取其页面装修的各个元素与客户的点击情况，以及首页的转化情况和店内访问路径，然后对数据进行分析，挖掘出客户的偏好，再在此基础上提出优化方案，促进转化率的提升，并撰写《×××网店无线端首页装修分析报告》。

3. 任务安排

本任务是一个团队任务，要求队员分工协作完成，完成后上交《×××网店无线端首页装修分析报告》，并做好汇报结果的准备。

4. 任务实施

（1）构思。要对网店无线端首页装修进行分析，首先要列出一个宝贝策划设计页面需求预期的列表，把这个预期列表跟装修后的热力图进行对比，分析是否符合前期的预期列表，如果不符合，则需要进行优化。

（2）设计。本次任务的目标是通过对店铺无线端首页装修因素分析，了解客户的偏好，促进转化率的提升。店铺无线端首页装修因素分析需要获取的数据有无线端首页热力图的点击次数、访客来到和离开首页的店内访问路径及转化数据、首页的访客数和浏览量以及平均停留时长、店铺的转化率、访问深度和平均停留时长等。

(3) 实现。店铺无线端首页装修因素分析过程如下。

步骤1：获取无线端首页热力图的点击次数；

步骤2：获取首页的店内访问路径及转化数据；

步骤3：获取首页的流量数据；

步骤4：获取店铺的流量数据；

步骤5：分析数据、挖掘用户偏好；

步骤6：提出优化措施，促进转化率的提升；

步骤7：撰写《×××网店无线端首页装修分析报告》；

步骤8：做好汇报结果的准备。

(4) 运作。

×××网店无线端首页装修分析报告

1. 获取7月22日和7月23日无线端首页热力图的点击次数

首先是空调会场、彩电会场、方太厨电会场、洗衣机会场、冰箱会场和小家电会场的模块点击次数，从7月22日和7月23日连续两日的数据来看，空调、彩电和冰箱三个会场的点击次数排在前三，洗衣机、方太厨电和小家电三个会场点击次数较少，如图1和图2所示。

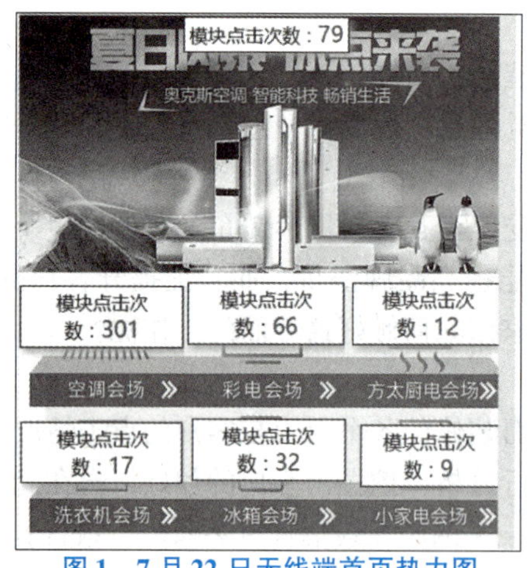

图1 7月22日无线端首页热力图

图2 7月23日无线端首页热力图

其次是“今日必抢”板块，如美的智能控温空调，访客根据自身需求可以选择“大1.5匹”空调或“大1匹”空调。从7月22日和7月23日连续两日的数据来看，“大1.5匹”空调的点击次数略大于“大1匹”空调的，如图3和图4所示。

“今日必抢”板块下还推荐了三款美的空调和一款九阳豆浆机。从7月22日和7月23日连续两日的数据来看，2台挂机的点击次数较多，1台柜机的点击次数相对较少，九阳豆浆机点击次数最少，如图5和图6所示。

再次是空调会场，共展现4个品牌共6款空调，从7月22日和7月23日连续两日的数据来看，志高的正1匹空调、科龙的阿里智能空调、奥克斯的立式空调点击次数排在前三位，科龙的立式空调、奥克斯的柜式空调、美的立式空调点击次数较少，如图 7 和图 8 所示。

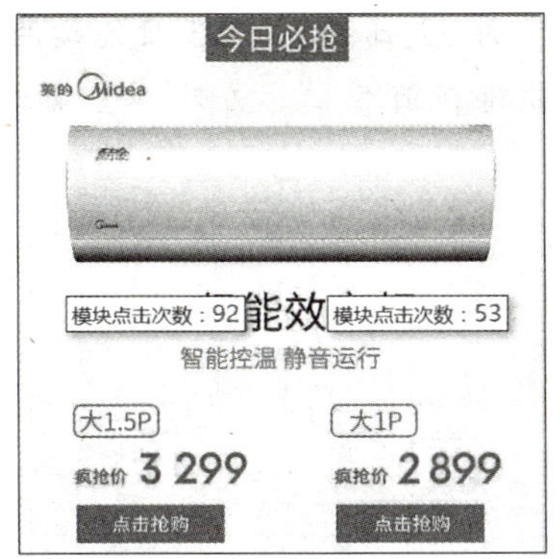

图 3　7 月 22 日“今日必抢”板块 1 热力图

图 4　7 月 23 日“今日必抢”板块 1 热力图

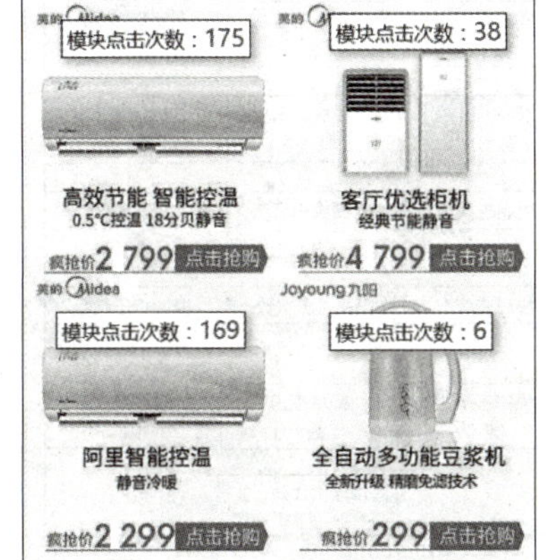

图 5　7 月 22 日“今日必抢”板块 2 热力图

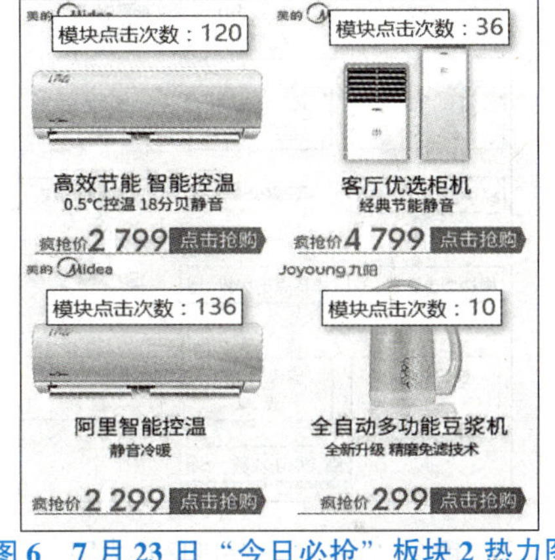

图 6　7 月 23 日“今日必抢”板块 2 热力图

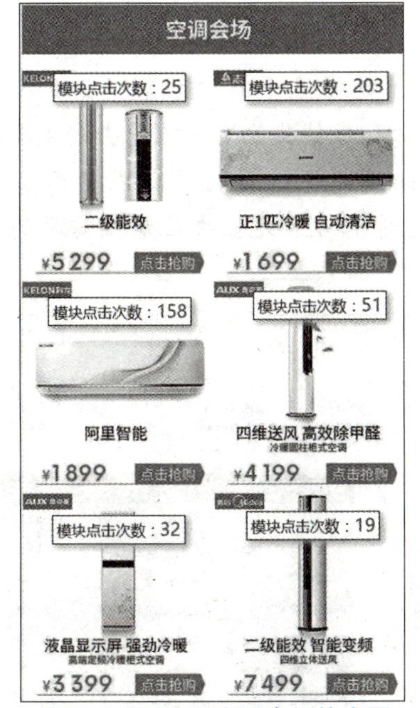

图 7　7 月 22 日空调会场热力图

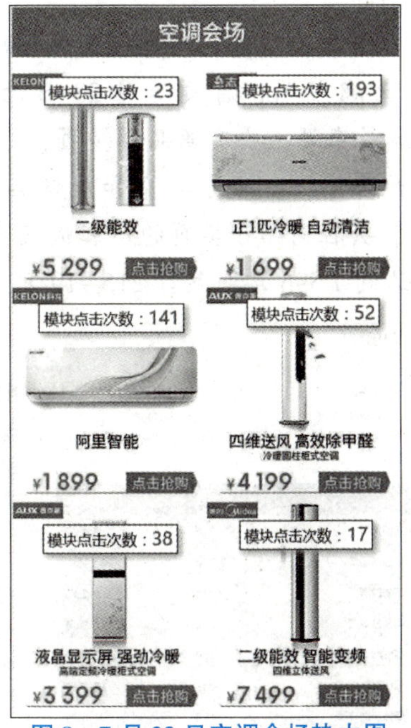

图 8　7 月 23 日空调会场热力图

由于篇幅限制，此处对彩电会场、方太厨电会场、洗衣机会场、冰箱会场和小家电会场不做进一步分析。

最后来看品牌区，店铺共展现了27个品牌，从7月22日和7月23日连续两日的数据来看，美的、奥克斯、志高、海信、海尔的点击次数排在前5位。另外“查看所有宝贝”链接点击次数比较多，如图9和图10所示。

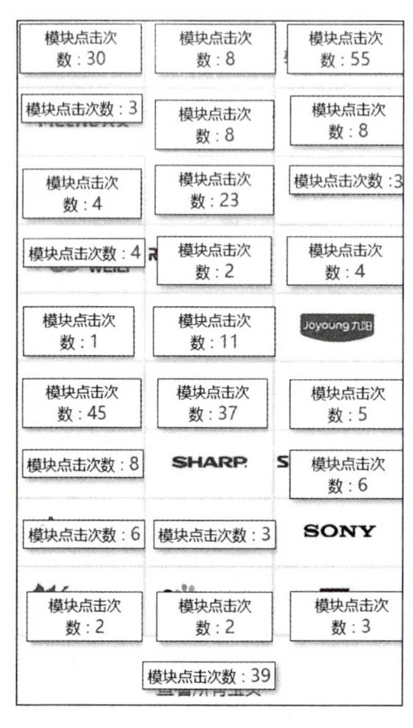

图9 7月22日品牌区热力图

图10 7月23日品牌区热力图

2. 获取首页的店内访问路径及转化数据

图11为淘宝App首页7月23日的店内路径，数据显示首页访客4 261人，占比为4.11%，流量来源主要有商品详情页、店外其他来源和店铺其他页，流量去向主要有商品详情页、离开店铺、商品分类页和店铺其他页。去往商品详情页的访客成交商品金额达到153 895元，去往商品分类页的访客成交商品金额达到54 428元，去往店铺首页的访客成交商品金额达到7 596元，共计215 919元。

店内路径 日期 07-23~ 07-23 淘宝app 天猫app 无线wap

店铺首页	商品详情页	店铺微淘页	商品分类页	搜索结果页	店铺其他页
访客数 4 261	访客数 88 863	访客数 24	访客数 2 154	访客数 454	访客数 7 905
占比 4.11%	占比 85.73%	占比 0.02%	占比 2.08%	占比 0.44%	占比 7 63%

来源	访客数	访客数占比
店铺首页	215	3.43%
商品详情页	2 798	44.68%
店铺微淘页	2	0.03%
商品分类页	269	4.30%
搜索结果页	160	2.56%
店铺其他页	651	10.39%
店外其他来源	2 168	34.62%

店铺首页 访客数：4 261

查看页面模块分析

去向	访客数	访客数占比	支付金额	支付金额占比
店铺首页	215	3.33%	7,596	3.52%
商品详情页	1 993	30.82%	153 895	71.27%
店铺微淘页	15	0.23%	0	0%
商品分类页	1 472	22.77%	54 428	25.21%
搜索结果页	238	3.68%	0	0%
店铺其他页	698	10.80%	0	0%
离开店铺	1 835	28.38%	0	0%

图11 店内路径

3. 获取首页的流量数据

7月23日的淘宝App页面访问排行（图12）显示，店铺首页访客4 261位，浏览量9 223人次，平均停留时长9.93秒。

页面访问排行　日期　07-23~　07-23　淘宝app　天猫app　无线wap　下载

店铺首页	商品详情页	店铺微淘页	商品分类页	搜索结果页	店铺其他页
访客数 4 261	访客数 88 863	访客数 24	访客数 2 154	访客数 454	访客数 7 905
占比 4.11%	占比 85.73%	占比 0.02%	占比 2.08%	占比 0.44%	占比 7.63%

排名	访问页面	浏览量	访客数	平均停留时长
1	店铺首页	9 223	4 261	9.93

图12　页面访问排行

4. 获取店铺的流量数据

从店铺运营数据（图13）来看，7月23日全店的支付金额116.7万元，访客数10.17万人，支付转化率0.48%。

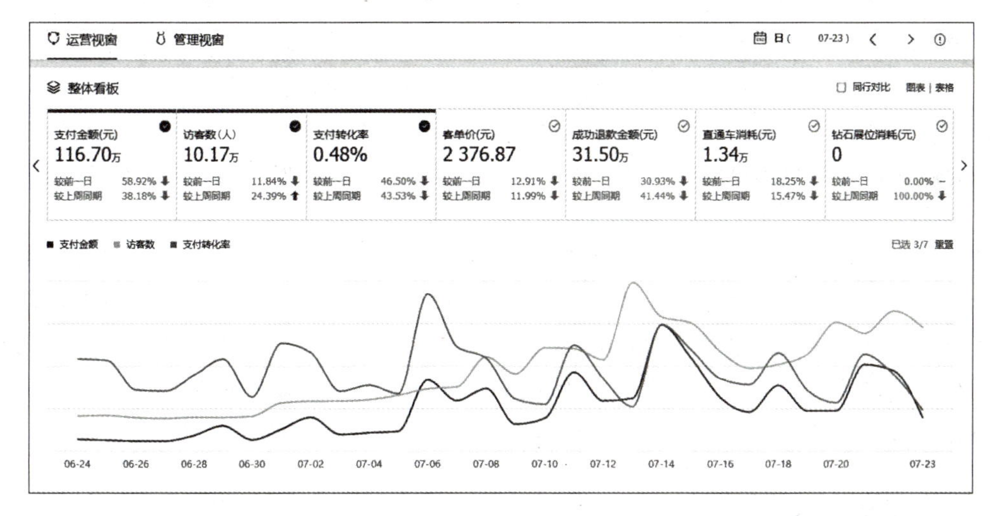

图13　店铺运营数据1

全店的跳失率为58.68%，人均浏览量3.06次，平均停留时长21.34秒，如图14所示。

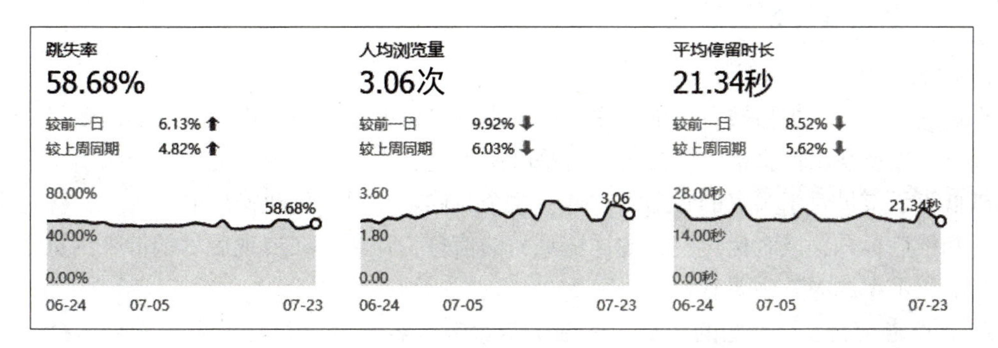

图14　店铺运营数据2

5. 分析数据、挖掘用户偏好

根据上述数据，可以得出以下分析结论：

（1）从六个会场分类点击来看，访客关注点在空调、彩电和冰箱三个会场，对洗衣机、方太厨电和小家电三个会场兴趣不高，这与商家试图力推方太厨电会场的预期有一定差距。

（2）从“今日必抢”板块来看，访客对美的挂机的需求量要大于对柜机的需求量，对九阳豆浆机的兴趣不大。

（3）从空调会场来看，访客比较喜欢志高的正1匹空调、科龙的阿里智能空调、奥克斯的立式空调。科龙的立式空调是商家试图主推的，但未得到访客的重视。我们再来对比科龙的立式空调、奥克斯的立式空调、美的立式空调，可以发现科龙的立式空调主图的卖点并不突出，与另外两个立式空调相比，并没有体现出优势。

（4）从品牌区来看，访客偏好的品牌有美的、奥克斯、志高、海信、海尔，在“今日必抢”板块和空调会场商家力推的品牌是美的、科龙、奥克斯、志高，基本吻合。另外“查看所有宝贝”链接点击次数比较多，说明访客所需的产品在会场分类和品牌分类中找不到，建议对这部分需求进行深入分析。

（5）从首页的店内访问路径及转化数据看，从首页离开的访客只占28.38%，远低于全店跳失率58.68%；通过首页引导成交金额215 919元，平均每个首页访客创造的价值为50.67元，远高于全店平均访客价值11.47元，这也体现了首页的价值。

（6）从首页的流量数据来看，首页访问深度2.16页/人低于全店的访问深度3.06页/人，首页平均停留时长9.93秒低于全店平均停留时长21.34秒，这说明首页的黏性不够。

6. 提出优化措施，促进转化率的提升

商家的主营产品是空调、彩电和冰箱，如果要增加方太厨电，就需要加大对方太厨电的引流。访客对九阳豆浆机兴趣不大，建议“今日必抢”板块更换其他产品。如果商家要主推科龙立式空调，建议优化科龙立式空调的主图，突出卖点以及与另外两款立式空调之间的差异。建议将“查看所有宝贝”链接的页面添加到装修分析，进一步分析这部分访客的需求和行为。首页起到了应有的作用，但黏性不足，应收集更多数据优化首页的导航设计。

四、任务拓展

（一）点击率诊断与优化

1. 任务背景

点击率是宝贝展现后被点击的比率，能够影响自然搜索排名，影响宝贝的展现量。点击率的大小可以反映出商家推广的宝贝是否是吸引人的，点击率越高说明宝贝越吸引买家，点击率越低表示宝贝对于买家的吸引力越低，这个时候就需要去优化推广的宝贝了，优化宝贝的图片和推广标题，或者优化宝贝的详情页面的信息，让宝贝在展现后尽量带来浏览量。

影响点击率的因素主要有：

（1）点击率受宝贝标题的影响。标题中是否包含客户需求属性是客户是否选择点击进店的关键。

（2）点击率受宝贝图片的影响。宝贝图片也就是主图，是吸引人群点击的关键。

(3) 宝贝排名。宝贝在系统的排名影响到宝贝的曝光度。

(4) 宝贝销量。当两个同款宝贝，一个销量上万，一个销量数十时，即使销量低的价格便宜访客也不会选择它，这就是通常所说的羊群效应。

(5) 宝贝价格。当两个同款宝贝，其他方面大致相同时，产品的价格高低就决定了人群的选择。

(6) 关键词。如果商家标题用错了关键词，把一个晾衣架写成雨衣，放到了雨衣类目下，那访客怎么会点击它呢?

2. 任务内容

选择一家网店的一个问题宝贝作为对象，展开点击率诊断，首先分析影响点击率的相关因素，然后确定导致宝贝点击率低的主要因素，再提出优化措施。

3. 任务安排

本任务是一个团队任务，要求运用 CDIO 的方法合作完成，完成后上交《×××商品点击率诊断和优化报告》，并做好汇报结果的准备。

（二）商品详情页装修因素分析

1. 任务背景

对于每一个淘宝店铺来说，淘宝店铺装修都是非常重要的。常说的淘宝店铺装修包含两部分：一个是店铺首页装修；另一个是商品详情页装修。很多淘宝店家都只注重店铺首页装修，而对商品详情页并不十分重视。但实际上商品详情页的装修才是消费者最终决定是否在店铺下单购物的一个重大因素，因为店铺首页装修得再好，如果商品详情页装修得不合理，那么引过来的流量也很难得到转化。

另外，商品详情页无论是在流量入口中所占的比重，还是在全店流量中所占的比重都是最大的，一般超过 80%，因此做好商品详情页的装修分析，对提高全店转化率将会起到非常重要的作用。

商品详情页的职责是促进买家转化成交，因此描述基本遵循以下原则：引发兴趣；激发潜在需求；从信任到信赖；替在消费者做决定。特别要注意的是，由于消费者不能真实体验产品，因此设计商品详情页时要打消买家顾虑，从客户的角度出发，关注重点，并不断强化。只有高质量的商品详情页才能带来高转化率。

商品详情页装修有一个基本的设计流程：告诉消费者我们是这个行业的专家；我们的产品和服务很值得信赖；我们的客户在使用了我们的产品后都说好；我们的店铺还有更多优惠的产品，您还可以看看；近期我们的店铺还有更多优惠，我们的店铺还有很多活动正在进行。

2. 任务内容

在一家网店选择一个无线端跳失率较高的商品为对象，获取该商品详情页装修的各个元素与客户的点击情况、该商品的转化情况和转化因素检测情况、流量来源和去向、引流关键词效果、销售趋势、访客特征等，然后对数据进行分析，挖掘出客户的偏好，再在此基础上提出优化方案，促进转化率的提升，并撰写《×××网店×××商品无线端详情页装修分析报告》。

3. 任务安排

本任务是一个团队任务，要求运用 CDIO 的方法合作完成，完成后上交《×××网店×

××商品无线端详情页装修分析报告》，并做好汇报结果的准备。

项目结构

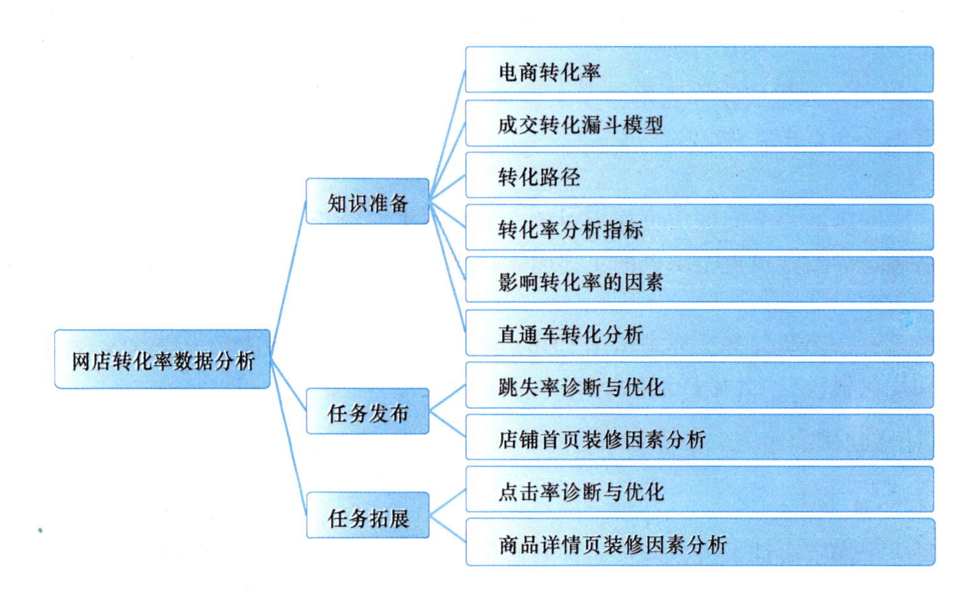

同步测试

一、判断题

1. 转化率指在一个统计周期内，完成转化行为的次数占推广信息总点击次数的比率。（　　）
2. 直通车规定一个产品最多能设置 60 个关键词。（　　）
3. 跳失率反映了网页上某一内容的受关注程度，经常用来衡量广告的吸引程度。（　　）
4. 访客数 = 有效入店人数 + 跳失人数（　　）
5. 登录页是指客户浏览的第一个页面，它不一定是网店首页。（　　）

二、选择题（单选多选不限）

1. 从展现到成交，转化漏斗模型的关键步骤有(　　)。
   A. 点击　　B. 浏览
   C. 展现　　D. 订单
2. 淘宝搜索关键词的匹配方式有(　　)。
   A. 精确匹配　　B. 中心词匹配
   C. 广泛匹配　　D. 以上都不对
3. 提高质量得分主要通过对(　　)进行优化。
   A. 客单价　　B. 相关度
   C. 转化率　　D. 店铺状况

4. 直通车宝贝的点击率由(　　)等因素共同决定。
   A. 创意图片　　B. 关键词排位
   C. 人群定位　　D. 产品
5. 下列的利润计算公式中描述正确的是(　　)。
   A. 利润 = 销售额 × 净利润率
   B. 利润 = 进店人数 × 购买转化率 × 客单价 × 净利润率
   C. 利润 = 购买人数 × 客单价 × 净利润率
   D. 利润 = (广告展现 × 广告转化率 + 推广展现 × 推广转化率 + 搜索展现 × 搜索转化率) × 购买转化率 × 客单价 × 净利润率

三、简答题

1. 简述咨询转化的产生过程。
2. 简述常见的促销方式。
3. 影响访客购物体验的因素有哪些？
4. 影响点击率的因素有哪些？
5. 简述直通车点击转化率的优化思路。

能力测评

通过本项目的学习，你是否已经掌握本项目的核心知识点和技能点，请做出自评。

知识点	电商转化率	□充分掌握□基本掌握□未掌握
	成交转化漏斗模型	□充分掌握□基本掌握□未掌握
	转化路径	□充分掌握□基本掌握□未掌握
	转化率分析指标	□充分掌握□基本掌握□未掌握
	影响转化率的因素	□充分掌握□基本掌握□未掌握
	直通车转化分析	□充分掌握□基本掌握□未掌握
技能点	跳失率诊断与优化	□已经具备□初步具备□未具备
	店铺首页装修因素分析	□已经具备□初步具备□未具备
	点击率诊断与优化	□已经具备□初步具备□未具备
	商品详情页装修因素分析	□已经具备□初步具备□未具备
自评人（签名）： 年　月　日		教师（签名）： 年　月　日

项目五

网店客单价数据分析

学习目标

知识目标

☞ 理解和掌握客单价基本概念和计算方法；
☞ 了解和掌握客单价影响因素；
☞ 熟悉客单价分析指标。

技能目标

☞ 具备用 Apriori 算法做商品关联分析的能力；
☞ 具备导购路线设计能力；
☞ 具备设计与评估提升客单价的促销方案的能力；
☞ 具备分析连带销售策略的能力。

基本素养

☞ 具有数据敏感性；
☞ 善于用数据思考和分析问题；
☞ 具备收集、整理和清洗数据的能力；
☞ 具有较好的逻辑分析能力。

一、项目导入

一单成交300 000美元

一个乡下小伙子做导购，第一单从卖一个小号鱼钩开始，最终卖掉了300 000美元的产品。故事是这样的：

一个乡下的小伙子去应聘城里“世界最大”的“应有尽有”百货公司的导购。

老板问他：“你以前做过导购吗？”

他回答说：“我以前是村里挨家挨户推销的小贩子。”

老板喜欢他的机灵：“你明天可以来上班了。等下班的时候，我会来看一下。”

一天的光阴对这个乡下来的小伙子来说太长了，而且有些难熬。差不多下班的时候，老板来了。

老板问他："你今天做了几单买卖？"

"一单。"年轻人回答说。

"只有一单？"老板吃惊地说，"我们这儿的导购一天基本上可以完成20到30单生意呢。你卖了多少钱？"

"300 000美元！"年轻人回答道。

"你怎么做到的？"半晌才回过神来的老板问。

"是这样的。"乡下来的年轻人说，"一个男士进来买东西，我先卖给他一个小号鱼钩，然后是中号的鱼钩，最后是大号的鱼钩。接着小号的渔线，中号的渔线，最后是大号的渔线。我问他上哪儿钓鱼，他说海边。我建议他买条船，所以我带他到卖船的专柜，卖给他长20英尺①有两个发动机的纵帆船。然后他说他的大众牌汽车拖不动这么大的船。我于是带他到汽车销售区，卖给他一辆丰田新款豪华型'巡洋舰'。"

老板后退两步，几乎难以置信地问道："一个顾客仅仅来买个鱼钩，你就能卖给他这么多东西？"

"不是的，"乡下来的年轻导购回答道，"他是来给他的妻子买卫生巾的。我就告诉他：'您的周末算是毁了，干吗不去钓鱼呢？'"

思考：

1. 为什么一个普通的小伙子能够在一天的时间里有这么高的销售额，客流量没有改变，接单率并不高，但销量却高得惊人？
2. 谈谈你是如何理解客单价的。
3. 从这个小故事中，你发现哪些方法可以提升客单价？

二、知识准备

（一）认识客单价

客单价（Per Customer Transaction）是指每一个顾客平均购买商品的金额，即平均交易金额。无线端客单价指的是顾客在手机、Pad等无线端下单购买的平均金额。

网店的销售额是由客单价和顾客数（客流量）所决定的，因此，要提升网店的销售额，除了尽可能多地吸引进店客流，增加顾客交易次数以外，提高客单价也是非常重要的途径。

客单价的计算公式是：

$$\text{客单价} = \text{销售总额} \div \text{顾客总数} \tag{1}$$

或

$$\text{客单价} = \text{销售总额} \div \text{成交总笔数} \tag{2}$$

一般情况下采用式（1）。对于每位网店店主而言，如何提升客单价实现店铺利润最大化是他们关注的核心问题。在流量相同的前提下，客单价越高，销售额越高。

---

① 1英尺=0.304 8米。

知识链接

客单价举例

某网店是一家品牌女装专营店，最近7天的访客数为230 000人，支付用户数为3 000人，销售额为810 000元，计算该网店最近7天的平均客单价。

该网店最近7天的平均客单价 = 810 000 ÷ 3 000 = 270（元）

客单价的本质是在一定时期内，每位顾客消费的平均价格，离开了“一定时期”这个范围，客单价这个指标是没有任何意义的。零售术语又称ATV，即每一位顾客平均购买商品的金额。客单价计算公式还有三个：

客单价 = 商品平均单价 × 每一顾客平均购买商品个数 (3)

客单价 = 日均客单价 × 复购率 (4)

客单价 = 动线长度 × 停留率 × 注目率 × 购买率 × 购买个数 × 商品单价 (5)

与其相关的还有“客单量（UPT）”和“件单价”。

（二）客单价影响因素

在网店的日常经营中，影响入店人流量、交易次数和客单价的因素有很多，如网店装修、商品类目的广度和深度、商品详情页的额设计、商品储备、补货能力、促销活动方案设计、员工服务态度、对专业知识的熟悉程度、推销技巧、关联推荐、商品品质、商品价格、客户购买能力，还有竞争对手等。其中对客单价影响比较大的因素有商品品质、商品类目的广度和深度、关联推荐、促销活动方案的设计、推销技巧、商品价格、客户维护、客户购买能力和重复购买。商品品质是整个网店运营的基础，离开商品品质来谈流量、转化率和客单价只能是暂时的。

1. 商品类目的广度和深度

商家在网上开设店铺之初，一般就已经确定好了自己店铺的经营范围和主要类目。当店铺发展到一定阶段时，商家需要开始考虑商品类目的广度和深度，以进一步提升客单价。

（1）商品类目的广度。商品类目的广度是指店铺经营的不同商品类目数量的多少。一般而言，店铺经营商品类目的广度越广，买家的选择余地越大。如果商家对不同类目的商品进行有效搭配或关联营销，就能在最大限度上增加人均购买笔数，进而提升店铺的客单价。

淘宝网是当今世界上销售商品类目广度最广的零售平台，可以说无所不包，这也是淘宝网的竞争优势所在。但具体到淘宝网上某一家店铺，其经营的商品类目广度是有限的。例如海澜之家官方旗舰店经营的男装类目有T恤、POLO衫、衬衫、夹克、休闲裤、牛仔裤、西服、卫衣、针织衫、配饰等，如图5－1所示。

（2）商品类目的深度。商品类目的深度是指一个商品类目下的SKU数。商品类目的深度能反映一家店铺的专业程度，类目下所涵盖的SKU数越多，表示店铺越专业，访客越容易精准找到自己所需的商品，从而赢得买家对商家专业程度的认可。

图 5－1　海澜之家官方旗舰店

例如海澜之家官方旗舰经营的男士 POLO 衫类目下有 120 个款式，平均每个款式有 3 个颜色，6 个尺码。牛仔裤类目下有 21 个款式，每个款式有 12 个尺码。配饰类目下有太阳镜、皮带、领带、袜子和内裤，仅皮带就有 97 个款式，每个款式下有 3～5 个尺码。图 5－2所示为皮带销售界面详情。

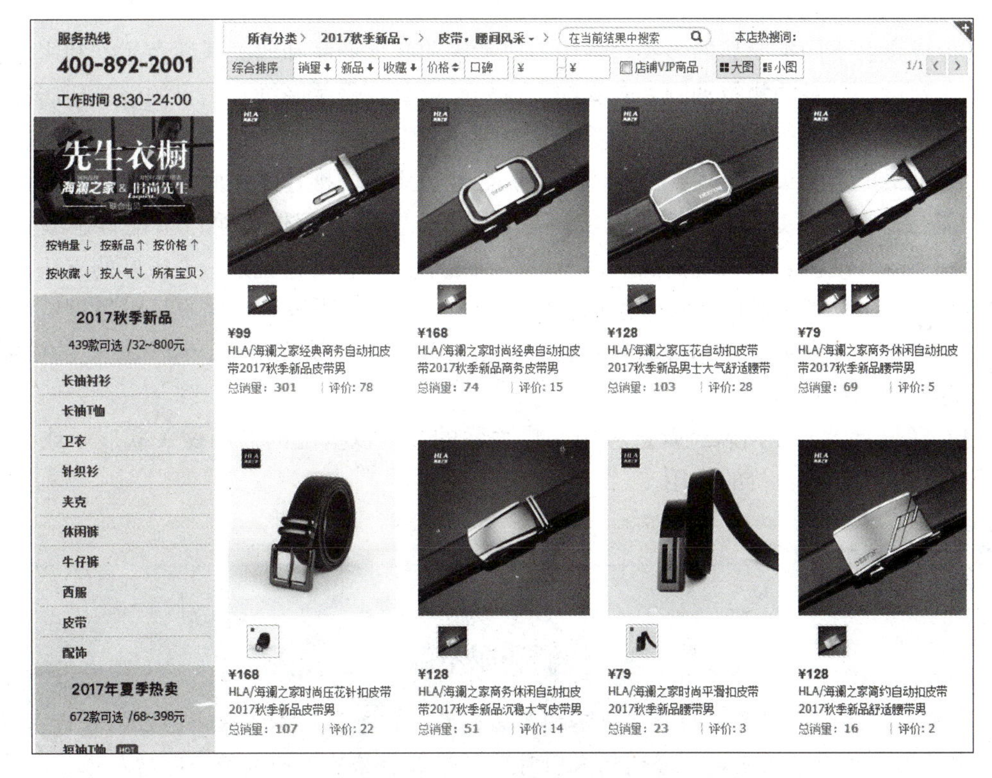

图 5－2　皮带销售界面详情

当网店经营的产品达到一定的宽度和深度时，访客的选择范围便拓宽了，更容易找到适合自己的产品，产品之间的搭配也会因此变得更容易，如“POLO 衫＋牛仔裤＋皮带”就是一个不错的组合，对客单价的提升非常有利。

知识链接

一单成交30万美元的前提

开篇案例中的小伙子之所以一单能卖到“300 000美元”，是因为他工作的百货公司应有尽有，这是前提条件。一般是通过扩大组合提升客单价，这就要求经销商和店长必须在产品组合上多元化，不光要摆放主销产品，还要有各种配套产品的组合。如小饰品、鞋子、包包、丝巾、项链，甚至是化妆小件等组合，只要是相关互补的产品都可以有。

2. 关联推荐

关联推荐是指通过向消费者推荐关联商品，促使其在购物中被多种商品吸引，并最终购买多种商品的一种营销行为。关联推荐，是一种营销行为，通过人群的行为特征进行筛选细分，主要有以下三类：产品功能存在互补关系、产品人群认可度较高和产品功能相似。关联推荐对提升客单价，增加回头客，提升二次回购率，减少店铺内跳失率，提升浏览深度及转化率都有作用。

在促成顾客不同类商品的多买过程中，应考虑关联性商品和非关联性商品。利用这种互补性和暗示性的刺激购物拉动顾客购买同类或异类商品。做关联推荐的目的就是让店铺其他宝贝获得更多的展现机会。关联推荐其实是一种非常常见的店铺营销手段，但做好关联推荐拼的就是谁最能了解买家心理，这样才能够更好地运用关联推荐。关联推荐对买家来说可以实现功能互补，对于卖家来说则可以实现高客单价。例如卖服饰的可以搭配鞋子或者配饰等。等到换季时期，要想实现商品从夏季过渡到秋季，关联推荐就是一个很好的方法，可以利用夏季款宝贝详情页后面的位置添加秋季款宝贝，使买家看完该详情页后继续浏览后面的宝贝。如果推荐的宝贝能引起买家的兴趣，那么还能够增加访问深度，增加成交的可能性。关联推荐常用的技巧有：

（1）关联展示。在网店经营过程中，将关联的、可以搭配的商品做关联展示或组合展示，可以达到提高客单价的作用。

知识链接

啤酒和尿不湿

本来啤酒和尿不湿是两个完全不相关的商品，但美国沃尔玛超市的数据分析人员在做数据分析的时候发现，每到周末同时购买啤酒和尿不湿的人较平时增加很多。他们感到很奇怪，于是本着数据分析中溯源的原则，对数据进行了进一步挖掘，并且走访了很多同时购买这两样商品的顾客。

他们发现这些顾客有几个共同的特点：一般是周末来购物，以已婚男士为主，他们家中有孩子且不到两岁，有尿不湿的刚需。他们喜欢看体育比赛节目，并且喜欢边喝啤酒边看。因为顾客有喝啤酒的需求，且周末是体育比赛扎堆的日子，所以这种关联销售多出现在周末。

发现这个秘密后，沃尔玛超市就大胆地将啤酒放在尿不湿旁边陈列，让这些顾客购买起来更方便，结果二者的销售量都大幅提升。这是一个典型的利用关联展示提升业绩的案例。

（2）关联销售。当访客为选购某款服装发起咨询时，优秀的客服应该马上想到这件衣服可以搭配什么商品效果更好。这时客服在解答访客提问的同时需要做的是主动、热情地为客人进行服装搭配推荐，让客人看到整套着装效果。例如，如果访客选中的是单裙，那客服可以帮她搭配合适的上衣、衬衣、毛衫等；如果访客选的是毛衣，则可以帮她搭配外套、裤装或裙子，甚至还可以为她搭配上精致的毛衣项链、皮包、胸针、皮带等。

知识链接

一单成交30万美元中的关联销售

让一个顾客能多带点东西走，这是提高客单价更直接的方法，开篇故事说的是一个销售员向一个没有购买需求的顾客描述周末可以钓鱼的概念，所以向他推荐了从鱼钩，到渔线，到船，再到巡洋舰的故事，单笔金额达300 000美元。所以提高客单价很重要的手段不是把一个根本不值这么多钱的东西卖出超出自己的价值，而是给顾客推荐、提供更多他需要的产品。这个就要看店铺的关联搭配销售和客服的推荐能力了。

（3）巧用促销。网店经常会举办一些促销活动，例如满300元送100元，买二送一，买200元抵80元，一件8折两件7折等，这些促销活动一方面带动人气，提升店铺业绩，另一方面也能帮助提升客单价。当访客联系客服时，客服应该不失时机地发出促销广告，激发顾客的购买需求，提升客单价。

（4）多用备选。当访客需要客服向他推荐商品时，客服不要只向顾客推荐一件产品，可以同时推荐给他两件或三件，当然这三件要有所差异。原因很简单，三款中有一款满意比推荐一款就满意的概率要大两倍，所以何乐而不为呢？

3. 促销活动

消费者喜欢促销，原本打算只买一件商品，但因为促销，感觉多买几件就会有更多的优惠，所以常常会不自觉地多买几件本来可有可无的商品，特别是女性消费者。既然客单价是顾客购物篮内的商品数量与商品单价的乘积的累计，那么通过促销活动促成顾客购买本不想买的东西或者想买的东西多买，这就是促销活动对提升客单价的作用。门店促销对于提升客单价的帮助非常明显。提高客单价常见的促销方式有：

（1）捆绑销售。捆绑销售也被称为附带条件销售，即一个销售商要求消费者在购买某产品或者服务的同时购买另一件产品或者服务，并且把消费者购买的第一件产品或者服务作为其可以购买第二件产品或者服务的条件。捆绑销售这种方式其实是降价促销的变形，比如店铺里常做的捆绑销售是将两件衣服按照最高价格的那一件出售，或者买第二套衣服时给予优惠，如图 5－3 所示。这些都可以增加同类商品的销量。

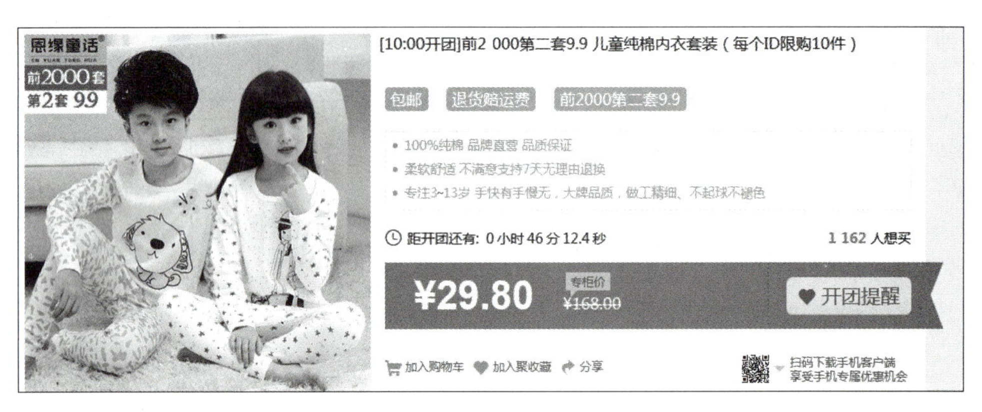

图 5－3　捆绑销售

（2）买赠活动。买赠活动是与捆绑销售类似的一种促销途径，这种促销方式常见于新品的搭赠促销，或者是一些即将过期的商品、待处理商品的处理上，同样也能够刺激同类商品的销售。如买一件衣服只需多加 1 元钱就可以拿走比第一件衣服价格更低的衣服等促销手法。图 5－4 所示为某美的专卖店的买赠活动，即销售洗碗机的同时，向买家赠送双立人锅具。

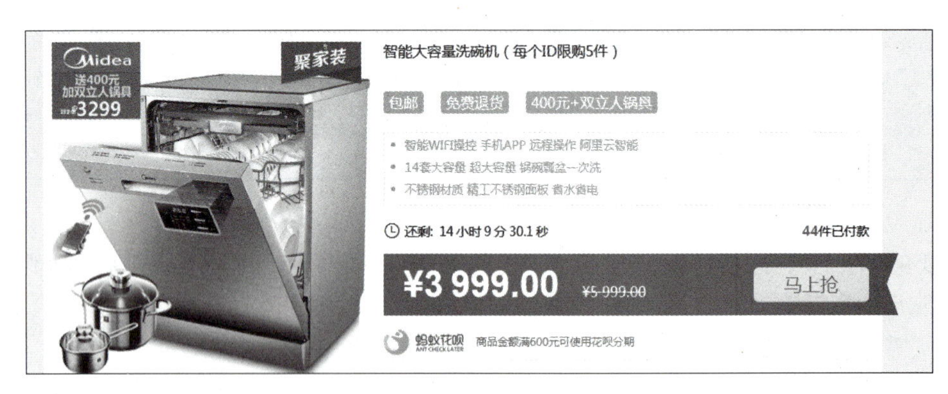

图 5－4　某美的专卖店的买赠活动

（3）降价促销。通过降价刺激顾客多买，由于存在商品的价格弹性，因此对于那些价格弹性大的商品，通过降价促销这种方式能有效提升顾客的购买量。图 5－5 所示为某网店新品上市的降价促销。

（4）套餐搭配。买家看到一款喜欢的宝贝后，马上就会注意宝贝的价格，看看价格是否在自己的消费范围里，是否还有比这更便宜的商品，这时如果商家能够抓住买家的心理，清楚他们的消费需求，对宝贝进行套餐搭配，用更实惠的价格打动买家，就可能为店铺增加销量和利润。

图 5－5　某网店新品上市的降价促销

例如一个买家看上了店铺的一款热卖裤子，有时就会考虑，一条裤子是否够穿，是不是还要买一件上衣搭配一下，这时商家如果能够提供搭配套餐给买家选择，就有很大的机会把两款商品同时销售出去，这样店铺的客单价就上来了。图 5－6所示为某网店销售的运动套装搭配。

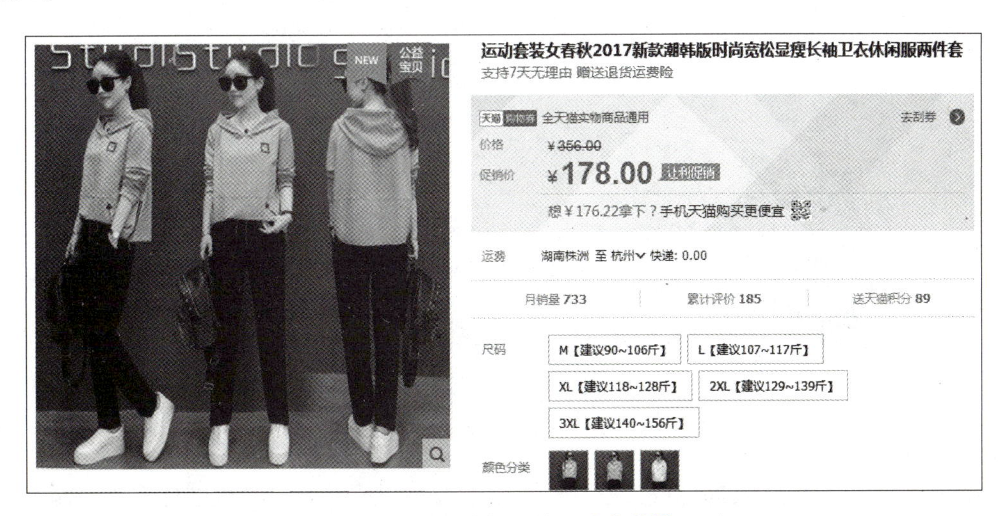

图 5－6　某网店销售的运动套装搭配

假设衣服本来有 20 元的利润，裤子也有 20 元的利润，那么搭配套餐可以降低 10 元利润，当然优惠的力度越大成交的可能性就越高，如果店铺有新品需要基础销量的，也可以通过这种方法来做，以薄利多销的形式提升客单价。

（5）店铺优惠券。使用店铺优惠券是提高销量和客单价常用的一种促销手段，通过鼓励买家的方式，让其消费够一定金额，然后赠送优惠券，这样不仅能够提高客单价，而且有助于维护客户。买家的二次回购对宝贝权重的提升也是很有帮助的，这也能够让买家对店铺更加了解，非常容易形成好客户。图 5－7 所示为纯竹工坊发布的店铺优惠券。

图 5－7　纯竹工坊发布的店铺优惠券

（6）满就送。满就送其实和上面所说的优惠券道理差不多，也是买家消费到一定金额送一些小礼物之类的，这不仅能够提升店铺客单价，而且能够提高买家的购物体验。图 5－8 所示为骆驼男装的促销活动，单笔实付满 300 元送 300 元券。

图 5－8　骆驼男装的满就送促销活动

4. 推销技巧

客服的专业性可以大大提升成交率，事实上专业性对提升客单价也同样重要。因为只有给访客树立了专业的顾问形象才能取得访客的信任，进而访客才会听取客服的建议，采纳客服提供的方案，尤其是定制行业。利用专业性提升客单价一般有两种情况：

（1）扩大产品组合提升客单价。通过给访客的合理搭配销售更多的产品，如某位访客为购买大衣前来咨询，客服可以利用专业知识将店内的其他产品一并介绍给他；访客来购买裤子，客服可以推荐几件小衫，也可以将腰带、项链、衬衣等一起推荐给顾客。

（2）通过价位升级提高客单价。如顾客购买产品的预算为 300 元，客服可以通过专业性的介绍与搭配建议，让消费者接受 500 元甚至更高价格的商品。每个人都有虚荣心，只要在这方面多下点功夫，学会赞美客人，就可以让顾客购买价值更高的商品。即使顾客的消费量是固定的，但有效地利用陈列和促销手段，也会无形却有意地推动消费者的消费升级，这其实也是一种比一般促销更有效地推动客单价提升的办法。

商家要想通过客服提高客单价，就要实行与之配套的绩效考核制度。将客服销售商品的连带率与客服薪水结合在一起不失为提升客单价的一个好办法。某品牌 2010 年的销量与 2009 年相比增长了 80%，这除了归功于一些客观因素外，提升客单价也起到了非常大的作用，网店经理运用有差别的提成方式刺激了员工进行整套产品的销售：卖一件羽绒服，客服的提成为 1%，顾客成交价为 8 折；卖一套羽绒服 + 内搭 + 裤子，客服的提成为 1.2%，顾客成交价为 7.5 折；卖一套羽绒服 + 内搭 + 裤子 + 围巾 + 配饰，客服的提成为 1.5%，顾客成交价为 7 折。这种导购提成分级与顾客成交价分级的方式既刺激了客服整套销售，也给了消费者优惠的吸引力，通过双重刺激，客单价得到了大大提高。

5. 商品定价

如果顾客消费的量是固定的，比如一个家庭一般只买一台冰箱，那么可以通过销售高价位的冰箱来提升客单价。在这些方面，可以采用一些看似无形却有意的引导方式引导顾客进行消费升级，这显然是一种很好的策略。

在服装行业中也是一样的，如果顾客买的是高价位产品，那么最后成交的金额有可能是平常一单的很多倍。在顾客消费能力允许、个人意愿相差不大的情况下，为什么不推出更高价位的产品呢？即使顾客没有选择此产品也没有关系，因为商家可以继续推荐一些相对便宜的产品，这样顾客在心理上也更容易接受，觉得买到了更实惠的产品。以女装 T 恤为例，在基本同等条件下有 52% 的人接受 34 ~ 93 元的价位，于是某个商家选择的价位范围就为 69 ~ 89 元，生产成本按 30% 计算，即 20 ~ 30 元，那么利润可观，客单价也高。

6. 客户购买能力

客户购买能力是指客户购买产品的支付能力。客户对商品的需求和爱好与其购买能力有很大关系。需求和爱好要以购买能力为基础，经济条件好、收入多，对商品才会有更多更现实的需求。客服要根据访客的购买力，判断其消费心理需求，再向其介绍和推荐合适的商品，这样往往成交率较高。

购买能力强的客户是店铺的 VIP 客户，他们的消费能力强，成交客单价高，能为店铺带来更多销售额。他们是最好的消费人群，既有充足的支付能力，又有购买之心，所以客户要知道他们喜欢什么。对客服来说，当这些人进入店铺、发起咨询时，要快速识别他们，获悉他们的偏好，然后加以引导，促使其成交，而且是多成交。

7. 重复购买

在销售行业有这样一句话：产品卖出去只是销售的开始。这句话的内涵就是销售人员不但要重视本次成交，更要维护好顾客，对顾客进行深度开发，争取客户更多次的消费。

（三）客单价分析指标

客单价的提高主要取决于商家的价格政策、价格带的合理配置、商品展示的位置、客服的能力及商品的质量等。根据客单价计算式，作为顾客店内购买行为结果的客单价一般包含 6 个关键指标：动线长度、停留率、注目率、购买率、购买个数和商品单价，如图 5 - 9所示。销售商家在提高客单价的过程中，要根据这 6 个关键指标开发具体的、可操作的营销方法。

图 5－9　客单价分析指标

1. 动线长度

动线指的是客户的行为路径。客户从进入店铺，到搜索商品，到添加商品到购物车，再到支付结算，最后到离开就是一条动线。在客户浏览页面的过程中，店铺的动线就是要在合适的地方向合适的客户进行精准化的推荐。一个合理的购物动线可以达到两个目的：高客单价和高转化率。

动线长度是指动线上陈列的不同商品的数量。店铺的动线设计就是让顾客在店内购物的过程中尽可能地访问更多的页面，看到更多商品，Upsales（增加销售）和 Crosssales（关联销售），从而促使客户购买的商品件数增加，提升客单价。

通过合理的商品布局和元素组合，引导用户按照尽可能长的浏览路径停留尽可能长的时间，以达到事先设定的运营指标。因此在进行店铺页面装修设计时，首先考虑的是商品的整体布局。要想实现有效率的商品布局必须注意以下内容：网店中商品类目的广度和深度，各商品类目的购买率，区分计划购买率高的商品类目和非计划购买率高的商品类目，确定各商品类目之间的购买关系，顾客的购买习惯和购买顺序，符合消费者生活习惯的商品组合，店内动线模式和客单价之间的联系，各商品类目之间的关联推荐。好的动线设计可以延长顾客在店内的停留时长。

2. 停留率

顾客在店内只浏览，对于商家不会产生任何价值。顾客只有在商品详情页停留并仔细查看商品信息时，才能产生实际的购买动机。网店装修时必须考虑以下内容：着陆页的选择、详情页的设计、关联推荐、促销活动、分类页的设计、首页的导航以及商品展示方式等。

停留率＝总停留次数/动线长度

顾客访问、浏览某个商品详情页可以确定为一次停留。

3. 注目率

注目率反映了商品在网店中吸引顾客目光的能力，或者称为“视线控制能力”。生产商家不断地设计新的包装、色彩、容量，在商品详情页展示自己的产品、品牌与其他商家的产品差别，期望能够吸引更多的顾客目光以促进销售。在做商品展示时要注意以下几个方面：商品的分类、商品的表现形式、商品的展示位置、商品的色彩表现以及商品的主图设计等。

注目率＝注目次数/总停留次数

顾客访问某个商品详情页的停留时长超过一定时间就可以确定为一次顾客注目。

4. 购买率

如果停留下来的顾客中断了购买行为或者决定延期购买，那么停留就变得毫无意义。因此，按顾客的购买习惯合理地配置商品、合理地进行商品色彩的组合等，会起到刺激顾客进行购买决策的作用。

购买率＝购买次数/总注目次数

5. 购买个数

顾客购买的商品个数越多，其客单价也就越高。增加顾客购买商品个数的主要途径在于尽可能地唤起顾客的冲动购买欲望。具体的做法可以为：通过大量展示、关联推荐、促销广告、品牌商品、新商品、季节商品和特卖品的合理配置等，唤起顾客的兴趣与注意，刺激顾客的联想购买和冲动购买。

6. 商品单价

顾客购买商品单价的提高主要取决于商家的价格政策、价格带的合理配置、商品展示的位置及商品的质量等。

网店在数据化运营方面存在天然优势，可以进行精确化管理和网店经营方法的设计，从而使得客单价在商家可控制的范围内得到稳步的提高。

三、任务发布

（一）用 Apriori 算法做商品关联分析

1. 任务背景

在电商数据运营中，对于客户而言，有两个很重要的指标，它们对于扩大销售规模起着很重要的作用：一是增加顾客重复购买次数；二是增加客户订单中的 Basket size（即购物篮件数）。第二个指标，增加 Basket size，就是让客户从只购买一件产品转换到购买多件产品，从而提高整个购物篮的销售金额，最大限度地实现销售数量的增长。关联分析是非常有用的，能够帮助商家做很多很有用的产品组合推荐，也能指导商家进行货架的合理摆放，还能使商家找到更多的潜在客户，真正地把数据挖掘落到实处。

关联分析又称关联挖掘，就是在交易数据、关系数据或其他信息载体中，查找存在于项目集合或对象集合之间的关联性、相关性或因果结构。或者说，关联分析试图探索交易数据库中不同商品（项）之间的联系。

关联分析是从大量数据中发现项集之间有趣的关联和相关联系。关联分析的一个典型例子是购物篮分析。在该过程中，可以通过发现顾客放入其购物篮中的不同商品之间的联系来分析顾客的购买习惯。了解哪些商品频繁地被顾客同时购买，分析出这种关联后可以帮助零售商制定营销策略。其他的应用还包括价目表设计、商品促销、商品的排放和基于购买模式的顾客划分。可从数据库中关联分析出形如“由于某些事件的发生而引起另外一些事件的发生”之类的规则。如“67% 的顾客在购买啤酒的同时也会购买尿布”，因此通过合理的啤酒和尿布的货架摆放或捆绑销售可提高超市的服务质量和效益。又如“C 语言”课程优秀的同学，在学习数据结构时为优秀的可能性达 88%，因此可以通过强化“C 语言”的学习来提高数据结构的教学效果。

2. 任务内容

请以表 5－1 中化妆品网店的交易数据为例，采用 Apriori 算法做关联分析，找出其中的强关联规则。

表 5-1 化妆品网店的交易数据

TID	精华乳	精华水	洁面乳	隔离乳	精华霜	爽肤水
1	1	1	0	0	1	0
2	1	1	1	1	1	1
3	0	0	1	0	0	1
4	1	1	1	0	1	0
5	1	1	0	1	1	0
6	1	0	1	0	1	0
7	1	1	0	0	1	1
8	0	1	0	0	1	0
9	1	1	0	0	1	0
10	1	1	0	1	1	0

3. 任务安排

本任务是一个团队任务，要求队员分工协作完成，完成后上交《化妆品网店商品关联分析报告》，并做好汇报结果的准备。

4. 任务实施

（1）构思。从给定的事务集合 T 中发现关联规则，常采用的策略分解为两步：一是产生频繁项集，其目标是发现满足具有最小支持度阈值的所有项集，称为频繁项集（Frequent Itemset）；二是产生规则，其目标是从上一步得到的频繁项集中提取高置信度的规则，称为强规则（Strong Rule）。

（2）设计。Apriori 算法是挖掘产生布尔关联规则所需频繁项集的基本算法，也是最著名的关联规则挖掘算法之一。Apriori 算法是根据有关频繁项集特性的先验知识而命名的。它使用一种称作逐层搜索的迭代方法，k—项集用于探索（$k+1$）—项集。首先，找出频繁 1—项集的集合，记作 $L1$。$L1$ 用于找出频繁 2—项集的集合 $L2$，再用于找出 $L3$，如此下去，直到不能找到频繁 k—项集。找每个 Lk 需要扫描一次数据库。

（3）实现。

步骤 1：扫描所有交易记录，生成候选 1 项集，得到频繁 1 项集。

步骤 2：从 2 项集开始循环，由频繁 $k-1$ 项集生成频繁 k 项集。

① 频繁 $k-1$ 项集生成 2 项子集，这里的 2 项指的生成的子集中有两个 $k-1$ 项集。

② 对由①生成的两项子集中的两个项集根据上面所述的连接步进行连接，生成 k 项集。

③ 对 k 项集中的每个项集根据如上所述的剪枝步进行计算，舍弃子集不是频繁项

集，即不在频繁 $k-1$ 项集中的项集。

④ 扫描数据库，计算③步中过滤后的 k 项集的支持度，舍弃掉支持度小于阈值的项集，生成频繁 k 项集。

步骤3：当前生成的频繁 k 项集中只有一个项集时循环结束。

步骤4：计算频繁项集的置信度，得到强规则。

步骤5：计算强规则的提升度。

步骤6：撰写《化妆品网店商品关联分析报告》。

步骤7：做好汇报结果的准备。

（4）运作。

化妆品网店商品关联分析报告

根据化妆品网店的销售数据做商品关联分析，具体步骤如下：

1. 扫描所有交易记录，生成候选1项集（表1），精华乳为I1，精华水为I2，洁面乳为I3，隔离乳为I4，精华霜为I5，爽肤水为I6，计算支持度数。

表1　候选1项集

1项集	支持度数	1项集	支持度数
I1	8	I4	3
I2	8	I5	9
I3	4	I6	3

设置最小支持度 $\alpha=0.4$，最小置信度 $\beta=0.6$，得到频繁1项集，如表2所示。

表2　频繁1项集

1项集	支持度数	1项集	支持度数
I1	8	I3	4
I2	8	I5	9

2. 生成候选2项集，如表3所示。

表3　候选2项集

2项集	支持度数	2项集	支持度数
I1，I2	7	I2，I3	2
I1，I3	3	I2，I5	8
I1，I5	8	I3，I5	3

根据最小支持度 $\alpha=0.4$，最小置信度 $\beta=0.6$，得到频繁2项集，如表4所示。

表4　频繁2项集

2项集	支持度数	2项集	支持度数
I1，I2	7	I2，I5	8
I1，I5	8		

3. 生成候选3项集，如表5所示。

表5　候选3项集

3项集	支持度数
I1，I2，I5	7

根据最小支持度$\alpha=0.4$，最小置信度$\beta=0.6$，得到频繁3项集，如表6所示。

表6　频繁3项集

3项集	支持度数
I1，I2，I5	7

4. 计算频繁3项集的置信度，频繁3项集{I1，I2，I5}的子集有{I1}，{I2}，{I5}，{I1，I2}，{I1，I5}，{I2，I5}，置信度计算格式为Confidence（A==>B）=support（A，B）/support（A），如表7所示。

表7　频繁3项集的置信度

规则	置信度	规则	置信度
I1==>I2∩I5	87.5%	I1∩I2==>I5	100%
I2==>I1∩I5	87.5%	I1∩I5==>I2	87.5%
I5==>I1∩I2	77.8%	I2∩I5==>I1	87.5%

5. 得到强规则，计算频繁3项集的提升度（表8），提升度的计算格式为：Lift（A==>B）=Confidence（A==>B）/Support（B）=Support（A==>B）/（Support（A）*Support（B））。

表8　频繁3项集的提升度

规则	提升度	规则	提升度
I1==>I2∩I5	1.09	I1∩I2==>I5	1.11
I2==>I1∩I5	1.09	I1∩I5==>I2	1.09
I5==>I1∩I2	1.11	I2∩I5==>I1	1.09

这意味着买了精华乳的客户极有可能购买精华水和精华霜；买了精华水的客户极有可能购买精华乳和精华霜；买了精华霜的客户极有可能购买精华乳和精华水；买了精华乳和精华水的客户极有可能购买精华霜；买了精华乳和精华霜的客户极有可能购买精华水；买了精华水和精华霜的客户极有可能购买精华乳，关联组合对产品销售都一定的提升作用。

（二）导购路线设计

1. 任务背景

国际著名的品牌专家马蒂先生曾说，衡量一名导购的销售能力是否过硬，要看他对同一顾客卖出了多少件商品，而不只是对不同顾客各卖出了一件商品。

从最直接的因素来讲，导购的关联销售技巧在零售情景中是实现客单价倍增的关键技能。这需要客服熟悉导购路线和掌握娴熟的接待顾客技巧。

导购作为连接顾客与品牌的最直接纽带，是品牌运作的基础组成人员。

2. 任务内容

请为网店的售前咨询面对的某个场景设计一个清晰的导购路线，引导消费者尽量多地购买商品，通过提高单客购买量来提升网店客单价。

3. 任务安排

本任务是一个独立任务，要求学生单独完成，完成后上交《×××网店×××场景下的导购路线设计》，并做好汇报结果的准备。

4. 任务实施

（1）构思。本任务主要是为网店的售前咨询在面对某个场景时设计一个清晰的导购路线，目的是引导消费者尽量多地购买商品，提高单客购买量，即连带率。

本任务选择的网店是天猫的“天天好大药房旗舰店”（图5-10），主营商品有OTC药品、医疗器械、隐形眼镜、彩色隐形眼镜等。天天好大药房是一家大型药品零售连锁企业，总部位于浙江省杭州市。

售前咨询面对的某个场景为“有顾客告诉售前咨询（具备药师资格）他在拉肚子，今天已经腹泻四次，希望帮他推荐相关产品”。

（2）设计。设计一个清晰的导购路线来引导消费者尽量多地购买商品，首先在了解消费者身体实际状况的基础上推荐治疗药物，做到对症下药；然后推荐辅助药物，缓解消费者身体不舒服的感受，再推荐康复药物，帮助消费者尽快复原。

（3）实现。

步骤1：详细咨询身体状况；

步骤2：根据症状推荐治疗药物；

步骤3：推荐辅助药物；

步骤4：推荐康复药物；

步骤5：建立导购路线模板；

步骤6：撰写《×××网店×××场景下的导购路线设计》；

步骤7：做好汇报结果的准备。

（4）运作。

图 5－10　天天好大药房旗舰店

天天好大药房针对细菌性肠炎患者的导购路线设计

1. 接待顾客，问清详情

当顾客告诉售前咨询（具备药师资格）他在拉肚子，昨天晚上腹泻四次，希望帮他推荐相关产品时，售前咨询不能直接或简单地回复他用哪种药，而应通过细致深入的问话，来了解顾客引起腹泻的原因、频率、腹痛的情形和大便的性状等，从而判断顾客的病情。

2. 根据症状推荐治疗药物

售前咨询如果判断这个顾客是细菌性肠炎引起的腹泻，则应该首先向其推荐一款抗感染药物来对抗感染，常用的药品有诺氟沙星、泻立停、呋喃唑酮等。如果是病毒性肠道感染，则抗菌药是没有用的，需要另外推荐药品。

3. 推荐辅助药物

在向顾客推荐抗生素治疗腹泻的同时，售前客服还要告诉顾客要做好防御措施，保护好消化道黏膜，常用的药物是十六角蒙脱石，主要成分为蒙脱石。蒙脱石口服后能均匀地覆盖在消化道黏膜表面，抑制各种消化道病毒、病菌及其产生的毒素，并提醒顾客在服用十六角蒙脱石之前1小时或之后2小时再服用抗生素。相信大多数顾客能够接受这一步的推荐。

4. 推荐康复药物

接着售前客服向顾客介绍："人体肠道里的微生物至少有400种，90%以上是常住在人体肠道中的，如果它们的比例、种类、数量发生明显变化，产生混乱，同样会引起腹泻、腹胀、胀气等症状。"随后建议顾客应配合服用益生菌类产品，帮助顾客调节肠道菌群平衡，再推荐多种维生素矿物质来补充几次腹泻脱水导致的电解质流失。

5. 建立导购路线模板

综上所述，天天好大药房售前客服针对细菌性肠炎患者的导购路线为"抗感染药＋缓泻剂＋益生菌＋多种维生素矿物质"，这就是一个细菌性肠炎的导购路线模板，既帮助顾客解决了实际问题，又增加了单客购买量。类似的导购路线模板应该在店铺内部进行广泛推广，促进全店客单价和销售额的提升。

四、任务拓展

（一）设计与评估提升客单价的促销方案

1. 任务背景

淘宝天猫店有效提升客单价的促销方式有：捆绑式促销、组合促销、满额促销、优惠券促销和惠赠式促销等。

组合促销是指为鼓励销售，会对几组不同商品进行有机组合，然后展开特价促销，常见于一些套餐组合。组合促销方式一是搭配套餐，如将两件商品搭配成套餐销售。组合促销方式二是捆绑式促销，如买A赠送B或者加一元多一件商品。组合促销方式三是连贯式促销，如一件八折，两件七折，三件六折。

满额促销是商家打出的一种促销活动，购物者只要购买满相应价格的商品即可得到一定的优惠。常用的满额促销方式一是满就送，如满258元送价值50元的礼品一份。常用的满额促销方式二是满就减，如满150元减30元或者满80元免邮。

优惠券促销是指通过给持券人某种特殊权利的优待（如享受一定现金抵扣）促进商品销售，既而增加顾客的购买欲望，提升店铺的营业额。优惠券需要客户到店铺指定地点来领取，一般优惠券还会设置一定的门槛，如10元优惠券的使用条件是购物满100元，客户为了使用10元优惠券就会设法提高购物金额，从而促进客单价的提升。

惠赠式促销是指商家主动向客户赠送礼品来吸引其购物的一种促销方式。常见的惠赠式促销有买一赠一、买多赠一、买多送多、送红包、送积分和神秘礼品等。

2. 任务内容

为自己经营的网店设计一个以提升客单价为目的的促销活动方案，在促销活动方案实施一段时间后对该促销活动方案的效果进行评估，对比促销活动方案实施前后的客单价、转化率和访客数，计算访客参加促销活动的参与率，分析其中成功的因素和不足之处，然后提出对策，改进促销活动方案，为下一期促销活动做好准备。

3. 任务安排

本任务是一个团队任务，要求运用 CDIO 的方法合作完成，完成后上交《以提升客单价为目的的促销方案设计与评估》，并做好汇报结果的准备。

（二）分析小米公司的连带销售策略

1. 任务背景

据国外媒体报道，小米全球副总裁雨果・巴拉（Hugo Barra）在接受采访时表示："小米可能卖出 100 亿部智能手机，而公司利润却为零。"他还补充到，小米基本上就是在"不赚钱"的情况下送出自己的智能手机。另外，雨果・巴拉还表示，小米并不需要进行 IPO 乃至私募融资。那么小米手机不赚钱、不融资，靠什么养活那么多人呢？

（1）低价硬件吸引客户，靠软件 + 移动互联网赚钱。小米通过低价硬件得到大量用户之后，包括社交游戏、流量、广告、小说、购物等一切移动互联网的盈利模式都能被嫁接进来。

（2）低价获取大量用户后利用自己生产的配件挣钱。人们可能两到三年才换一个手机，但会经常换手机贴膜和手机壳。另外，人们可能只有一部手机，一台平板，却有数个保护壳、保护套。因此随着小米手机的销量翻倍，这些配件带来的销量是可想而知的。

（3）小米靠预装和 MIUI 广告挣钱。手机厂商在手机中预装各种软件，这种情况对消费者来说已经司空见惯了，而这些手机里的预装软件却不是白来的，是软件供应商通过向手机厂家付费买来预装权后安装的。几乎所有的中国手机厂商都自建了相应的应用商店。消费者只要通过这些应用市场安装应用，手机厂商可能就开始赚钱了。要知道，在应用市场里，除了一些预留给首发应用的推广位外，大多数的展示位置都是要花钱买的，开发者要让自己的应用在应用市场上脱颖而出，适当的投入是不可避免的。另外，还有手机厂商默认的浏览器，里面的广告位也是收费的。

（4）联合开发手机游戏赚钱。国内几乎所有的安卓厂商都有自己的游戏分发体系，像小米的游戏中心，还有一直坚持所有应用和游戏都放在一个应用商店的魅族。目前看来，最有效的增值收入来源就是游戏。根据小米 CEO 雷军和 MIUI 负责人洪峰公开透露的数据显示，小米目前平均每个月至少处理 20 亿的数字内容收入，其中大部分是游戏。

2. 任务内容

低价获取大量用户后连带销售周边配件挣钱是小米公司主要的盈利方式之一，请以具体的某个小米公司的产品为例，分析其是如何利用连带销售策略赢取利润的，要求用思维导图来表现小米公司的连带销售策略。

3. 任务安排

本任务是一个团队任务，要求运用 CDIO 的方法合作完成，完成后上交《小米公司产品的连带销售策略分析》，并做好汇报结果的准备。

项目结构

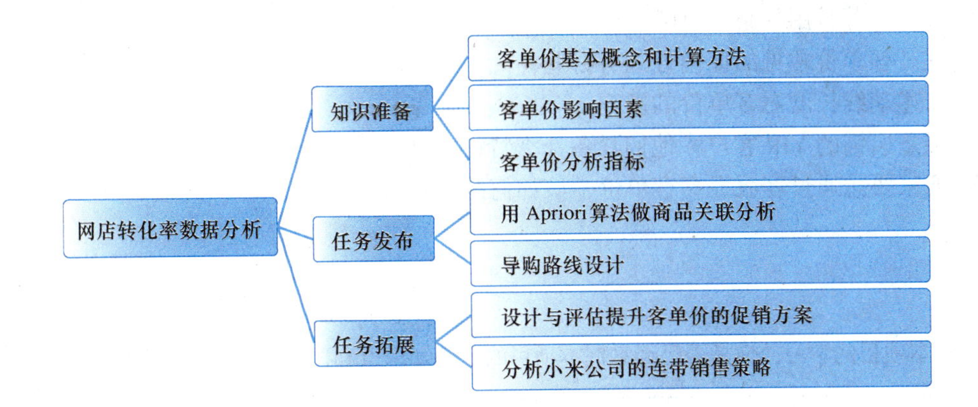

同步测试

一、判断题

1. 客单价（Per Customer Transaction）是指顾客的平均交易金额。（　　）
2. 网店的销售额是由客单价和顾客数（客流量）决定的。（　　）
3. 商品类目的广度是指一个商品类目下的 SKU 数。（　　）
4. 商品定价越低越好。（　　）
5. 在销售行业有这样一句话：产品卖出去销售就完成了。（　　）

二、选择题（单选多选不限）

1. 例如某网店的女士 T 恤类目下有 80 个款式，平均每个款式有 4 个颜色、5 个尺码，其类目深度为(　　)个 SKU。
   A. 80　　B. 320　　C. 400　　D. 1 600
2. 关联推荐，是一种营销行为，通过人群的行为特征筛选细分，分为(　　)。
   A. 产品功能存在互补关系　　B. 产品人群认可度较高
   C. 产品功能相似　　D. 以上都不对
3. 客单价的影响因素有(　　)。
   A. 商品类目广度和深度　　B. 关联推荐
   C. 促销活动　　D. 客户购买能力
4. 作为顾客店内购买行为结果的客单价包含的关键指标有（　　）以及购买个数和商品单价。
   A. 动线长度　　B. 停留率
   C. 注目率　　D. 购买率
5. 下列关于客单价的计算公式中正确的是（　　）。
   A. 客单价 = 销售总额/顾客总数
   B. 客单价 = 商品平均单价 × 每一顾客平均购买商品个数

C. 客单价 = 日均客单价 × 复购率

D. 客单价 = 动线长度 × 停留率 × 注目率 × 购买率 × 购买个数 × 商品单价

三、简答题

1. 关联推荐常用的技巧有哪些？
2. 提高客单价常见的促销方式有哪些？
3. 简述动线长度对客单价的影响。
4. 谁是店铺的 VIP 客户？他们具备什么特征？
5. 商家要想通过客服提高客单价，该如何制定绩效考核制度？

能力测评

通过本项目的学习，你是否已经掌握本项目的核心知识点和技能点，请做出自评。

知识点	客单价基本概念和计算方法	□充分掌握□基本掌握□未掌握
	客单价影响因素	□充分掌握□基本掌握□未掌握
	客单价分析指标	□充分掌握□基本掌握□未掌握
技能点	用 Apriori 算法做商品关联分析	□已经具备□初步具备□未具备
	导购路线设计	□已经具备□初步具备□未具备
	设计与评估提升客单价的促销方案	□已经具备□初步具备□未具备
	分析连带销售策略	□已经具备□初步具备□未具备
自评人（签名）： 年 月 日		教师（签名）： 年 月 日

项目六

网店客户数据分析

学习目标

知识目标

- ☞ 理解客户分析的概念，掌握客户分析的主要内容；
- ☞ 熟悉客户分析指标；
- ☞ 了解客户分类的常用方法，掌握客户细分模型；
- ☞ 理解和掌握客户忠诚度分析；
- ☞ 理解和掌握客户生命周期分析；
- ☞ 掌握访客特征分析；
- ☞ 掌握访客行为分析。

技能目标

- ☞ 具备绘制访客用户画像的能力；
- ☞ 具备基于 RFM 模型细分客户的能力；
- ☞ 具备 SEM 营销中的受众分析能力；
- ☞ 具备退货客户数据分析能力。

基本素养

- ☞ 具有数据敏感性；
- ☞ 善于用数据思考和分析问题；
- ☞ 具备收集、整理和清洗数据的能力；
- ☞ 具有较好的逻辑分析能力。

一、项目导入

英国 Tesco 的忠诚度计划

Tesco（特易购）（图 6－1）是英国最大、全球第三大零售商，有超过 1 400 万的活跃持卡人，客户忠诚度方面领先同行。同时，Tesco 也是世界上最成功、利润最高的网上杂货供应商。Tesco同沃尔玛一样，在利用信息技术进行数据挖掘、增强客户忠诚度方面走在前列。它用电子会员卡收集会员信息，分析每一个持卡会员的购买偏好和消费模式，并根据这些分析结果来为不同的细分群体设计个性化的每季通信。

Tesco根据消费者的购买偏好识别了6个细分群体；根据生活阶段分出了8个细分群体；根据使用和购买速度划分了11个细分群体；而根据购买习惯和行为模式来细分的目标群体更是达到5 000组之多。而它所为Tesco带来的好处包括：

(1) 更有针对性的价格策略：有些价格优惠只提供给了价格敏感度高的组群；

(2) 更有选择性的采购计划：进货构成是根据数据库中所反映出来的消费构成而制定的；

(3) 更个性化的促销活动：针对不同的细分群体，Tesco设计了不同的每季通信，并提供了不同的奖励和刺激消费计划。因此，Tesco优惠券的实际使用率达到20%，而不是行业平均的0.5%；

(4) 更贴心的客户服务：详细的客户信息使得Tesco可以对重点客户提供特殊服务，如为孕妇配置个人购物助手等；

(5) 更可测的营销效果：针对不同细分群体的营销活动可以从他们购买模式的变化看出活动效果。

图6-1 Tesco

Tesco值得借鉴的方法是品牌联合计划，即几个强势品牌联合推出一个客户忠诚度计划，Tesco的会员制活动就针对不同群体提供了多样的奖励。比如：针对家庭妇女的“Me Time”（“我的时间我做主”）活动：家庭女性可以在日常购买中积累点数换取从当地高级美容、美发沙龙到名师设计服装的免费体验或大幅折扣。以上所列带来的结果，自然就是消费者满意度和忠诚度的提高。

思考：

1. 请您说说英国Tesco的忠诚度计划是什么样的。
2. 英国Tesco如何细分客户群体？
3. 请您谈谈品牌联合计划对参与各方的好处。

二、知识准备

（一）客户分析概述

1. 客户分析的概念

客户分析就是根据客户信息数据来分析客户的各种特征，评估客户价值，从而为客户制定相应的营销策略与资源配置计划。通过合理、系统的客户分析，商家可以知道不同的客户有着什么样的需求，分析客户消费特征与商务效益的关系，使运营策略得到最优的规划。更为重要的是可以发现潜在客户，从而进一步扩大商业规模，使企业得到快速的发展。商家可以从以下几个方面入手，对客户数据信息展开分析。

（1）客户个性化需求分析。随着企业经营理念的转变，“以客户为中心”的经营理念越来越受到商家的推崇，客户个性化的需求分析越来越受到商家的关注。客户关系管理（Customer Relationship Management，CRM）是以客户为核心的，分析客户的个性化需求也是客户关系管理的一个重要内容。

通过客户个性化需求分析，商家可以了解不同客户的不同需求，采取有针对性的营销活动，使得企业的投资回报率达到最大。

（2）客户行为分析。利用客户数据信息，商家可以了解到每一个客户背后的购买行为，通过对这些客户行为的分析可以了解客户的真正需求。客户行为分析是客户分析的重要组成部分，通过分析可以知道哪些客户行为会对商家的利润产生影响，商家可以通过调整策略来改变客户的行为，进而改善客户与商家之间的关系。

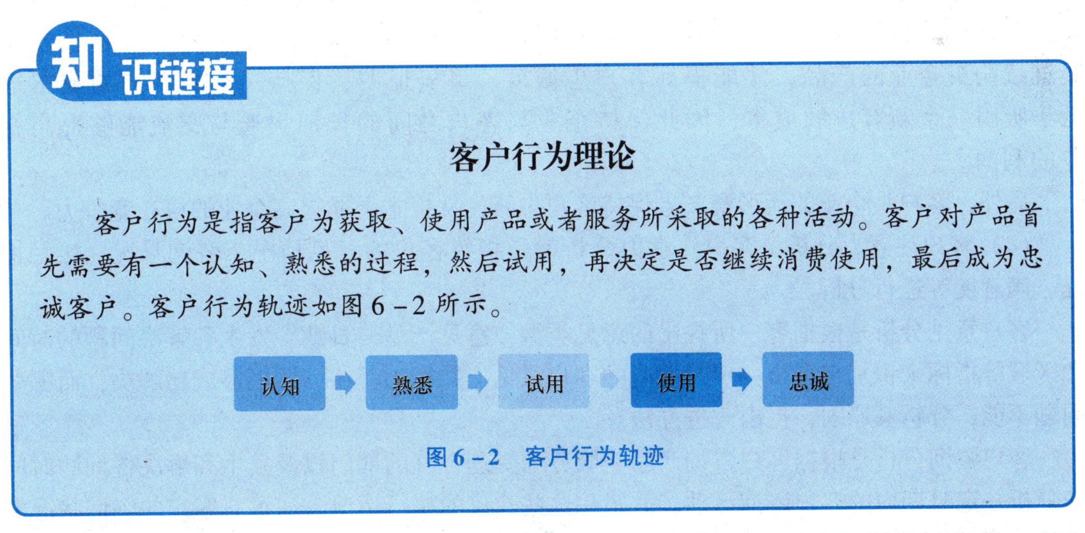

图 6－2　客户行为轨迹

（3）有价值的信息分析。要做到以客户为中心，商家就必须对客户进行分析。商家通过客户分析可以进行科学的决策，而不是将决策建立在主观判断和过去经验的基础之上。通过客户分析，商家可以获得许多有价值的信息，例如，某次促销活动中客户对哪些促销方式感兴趣，哪些产品不适宜进行促销，影响客户购买促销品的因素有哪些，客户再次参加类似促销活动的可能性有多大等。这些有价值的信息有利于商家进行科学的决策。

客户分析是客户关系管理的重要内容。

2. 客户分析的主要内容

网店客户分析的内容很多，根据客户关系管理的内容，将客户分析的主要内容概括为以下六个方面：

（1）商业行为分析。商业行为分析就是企业通过分析客户的分布状况、消费情况、历史记录等商业信息来了解客户的综合状况。商业行为分析包括产品分布情况分析、客户保持率分析、客户流失分析等。

产品分布情况分析就是通过分析客户的购买情况，可以对企业的产品在各个地区的分布情况有一个大概了解，可以知道哪些地区的客户对本产品感兴趣，从而获得本产品的营销系统分布状况，根据这些信息来组织商业活动。

客户保持率分析就是企业根据客户的交易记录数据，找到对其有重要贡献度的客户，也就是最想保持的客户，然后将这些客户清单发放到企业的各个分支机构，以便这些客户能享受到企业最优惠的产品和服务。

客户交易完成之后，总会有部分客户流失，客户流失分析要求分析出这些客户流失的原因，客户流失量有多大，从而使企业能够改变商业活动，减少流失率。

（2）客户特征分析。客户特征分析要求企业根据客户的历史消费数据来了解客户的购买行为习惯、客户对新产品的反应、客户的反馈意见等。客户的购买行为特征分析主要用来细分客户，针对不同的特征客户采取不同的营销策略。通过客户对新产品的反应，商家可以获得更有用的信息，并且可以了解不同客户对新产品的接受程度，最终决定新产品是否继续投放市场。

（3）客户忠诚分析。客户忠诚分析对企业的经营战略具有重要意义，保持客户忠诚才能保证企业持续的竞争力。客户对企业所提供的产品或服务满意、对企业信任，才会继续购买企业的产品，才能提高客户忠诚度。事实证明，保持一个老客户的成本远低于吸引一个新客户的成本，因此保持企业与客户之间的长期沟通与交流能够提高企业的利润。

另外，客户是企业的无形资产，保持客户忠诚，从根本上能提高企业的核心竞争力。

（4）客户注意力分析。客户注意力分析就是指对客户的意见情况、咨询状况、接触情况、满意度等进行分析。

客户意见分析是根据客户所提出的意见类型、意见产品、日期、发生和解决问题的时间和区域等指标来识别与分析一定时期内的客户意见，并指出哪些问题能够成功解决，而哪些问题不能，分析其原因，提出改进办法。

客户咨询分析是根据客户咨询产品、服务和受理咨询的部门以及发生和解决咨询的时间来分析一定时期内的客户咨询活动，并跟踪这些建议的执行情况。通过对客户的咨询状况的分析，可以了解产品所存在的问题，客户所关心的问题。

客户接触评价是根据企业部门、产品、时间区段来评价一定时期内各个部门主动接触客户的数量，并了解客户是否在每个星期都收到多个组织单位的多种信息。

客户满意度分析与评价是根据产品、区域来识别一定时期内感到满意的20%的客户和感到不满意的20%的客户，并描述这些客户的特征。通过对客户的满意度进行分析，可以了解某一地区的某一产品哪些客户对产品最不满意，哪些客户对产品最为满意，进一步了解这些客户的具体特征，并提出产品的改进意见和办法。

(5) 客户营销分析。为了制定下一步的营销策略，商家需要对目前的营销系统有一个全面了解。客户营销分析是指通过分析客户对产品、价格、促销、分销四个营销要素的反应，使商家对产品未来的销售趋势和销售状况有一个全面的了解，通过相应地改变营销策略来提高营销的效果，以便制定更为合理的营销策略。

(6) 客户收益率分析。对客户收益率进行分析是为了考查企业的实际盈利能力及客户的实际贡献情况。每一个客户的成本和收益都直接与企业的利润相联系。客户收益率分析能够帮助商家识别对企业有重要贡献价值的20%客户，通过对这些重要客户进行重点营销能够提高企业的投资回报率。

客户分析是商家成功实施客户关系管理的关键。商家所有的经营管理活动都是围绕客户来进行的，对客户进行有效的分析，不仅能提高客户的满意度和忠诚度，而且最终能提高企业的利润，增强企业的核心竞争力。

(二) 客户分析指标

客户数据分析必须有数据基础，而这一基础往往是由客户关系管理系统提供的。当今的商业环境在巨变，市场竞争愈演愈烈，在外部环境变化的影响下，企业间、企业与客户间的关系也发生了微妙的变化。所以，更多企业将客户关系管理提上议程，并开始投资于销售自动化、客户服务中心、营销自动化等项目。因为如果没有集成的客户信息，企业将无法进行客户分析，例如，客户的消费倾向、消费偏好、客户流失分析、市场细分以及对目标客户的营销等。实施集成化 CRM 最行之有效的方法就是建立客户数据仓库（Customer Data Warehouse，CDW）。所谓 CDW，就是整合从每一个客户接触点收集到的数据，形成对每个客户的“统一视野”。此外，CDW 还为有效的客户分析提供必要的信息，而只有通过有效的客户分析，企业才能真正地做到在正确的时间，为正确的客户以正确的价格和销售渠道，提供正确的产品或服务。

通过各种渠道收集客户信息仅仅是客户分析的第一步，也是至关重要的一步，因为接下来需要使用某种能洞悉客户消费习惯的分析方法对这些信息进行再加工，综合分析客户的历史数据、趋势、消费心态和地域分布等数据分析，使客户分析的各项结果具有可操作性，即能指导商家在所有客户接触点上的行动。

会员分析指标包含了7种类别，便于商家进一步了解客户的得失率和客户的动态信息，如图6－3所示。

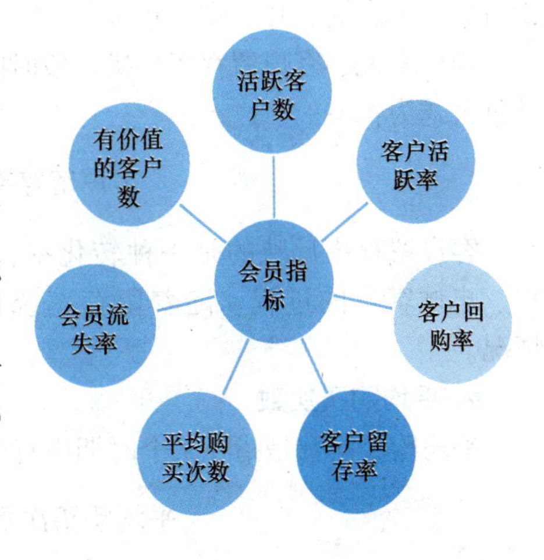

图6－3　会员分析指标

1. 有价值的客户数

网店客户包括潜在客户、忠诚客户和流失客户。对于网店来说，忠诚客户才是最有价值的客户，因为他们会在不定期的时间里来购买商品，不会出现长时间不购买店铺商品的现象。

一般来说，在1年内购买本网店商品不低于3次的客户数，则为有价值的客户数，这是客户分析的重点。对于那些浏览了网店商品却没有购买商品的客户，其给网店带来的价值很小，分析的重要性也就很小。

2. 活跃客户数

活跃客户，是相对于“流失客户”的一个概念，是指那些会时不时地光顾下网店，并为网店带来一些价值的客户。客户的活跃度是非常重要的，一旦客户的活跃度下降，就意味着客户的离开或流失；而活跃客户数是指在一定时期（30 天、60 天等）内，有消费或者登录行为的会员总数。

3. 客户活跃率

店铺得到客户活跃率，就可以了解客户的整体活跃度，一般随着时间周期的加长，客户活跃率会出现逐级下降的现象。如果经过一个长生命周期（3 个月或半年），客户的活跃率还能稳定保持在 5% ~ 10%，则是一个非常好的客户活跃的表现。客户活跃率的计算公式为：

$$客户活跃率=\frac{活跃客户数}{客户总数}\times 100\%$$

4. 客户回购率

客户回购率，即复购率或重复购买率，指消费者对该品牌产品或者服务重复购买的频率，重复购买率越大，则消费者对品牌的忠诚度就越高，反之则越低。在这里，决定回购率的则是用户（会员），也就是回头客。客户回购率是衡量客户忠诚度的一个重要指标，其计算公式为：

$$客户回购率=\frac{上一期末活跃客户数}{下一期有购买行为的客户数}\times 100\%$$

5. 客户留存率

店铺通过分析客户留存率，可以得到网店的服务效果是否能够留住客户的信息。客户留存率是指某一时间节点的全体客户中在某特定的实际周期内消费过的客户比率，其中时间周期可以是天、周、月、季、年等。

简单来说，客户留存率是指一段时间内回访客户数占新增客户数的比率，客户留存率的计算公式为：

$$客户留存率=\frac{回访客户数}{新增客户数}\times 100\%$$

客户留存率反映的是一种转化率，即由初期的不稳定客户转化为活跃客户、稳定客户、忠诚客户的过程。随着留存率统计过程的不断延展，能看到不同时期客户的变化情况。

6. 平均购买次数

平均购买次数是指在某个时期内每个客户平均购买的次数，其计算公式为：

$$平均购买次数=\frac{订单总数}{购买客户总数}\times 100\%$$

7. 客户流失率

流失客户，是指那些曾经访问过网店，但由于对网店渐渐失去兴趣后逐渐远离网店，进而彻底脱离网店的那批客户。客户流失率是客户流失的定量表述，是判断客户流失的主要指标，直接反映了网店经营与管理的现状，其计算公式为：

$$客户流失率=\frac{一段时间内没有消费的客户数}{客户总数}\times 100\%$$

（三）客户细分

客户细分（Customer Segmentation）是指根据一定的分类指标将商家的现有客户划分到不同的客户群的过程。客户细分不仅对商家的经营管理具有重要意义，而且是客户关系管理的核心概念之一。将现有的企业客户进行细分，不仅能够降低企业的营销成本，而且有利于企业采取更为有利可图的市场渗透策略。通过客户细分，商家可以识别不同客户群的不同需求，从而针对不同客户采取有针对性的营销策略，有利于提高客户的满意度和忠诚度。

客户细分一般是在商家明确的业务目标、市场环境下进行的，根据客户价值、客户行为、客户偏好等因素对客户进行分类，属于同一客户群的客户群具有一定的相似性，属于不同客户群的客户存在一定的差异性。客户细分的理论依据主要有以下几个方面：

（1）客户需求的异质性。客户有需求才会购买商品，不同的客户需求决定了消费者不同的购买行为。客户需求的异质性是客户细分的重要理论依据。

（2）消费档次假说。消费档次假说认为，消费者的消费水平增长不是线性的，而是阶段台阶式的，当消费者的消费水平达到一定档次时就会趋于稳定，并且很长一段时间内不会变化。根据消费档次假说，消费者的消费行为在一定时间范围内是稳定的，是具有规律性的，这就为客户细分在理论上提供了基础和前提。

（3）企业资源的有限性。任何企业的资源都不是无限的，这就要求其对有限的资源进行合理、有效的分配。客户细分能够帮助企业识别不同客户的不同客户价值，有利于其针对不同的客户群采取不同的营销策略，将有限的资源用于服务好对企业有重要贡献价值的客户上。

（4）稳定性。客户群的稳定性是客户细分的重要前提。如果客户和市场不具有相对的稳定性，客户细分后的结果未来得及实际应用，市场和客户就发生了变化，那么这样的客户细分就没有任何实际意义。

1. 客户分类的常用方法

分析客户之前，一般会对客户进行先一步的区分，以保证在做具体客户分析时有针对性。而这样分类的方法也是多种多样的，下面简要介绍其中几种：

（1）重点客户。重点客户一般是指对公司的利润贡献比较大的客户，他们是需要主动关心与保持的。通过数据分析，可以确定哪些行为数据对客户的离去有影响，并提取客户特征的算法。再由这些算法形成模型，并使用模型发现想要离开公司的客户，真正做到以客户为中心，保持与客户的互动关系，通过满足客户的需求、提高客户满意度来吸引和留住他们，从而建立和保持企业的竞争优势，完成从产品中心制到客户中心制的演变。

（2）AB 客户分类。AB 分类的分割点采用 2/8 原则：20% 为 A 类客户、80% 为 B 类客户。因为一个企业的资源是有限的，所以需要根据客户占用公司的资源比例，选择一个比例构成分割点来对客户进行分类，合理分配资源。

知识链接

二八法则

1897年，意大利经济学者帕累托偶然注意到19世纪英国人的财富和收益模式。在调查取样中，发现大部分的财富流向了少数人。同时，他还从早期的资料中发现，在其他的国家，这种微妙关系一再出现，而且在数学上呈现出一种稳定的关系。于是，帕累托从大量具体的事实中发现：社会上20%的人占有80%的社会财富，即：财富在人口中的分配是不平衡的。

（3）客户多维分类。描述客户属性的要素有很多，包括地址、年龄、性别、收入、职业、教育程度等信息。根据这些客户属性，可以进行多维的组合型分析，挖掘客户的个性需要，找出客户最需要的产品，并且做到快速、准确。客户多维分类主要考虑的就是根据客户购买的产品进行分类，这样就可以先期根据经验将客户分为不同组，然后进一步进行特征分析。

（4）客户价值发现分类。通过以下定义的价值指标和设定的参数来计算客户价值分数，可以对客户进行价值等级的分类。比如：交易类指标，包括交易次数、交易额/利润、毛利率、平均单笔交易额、最大单笔交易额、退货金额、退货次数、已交易时间、平均交易周期、销售预期金额；财务类指标，包括最大单笔收款额、平均收款额、平均收款周期、平均欠款额、平均欠款率；联络类指标，包括相关任务数、相关进程数、客户表扬次数/比例、投诉次数/比例、建议次数/比例；特征类指标，包括客户自身的一些特征，如企业规模、注册资金、区域、行业、年销售额、是否为上市公司等。如果是个人客户，其特征属性可以设为年龄、学历、婚姻状况、月收入、喜好颜色、是否有车和有无子女等。

（5）客户价值分类。根据价值指标设定客户价值金字塔模型，根据客户价值金字塔模型设置客户价值等级的区段。比如可将客户价位设置为四个区间：VIP客户、重要客户、普通客户和小客户。

（6）潜在客户的分类。辨别潜在客户的方法有很多，这里举例进行具体说明：一是通过多种方法去接触一些潜在的客户，并通过一些方法进行记录确定，如社会活动、销售活动等；二是根据客户购买特征进行甄别，可以做以下分类：确定购买的、有兴趣的、热衷的、观望中和停止的；三是根据客户购买时机进行甄别，如准备一个月内购买的、准备2～3个月购买的和有希望最终购买的。

2. RFM客户细分模型

客户细分模型就是依据一定的细分变量，将客户进行分类的方法。依据一定的客户细分模型将客户细分，能够有效地降低成本，同时获得更强、更有利可图的市场渗透。RFM细分模型是广泛应用于数据库营销的一种客户细分方法。它是通过客户购买行为中的“最近一次购买（Recency）”“购买频率（Frequency）”和“购买金额（Monetary）”三个数据，来了解网店客户的层次和结构、客户的质量和价值以及客户流失的原因，从而为商家制定营销策略提供支持，使其针对不同的客户采取不同的策略，同时识别其中的行为差异，对不同的客户行为进行购买预测，如图6－4所示。

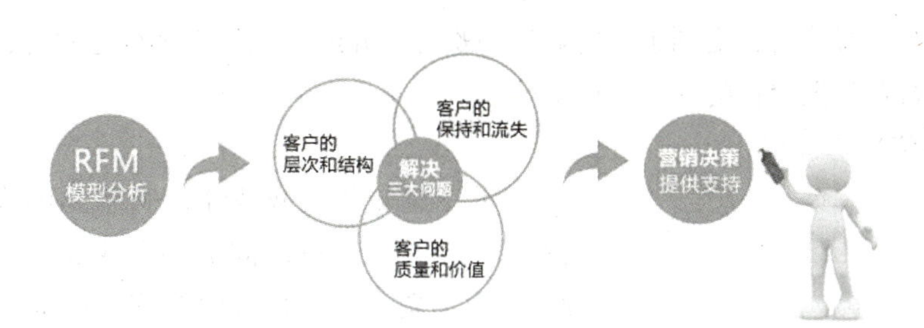

图 6 –4 RFM 模型分析

RFM 模型三个指标解释如下：

(1) 最近一次消费 (Recency)。最近一次消费是指客户最近一次购买时间距分析时点的天数。天数越少，说明客户购买商品的时间越近。理论上，最近一次消费时间比较近的客户对商家提供的商品或服务信息更为关注，再次购买的可能性比较大。营销人员若想业绩有所提升，就要提高自己产品的市场占有率，所以要密切地注意消费者的购买行为，而其最近一次消费就是营销人员首先要利用的工具。

最近一次消费的功能为：提供促销信息；营销人员的最近一次消费报告可以监督事业的健全度。优秀的营销人员会定期查看最近一次消费分析，以掌握趋势。

最近一次消费报告是维系顾客的一个重要指标。最近才买商家的商品、服务或是光顾商家店铺的消费者，是最有可能再向商家购买东西的顾客。另外，吸引一个几个月前在本店买过东西的顾客，要比吸引一个一年多以前来过的顾客容易得多。营销人员如果接受这种强有力的营销哲学——与顾客建立长期的关系而不仅是卖东西，会让顾客持续保持往来，并赢得他们的忠诚度。

(2) 消费频率 (Frequency)。消费频率反映了一定时间内客户消费次数的多少。消费频率越高，说明客户的忠诚度及价值越高。对于不同的行业，客户的平均购买频率是不同的。商家要根据自身的特点，制定对客户消费频率的评价标准。增加顾客购买的次数意味着提高了产品的市场占有率，从别人的手中赚取营业额。

根据这个指标，又可以将客户进行细分，建立一个“忠诚度的阶梯”(Loyalty Ladder)，其诀窍在于让消费者一直顺着阶梯往上爬，使两次购买的顾客变成三次购买的顾客，一次购买者变成两次购买者。

(3) 消费金额 (Monetary)。消费金额是指在一定时间内，客户消费的金额。可以通过客户的消费金额衡量客户对商家的贡献程度。

消费金额模块是所有商业数据分析报告的支柱，它可以验证“帕雷托法则”(Pareto's Law)，即公司 80% 的收入来自 20% 的顾客。

如果商家的预算不多，而且只能提供服务信息给 2 000 或 3 000 个顾客，那么商家是首先将信息邮寄给贡献了 40% 收入的顾客，还是邮寄给那些贡献了不到 1% 的顾客？

RFM 分析模型早在 1989 年就被提出，分析的对象是客户消费的购物篮，而不是具体的商品。RFM 模型最初是运用于直销 (Direct Marketing) 领域，但只有在商用 PC 机及关系型数据库等技术逐渐成熟并普及后，才在 1990 年以后广泛用于零售业态。RFM 模型具有计算过程简单、算法易懂、数据获取容易的特点，在不需要借助专业分析软件的情况下就可以对客户的消费行为进行分析，受到了零售业界的欢迎，并经常运用于客户忠诚度、客户价值分析，成为零售行业数据分析的重要组成部分。

3. 客户价值矩阵模型

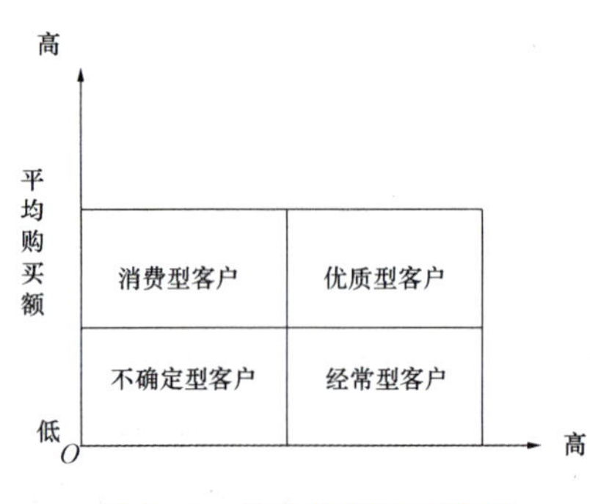

图 6－5　客户价值矩阵模型

客户价值矩阵模型是对 RFM 模型的改进，消除了消费次数与总消费额之间的多重共线性，用平均消费额代替总消费额。客户价值矩阵分析剔除了最近一次消费的变量，由消费次数（F）与平均消费额（A）构造而成，使细分结果更加简单。客户价值矩阵将客户划分为四种模型，如图 6－5 所示，即优质型客户、消费型客户、经常型客户和不确定型客户。

（1）优质型客户。

优质型客户是企业的基础，企业利润的主要提供者，必须保持。

（2）消费型客户。

消费型客户的平均消费额很高，但消费次数过低，最好的策略是设法增加他们的消费次数。

（3）经常型客户。

经常型客户高频率的消费证明了其对企业的忠诚度。对于他们最适合的策略是通过促销、交叉销售、销售推荐等办法来增加其消费金额。

（4）不确定型客户。

要进行筛选，争取将不确定客户变成消费型客户或是经常型客户甚至是优质型客户，将营销的重点放到不确定的新客户身上，必要的时候可以对他们采取放弃的策略。

（四）客户忠诚度分析

客户忠诚度是指借助产品或服务的质量、价格等诸多因素的影响，使顾客对某一企业的产品或服务产生感情，形成偏爱并长期重复购买该企业产品或服务的程度。

客户忠诚是客户对企业的感知、态度和行为。客户在了解、使用某产品的过程中，由于与企业进行接触，所以可能会对其所提供的产品或服务质量等感觉满意，形成正面的积极评价，从而对该企业以及其提供的产品或服务产生某种依赖感，并长时间地表现出重复购买及交叉购买等忠诚行为。客户忠诚度主要表现在客户对企业产品价格的敏感程度、对竞争产品的态度、对产品质量问题的承受能力等方面。忠诚的客户是企业的优质资源，是企业利润的源泉，是企业发展的推动力。

在营销实践中，客户忠诚度表现为客户购买行为的连续性。它是指客户对企业产品或服务的依赖和认可、坚持长期购买和使用该企业产品或服务所表现出的在思想和情感上的一种高度信任和忠诚的程度，是客户对企业产品在长期竞争中所表现出的优势的综合评价。

客户忠诚分为情感忠诚和行为忠诚，如图 6－6 所示。

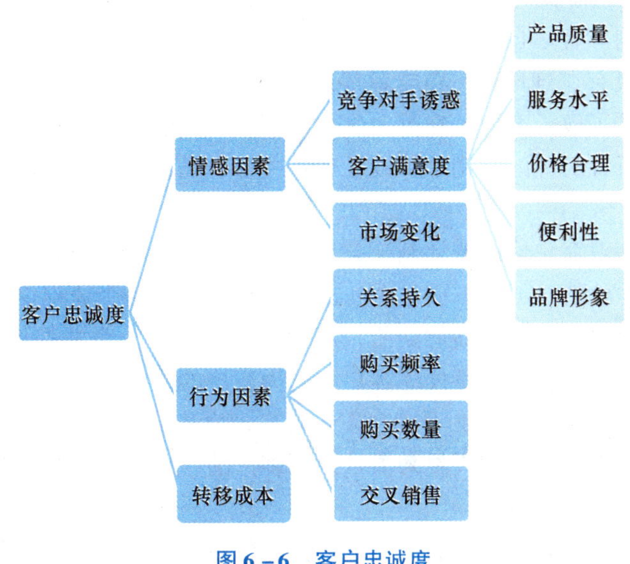

图 6-6　客户忠诚度

（五）客户生命周期

随着经济的日益发展，市场上出现了竞争加剧的局面，由于客户面对的产品和服务品种、数量急剧增加，他们的需求也呈现多元化的发展，商家无法像过去那样只凭借自己的产品和服务去赢得竞争，其必须维护好与客户的关系。客户生命周期是产品生命周期概念的深化，随着关系营销和 CRM 概念深入人心，产品生命周期、关系营销和 CRM 概念被结合到一起，从而形成了客户生命周期。

根据客户关系的特点将客户关系生命周期划分为八个阶段，即开拓期、巩固期、成长期、成熟期、衰退期、解约期、中断和恢复期，如图 6-7 所示。此图描述了客户关系管理的整个周期。图 6-7 中的横轴代表客户所处生命周期，纵轴代表客户价值，是客户给企业带来的利益。从图 6-7 中可以看出，客户价值在八个阶段内是存在差异的，这也提醒企业，其在进行客户关系管理时，需要正确判断此客户关系处在哪个时期，只有这样才能采取有针对性的策略，使客户价值最大化。

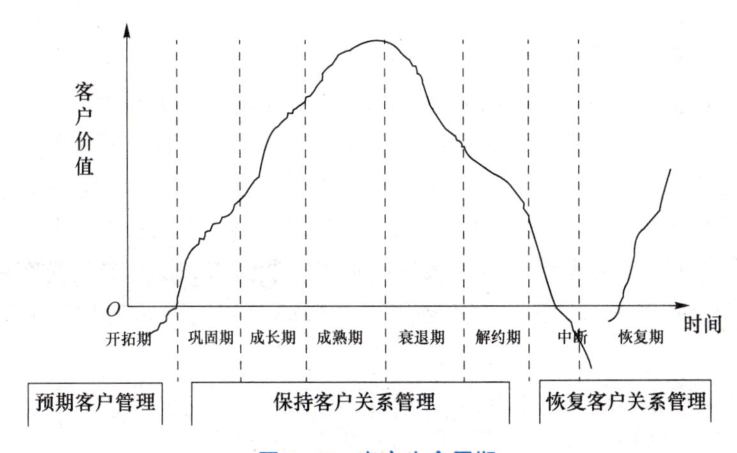

图 6-7　客户生命周期

总之，在整个客户生命周期中，企业与客户的关系始终处在动态变化当中，企业的活动、其他企业的影响、客户自身因素等都会使客户关系发生变化，从周期中某个阶段转换到另一个阶段。客户只有在自身某一项或者多元化的需求得到满足的情况下，周期才可以延续下去。因此企业必须了解：客户处在哪个生命周期？不同阶段的客户在消费行为上存在哪些特点？这样才能进行针对性的营销维护以及客户关怀，满足客户需求的同时，使客户为企业带来更多的利润。

客户的生命周期对客户价值的评判至关重要。这里所说的价值分为两方面，一方面评判企业为客户带来多少价值；另一方面从企业出发，评判客户对企业提供了多少价值。而客户生命周期的价值，就是在客户生命周期的长度内，一个客户为企业提供的利润价值的总和，可以说是一个客户对企业的终生价值。客户利润为客户的价值与客户成本之差，包括通过交易等形式进行的“当前价值”和为企业自发进行口碑宣传的“潜在价值”。客户的当前价值可以通过客户创造的毛利润和购买量来衡量，而客户的潜在价值，则由客户忠诚度、满意度和客户关系状况这三者来衡量。

另外，客户保持率越高，客户的潜在价值就越能被发掘出来。客户保持率是指维持已建立的客户关系，使客户在未来对企业的产品或服务表现出高度认知忠诚，使企业获取实际的经济利润。据研究显示，客户保持率每增加5%，企业平均利润增加幅度为25%~85%。

（六）访客特征分析

消费者购买商品时，因受地域、年龄、性别、职业、收入、文化程度、民族、宗教等影响，其需求有很大的差异性，对商品的要求也各不相同，而且随着社会经济的发展，消费者的消费习惯、消费观念、消费心理也在不断发生变化，这就导致消费者购买商品的差异性增大。消费者进入店铺就成为访客，是商家的潜在客户，需要分析的是：什么样的消费者会选择访问商家的店铺？他们有什么特征？当访客选择下单购买商品时，其就成为商家的客户，这就要进一步分析：客户的人群特征是什么？他们购买产品的主要原因是什么？

访客进入店铺之后，商家首先要关注的是：他们从哪里来？他们什么时间来？他们的年龄层次是怎样的？他们的性别情况怎样？他们是什么职业？他们的消费能力如何？他们的消费频率是多少？他们有什么样的偏好？是新访客还是老访客？有时还需要分析他们的婚姻状况和家庭状况。

1. 访客地域分布

从空间维度上分析访客，商家要弄清楚他们从哪里来，属于哪个省、哪个城市、哪个商圈，这样商家就可以对重点省份或重点城市展开精准营销，以提升营销效果。

图6－8所示为某商家从6月10日—7月9日共一个月的访客地域分布图。生意参谋/流量分析/访客分析数据显示该商家的访客主要来自中国东部沿海地区和中部地区，西部、南部和东北地区并非主要的客源地，其中来自广东省、浙江省和山东省的访客最多，占到总访客数的30%左右。做进一步分析，商家还可以发现湖北省的下单转化率最高，应该将其列为营销重点省份。

接着来看该商家主营产品所在市场从6月10日—7月9日共一个月的访客省份和城市分布图（图6－9），该图通过搜索其主营产品的关键词而获得。

从图6－9可以发现商家的省份分布与市场的省份分布基本一致，只是江苏省与河南省的位置有些变化。在城市分布上，上海市、北京市和广州市位于前三位，合计点击人数占比超过 11%。湖北省、江苏省、湖南省和浙江省下单转化率最高，对应的城市点击人气排行榜上有杭州市（排名第 5 名）、苏州市（排名第 9 名）、武汉市（排名第 14 名）、南京市（排名第 16 名）、宁波市（排名第 19 名）、温州市（排名第 21 名）、长沙市（排名第 25 名）、金华市（排名第 27 名）、台州市（排名第 30 名）、无锡市（排名第 31 名），可见湖北省访客主要来自武汉一个城市，湖南省的访客也集中在长沙一个城市，而浙江省和江苏省的访客来自的城市比较多。

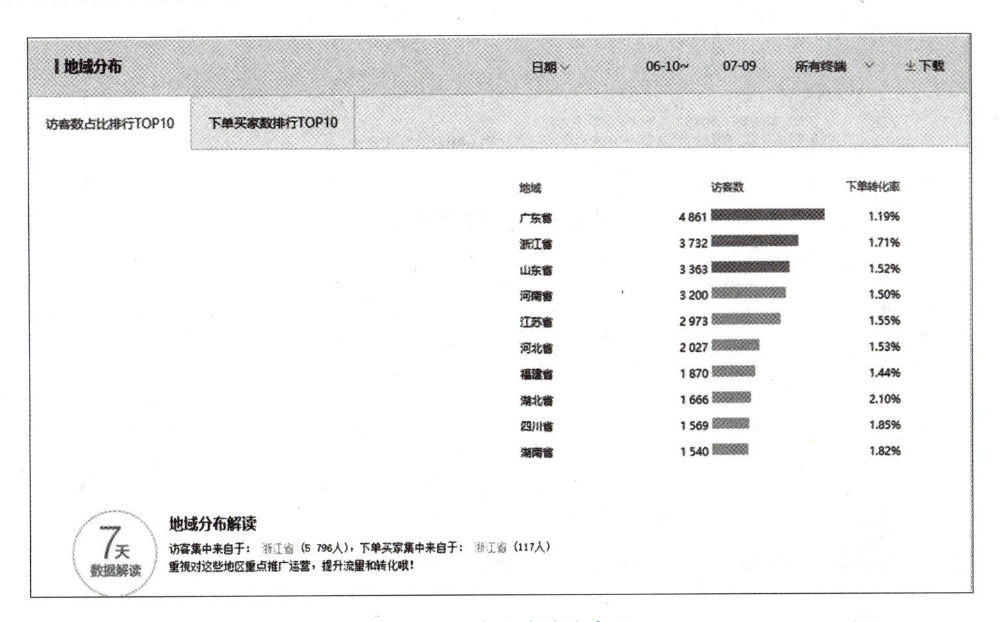

图 6－8　访客地域分布图

省份分布排行

排名	省份	搜索点击人气	搜索点击人数占比
1	广东省	31 602	12.69%
2	浙江省	26 443	9.41%
3	山东省	22 279	7.06%
4	江苏省	22 258	7.05%
5	河南省	20 384	6.09%

〈 1/7 〉 第　页

城市分布排行

排名	城市	搜索点击人气	搜索点击人数占比
1	上海市	15 712	3.91%
2	北京市	15 589	3.86%
3	广州市	14 706	3.50%
4	深圳市	13 909	3.20%
5	杭州市	13 834	3.17%

〈 1/65 〉 第　页

图 6－9　访客省份和城市分布图

2. 访客时段分布

在时间维度上分析访客，首先需要关注的是流量的高峰时段，然后是成交的高峰时段，接着是对不同终端类型的流量高峰和成交高峰展开分析。图 6－10 所示为某商家从 6 月 10 日—7 月 9 日共一个月的全部终端的访客时段分布图，流量的高峰在 21—22 点，成交的高峰在上午 10 点。

再按终端类型来分析，如图 6－11 所示，无线端的流量高峰在 21—22 点，成交的高峰在上午 10 点，而 PC 端的流量高峰和成交高峰都在上午 10 点。

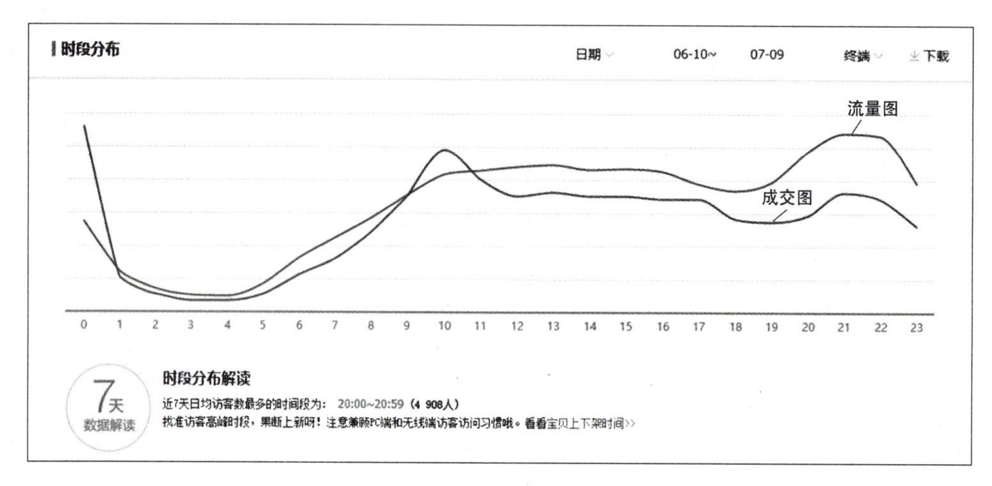

图 6－10　时段分布 1

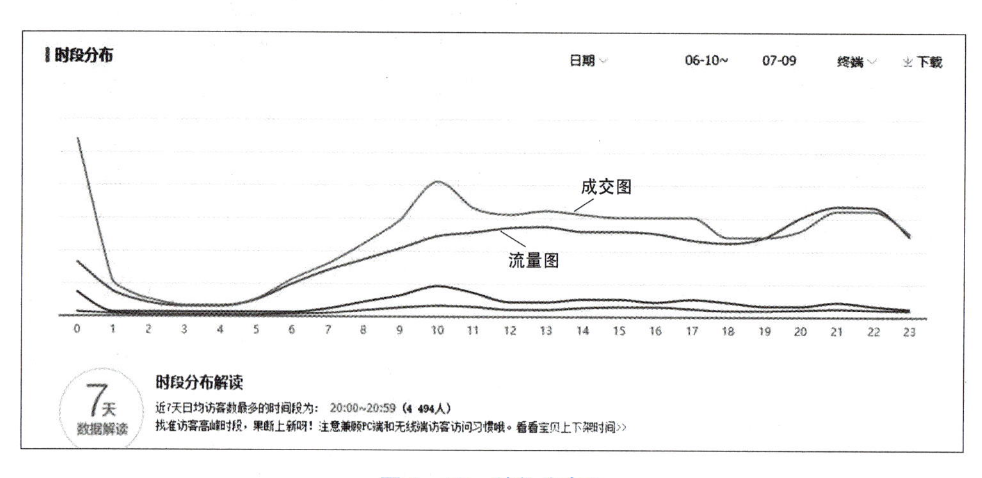

图 6－11　时段分布 2

找准访客的流量和成交高峰时段，可用于商品上下架时间设置、上新时段的选择和直通车广告的投放。

3. 访客年龄分布

不同年龄的群体都有各自的消费特点，例如少年好奇心强，喜欢标新立异的东西；青年人购买欲望强，追逐潮流；中年人比较理智和忠诚，注重质量、服务等；老年人珍视健康，热爱养生，对新产品常持有怀疑态度，因此商家要关注店铺的访客年龄，熟悉和理解他们的消费特点，这样才能更好地满足他们的需求。

图 6－12 所示为某商家主营产品所在市场从 6 月 10 日—7 月 9 日共一个月的访客年龄分布图。26～30 岁年龄段搜索点击人数最多，占比高达 35.02%；其次是 18～25 岁年龄段，搜索点击人数占比达到 30.70%；排在第三位的是 31～35 岁年龄段，搜索点击人数占比达到 17.07%，前三合计占比高达 82.79%，也就是说该行业的主力消费人群的年龄段分布在 18～35 岁。当然这三个年龄段的消费者的需求点实际上也是不一样的，商家应进一步深入分析，再针对每个年龄段的消费者配置相应的产品。

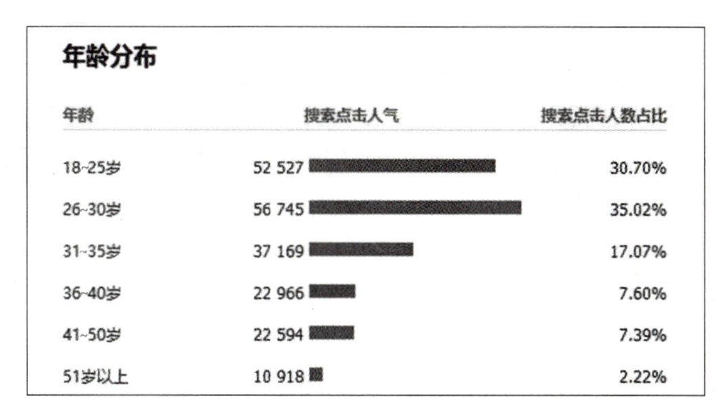

年龄分布

年龄	搜索点击人气	搜索点击人数占比
18~25岁	52 527	30.70%
26~30岁	56 745	35.02%
31~35岁	37 169	17.07%
36~40岁	22 966	7.60%
41~50岁	22 594	7.39%
51岁以上	10 918	2.22%

图 6－12　访客年龄分布

4. 访客性别占比

不同性别的消费者在购买商品时的心理特征差别很大，男性消费者购买动机常具有被动性，属于有目的的购买和理智型购买，选择商品以质量性能为主，不太考虑价格，比较自信，不喜欢客服给太多介绍，希望快速完成交易，不喜欢等待；而女性消费者购买动机具有冲动性和灵活性，她们选择商品十分细致，购买心理不稳定，易受到外界因素的影响，购买行为受情绪影响大，选择商品时注重外观、质量和价格。

图 6－13 所示为某商家从 6 月 10 日—7 月 9 日共一个月的访客性别占比图。在已知性别的访客中，男性占比 55.88%，女性占比 44.12%，显然是男性访客居多，而且男性访客的下单转化率高于女性访客，这说明该商家的商品更适合男性消费者。

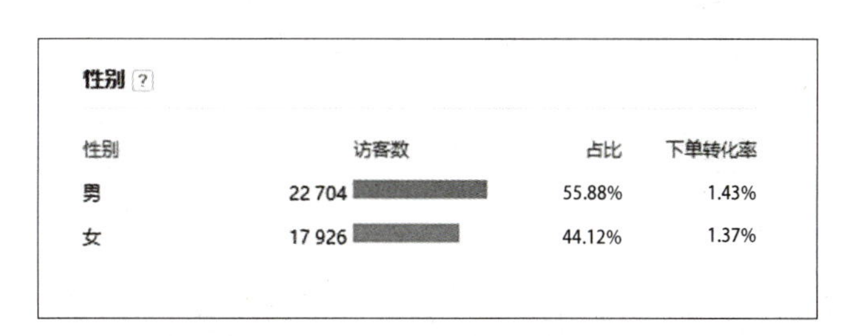

性别

性别	访客数	占比	下单转化率
男	22 704	55.88%	1.43%
女	17 926	44.12%	1.37%

图 6－13　某商家从 6 月 10 日—7 月 9 日的访客性别占比

再对比行业的访客性别占比（图 6－14），从该商家所处的行业来说，也是男性消费者居多，占比达到 66.32%，女性消费者占比为 33.68%。

5. 访客职业占比

不同职业的消费者对商品的需求差异很大，工人大多喜欢经济实惠、牢固耐用和色彩艳丽的商品；教职工比较喜欢造型雅致、美观大方、色彩柔和的商品；公司职员的交际和应酬比较多，选择商品时更重视时尚感；个体经营者或服务人员工作比较忙，对便利性要求比较高；医护人员重视健康，对购买商品的安全性要求比较高；公务员比较在意自己的身份和地位，喜欢品牌商品或名人代言的商品；学生购买商品时心理感情色彩强。

图 6－15 所示为某商家主营产品所在市场从 6 月 10 日—7 月 9 日共一个月的访客职业分布图。公司职员占比最高，达到 50.72%，个体经营人员占比 20.03%，教职工占比 7.88%，三者合计 78.63%。从分析数据来看，商家一方面要把握好现有客户的需求，另一方面要加强对医务人员、公务员和工人消费人群需求的分析，提供更多能满足他们需求的产品。

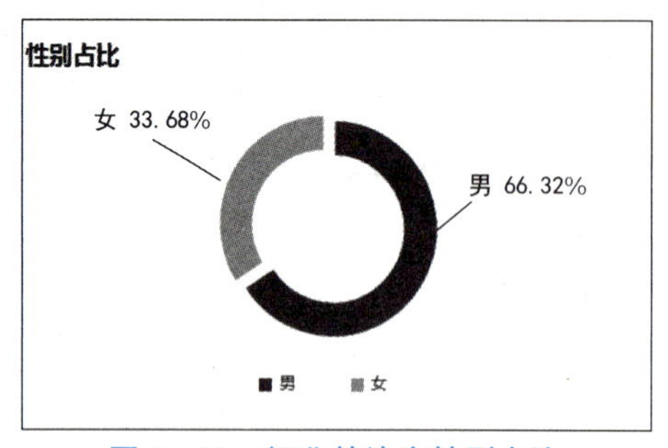

图 6－14 行业的访客性别占比

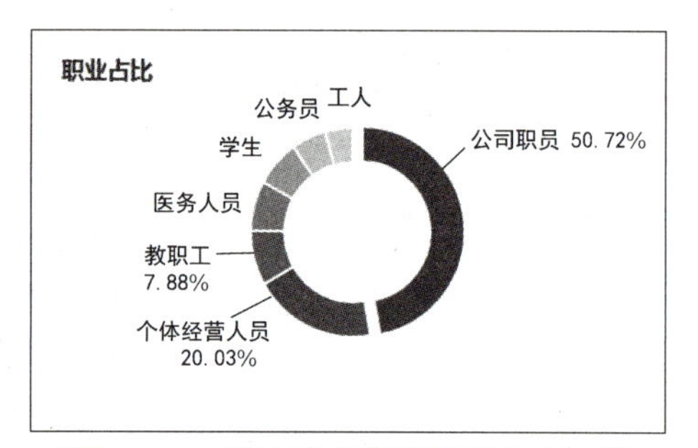

图 6－15 某商家主营产品所在市场从 6 月 10 日—7 月 9 日的访客职业分布

6. 访客消费层级

消费层级反映的是消费者半年内每次平均消费金额的高低，共分为低、偏低、中、偏高和高这五个层级。通过消费层级，商家可以判断访客的消费能力。图 6－16 所示为某商家从 6 月 10 日—7 月 9 日共一个月的访客消费层级，其中 1～1 790.0 元的访客数量最多，占比高达 90.34%，但下单转化率却最低。随着消费层级的提升，访客数在减少，但下单转化率却在提升。

消费层级

消费层级(元)	访客数	占比	下单转化率
1~1 790.0	40 978	90.34%	1.15%
1 790.0~2900.0	2 318	5.11%	2.37%
2 900.0~5 110.0	1 585	3.49%	2.71%
5 110.0~9 040.0	410	0.90%	3.17%
9 040.0~1 945.0	61	0.13%	3.28%
1 945.0以上	8	0.02%	12.50%

图 6－16 某商家从 6 月 10 日—7 月 9 日的访客消费层级

对比支付买家的消费层级，如图 6－17 所示，支付新买家的消费层级在1～1 790 元的占比为 43.64%；支付老买家的消费层级在 1 790～2 900元的占比为 45.13%，消费层级在 1～1 790 元的占比为 38.72%；可见在成交的客户中消费层级在 1 790～2 900 元的买家是店铺的消费主力军之一，该商家应该对消费层级在 1 790～2 900 元的潜在客户加强引流。

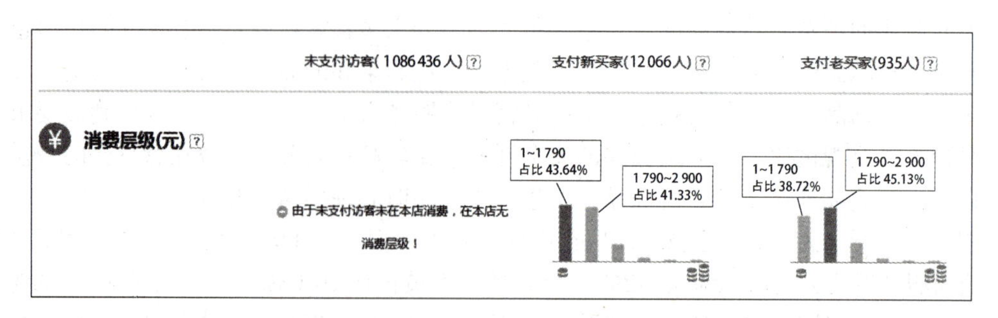

图 6－17 消费层级

7. 访客购买频率

购买频率反映了消费者或用户在一定时期内购买某种或某类商品的次数。一般说来，消费者的购买行为在一定的时限内进行是有规律可循的。购买频率是商家选择目标市场、确定经营方式、制定营销策略的重要依据。图 6－18 所示为某商家主营产品所在市场的买家人群从 6 月 10 日—7 月 9 日共一个月的访客购买频率图，数据显示购买次数为 1 次的买家占比为 86.77%，购买 2 次的买家占比为 9.01%，购买 3 次的买家占比为 1.83%，可见该商家销售的是一个购买频率较低的商品。

8. 访客会员等级

会员等级是评价会员的一个综合指标。生意参谋基于用户过去 12 个月在淘宝的“购买、互动、信誉”等行为，综合计算出一个分值，即淘气值，用户在淘宝上购买次数越多，消费金额越大，与商家互动越多，购物信誉越高，淘气值越高。如果店铺访客的淘气值高，则说明店铺被优质买家认可。

图 6－19 所示为某商家从 6 月 10 日—7 月 9 日共一个月的访客淘气值分布图，数据显示，淘气值为 601～800 分的最多，占比为 26.13%，其次是 501～600 分的访客，占比为 22.53%，600 分以上的访客中优质买家合计占比为 50.18%，而且访客的淘气值越高，下单转化率越高。

近90天购买次数

购买次数/次	支付买家数占比/%
1	86.77
2	9.01
3	1.83
4	0.74
5	0.39
5以上	1.26

图 6－18　某商家一个月的访客购买频率

淘气值分布

淘气值/分	访客数/人	占比/%	下单转化率/%
601~800	11 850	26.13	1.34
501~600	10 219	22.53	1.13
401~500	7 086	15.62	1.11
1 000+	5 477	12.08	2.26
801~1 000	5 429	11.97	1.55
400及以下	5 298	11.68	0.57

图 6－19　某商家一个月的访客淘气值分布

对比同行业的买家人群淘气值分布，如图 6－20所示，600 分以上的优质买家合计占比 60.26%，而该商家下单用户中淘气值在 600 分以上的优质买家合计占比为 60.07%（注：访客数结合转化率计算而得），两者相差不多，说明该商家对优质买家的吸引力达到市场平均水平。

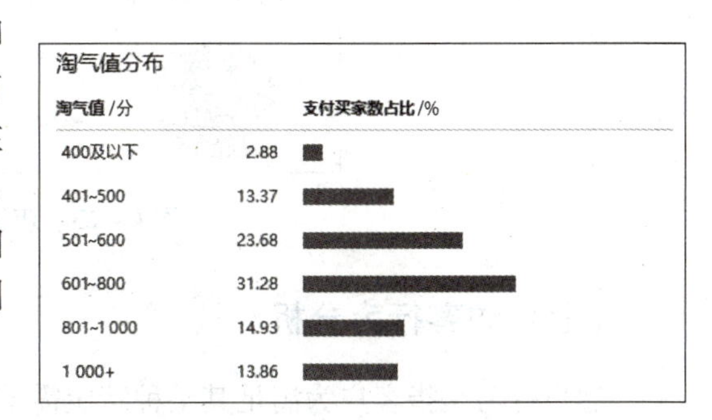

图 6－20　同行业的买家淘气值分布

9. 访客偏好情况

消费者偏好情况是指消费者对一种商品（或者商品组合）的喜好程度。消费者根据自己的意愿对可供消费的商品或商品组合进行排序，这种排序反映了消费者个人的需要、兴趣和嗜好。

图 6－21 所示为某商家从 6 月 10 日—7 月 9 日共一个月的支付买家的营销偏好，可以发现访客喜欢的营销偏好依次为聚划算、天天特价、宝贝优惠券、搭配套餐、包邮。该商家主

营产品所在市场从6月10日—7月9日共一个月的访客优惠偏好如图6－22所示，数据显示行业潜在客户的优惠偏好依次是聚划算、包邮、天天特价、淘金币、搭配套餐、优惠券、淘抢购、限时打折和满就送（减）。两者对比，主要的不同在淘金币和包邮，因此可以建议商家加强淘金币工具的应用，以及更多地提供包邮服务或突出包邮服务以吸引访客。

图6－21　某商家一个月的支付买家的营销偏好

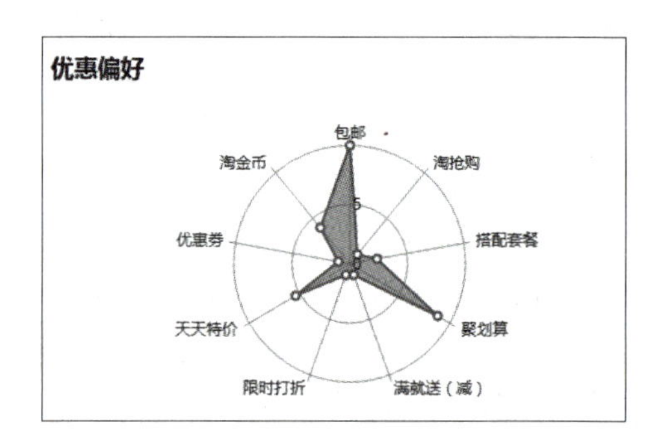

图6－22　某商家一个月的访客优惠偏好

10. 新老访客占比

用户浏览网店的目的就是想在这个网店里找到他想要的东西，所以网店销售的商品和用户体验就变得很重要。如果网店销售的商品对访客有吸引力，那么新访客变成老访客的概率就会上升。淘宝将6天内访问店铺后再次到访的记为老访客，否则为新访客。新访客比例越高，说明网站的推广做得越好；老访客比例越高，说明网站的黏性越高。一般正常的网店，每日新访客比例应该在80%左右，老访客比例在20%左右。

图6－23所示为某商家从6月10日—7月9日共一个月的店铺新老访客占比，该商家的新访客占比为84.60%，老访客占比为15.40%，处于合理区间。从图中还可以看到，老访客的转化率比新访客的转化率高出很多，所以商家要重视对老访客的维护。

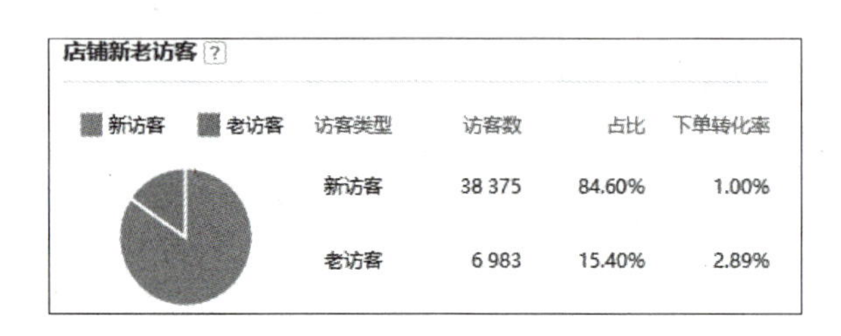

访客类型	访客数	占比	下单转化率
新访客	38 375	84.60%	1.00%
老访客	6 983	15.40%	2.89%

图6－23　店铺新老访客占比

（七）访客行为分析

客户行为是指客户为满足其某种特定需求，在通过各种途径方法选择、获取、使用、处置商品或服务的过程中所表现出来的各种内在心理活动以及外在行为表现。美国营销协会（American Marketing Association）认为客户行为是客户在生活中进行产品或服务交换时所表现出来的情感、认知和各种环境因素相互作用的动态过程。分析客户行为的主要目的是根据客户行为特征分析预测客户需求，进而有针对性地满足客户需要，提高客户服务水平，并与客户建立持久有效的客户关系，从而塑造企业的核心竞争优势，提高企业盈利能力。客户行为始终是贯穿产品或服务购买使用过程中的，对于大部分商品和服务来说，购买阶段与使用阶段并不是完全分隔的，而是始终相互交织的，因此在分析客户行为时不仅要分析客户是如何决策购买产品或服务的，更要关注客户是如何使用与处置产品与服务的。

客户行为影响因素包括外部影响因素和内部影响因素。外部环境因素包括文化环境、社会分层、参考团体、家庭等方面。内部影响因素包括信息处理、学习与消费者社会化、动机、人格、态度、生活方式等方面。

对于网店经营者和电商来说，什么样的访客会购买并为购物车里的商品付款是商家想破头都想知道的问题。目前市场上针对网站访客行为分析的工具其实并不多，例如百度统计提供页面点击图和链接热力图，而且主要针对从百度推广来的客户，主要为百度推广服务，分析流量来源；生意参谋也有类似的工具。从访客点击进入网店开始，其在线行为通常包括浏览网页、点击链接、搜索信息、收藏购买、导航定位、联系客服、发帖评论、点赞转发和售后投诉等。

1. 访客行为数据分类

访客行为数据的获取是由访客在网店点击产生的，这些在网店的行为数据能够用来判断访客对商品的喜好及期望，所以分析客户的行为数据对于精准营销以及筛选出符合客户喜好的商品是非常重要的。

访客点击数据衍生出了很多行为指标，比如：访问频率、平均停留时长、消费行为、信息互动行为、内容发布行为等。但是这些指标有些复杂，不利于快速地对客户进行分析。基于简单而又全面的原则，将访客行为数据分为三类：黏性、活跃和产出，如图6－24所示。

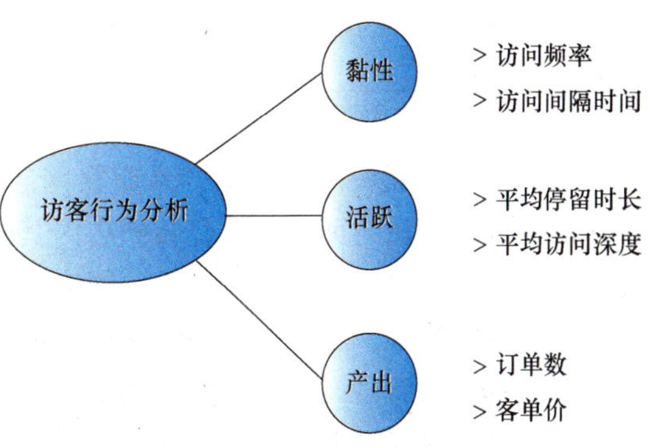

图6－24　访客行为数据分类

这三个指标可以包含很多其他细分的行为指标，利用这三大指标进行系统而又简洁的划分，不遗余力地分析其他衍生出的指标将有助于商家避免累赘及减少工作量。而这些指标可共同衡量客户在网店的行为表现，进而去区分客户的行为特征，对客户打分，然后再对不同类型的客户进行分群精细化营销推广，提升运营推广的价值。

（1）黏性。其主要关注客户在一段时间内持续访问的情况，是一种持续状态，所以将“访问频率”“访问间隔时间”归在黏性的分类。

（2）活跃。其考查的是客户访问的参与度，一般对客户的每次访问取平均值，将“平均停留时间”“平均访问深度”用来衡量活跃指标。

（3）产出。其用来衡量客户创造的直接价值输出，例如电商网站的“订单数”“客单价”，一个衡量频率，一个衡量平均产出的价值。

当然，可以在客户行为的三大类——黏性、活跃、产出的基础上，添加不同的行为指标，以便做出更具体的分析。

2. 浏览网页

访客浏览网页的行为是从流量入口开始的，有了流量，就会有跳失率，接着是平均访客深度、平均访问时长，以及活跃用户率、访问路径、热点地图。

（1）流量入口。淘宝流量入口主要有店铺首页、商品详情页、搜索结果页、店铺自定义页、商品分类页和店铺其他页。

图 6－25 和图 6－26 所示为某网店 PC 端一周的流量入口，访客分布显示首页有 938 个访客，占比 3.65%；详情页有 24 522 个访客，占比 95.39%；其他合计占比 0.96%。可见访客选择该网店的宝贝详情页作为主入口。

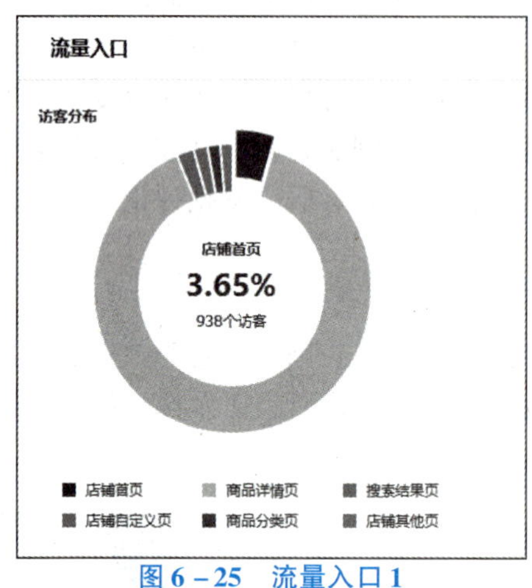

图 6－25 流量入口 1

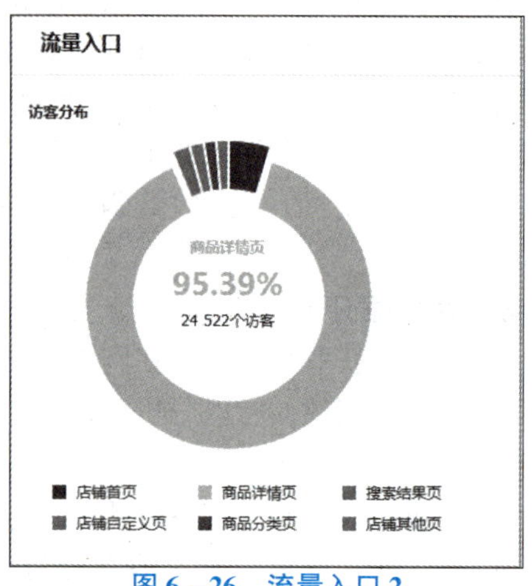

图 6－26 流量入口 2

（2）着陆页跳失。跳失率就是商家网店来了多少个人，有多少个人进入网店后再从着陆页转到店内其他的页面，没有转到店内其他页面就离开的人所占的比例，称为跳失率，跳失率越高，说明网店的黏性越缺乏。网店应该像超市一样，能让人从进口一直转到出口，最后完成商品的购买，这才是成功的网店，而且销售量也会非常不错。

现在来看以商品详情页为入口的着陆页，如图 6－27 所示，商品详情页 TOP20 中排在前五位的 TOP 引流入口有四个来自天猫，一个来自聚划算。接着分析它们的跳出率，四个来自天猫的引流入口的跳出率都超过 90%，可见这些着陆页的设计与客户的预期不相符，需要及时做出修改；而来自聚划算的引流入口的跳出率为 55.55%，相对来说情况要好很多。

日期 -07-24~ -07-30 下载

商品详情页TOP20

排名	TOP引流入口	访客数	跳出率
1	http://detail.tmall.com/item.htm?id=54539...	2 302	90.42%
2	http://detail.tmall.com/item.htm?id=52149...	1 511	93.99%
3	http://detail.ju.taobao.com/home.htm	826	55.55%
4	http://detail.tmall.com/item.htm?id=52439...	709	90.11%
5	http://detail.tmall.com/item.htm?id=52840...	629	91.86%

〈 1 2 … 4 下一页〉 共4页

图 6－27 商品详情页 TOP20（只取了第一页的部分数据）

（3）平均访问深度。平均访问深度反映了客户在一次访问商家网店的过程中浏览了的页数的多少。如果客户一次性浏览的页数多，就基本上可以认定，商家的网店有客户感兴趣的东西。平均访问深度可以理解为访客一次浏览网店的平均访问页面数，就是 PV 和 UV 的比值，这个比值越大，说明用户体验度越好，客户活跃度越高。

图 6－28 所示为某网店 PC 端商品详情页的访问排名，排名第一的商品详情页总浏览量为 4 081 人次，访客数为 2 736 人，平均访问深度为 1.49 页/人，该商品在 PC 端的成交量排名第二；排名第二的商品详情页流量总浏览量为 2 383 人次，访客数为 1 664 人，平均访问深度为 1.43 页/人。它们都低于该网店 PC 端的平均访问深度（2.22 页/人），相比于同行同层优秀店铺的 5.81 页/人，以及同行同层平均水平的 5.07 页/人，差距更大，这需要运营人员加以关注，并且分析和改进。

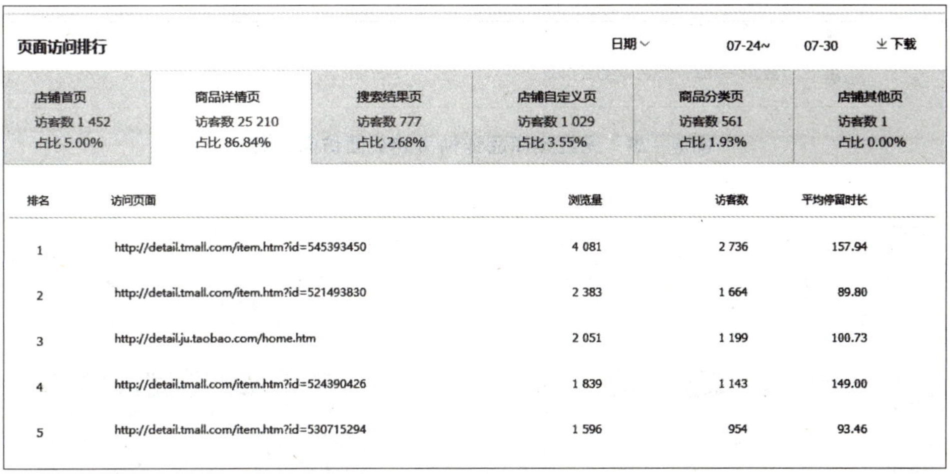

页面访问排行　日期　07-24~　07-30　下载

店铺首页 访客数 1 452 占比 5.00%
商品详情页 访客数 25 210 占比 86.84%
搜索结果页 访客数 777 占比 2.68%
店铺自定义页 访客数 1 029 占比 3.55%
商品分类页 访客数 561 占比 1.93%
店铺其他页 访客数 1 占比 0.00%

排名	访问页面	浏览量	访客数	平均停留时长
1	http://detail.tmall.com/item.htm?id=545393450	4 081	2 736	157.94
2	http://detail.tmall.com/item.htm?id=521493830	2 383	1 664	89.80
3	http://detail.ju.taobao.com/home.htm	2 051	1 199	100.73
4	http://detail.tmall.com/item.htm?id=524390426	1 839	1 143	149.00
5	http://detail.tmall.com/item.htm?id=530715294	1 596	954	93.46

图 6－28　PC 端商品详情页的访问排名

（4）平均停留时长。平均停留时长是指访客浏览某一页面时所花费的平均时长，页面的停留时长＝进入下一个页面的时间－进入本页面的时间，其反映的是访客的活跃程度。一般来说，达到 12 秒以上较好。

该网店无线端商品详情页的页面访问排名，如图 6－28 所示。排名第一的美的 1.5 匹空调（无线端销量在该店排名第二）平均停留时长只有 17.74 秒，排名第二的美的大 1 匹空调（无线端销量在该店排名第一）的平均停留时长也只有 17.86 秒。

对比图 6－28 和图 6－29，可以发现无线端的访问深度明显要高于 PC 端的访问深度，但 PC 端的平均停留时长要高出很多。

（5）访问路径。淘宝生意参谋访问路径分析有两个，一个是店内路径，另一个是流量去向。

① 店内路径。无线端店内路径涵盖店铺首页、商品详情页、店铺微淘页、商品分类页、搜索结果页、店铺其他页，来源增加“店外其他来源”，去向增加“离开店铺”。

以淘宝 App 商品详情页的店内路径为例，如图 6－30 所示，其来源主要有店外其他来源、商品详情页、店铺其他页，而作为来源的店铺首页、商品分类页、店铺微淘页和搜索结果页所占比例却很少，合计为 3.57%；其去向主要有离开店铺、商品详情页、店铺其他页，去往店铺首页、店铺微淘页、商品分类页和搜索结果页的访客数很少，合计为 3.54%，可见网店流量分布不均，店铺首页、店铺微淘页、商品分类页和搜索结果页流量偏少，没有起到应有的作用。

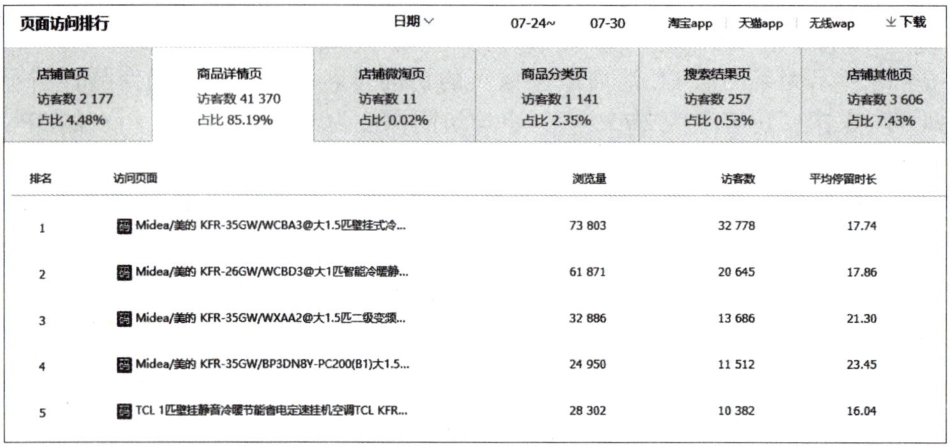

页面访问排行　日期　07-24~　07-30　淘宝app　天猫app　无线wap　下载

店铺首页	商品详情页	店铺微淘页	商品分类页	搜索结果页	店铺其他页
访客数 2 177	访客数 41 370	访客数 11	访客数 1 141	访客数 257	访客数 3 606
占比 4.48%	占比 85.19%	占比 0.02%	占比 2.35%	占比 0.53%	占比 7.43%

排名	访问页面	浏览量	访客数	平均停留时长
1	Midea/美的 KFR-35GW/WCBA3@大1.5匹壁挂式冷...	73 803	32 778	17.74
2	Midea/美的 KFR-26GW/WCBD3@大1匹智能冷暖静...	61 871	20 645	17.86
3	Midea/美的 KFR-35GW/WXAA2@大1.5匹二级变频...	32 886	13 686	21.30
4	Midea/美的 KFR-35GW/BP3DN8Y-PC200(B1)大1.5...	24 950	11 512	23.45
5	TCL 1匹壁挂静音冷暖节能省电定速挂机空调TCL KFR...	28 302	10 382	16.04

图 6－29　无线端商品详情页的页面访问排名

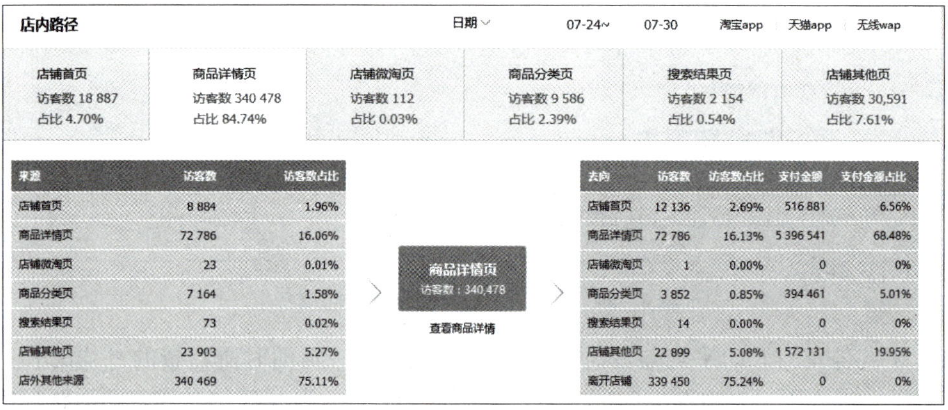

店内路径　日期　07-24~　07-30　淘宝app　天猫app　无线wap

店铺首页	商品详情页	店铺微淘页	商品分类页	搜索结果页	店铺其他页
访客数 18 887	访客数 340 478	访客数 112	访客数 9 586	访客数 2 154	访客数 30,591
占比 4.70%	占比 84.74%	占比 0.03%	占比 2.39%	占比 0.54%	占比 7.61%

来源	访客数	访客数占比
店铺首页	8 884	1.96%
商品详情页	72 786	16.06%
店铺微淘页	23	0.01%
商品分类页	7 164	1.58%
搜索结果页	73	0.02%
店铺其他页	23 903	5.27%
店外其他来源	340 469	75.11%

商品详情页　访客数：340,478　查看商品详情

去向	访客数	访客数占比	支付金额	支付金额占比
店铺首页	12 136	2.69%	516 881	6.56%
商品详情页	72 786	16.13%	5 396 541	68.48%
店铺微淘页	1	0.00%	0	0%
商品分类页	3 852	0.85%	394 461	5.01%
搜索结果页	14	0.00%	0	0%
店铺其他页	22 899	5.08%	1 572 131	19.95%
离开店铺	339 450	75.24%	0	0%

图 6－30　淘宝 App 商品详情页的店内路径

接着分析访客去向的支付金额和支付金额占比，离开商品详情页去往其他商品详情页、店铺其他页、店铺首页和商品分类页的支付金额占比较高，特别是店铺首页和商品分类页的去向访客数占比只有 3.54%，但支付金额占比达到 11.57%，因此应该重视店铺首页和商品分类页的作用，做好导流工作。

再分析商品详情页的流量来源，店铺首页的访客中有 47.04%（=8884/1887）访问了商品详情页，商品详情页的访客中有 22.26%（=72786/340478）访问了其他商品详情页，商品分类页中的访客有 74.73%（=7167/9586）访问了商品详情页，搜索结果页的访客中 3.39%（=73/2154）访问了商品详情页，这说明商品详情页的关联推荐存在问题，没有将访客引导到其他商品页面，还有，搜索结果页存在严重问题，只有 3.39% 访客在这里找到了他们所需的宝贝。

② 流量去向。流量去向是分析访客从哪个页面离开的，然后去了哪里。目前生意参谋只提供 PC 端的流量去向分析。PC 端 7 月 24—30 日的访客从商品详情页离开的页面排行榜如图 6－31所示，排名第一的是美的大 1.5 匹空调，ID 号为 545393450339（7 月 24—30 日

销量在PC端排名第三），排名第二的是美的大1匹变频空调，ID号为521493830211（7月24—30日销量为0），应对离开访客数较多的商品详情页做进一步分析，分析访客离开的原因。

离开页面排行　　日期　07-24~　07-30　下载

店铺首页	商品详情页	搜索结果页	店铺自定义页	商品分类页	店铺其他页
访客数 620	访客数 24 523	访客数 290	访客数 324	访客数 175	访客数 1
占比 2.39%	占比 94.56%	占比 1.12%	占比 1.25%	占比 0.68%	占比 0.00%

排名	访问页面	离开访客数	离开浏览量	离开浏览量占比
1	http://detail.tmall.com/item.htm?id=545393450339	2 265	2 421	59.32%
2	http://detail.tmall.com/item.htm?id=521493830211	1 349	1 426	59.84%
3	http://detail.tmall.com/item.htm?id=524390426998	771	862	42.03%
4	http://detail.tmall.com/item.htm?id=528408388840	683	737	40.08%
5	http://detail.tmall.com/item.htm?id=530715294276	652	719	45.05%

图6－31　7月24—30日的访客从商品详情页离开的页面排行榜

再来看离开页面去向排行，如图6－32所示，排在前几位的是淘宝站内其他、购物车、已买到商品、天猫首页、我的淘宝首页和淘宝客等。

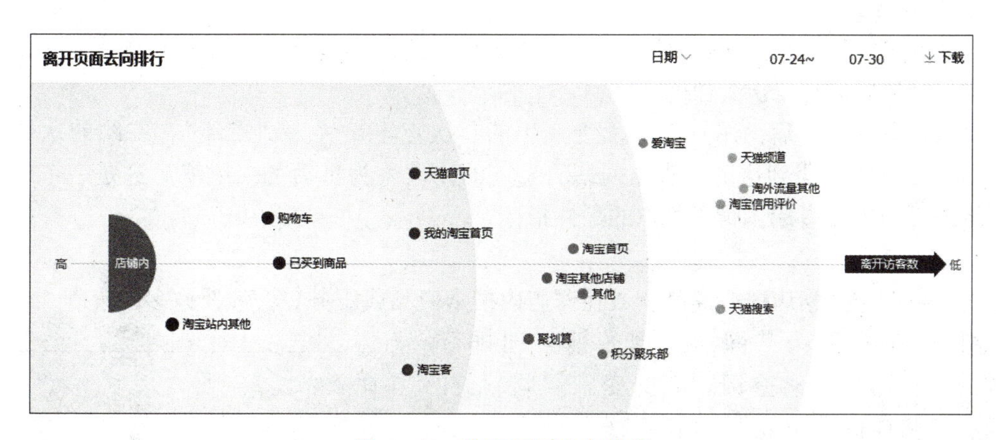

图6－32　离开页面去向排行

目前常见的热力图有三种：基于鼠标点击位置的热力图、基于鼠标移动轨迹的热力图和基于内容点击的热力图，三种热力图的原理、外观、适用的场景各有不同。基于鼠标点击位置的热力图，如百度统计的页面点击图，记录用户点击在屏幕解析度的位置。但是基于鼠标点击位置的热力图不会随着内容的变化而变化，只是记录相对时间内鼠标点击的绝对位置。基于鼠标移动轨迹的热力图，如国外的MoseStats、Mouseflow等，记录用户鼠标移动、停留等行为，热力图多为轨迹形式。同样，基于鼠标移动轨迹的热力图不会随着内容的变化而变化，只是记录相对时间内鼠标移动的绝对位置。基于内容点击的热力图，如GrwoingIO热力图，记录用户在网页内容上的点击，自动过滤掉页面空白处（没有内容和链接）的无效点击。基于内容点击的热力图，最大特点是热力图随着内容的变化而变化，记录用户相对时间内对内容的点击偏好。

图 6－33 所示为某网店某日无线端店铺首页装修分析的模块点击效果分析，从点击次数分布来看，客户比较喜欢店铺的空调、彩电和冰箱，对厨电、洗衣机和小家电兴趣不高。

图 6－33　某网店某日无线端店铺首页装修分析的模块点击效果分析

3. 点击链接

访客点击链接，从当前网页跳转，就会涉及二跳率、流量流转。链接点击率是指来访顾客点击链接的次数与来访人数的比例。

当网站页面展开后，用户在页面上产生的首次点击被称为“二跳”，二跳的次数即为“二跳量”。二跳量与到达量（进入网站的人）的比值称为页面的二跳率。这是一个衡量外部流量质量的重要指标，属于客户的黏性指标。

4. 搜索信息

访客在淘宝搜索店铺或商品，或在网店内搜索商品或服务，会涉及许多因素。

图 6－34 所示为某网店一周的搜索词排行。从数据看，通过搜索空调、美的变频空调、美的空调、空调挂机和奥克斯旗舰店官方旗舰关键词进入该网店的客户人数排在前五位，其中美的变频空调、美的空调两个关键词的引导下单转化率最高。

搜索词排行

排名	关键词	访客数	下单转化率
1	空调	3 590	0.59%
2	美的变频空调	970	1.24%
3	美的空调	725	1.24%
4	空调挂机	567	0.35%
5	奥克斯旗舰店官方旗舰	556	0.72%

图 6－34　某网店一周的搜索词排行

图 6－35 显示该网店 PC 端一周的搜索结果页面访问排行。分析访问页面排在前三位的相关情况，第一位的浏览量为 760 人次，访客数为 484 人，访问深度为 1.57 页/人，平均停留时长 79.29 秒；第二位的浏览量为 241 人次，访客数为 166 人，访问深度为 1.45 页/人，平均停留时长 51.49 秒；第三位的浏览量为 66 人次，访客数为 60 人，访问深度为 1.1 页/人，平均停留时长 35.81 秒，三者比较，访问页面排名第三的访问深度偏小，平均停留时长偏短，可能存在问题，需要做进一步分析和改进。

页面访问排行　　日期　07-24~　07-30　下载

店铺首页	商品详情页	搜索结果页	店铺自定义页	商品分类页	店铺其他页
访客数 1 452	访客数 25 210	访客数 777	访客数 1 029	访客数 561	访客数 1
占比 5.00%	占比 86.84%	占比 2.68%	占比 3.55%	占比 1.93%	占比 0.00%

排名	访问页面	浏览量	访客数	平均停留时长
1	http://[illegible].tmall.com/search.htm	760	484	79.29
2	http://[illegible].tmall.com/search.htm?search=y	241	166	51.49
3	http://[illegible].tmall.com/?q=%B9%D2%CA%BD	66	60	35.81
4	http://[illegible].tmall.com/?q=%C3%C0%B5%C...	41	35	68.29
5	http://[illegible].tmall.com/view_shop.htm?sear...	25	24	117.80

图 6-35　该网店 PC 端一周的搜索结果页面访问排行

5. 收藏购买

访客对店铺或商品有了购买意向，则进一步的行为有收藏、加购、下单、支付等。关于收藏数据，我们主要关注单品的收藏人数和店铺的收藏人数。客户进入店铺，收藏了宝贝或店铺，就能证明他对宝贝或店铺感兴趣，有购买意向。当他从自己的收藏中再次进入店铺时，达成交易的可能性就很高了。通过收藏进入店铺的访客产生了自主访问流量，自主访问流量的转化率是比较高的。

知识链接

客户通过收藏达成交易的流程

客户通过收藏达成交易的流程如图 6-36 所示。

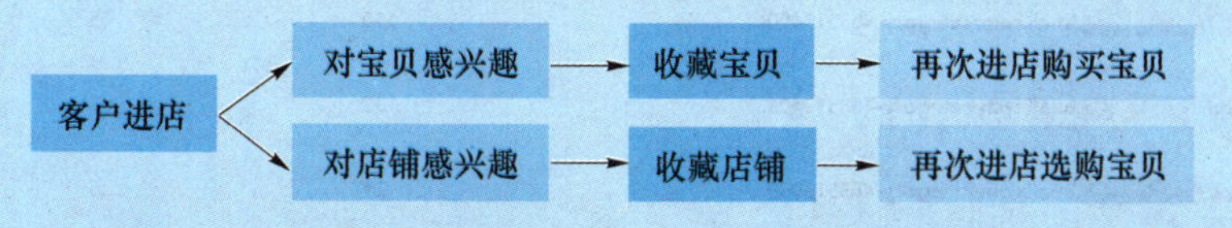

图 6-36　客户通过收藏达成交易的流程

图 6-37 所示为某网店某日的转化看板。收藏人数为 1 213 人，访客收藏转化率为 1.90%，较前一日上升 0.07%，与上个月平均访客收藏转化率 2.33% 相比，有一定下降幅度，是否是趋势性下降需要做进一步观察。加购人数为 2 586 人，访客加购转化率为 4.06%，同行同层优秀加购人数为 18 521 人，访客加购转化率为 5.03%，同行同层平均的加购人数为 3 041 人，访客加购转化率为 4.55%，相比较差距不大。支付买家数 391 人，访客支付转化率为 0.61%，同行同层优秀的访客支付转化率为 1.99%，同行同层平均的访客支付转化率为 0.99%，相比较差距不小。

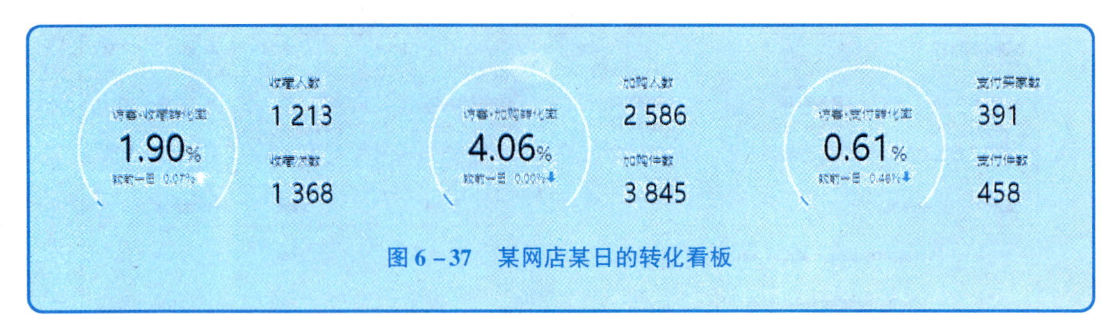

图 6－37　某网店某日的转化看板

6. 导航定位

网店一般会设有分类页，设分类页的目的是将访客引导到他想找的商品页面，分类页的宝贝点击率是一个关键指标。如果分类页到宝贝页的点击率提高了，商品的成交转化率也会提高。

图 6－38 所示为某网店 7 月 24—30 日商品分类页的页面访问排行榜，数据显示，访客数为 561 人，占比 1.93%。在前三位之中，第一位的浏览量为 112 人次，访客数为 65 人，访问深度为 1.72 页/人，平均停留时长 54.17 秒；第二位的浏览量为 72 人次，访客数为 61 人，访问深度为 1.18 页/人，平均停留时长 76.15 秒；第三位的浏览量为 56 人次，访客数为 35 人，访问深度为 1.6 页/人，平均停留时长 56.78 秒，三者比较，访问页面排名第二的访问深度最小，说明客户没有找到他想要找的东西，应对其加以分析，以便改进。

页面访问排行　　日期　07-24~　07-30　下载

店铺首页	商品详情页	搜索结果页	店铺自定义页	商品分类页	店铺其他页
访客数 1 452	访客数 25 210	访客数 777	访客数 1 029	访客数 561	访客数 1
占比 5.00%	占比 86.84%	占比 2.68%	占比 3.55%	占比 1.93%	占比 0.00%

排名	访问页面	浏览量	访客数	平均停留时长
1	http://[illegible].tmall.com/category-463513400...	112	65	54.17
2	http://[illegible].tmall.com/category-463513402...	72	61	76.15
3	http://[illegible].tmall.com/category-463513399...	56	35	56.78
4	http://[illegible].tmall.com/category-463513403...	39	30	97.89
5	http://[illegible].tmall.com/category-711998344...	29	28	171.44

图 6－38　某网店 7 月 24—30 日商品分类页的页面访问排行榜

7. 联系客服

访客有了购买意向，对一些细节问题就比较在意，这时就会发起咨询，向客服了解更加深入的东西，客户咨询率是一个重要指标。

店铺想检验客服的工作态度和工作业绩，则需要监控客服数据，包括客服的销售额、销售量、客单价、客件数、件均价、咨询成交转化率，其中的关键点是客服的关联销售能力。赤兔客服团队绩效如图 6－39 所示。

8. 发帖评论

大部分客户在购买商品后是不会参与评论的，如果遇到不满，商家客服又不能很好地解决时，客户就会发帖表达自己的想法或对商品进行评价。无论是商家还是欲购买产品的人，都非常在意客户评论。现在商家会主动要求一些优质买家对商品进行评价，这相对比较公正；有些商家为了获得好评，会用一些优惠措施来引导客户的评价，这部分评论不够真实。相关指标有评论数、好评率、差评率等。

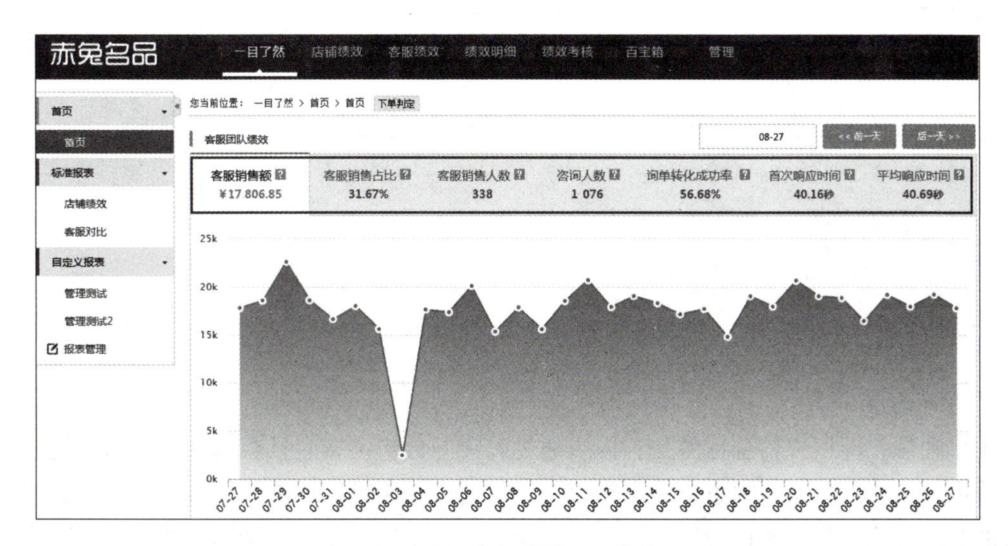

图 6－39　赤兔客服团队绩效

图 6－40 所示为某网店客户的评价内容分析，评价内容包括性价比相关评价、商品相关评价、包装相关评价、服务相关评价和物流相关评价。

评价内容分析　　负面评价　　正面评价

评价内容	评价条数	占比	评价关键词	
性价比相关评价		5.60%	装机太贵了　就是有点贵(2)　4台空调战绩出运费退货(1)	更多
商品相关评价		67.24%	整体不满意　物流太慢了　物流有点慢(5)　物流太慢(4)　物流垃圾(4)　物流不行(4)　效果一般(4)	更多
包装相关评价		0.43%	包装太差包装箱已经很旧了还破	
服务相关评价		19.83%	态度恶劣　服务差(3)　售后服务不是很理想(2)　结果店家发票给我把公司名字写错了(2)　服务态度不好(2)	更多
物流相关评价		6.90%	空调制冷慢　货还没到(3)　冷得慢(2)　不过在网上买空调可能送货和安装服务比较慢(1)　搅拌机还没到(1)	更多

正负面评价是对评价内容进行语义分析与识别后，所做的评价内容基础分类，会存在一定误差比例，仅供商家参考，对商家及商品的信用评分不造成任何影响。

图 6－40　某网店客户的评价内容分析

9. 售后投诉

在售后阶段，买家如对产品不满意，可以采取相应的维权措施来保护个人的利益以及权利，如提出退款或向淘宝客服投诉。买家投诉成功后，淘宝的客服会进行相关的处理。

图 6－41 所示为某网店的维权总览（一个月），退款自主完结率为 99.14%，高于同行均值 99.07%；投诉率为 0.004 8%，低于同行均值 0.03%；仅退款自主完结平均时长为 0.96 天，慢于同行均值 0.61 天；退货退款自主完结平均时长为 3.37 天，快于同行均值 4.09 天。

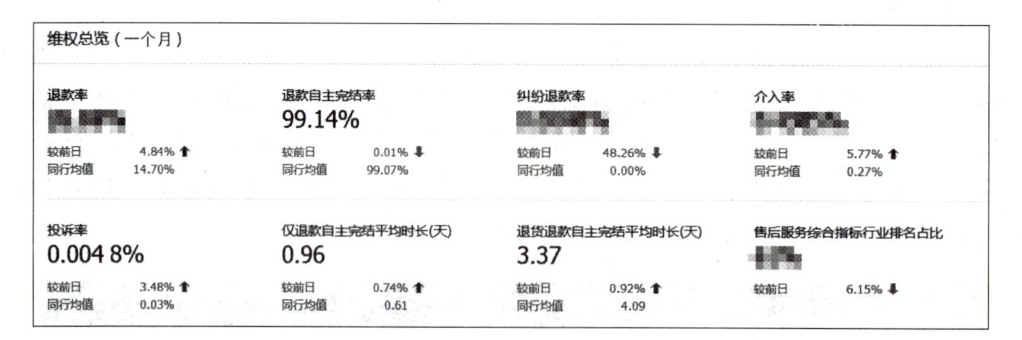

图 6－41　网店的维权总览（一个月）

三、任务发布

（一）绘制访客的用户画像

1. 任务背景

用户画像，即用户信息标签化，网店通过收集与分析消费者社会属性、生活习惯、消费行为等主要信息的数据，抽象出一个用户的商业全貌，它是网店应用大数据技术对用户进行分析的基本方式。用户画像为网店提供了足够的信息基础，能够帮助网店快速找到精准用户群体，了解用户需求等更为广泛的反馈信息。

随着淘宝市场竞争加剧，淘宝商家越来越觉得引流难度在加大。要获得流量，应该先明白一个道理：淘宝的流量为什么要给你？一定是你能够创造更大的流量价值，也就是说，流量进到店铺后，转化率、客单价都是优秀的。淘宝一直在倡导个性化——千人千面，一方面这样做确实有利于提升用户的购物体验；另一方面对平台和卖家来讲都是有好处的，流量精准性的提高，带来了转化率的提高和客单价的提高。

淘宝的千人千面是指依靠淘宝网庞大的数据库来构建出买家的兴趣模型。它能从细分类目中抓取那些特征与买家兴趣点匹配的推广宝贝，展现在目标客户浏览的网页上，帮助商家锁定潜在买家，实现精准营销。淘宝首先根据客户的特征以及其浏览和购买行为为其打上标签，如年龄段标签：25～35 岁，地域标签：杭州，偏好标签：喜欢设计艺术感，客单价标签：200～400 元等；同时，淘宝也会根据进店访客的特征以及访客浏览和购买行为为该店家打上标签，然后再设法将两者进行匹配。

所以商家要想在千人千面搜索规则下得到更多的展示机会，就要先知道自己的访客长什么样，然后根据访客的用户画像来优化网店经营的产品和营销策略，最后形成明确、独特的市场定位，这正是淘宝所希望看到的。

2. 任务内容

收集一家网店访客的浏览和购买行为数据，绘制访客的用户画像，具体包括客户的年龄、性别、地域、爱好、消费层级、访问深度、平均访问时长、新老占比、流量流转和热点图等。在此基础上，总结网店访客的主要特征。

3. 任务安排

本任务是一个团队任务，要求队员分工协作完成，完成后上交《×××网店访客的用户画像》，并做好汇报结果的准备。

4. 任务实施

（1）构思。绘制网站访客清晰的用户画像，需要了解不同行为的访客所对应的基础特征。要解决这个问题，就要很清楚地了解用户的特征、用户的个人喜好，这就需要大数据挖掘技术的支持。需要基于用户在网站的一切行为（行为背后是一系列的数据），包括搜索、浏览、点击、咨询、加关注、放购物车、下单、支付、物流配送、售后评价等一系列数据，在这些数据的基础上进行建模，然后得出每个用户的情况，例如：性别、年龄、婚否、是否有孩子、孩子的性别、是否有房子、是否有车、喜欢什么品牌，等等。商家了解了这些信息后，就比较容易定位到每个访客的喜好。然后再抽象出各种场景，基于每个场景制定不同的邮件策略，例如：加入购物车却没有购买是一个场景，再如：浏览了什么东西没有购买也是一个场景，那基于这些场景，有针对性地设计不同的营销方案，在合适的时间，如商品加入购物车后出现了降价，这时商家后将降价信息发送给这个用户，促使其成交。

（2）设计。用户画像的目标是通过分析用户行为，最终为每个用户打上标签，以及该标签的权重。如，红酒 0.8、李宁 0.6。标签，表征了内容，用户对该内容有兴趣、偏好、需求等。权重，表征了指数，如用户的兴趣、偏好指数，也可能表征用户的需求度，可以简单地理解为可信度。网店访客的用户数据划分为静态信息数据和动态信息数据两大类，如图 6－42 所示。

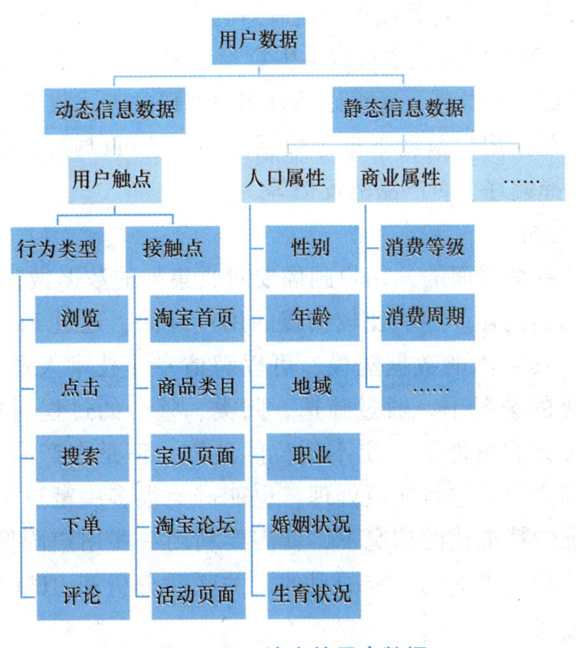

图 6－42　访客的用户数据

① 静态信息数据。用户相对稳定的信息，主要包括人口属性、商业属性等方面数据。这类信息，自成标签，如果商家有真实信息，则无须过多建模预测，更多的是进行数据清洗

工作。

② 动态信息数据。用户的很多行为是不断变化的，如果存在上帝，每一个人的行为都在时刻被上帝那双无形的眼睛监控着，广义上讲，一个用户打开网页，买了一个杯子，这种行为与该用户傍晚遛了趟狗，白天取了一次钱、打了一个哈欠等一样都是上帝眼中的用户行为。如浏览凡客首页、浏览休闲鞋单品页、搜索帆布鞋、发表关于鞋品质的微博、赞“‘双十一’大促给力”的微博消息等均可看作访客的用户行为。

网店访客的用户行为可以被看作用户动态信息的唯一数据来源，如何对用户行为数据构建数据模型、分析出用户标签是一个难点。

（3）实现。对于一个非技术型的运营人员来说，对访客的用户画像会通过对数据简单整合、与用户多维度沟通的过程来实现，这个过程可以简单分解成三个步骤。

步骤1：用户维度筛选。

用户画像需要建立在真实有效的数据上，在做用户画像的过程中要对数据做筛选整合，首先，并不是所有数据信息都有用；其次，数据还会有重要和非重要的区别。在一个公司的不同阶段，构成用户画像的数据维度也会不一样。筛选出用户画像维度是为了确定营销、产品或者运营指标，不同职能人员对不同用户画像维度的看重程度不一样。以网店运营为例，客服销售关注的是用户的购物情况，产品运营关注的是页面的用户体验变化，渠道推广关注的是用户在流量上的表现。用户画像是一个动态的过程，分析的维度要视具体情况而定，并且考虑数据汇集所需时间。通常可以把用户的数据维度分成静态维度和动态维度，然后归类维度属性，接下来就开始进入数据信息收集的过程。

步骤2：数据信息收集。

收集数据的方式方法，会决定数据是不是有效的。线上运营比较常用的方法就是对用户进行“监控、跟踪”，淘宝网店的店主可以从生意参谋中获取大量自家店铺、行业和竞争对手的数据。当然，除了数据跟踪外，还可以结合用户调研的方式收集用户数据信息，例如在网店运营过程中，除了跟踪用户购物下单等数据之外，还可以筛选出特定的用户做访谈调研，例如：对产品的选择偏好、对产品的反馈等。

步骤3：数据建模分析。

数据是零散的，或者是表面的，用户画像要对收集到的数据做整理，比较常用的是通过数据建模的方式做归类创建。一些比较初级的用户画像，通过 Excel 工具就可以基本完成整合。而对于技术工具层面的数据建模，可以聘请专业技术人员来完成。在数据量不大，用户画像比较初级的情况下，通过筛选、归类、整合的过程对用户做属性归类，然后确定用户画像，这种方式可能有一定不到位的地方，但是在产品还没有推出或者数据量不大的情况下，对用户画像进行初级处理，也能避免很多决策过于主观化的现象产生。在数量比较多，用户画像精细化的情况下，就需要利用一些用户画像的工具做数据整理，通过对数据进行规整处理，来达到一定的目的。关联性分析和 RFM 模型都是用户画像中数据建模分析常用的方式。

步骤4：总结网店访客的主要特征。

步骤5：撰写《×××网店访客的用户画像》。

步骤6：做好汇报结果的准备。

（4）运作。

×××网店访客的用户画像

×××网店访客的用户画像如表 1 所示。

从表 1 汇集的网店访客的静态信息数据、动态信息数据来看，18～50 岁的客户分布比较均匀，而最主要的年龄段为 26～35 岁，合计占比 46.52%；客户的性别中，男性占多数；地域集中分布在东部沿海经济发达地区及少数中西部人口较多的省份；客户爱好趋向于聚划算和宝贝优惠券等，对价格敏感；消费层级集中在 0～1 810 元，占比达到 93.85%；访问深度为 1.43 页/人；平均访问时长 37 秒；新老客户占比中新客户居多，老客户偏少；来源关键词为空调、格力空调、洗衣机等；浏览量集中分布在 1～3 页；从热力图来看，客户对首页图片比较感兴趣，点击率达到 35.11%。

表 1　×××网店访客的用户画像

客户特征	特征数据	数据来源	数据说明
年龄	18岁以下（5.81%）	生意参谋	0316—0322年龄分布
	18~25岁（14.47%）	生意参谋	
	26~30岁（27.04%）	生意参谋	
	31~35岁（19.48%）	生意参谋	
	36~40岁（12.67%）	生意参谋	
	41~50岁（13.27%）	生意参谋	
	51岁以上（7.26%）	生意参谋	
性别	男（51.20%）	生意参谋	0316—0322访客数性别区分
	女（33.92%）	生意参谋	
	未知（14.88%）	生意参谋	
地域	广东（3181）	生意参谋	0316—0322访客人数分布前三
	河南（2420）	生意参谋	
	浙江（2137）	生意参谋	
爱好	聚划算、宝贝优惠券、搭配套餐、限时打折、包邮	生意参谋	0316—0322偏好
消费层级	0~1 810元（25790 93.85%）	生意参谋	0316—0322消费层级分布
	1 810~2 970元（814 2.96%）	生意参谋	
	2 970~5 330元（640 2.33%）	生意参谋	
	5 330~9 920元（201 0.73%）	生意参谋	
	9 920~23 805元（31 0.11%）	生意参谋	
	23 805元以上（5 0.02%）	生意参谋	
访问深度	1.43页/人	生意参谋	0316—0322访问深度
平均访问时长	37秒	生意参谋	0316—0322平均访问时长
新老客户占比	老客户（8.80%）	生意参谋	0316—0322新老客户占比
	新客户（91.20%）	生意参谋	
来源关键词	空调（950）	生意参谋	0316—0322入店关键词访客人数分布
	格力空调（862）	生意参谋	
	洗衣机（169）	生意参谋	
	格力空调柜机（139）	生意参谋	
	空调柜机（135）	生意参谋	
浏览量分布	1页（17 233 62.54%）	生意参谋	0316—0322浏览量人数分布
	2~3页（6 059 21.99%）	生意参谋	
	4~5页（1 649 5.98%）	生意参谋	
	6~10页（1 543 5.60%）	生意参谋	
	10页以上（1 073 3.89%）	生意参谋	
热力图	店招 点击人数：15 点击次数：23 点击率：6.67%	生意参谋	0316—0322热力点分布
	导航 点击人数：44 点击次数：57 点击率19.56%	生意参谋	
	首页图片 点击人数：79 点击次数：187 点击率：35.11%	生意参谋	

（二）基于 RFM 模型细分客户

1. 任务背景

复购率，即重复购买率，是店主非常关心的一个问题，直接反映了会员/客户的黏性。复购率＝统计期内购买两次及以上的客户数/总购买客户数。对于复购率的统计周期，通常需要按照实际的业务需求来计算，可以分为年、季、月、周。要提升复购率，关键在于做好客户关系管理。

在众多的客户关系管理的分析模式中，RFM 模型是被广泛提到的。RFM 模型是衡量客户价值和客户创利能力的重要工具和手段。该模型通过一个客户的近期购买行为、购买的总体频率以及每次消费金额三项指标来描述该客户的价值状况。

RFM 模型较为动态地显示了一个客户的全部轮廓，这对个性化的沟通和服务提供了依据，同时，如果与该客户打交道的时间足够长，也就能够较为精确地判断其长期价值（甚至是终身价值），通过改善三项指标的状况，来为更多的营销决策提供支持。在 RFM 模式中，*R*（Recency）表示距离客户最近一次购买的时间有多远，*F*（Frequency）表示客户在一定时间段内购买的次数，*M*（Monetary）表示客户在一定时间段内购买的金额。一般地，CRM 着重对客户贡献度进行分析，而 RFM 则强调以客户的行为来区分客户。

RFM 非常适用于生产多种商品的商家，而且这些商品单价相对不高，如消费品、化妆品、小家电、录像带店、超市等；它也适合于这种情况：在一个商家内只有少数耐久商品，但是该商品中有一部分属于消耗品，如复印机、打印机、汽车维修等消耗品；RFM 对于加油站、旅行保险、运输、快递、快餐店、KTV、行动电话信用卡、证券公司等也很适合。

RFM 可以用来提高老客户的交易次数。商家用 *R*、*F* 的变化，可以推测客户消费的异动状况，再从 *M*（消费金额）的角度来分析，就可以把重点放在贡献度高且流失机会也高的客户上，对其进行重点拜访或联系，以最有效的方式挽回更多的商机。

2. 任务内容

某网店的 12 位客户在最近一年的消费记录如表 6－1 所示，请以表中数据为例，基于 RFM 模型细分客户，判断这 12 位客户属于哪种类型。客户类型要求分成 8 类，即重要发展客户、重要价值客户、重要挽留客户、重要保持客户、一般发展客户和一般价值客户、一般挽留客户和一般保持客户。数据采集日期定在 12 月 31 日。

表 6－1 某网店的 12 位客户在最近一年的消费记录

记录 ID	客户编号	收银时间	销售金额/元	销售类型
10010512	801251	1 月 5 日	55	正常
10022059	801257	2 月 20 日	43	正常
10031222	801262	3 月 12 日	125	促销
10041085	801251	4 月 10 日	87	正常
10042836	801253	4 月 28 日	40	正常
10050560	801260	5 月 5 日	99	促销
10051973	801255	5 月 19 日	132	促销
10061737	801252	6 月 17 日	207	正常
10062618	801259	6 月 26 日	63	正常
10071154	801256	7 月 11 日	178	促销
10073135	801261	7 月 31 日	112	促销
10080929	801254	8 月 9 日	77	正常
10082013	801258	8 月 20 日	184	正常

续表

记录 ID	客户编号	收银时间	销售金额/元	销售类型
10091543	801255	9 月 15 日	82	促销
10092137	801256	9 月 21 日	90	促销
10100818	801262	10 月 8 日	54	正常
10101223	801253	10 月 12 日	100	正常
10101826	801258	10 月 18 日	72	促销
10102914	801262	10 月 29 日	136	正常
10110203	801261	11 月 2 日	148	正常
10111342	801253	11 月 13 日	220	正常
10112561	801257	11 月 25 日	45	正常
10121003	801259	12 月 10 日	79	正常
10123038	801256	12 月 30 日	152	正常

3. 任务安排

本任务是一个团队任务，要求队员分工协作完成，完成后上交《基于 RFM 模型的客户细分》，并做好汇报结果的准备。

4. 任务实施

（1）构思。RFM 模型简单地对客户的活跃程度和交易金额贡献做了分类。

根据客户的规模，R、F 和 M 三个维度均可以按 2 ~ 5 个等级进行分组，细分后客户群体最少有 $2\times2\times2=8$ 个魔方，最多有 $5\times5\times5=125$ 个魔方。本例中 R、F 和 M 三个维度均可以按 4 个等级进行分组，即采用 $4\times4\times4=64$ 个魔方，再将 64 个魔方归类到 8 个类别，如图 6－43 所示，即分成重要发展客户、重要价值客户、重要挽留客户、重要保持客户、一般发展客户、一般价值客户、一般挽留客户和一般保持客户。

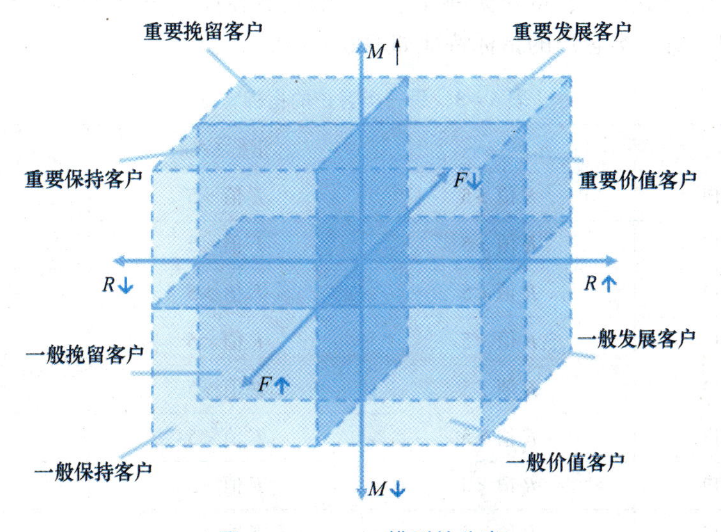

图 6－43　RFM 模型的分类

（2）设计。根据一定的指标，可以把客户划分为："活跃""沉默""睡眠""流失"4个生命周期。表6－2所示为RFM分段指标。

表6－2　RFM分段指标

指标	客户分组	指标分段	权重值	营销策略
*R*值	活跃客户	距离最近一次购买时间0～90天	10	密集推送营销信息
	沉默客户	距离最近一次购买时间90～180天	7	减少频率，加大优惠
	睡眠客户	距离最近一次购买时间180～360天	4	大型活动时推送
	流失客户	距离最近一次购买时间360天以上	2	停止营销信息推送
*F*值	新客户	购买1次	10	传递促销信息
	老客户	购买2次	7	传递品牌信息
	成熟客户	购买3次	4	传递新品/活动信息
	忠诚客户	购买3次以上	2	传递会员权益信息
*M*值	低贡献客户	1/2客单价以下	10	促销商品/折扣活动
	中贡献客户	1/2客单价～客单价	7	促销商品/折扣活动
	中高贡献客户	客单价～2倍客单价	4	形象商品/品牌活动
	高贡献客户	2倍客单价以上	2	形象商品/品牌活动

*R*值根据客户生命周期分成4组：活跃客户、沉默客户、睡眠客户和流失客户，不同分组的客户赋予不同的权重值。

*F*值根据购买次数进行分组，购买1次为新客户，购买2次为老客户，购买3次为成熟客户，购买4次为忠诚客户，不同分组的客户赋予不同的权重值。

*M*值根据客户的客单价进行分组，1/2客单价以下为低贡献客户，1/2客单价～客单价为中贡献客户，客单价～2倍客单价为中高贡献客户，2倍客单价以上为高贡献客户，不同分组的客户赋予不同的权重值。

根据客户*R*、*F*和*M*三个维度的权重值进行客户细分，共分成8类：重要发展客户、重要价值客户、重要挽留客户、重要保持客户、一般发展客户、一般价值客户、一般挽留客户和一般保持客户，每一类客户的指标特征如表6－3所示。

表6－3　每一类客户的指标特征

客户细分	指标特征		
重要发展客户	R值>5	F值>5	M值>5
重要价值客户	R值>5	F值<5	M值>5
重要挽留客户	R值<5	F值>5	M值>5
重要保持客户	R值<5	F值<5	M值>5
一般发展客户	R值>5	F值>5	M值<5
一般价值客户	R值>5	F值<5	M值<5
一般挽留客户	R值<5	F值>5	M值<5
一般保持客户	R值<5	F值<5	M值<5

（3）实现。

步骤1：数据处理，通过 Excel 的透视表计算 RFM 数据；

步骤2：分配权重，即根据 RFM 分段指标分配权重；

步骤3：识别客户类型，即根据客户细分指标特征将客户分成8类；

步骤4：获取每一类型客户清单，为制定营销策略做准备；

步骤5：撰写《基于 RFM 模型的客户细分》；

步骤6：做好汇报结果的准备。

（4）运作（Operate）。

基于 RFM 模型的客户细分

先获取某网店的销售记录数据，然后基于 RFM 模型进行客户细分，具体步骤如下：

1. 数据处理

根据分析需要，*R* 用客户最后成交时间跟数据采集点时间的时间差（天数）作为计量标准；*F* 根据数据集中每个会员客户的交易次数作为计量标准（1年的交易次数）；*M* 以客户平均的交易额为计量标准。通过 Excel 的透视表即可计算以上 RFM 数据，如表1所示。

Excel 操作：

（1）菜单栏单击“插入”按钮；

（2）快捷按钮栏单击“透视表”按钮；

（3）选择数据区域，确认所有的数据都被选择；

（4）选择在“新工作表”中插入数据，然后单击“确定”按钮；

（5）将“客户编号”拖入“行标签”栏；

（6）将“收银时间”“记录 ID”“交易金额”拖入数值计算栏；

（7）单击“收银时间”数值计算栏按钮，选择“值字段设置”；

（8）在“计算类型”中选择“最大值”；

（9）在对话框左下角，单击“数字格式”，设定时间格式为：yyyy - mm - dd，然后单击“确定”按钮；

（10）单击“销售金额”数值计算栏按钮，选择“值字段设置”；

（11）在“计算类型”中选择“平均值”，然后单击“确定”按钮；

（12）在“记录 ID”数值计算按钮栏，选择“值字段设置”；

（13）在“计算类型”中选择“计数”，然后单击“确定”按钮。

表1　客户交易的透视报表

销售类型	（全部）		
客户编号	最大值项：收银时间	计数项：记录 ID	平均值项：销售金额/元
801251	4/10	2	71
801252	6/17	1	207
801253	11/13	3	120
801254	8/9	1	77
801255	9/15	2	107

续表

销售类型	（全部）		
客户编号	最大值项：收银时间/（月·日$^{-1}$）	计数项：记录 ID	平均值项：销售金额/元
801256	12/30	3	140
801257	11/25	2	44
801258	10/18	2	128
801259	12/10	2	71
801260	5/5	1	99
801261	11/2	2	130
801262	10/29	3	105

以上可以得到：

F 值：客户这一年共消费了多少次。

M 值：客户每次交易的平均消费金额。

但是，*R* 值还需要做些处理。目前 *R* 值只得到的是客户最近一次消费的日期，需要计算距离数据采集日期的天数。

本例将数据采集日期定在“12/31”，在 Excel 中将两个日期相减就能得到距离最近的一次交易时间。

这样就获得了每个客户的 RFM 值，如表 2 所示。

表 2　客户的 RFM 值

客户编号	*R*	*F*	*M*
801251	265	2	71
801252	197	1	207
801253	48	3	120
801254	144	1	77
801255	107	2	107
801256	1	3	140
801257	36	2	44
801258	74	2	128
801259	21	2	71
801260	240	1	99
801261	59	2	130
801262	63	3	105

2. 分配权重

根据表 RFM 分段指标和每个客户的 RFM 值，进行权重的分配，如图 1 所示。

Excel 操作：

（1）确定 RFM 分段指标，*R* 分段指标为 90，180，360；*F* 分段指标为 1，2，3；*M* 分

段指标为53.75，107.5（平均客单价），215。

	A	B	C	D	E	F	G	H
1						R分段指标	F分段指标	M分段指标
2						90	1	53.75
3						180	2	107.5
4						360	3	215
5								
6		客户编号	R	F	M	R-score	F-score	M-score
7		801251	265	2	71	4	4	4
8		801252	197	1	207	4	2	7
9		801253	48	3	120	10	7	7
10		801254	144	1	77	7	2	4
11		801255	107	2	107	7	4	4
12		801256	1	3	140	10	7	7
13		801257	36	2	44	10	4	2
14		801258	74	2	128	10	4	7
15		801259	21	2	71	10	4	4
16		801260	240	1	99	4	2	4
17		801261	59	2	130	10	4	7
18		801262	63	3	105	10	7	4
19								

图1　客户的RFM值

（2）计算R的权重值R－score。

F7＝IF（C7＜＝F2，10，IF（C7＜＝F3，7，IF（C7＜＝F4，4，2））），依次复制公式，即可获得所有客户的R－score；

（3）计算F的权重值F－score。

G7＝IF（D7＝G2，2，IF（D7＝G3，4，IF（D7＝G4，7，10））），依次复制公式，即可获得所有客户的F－score；

（4）计算M的权重值M－score。

H7＝IF（E7＜＝H2，2，IF（E7＜＝H3，4，IF（E7＜＝H4，7，10））），依次复制公式，即可获得所有客户的M－score。

例如801251客户的R、F、M权重值为4、4、4，说明客户距离最近一次交易时间已经超过180天，交易次数为2次，客单价在53.75～107.5元，对应的营销策略是只在大型活动时推送信息，推送的信息以促销商品/折扣活动为主，宣传重在传递品牌信息。

3. 识别客户类型

根据客户R、F和M三个维度的权重值将客户细分成8类：重要发展客户、重要价值客户、重要挽留客户、重要保持客户、一般发展客户、一般价值客户、一般挽留客户和一般保持客户，如图2所示。

Excel操作：

（1）I7＝＝IF（H7＞5，"重要"，"一般"）&IF（AND（F7＞5，G7＞5），"发展客户"，IF（AND（F7＞5，G7＜5），"价值客户"，IF（AND（F7＜5，G7＞5），"挽留客户"，"保持客户"）））；

（2）依次复制公式，即可获得所有客户的细分类型。

4. 获取每一类型客户清单

每位客户的细分类型已经确定（图2），如果要针对“重要发展客户”制定一个营销方案，可以采用筛选的方法获得客户编号清单，如图3所示。

R分段指标	F分段指标	M分段指标
90	1	53.75
180	2	107.5
360	3	215

客户编号	R	F	M	R-score	F-score	M-score	客户细分
801251	265	2	71	4	4	4	一般保持客户
801252	197	1	207	4	2	7	重要保持客户
801253	48	3	120	10	7	7	重要发展客户
801254	144	1	77	7	2	4	一般价值客户
801255	107	2	107	7	4	4	一般价值客户
801256	1	3	140	10	7	7	重要发展客户
801257	36	2	44	10	4	2	一般价值客户
801258	74	2	128	10	4	7	重要价值客户
801259	21	2	71	10	4	4	一般价值客户
801260	240	1	99	4	2	4	一般保持客户
801261	59	2	130	10	4	7	重要价值客户
801262	63	3	105	10	7	4	一般发展客户

图 2　客户细分类型

客户编号	R	F	M	R-score	F-score	M-score	客户细分
801253	48	3	120	10	7	7	重要发展客户
801256	1	3	140	10	7	7	重要发展客户

图 3　客户筛选

四、任务拓展

（一）SEM 营销中的受众分析

1. 任务背景

在 SEM 营销中，首先要对公司产品或者服务进行定位，然后了解自身产品或者服务针对的目标人群是哪些，其实简单来说就是做受众分析。

受众分析即企业从产品和服务来定位人群，生成人群画像，根据画像针对性地投放广告。这是营销之前必备的工作之一，无论是搜索引擎推广、活动营销，还是微信营销，都离不开受众分析。那么受众分析一般有哪些流程呢？

步骤一：定位人群——消费者人群画像。

无论是搜索引擎，还是网盟广告，都需要用人群画像来锁定目标人群，一般会从消费者的年龄、性别、爱好、收入、职业等因素来进行划分，通过人群画像，消费者已然有专属标签，这有利于公司后期有针对性地投放广告。

步骤二：广告投放设置——消费者搜索习惯

在做 SEM 搜索引擎营销的时候，通常都会遇到广告投放设置，比如地域、时间段选择，这些都是对消费者上网习惯的分析。通常分析的点有：平时活跃时间是什么时候？习惯移动端搜索还是 PC 端搜索？等等。这些数据出来后，投放广告的时候就游刃有余了——能准确地有目的性地投放广告，节约广告成本。

步骤三：定向设置——消费者属性标签。

消费者属性标签是基于前两步的基础上的，根据人群画像和上网行为来标注，一般多用于网盟的定向设置、关键词来源参考。比如网盟设置的兴趣点：健美瘦身、母婴育儿等。

步骤四：精准定向——消费者人群网站划分。

对这类人群分析，没有明确的数据统计，只有通过比较传统的方式进行调查，比如问卷或者采访等方式，也可以根据自身的经验进行归类。

步骤五：广告语定位——消费者的消费特点。

消费者的消费特点，即消费关注的点是什么，什么因素能刺激消费者迅速购买，如果知道了这些，就可以更好地撰写广告语。不同的产品或者服务，网民关注的点不一样，比如电商类客户，网民可能关注的大多为打折、特价或者优惠；而装修类客户，网民的关注点可能就是装修质量和效果。分析好这些，有针对性地撰写广告语，进而吸引网民点击。

这些是做消费者受众分析最基本的步骤，但是做受众分析的时候还是会存在一些难点，比如数据来源有限制，大部分都带有很强的主观意识，没有很客观的数据分析；另外，定位也不可能达到百分之百的准确。但这是做消费者受众分析必不可少的，需要依靠经验一步步地分析，好的开始是成功的一半，做好前期准备工作，后期投放效果将会事半功倍。

2. 任务内容

在确定 SEM 营销的商品后，针对这个商品展开受众分析，首先绘制人群画像，锁定目标人群，然后分析消费者的搜索习惯，再根据人群画像和消费者行为来标注消费者的属性标签，确定消费者人群网站，最后针对消费者的消费特点设计广告语。SEM 营销结束后，再利用 UV 值、转化率和成交金额等指标来验证受众分析是否成功。

3. 任务安排

本任务是一个团队任务，要求队员采用 CDIO 的方法分工协作完成，完成后上交《×××商品 SEM 营销中的受众分析报告》，并做好汇报结果的准备。

（二）退货客户数据分析

1. 任务背景

网店商品销售出去后被退货，是商家最不希望看到的事情，所以减少网店损失首先要从减少退货量开始。当然要减少退货量，就要了解退货客户，再根据退货客户的特点来制定相应的措施，减少退货量。

淘宝上客户可选择的退货原因有 7 天无理由退换货、尺寸拍错/不喜欢/效果不好、商品质量问题、材质与描述不符、做工粗糙/有瑕疵、颜色/款式/图案与商品描述不符、卖家发错货、假冒品牌、收到商品少件/破损/污渍以及其他。

退货率是指产品售出后由于各种原因被退回的数量与同期售出的产品总数量之间的比率。退货率一般有两种计算方法：

$$退货率=\frac{退货批次}{总出货批次}\times 100\%$$

$$退货率=\frac{退货总数量}{出货总数量}\times 100\%$$

一个企业的退货率过高，会导致企业利润空间下降，更甚的是造成企业没有利润可言，甚至有可能造成企业破产。

2. 任务内容

从生意参谋的交易明细中收集网店退货数据，经过清理和整理，建立客户退货数据表，然后分析退货客户的地域分布、年龄分布、性别分布，接着分析客户退货的商品数据和快递公司退货率，再分析客户退货的原因，最后筛选出客户退货的主要因素，并针对退货的主要因素制定相应的措施。在退货措施实施一段时间后，比较退货措施实施前后的退货率，检验退货客户数据分析的效果。

3. 任务安排

本任务是一个团队任务，要求队员采用 CDIO 的方法分工协作完成，完成后上交《×××网店退货客户数据分布报告》，并做好汇报结果的准备。

项目结构

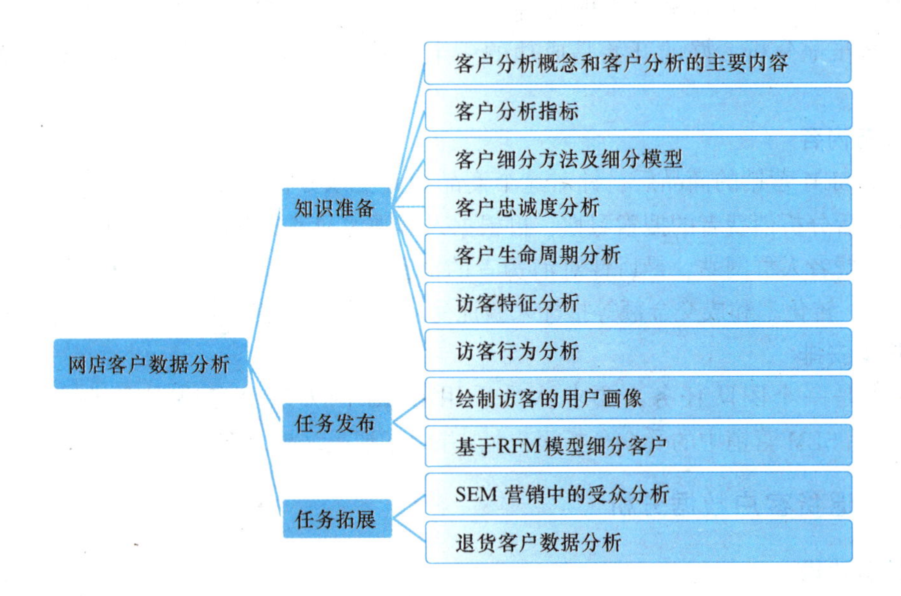

同步测试

一、判断题

1. 客户对产品首先需要有一个认知、熟悉的过程，然后试用，再决定是否继续消费使用，最后成为忠诚客户。 (　　)

2. 一般随着时间周期的加长，客户活跃率会出现逐级下降的现象。 (　　)

3. 重复购买率越多，消费者对品牌的忠诚度越低，反之则越高。 (　　)

4. 可以通过客户的消费频率，衡量出客户对商家的贡献程度。 (　　)

5. 用户画像为网店提供了足够的信息基础，能够帮助网店快速找到精准用户群体以及用户需求等更为广泛的反馈信息。 (　　)

二、选择题（单选多选不限）

1. 客户注意力分析就是指对客户的(　　)等进行分析。

A. 意见情况　　　　B. 咨询状况

C. 接触情况　　D. 满意度

2. 对于网店来说，(　　)才是最有价值的客户。

A. 潜在客户　　B. 忠诚客户

C. 流失客户　　D. 以上都不对

3. 根据客户价值金字塔模型设置客户价值等级的区段有(　　)。

A. VIP 客户　　B. 重要客户

C. 普通客户　　D. 小客户

4. 客户价值矩阵将客户划分为（　　）。

A. 优质客户　　B. 消费型客户

C. 经常客户　　D. 不确定型的客户

5. 情感忠诚主要由(　　)构成。

A. 客户满意度　　B. 客户购买频率

C. 竞争对手诱惑　　D. 周围市场环境变化

三、简答题

1. 根据客户关系管理的内容，客户分析包括哪些方面？
2. 简述 RFM 客户细分模型。
3. 客户关系生命周期划分成哪 7 个阶段？
4. 访客特征分析主要包含哪几个方面？
5. 访客行为分析主要包含哪几个方面？

能力测评

通过本项目的学习，你是否已经掌握本项目的核心知识点和技能点，请做出自评。

知识点	客户分析概念和客户分析的主要内容	□充分掌握□基本掌握□未掌握
	客户分析指标	□充分掌握□基本掌握□未掌握
	客户细分方法和细分模型	□充分掌握□基本掌握□未掌握
	客户忠诚度分析	□充分掌握□基本掌握□未掌握
	客户生命周期分析	□充分掌握□基本掌握□未掌握
	访客特征分析	□充分掌握□基本掌握□未掌握
	访客行为分析	□充分掌握□基本掌握□未掌握
技能点	绘制访客的用户画像	□已经具备□初步具备□未具备
	基于 RFM 模型细分客户	□已经具备□初步具备□未具备
	SEM 营销中的受众分析	□已经具备□初步具备□未具备
	退货客户数据分析	□已经具备□初步具备□未具备
自评人（签名）： 年　月　日		教师（签名）： 年　月　日

项目七

网店商品数据分析

学习目标

知识目标

- ☞ 理解商品分析的概念，掌握商品分析的内容和重点；
- ☞ 熟悉商品销售分析；
- ☞ 理解和掌握商品价格分析；
- ☞ 熟悉商品功能组合分析；
- ☞ 熟悉用户体验分析；
- ☞ 熟悉商品生命周期分析；
- ☞ 理解和掌握商品毛利分析；
- ☞ 理解和掌握商品库存分析。

技能目标

- ☞ 具备商品价格带分析的能力；
- ☞ 具备网店购物篮分析的能力；
- ☞ 具备撰写产品分析报告的能力；
- ☞ 具备商品用户需求分析的能力。

基本素养

- ☞ 具有数据敏感性；
- ☞ 善于用数据思考和分析问题；
- ☞ 具备收集、整理和清洗数据的能力；
- ☞ 具有较好的逻辑分析能力。

一、项目导入

沃尔玛利用大数据提高商品销量

沃尔玛是世界上最大的零售商，每天从美国4 300家分店获得将近3 600万美元营业额，同时雇员近200万人。沃尔玛在大数据还未在行业流行时就开始利用大数据分析，通过Hadoop集群迁移把10个不同的网站整合到一个网站，这样所有生成的非结构化数据将被收集到一个新的Hadoop集群。自那时以来，沃尔玛为了能够提供卓越的用户体验，不断地在提供一流电子商务技术和大数据分析的道路上加速向前。沃尔玛收购了一个新创办的小公司

Inkiru，以此来提高其大数据性能，Inkiru 的总部位于加州的帕洛奥图。Inkiru 在有针对性的市场营销、销售和反欺诈等方面为沃尔玛提供帮助。Inkiru 的预测技术平台从不同来源获取数据，并通过数据分析帮助沃尔玛提高个性化。Inkiru 的预测分析平台整合机器学习技术，从而自动提高算法的准确性并且可以与各种外部和内部集成的数据源整合。图 7 - 1 所示为沃尔玛的网站。

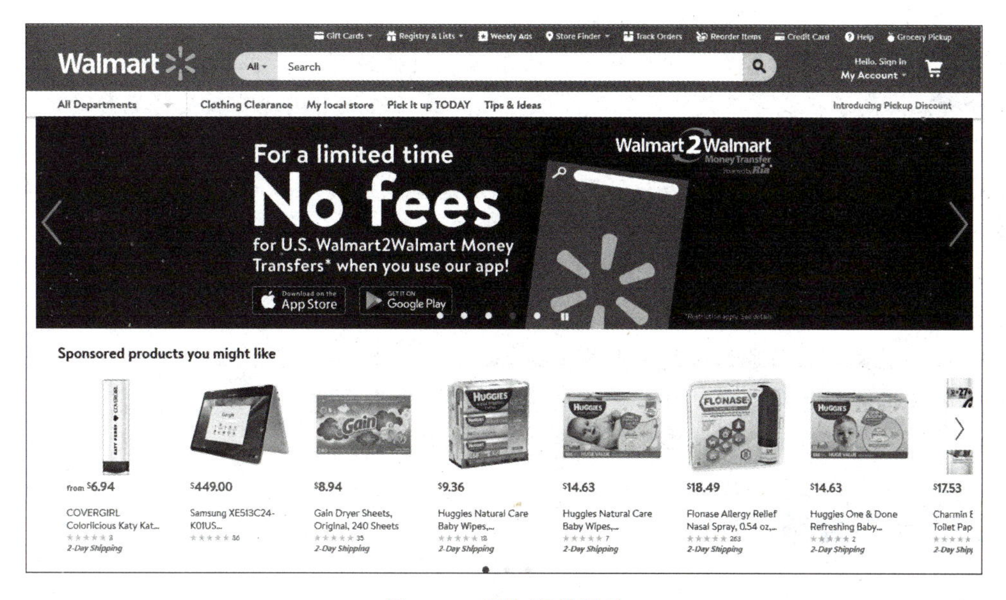

图 7 - 1　沃尔玛的网站

沃尔玛有一个庞大的大数据的生态系统。沃尔玛的大数据的生态系统每天处理数 TB 级的新数据和 PB 级的历史数据。其分析涵盖了数以百万计的产品数据和不同来源的数亿客户。沃尔玛的分析系统每天分析接近 1 亿关键词，从而优化了每个关键字的对应搜索结果。

沃尔玛改变了导致重复销售的决策，这带来了 10% ~ 15% 在线销售的明显涨幅，增加收入 10 亿美元。大数据分析人员通过分析运用大数据改变这个零售巨头的点在上午策略前后的销售量，可以看出这些改变的价值。沃尔玛第一个利用 Hadoop 数据的应用节省捕手——只要周边竞争对手降低了客户已经购买的产品的价格，该应用程序就会提醒客户。然后这个应用程序会向客户发送一个礼券补偿差价。

Hadoop 是一个在沃尔玛的地图应用程序上利用 Hadoop 来维护全球 1 000 多家沃尔玛商店的最新地图。这些地图能够给出沃尔玛商店里一小块肥皂的精确位置。沃尔玛如何追踪用户？

沃尔玛使用数据挖掘来发现销售数据的模式。数据挖掘可以帮助沃尔玛找到模式，该模式基于哪些产品需要一起购买或者购买特殊商品前需要购买某一产品的信息，向用户提供商品推荐。在沃尔玛，有效的数据挖掘增加了客户的转化率。

下面是一个有效的数据挖掘技术的典型案例：沃尔玛通过关联规则学习，发现草莓果的销售量在飓风之前增长了 7 倍。沃尔玛通过数据挖掘确认飓风和草莓果之间的联系，使它所有的草莓果在飓风前签出。沃尔玛单独跟踪每个消费者。沃尔玛拥有详尽的美国客户数据（大约有 60% 的美国成年人的数据）。它通过店内 Wifi 收集关于客户购买的物品、他们的住处、他们喜欢的产品等信息。沃尔玛实验室的大数据团队分析用户在 Walmart. com 的点击行为，消费者在店内和线上购买的物品，当地的活动（如旧金山巨人队赢得世界大赛），当地天气偏差如何影响购买模式，等等。所有的活动都由大数据算法捕获和分析，从而识别有意义的大数据洞察力，而这可帮助数百万客户享受个性化的购物体验。

沃尔玛如何真正提高销售量？

1. 推出新产品。沃尔玛正利用社交媒体数据来发现热门产品，如此这些热门产品就可被引入世界各地的沃尔玛商店。例如，沃尔玛通过分析社交媒体数据发现了热搜词“蛋糕棒棒糖”。于是蛋糕棒棒糖在其各个商店上架。

2. 更佳预测分析技术基于数据分析，沃尔玛最近修改了其产品送货政策。沃尔玛利用预测分析，提高了在线订单免费送货的最低金额。最新的沃尔玛送货政策将运费的最低金额从45美元调高到50美元，但同时增加了几个新产品，以提高顾客的购物体验。

3. 个性化定制建议，该行为与谷歌相似，只是谷歌通过跟踪用户浏览行为来量身定制广告，而沃尔玛基于用户购买历史，通过大数据算法分析用户信用卡购买行为，来向其客户提供专业建议。

思考：

1. 请您说说沃尔玛是如何利用大数据的。
2. 草莓果的销售量与飓风有什么关系？沃尔玛是如何利用这个关系的？
3. 请您谈谈大数据对沃尔玛提高销售量起到哪些作用。

二、知识准备

（一）商品分析认知

1. 商品分析概念

商品分析是通过对商品在流通运作中各项指标（销售额、毛利率、周转率、贡献度、交叉比率、动销率、增长率等）的统计和分析，来指导商品的结构调整、价格升降，决定各类商品的库存系数以及商品的引进和淘汰，直接影响到店铺的经营效益，关系到采购、物流和运营等多个部门的有效运作。

2. 商品分析内容

通过有针对性的商品分析，有助于及时调整商品在各环节的运作，改善店铺的营运状况，而不是为分析而分析。商品营运分析内容主要有以下几个方面：

（1）销售分析。了解各类别商品的销售额、销售数量、平均销售额及其构成比情况，了解营运现状，确定A类重点分析商品，并为商品的结构调整提供依据。

（2）价格分析。了解重点及价格敏感商品的平均售价、进价、毛利、变动趋势等，对比其他数据调整价格制定策略和实施策略。

（3）商品功能组合分析。了解商品的销售额、毛利额及其分布情况，从而了解商品组合结构的现状，从而根据市场情况调整商品组合。

（4）用户体验分析。在体验为王的时代，能够把握好体验的力量，从细微之处可以改善一个产品，可以创造出一个受欢迎的产品，从宏观角度讲，甚至能颠覆一个产业，改变一个格局。所谓的创新就是从用户出发，从用户体验的细节出发，从更多细微之处出发，对用户体验做出持续的改进。

(5) 商品生命周期分析。商品生命周期是一个很重要的概念，它和企业制定营销策略有着直接的联系，企业可以根据产品在什么周期各个阶段的显著特征而采取适当的营销策略，以满足顾客需求，赢得长期利润。

(6) 商品毛利分析。了解各类别商品的毛利额、毛利率及其分布情况，使决策者可以对各类别商品实现的利润进行对比分析，掌握其获利情况，并为商品结构调整提供依据。

(7) 商品库存分析。了解各类别商品的库存量、存销比、周转率、毛利率、交叉比率等，使经营者全面了解商品库存动态情况，及时调整各类商品库存系数，均衡商品库存比例，及时制定相应的经营政策。

随着电商行业以资金为核心竞争力的“跑马圈地”的结束，商品的分析和管理能力已逐渐成为店铺新的核心竞争力之一，并将直接影响网上零售行业的优胜劣汰!

3. 商品分析重点

进行有效的商品分析，首先必须确定重点商品。一家网店经营的商品品项数千甚至上万，以有限的人力很难兼顾，因此，应选择那些直接影响到店铺经营绩效的商品进行重点分析。例如：

(1) 商品 ABC 分类的 A 类商品。这类商品通常只占店铺经营品项的 20%，却为公司贡献了 80% 左右的销售额及利润。对于此类商品，应加强其在营运各阶段的综合销售及流转信息的收集、分析和评估。

(2) 价格敏感商品。此类商品的价格高低直接影响店铺在消费者心目中的价格形象，应对此类商品进行重点关注，定期进行价格调整，以免在不知不觉中流失客户。

(3) 代理或独家销售的高毛利商品。这类商品由于进价较低，毛利率相对较高，应定期检核其销售毛利贡献情况，鼓励网店积极导购，使此类商品的毛利在总毛利额中保持较高的比例。

(二) 商品销售分析

销售计划完成情况分析的方法一般有：销售计划完成情况的一般分析；品类商品销售情况的具体分析；热销单品销售情况具体分析等。

某网店 2015 年 7 月销售计划完成情况如表 7-1 所示，具体分析如下。

表 7-1 某网店 2015 年 7 月销售计划完成情况

商品类别	2015 年 7 月销售情况				2014 年 6 月销售额/万元	2014 年 7 月销售额/万元	环比增长/%	同比增长/%
	计划/万元	实际/万元	完成计划/%	对总计划影响程度/%				
空调	5 000	4 595	91.9	-6.8	3 800	4 230	20.9	8.6
平板电视	600	696	116	1.6	580	515	20.0	35.1
冰箱	200	219	109.5	0.3	175	166	25.1	31.9
洗衣机	150	105	70	-0.7	138	157	-23.9	-33.1
烟灶套装	50	55	110	0.1	50	35	10.0	57.1
合计	6 000	5 670	94.5	-5.5	4 743	5 103	19.5	11.1

1. 销售计划完成情况的一般分析

对销售总计划进行分析，即对销售计划完成情况的一般分析，以 2015 年 7 月销售计划完成情况表为例，该网店2015年7月的销售计划为6 000万元，实际为5 670万元，实际比计划少了330万元，只完成计划的94.5%，这说明该网店未完成销售计划，需要做进一步分析。

2. 品类销售计划完成情况具体分析

再来分析品类销售情况，2015年7月空调计划销售5 000万元，实际为4 595万元，实际比计划少405万元，占计划的91.9%；洗衣机计划销售150万元，实际为105万元，实际比计划少45万元，占计划的70%，均未完成销售计划。平板电视、冰箱和烟灶套装的销售计划完成情况较好。其中空调对总计划影响最大，达到-6.8%，是造成总销售计划未完成的主要因素，对此要进一步查明未完成计划的原因，以便进一步采取措施，加以改进。

对比上一年6月的销售情况，空调的销售额环比增长20.9%，平板电视的销售额环比增长20.0%，冰箱的销售额环比增长25.1%，洗衣机的销售额环比增长-23.9%，烟灶套装的销售额环比增长10%，可见除了洗衣机外其他品类的销售额都出现环比增长。

对比上一年7月的销售情况，空调的销售额同比增长8.6%，平板电视的销售额同比增长35.1%，冰箱的销售额同比增长31.9%，洗衣机的销售额同比增长-33.1%，烟灶套装的销售额同比增长57.1%，总体同比增长11.1%，数据显示，洗衣机的销售额同比下降幅度较大，与市场竞争加剧有关，其他品类同比都有一定幅度的增长。

当然，在分析销售计划完成情况时，不仅要看到计划完成的数字，而且要具体问题具体分析，计划超额了，不等于没有问题；没有完成计划，不等于没有成绩，等等。

3. 热销单品销售情况具体分析

接着分析××××年7月热销单品榜，以空调为例，如图7-2所示，销量排在前五位的是美的大1.5匹壁挂式空调，美的大1匹智能空调，美的大1.5匹智能空调，美的大1匹变频空调，奥克斯大1匹变频空调。

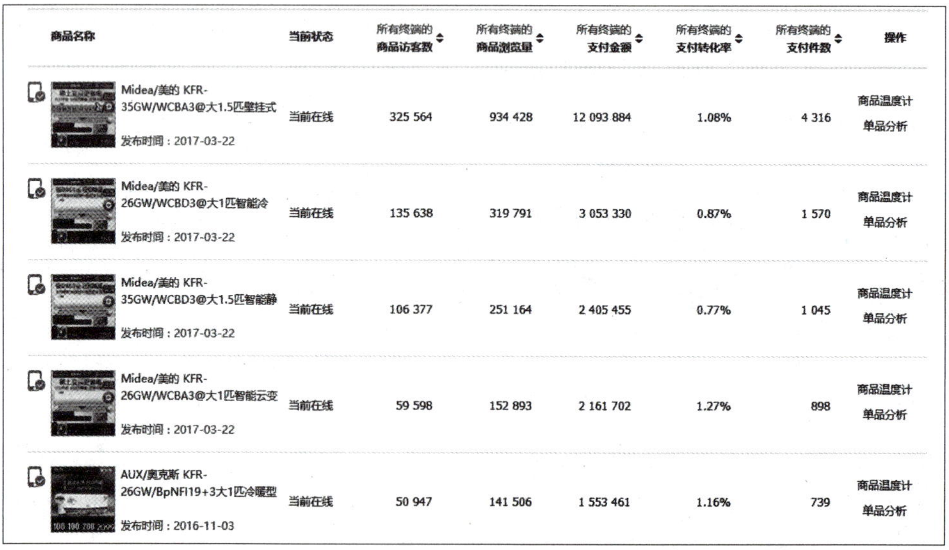

商品名称	当前状态	所有终端的商品访客数	所有终端的商品浏览量	所有终端的支付金额	所有终端的支付转化率	所有终端的支付件数	操作
Midea/美的 KFR-35GW/WCBA3@大1.5匹壁挂式 发布时间：2017-03-22	当前在线	325 564	934 428	12 093 884	1.08%	4 316	商品温度计 单品分析
Midea/美的 KFR-26GW/WCBD3@大1匹智能冷 发布时间：2017-03-22	当前在线	135 638	319 791	3 053 330	0.87%	1 570	商品温度计 单品分析
Midea/美的 KFR-35GW/WCBD3@大1.5匹智能静 发布时间：2017-03-22	当前在线	106 377	251 164	2 405 455	0.77%	1 045	商品温度计 单品分析
Midea/美的 KFR-26GW/WCBA3@大1匹智能云变 发布时间：2017-03-22	当前在线	59 598	152 893	2 161 702	1.27%	898	商品温度计 单品分析
AUX/奥克斯 KFR-26GW/BpNFI19+3大1匹冷暖型 发布时间：2016-11-03	当前在线	50 947	141 506	1 553 461	1.16%	739	商品温度计 单品分析

图7-2 热销单品榜

对热销单品销售情况具体分析，以销量排名第一的美的大1.5匹壁挂式空调为例，进行具体分析：

美的大 1.5 匹壁挂式空调 7 月计划销售 1 500 万元，计划单价为 3 000 元，计划销售量为5 000台；7 月实际销售 1 209 万元，实际单价为 2 802 元，实际的销售量为 4 316 台。

用因素分析法计算如下：

计划：3 000 元 ×5 000 台 =15 000 000 元…… ①

替换：3 000 元 ×4 316 台 =12 948 000 元…… ②

实际：2 802 元 ×4 316 台 =12 093 884 元…… ③

按上式计算：

① 销售数量减少，使得销售额减少 2 052 000 元（即②式减①式）；

② 单价变动使得销售额减少 854 116 元（即③式减②式）；

③ 以上两个因素共同作用的结果，使美的大 1.5 匹壁挂式空调的销售额比计划少2 906 116元，即（ −2 052 000）+（ −854 116）= −2 906 116（元）。

当然，要将商店的每一种商品的销售情况都进行这样分析，工作量是十分大的。因此，只能对那些主要的、关键的商品的销售情况进行分析。

（三） 商品价格分析

在经济学的语言中，价格是为获得所期望的某些东西而必须牺牲的货币量。价格存在的意义在于它能使社会资源得到有效配置，实现社会总体福利最大化，也就是说价格影响着社会资源的使用情况。价格就像只看不见的手，影响着市场的供需。供过于求时，价格降低，在成本不变的情况下，利润降低，指导生产者转向其他产品的生产；供不应求时，价格提高，利润提高，刺激生产者更多的投资，引导更多的资源进入这个行业。此外，较高的价格也可能刺激技术革新和开发新技术的速率加快。因此降低价格可以刺激需求，限制供给，而提高价格具有相反的作用。

1. 影响定价的内部因素

（1）营销目标。要使企业价格战略卓有成效，企业必须建立切实可行的营销目标，以明确价格决策的方向。营销目标既是定价决策的主要内容，又在某种程度上决定了定价决策其他内容的考虑和选择。实践证明，营销目标正确与否关系到企业整个定价决策的成败。常见的营销目标有：以投资收益率最大化为目标，以利润最大化为目标，以市场份额最大化为目标，以稳定价格适应和避免竞争为目标，以提高企业及产品品牌形象为目标。

（2）店铺商品定位。要做到合理为店铺商品定价，首先要对店铺的商品有一个清晰的定位。如果卖家连自己网店中的商品是高端商品还是低端商品都分不清，想合理定价是不可能的。

店铺商品定位需要从商品本身的特点出发，研究清楚店铺商品究竟有什么优势。常见的店铺商品优势有低价优势、专业优势、特色优势和附加值优势。

① 低价优势是指店铺利用商品低价来吸引买家，薄利多销，靠销量来提升业绩。

② 专业优势可以体现在商品的专业做工或专业设计上，一旦商品具备了某种专业优势，并被消费者认可，其商品价格就能高于普通商品。

③ 特色优势是店铺商品异于普通商品而展示出来的优势，其具备了某种特色，如做工精致、体现民族风格等，其商品定价也会高于同类普通商品。

④ 附加值优势是店铺通过附加值为商品加分，获取消费者的信任，以利于提高商品定价。店铺附加值包括店铺服务质量高、店铺具有多年的开店资质等。

（3）商品成本。成本决定了企业对商品收取的底价。价格不仅应该能够弥补生产、分销及销售有关的直接成本和分配的间接成本，而且应该包括因付出努力和承担风险而赢得的公平利润。对于新产品，相关成本是在未来的整个生命周期里的直接成本和分配的间接成本。基于商品成本的定价方法有成本加成定价法和安全定价法。

① 成本加成定价法。成本加成定价法是按商品的单位成本加上一定比例的利润做商品定价的方法。成本加成定价法的计算公式为：

商品定价 = 商品成本 + 商品成本 × 成本利润率

成本加成定价法示例

假设某网店经销袋装大红枣，500 克/袋，进价 30 元，以 80% 的成本利润率进行成本加成定价，则商品的最终定价为 54 元。

② 安全定价法。安全定价法是将商品的价格设置得比较适中，不高也不低，市场竞争程度相对较小，消费者有较强的购买能力，商家也有一定的利润。安全定价法也叫“满意价格策略”，主要是针对消费者在淘宝网上购买商品时，担心出现质量问题引起的退换货不便的心理而做出的定价方法，使用这种定价方法可以降低消费者的消费风险，提升消费者的购物满意度与安全感。安全定价法的计算公式为：

商品成本 + 正常利润 + 快递费用 = 安全定价

安全定价法示例

假设一款 T 恤的商品成本为 40 元，正常利润为 20 元，快递费用为 10 元，则这款 T 恤的安全定价为 70 元。

（4）商品类别。网店的商品按照销售意义分为三种类型：引流商品、定位商品和利润商品。引流商品是给店铺带来流量的商品，这类商品通常以低价来吸引买家；定位商品的作用是将店铺的定位控制在一个范围内，不让店铺因打折的低价商品过多而渐渐失去品牌价值，这样的商品定价比较高；利润商品的作用是为店铺赚取利润，这部分商品定价位于引流商品与定位商品之间。

这三类商品在网店的占比有着较为严格的标准，合理的比例为引流商品 10%、定位商品 20% 和利润商品 70%。引流商品定价低，这类商品太多会引起店铺品牌价值和营业额的下降。而定位商品定价高，销量就小，占比多的话也会造成店铺营业额下降。由于商家开网店的目的是赚钱，因此利润商品占比最大。

图7－3所示为这三种类型的商品定价在成本价之上的涨幅，引流商品的定价高于成本价10%左右，利润商品的定价高于成本价30%左右，定位商品价格的上升幅度可至45%。

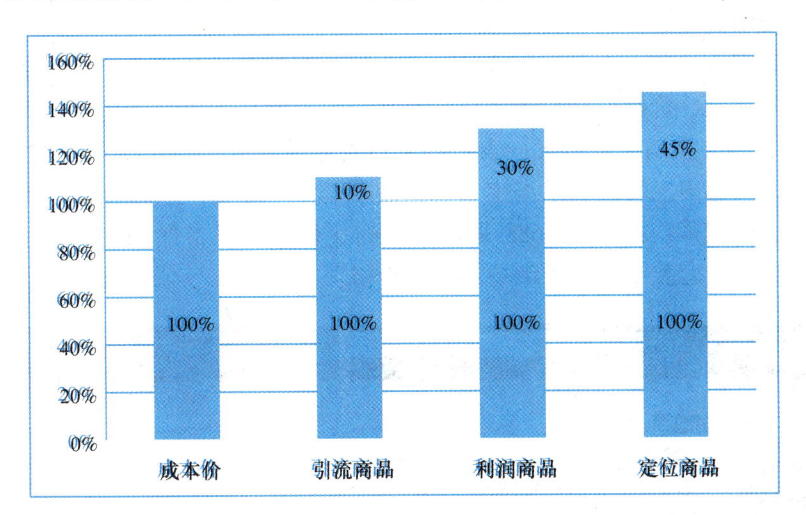

图7－3　三种类型的商品定价在成本价之上的涨幅

2. 影响定价的外部因素

（1）消费人群。成熟的店铺都会有固定的消费人群，如果卖家的商品定价太高，超出了固定消费人群的消费能力，那么这部分消费者就会买不起；如果卖家的商品定价太低，低于固定人群的消费能力，那么这部分消费者又会觉得商品这么便宜，可能质量上存在问题，也不会购买。

消费人群消费能力的确认主要看这个人群的年龄和职业。商家可以从客户的人群画像里找到人群的年龄分布和职业分布，继而推断出他们的消费能力，确定商品的大致价位。

图7－4所示为阿里指数女装/女士精品类目下连衣裙的客户年龄段占比，小年轻、青年和青壮年是购买的主力。例如店铺将目标消费人群确定为小年轻和青年，这部分消费者收入普遍不高，但又追求有品质的时尚生活，因此连衣裙的定价不能太高，也不能太低，中等价位比较合适。

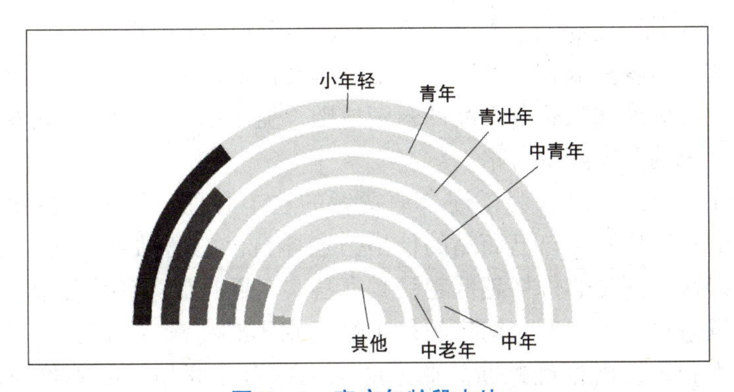

图7－4　客户年龄段占比

（2）市场和顾客需求。市场上的顾客需求为价格设立了上限，它取决于顾客对产品和服务的价值感受。企业在定价之前必须弄清产品价格与顾客需求之间的关系。当产品价格高于顾客的认可价值时，顾客就不会购买；只有在产品提供的使用价值至少等于其价格时，顾客才会购买。在传统商业中，企业会发现，判断顾客心目中的产品价值并非易事。在电子商务时代，转化率可以作为一个参考指标，转化率高，说明商品的价值被顾客认可的程度高，转化率低，则说明商品的价值不被顾客认可。

市场上顾客需求量的大小对商品价格也有影响，当商品的供应量增加，需求量减少时，商家之间的竞争加剧，价格就会趋于下降，反之，价格趋于上升。图 7－5 所示为童套装的 1688 阿里指数，淘宝采购指数越大，表示淘宝市场需求越大；1688 采购指数越大，表示在阿里巴巴进货的人越多，间接表示淘宝市场的供货量越大。查询 6 月 1 日—8 月 30 日童套装的数据概况，淘宝采购指数与 1688 采购指数的变化趋势基本保持同步，市场供求均衡，可以判断不适合为童套装制定高于市场均价的价格。

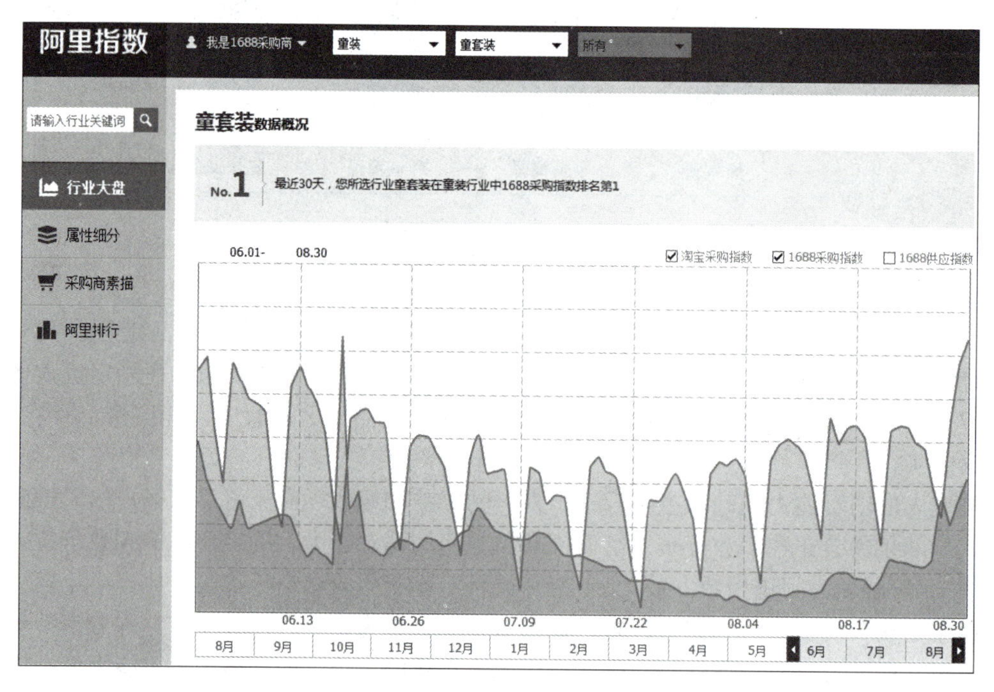

图 7－5 童套装的 1688 阿里指数

（3）竞争对手价格。定价是一种挑战性行为，任何一次价格制定与调整都会引起竞争者的关注，并导致竞争者采取相应的对策，尤其是在产品的成长期和成熟期，竞争的结果往往会决定一个行业的标准和某企业产品的营销成败。竞争因素构成了对价格上限最为基本的影响，迫使参与竞争的商家降低价格。

消费者有货比三家的心理，为了迎合消费者的这个心理，商家都会参考竞争商品的价格，在进行充分的对比后制定自己商品的价格，这样自己的商品才不会在竞争中处于劣势。但淘宝商家不要误认为商品的价格越低越受卖家喜欢。而且商家还要注意，不是所有的同类商品都是自己的竞争对手，如商家销售的是 T 恤，则不必将淘宝网上所有 T 恤都作为竞品，这个范围太大，不利于做出精确判断。商家应该根据自己商品的品牌价值、买家偏好的价位，然后精确地寻找竞争对手，最后再确定商品价格。

顾客认知的商品品牌价值包括商品价值，即功能、特性、品质、品种与式样等所产生的价值；服务价值，即商品出售过程中顾客得到的服务所产生的价值；人员价值，即商品品牌企业员工的经营思想、知识水平、业务能力、工作效益与质量、经营作风、应变能力等所产生的价值；形象价值，即商品品牌在社会公众中形成的总体形象所产生的价值，等等。顾客对商品品牌价值认可度越高，越愿意花更多的钱来购买此商品。

买家对不同商品有不同的偏好价格，图 7－6 所示为“T 恤男”三个月支付金额，55～85 元的搜索点击人气最高，搜索点击人数占比 47.12%。图 7－7 所示为“T 恤女”三个月支付金额，45～70 元的搜索点击人气最高，搜索点击人数占比 33.94%。男性顾客对 0～25 元的低价 T 恤不感兴趣，搜索点击人数占比只有 8.62%，而女性顾客对 0～25 元的低价 T 恤比较感兴趣，搜索点击人数占比达到 19.72%，性别不同，对商品的价格偏好也不同，差异明显。

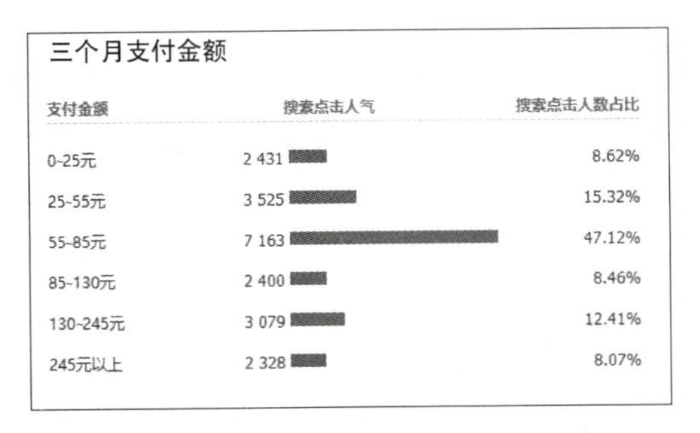

三个月支付金额

支付金额	搜索点击人气	搜索点击人数占比
0-25元	2 431	8.62%
25-55元	3 525	15.32%
55-85元	7 163	47.12%
85-130元	2 400	8.46%
130-245元	3 079	12.41%
245元以上	2 328	8.07%

图 7－6　“T 恤男”近 90 天支付金额

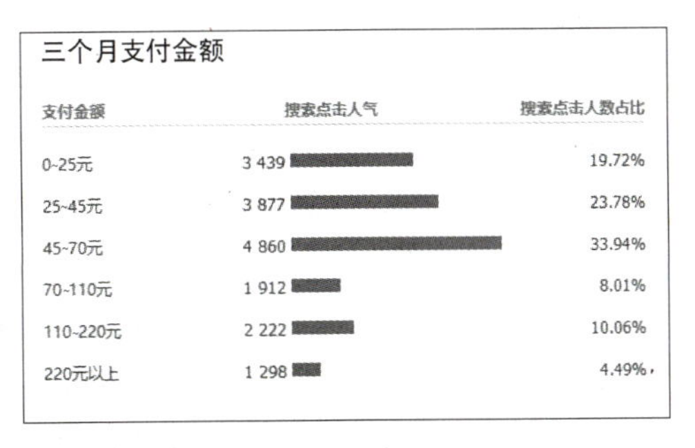

三个月支付金额

支付金额	搜索点击人气	搜索点击人数占比
0-25元	3 439	19.72%
25-45元	3 877	23.78%
45-70元	4 860	33.94%
70-110元	1 912	8.01%
110-220元	2 222	10.06%
220元以上	1 298	4.49%

图 7－7　“T 恤女”近 90 天支付金额

（4）其他外部因素。除了考虑竞争和顾客需求外，还要考虑政府管制、经济状况、新技术等其他外部因素的影响。政府管制，通常会导致成本上升，提高价格下限；经济状况，例如：繁荣或衰退、利率以及该国新增投资政策，都将影响到生产成本以及顾客对产品价值的认知；新技术，商家通过降低生产成本或发明新的独具特色的高附加值产品来影响价格。

3. 常用的定价策略

定价策略指为实现定价目标在定价方面采取的谋略和措施。激烈的市场竞争使企业越来越重视定价策略，恰当地运用各种定价策略，是企业发展壮大、提高自身竞争力、最终取得成功的重要策略。

（1）一般的定价策略。一般的定价策略包括撇脂定价法（Skim Pricing）、渗透定价法（Penetration Pricing）和适中定价法（Neutral Pricing）三种。

① 撇脂定价法是将价格定得相对于产品对大多数潜在顾客的经济价值来讲比较高，以便从份额虽小但价格敏感性低的消费者细分中获得利润。该方法牺牲销量来获得较高的毛利。通常只有在价格敏感性低的细分市场上的销售利润比用低价销售所能获得的利润要多的情况下采用。

② 渗透定价法是将价格定得相对大多数潜在顾客的经济价值来讲比较低，以便赢得较大的市场份额或销售量。该方法牺牲高毛利以期获得高销量。同撇脂定价一样，这一策略也只在特定的环境下是有利的。

③ 适中定价法尽量降低价格在营销手段中的地位，重视其他更有力或更有成本效率的手段。有两种情况会采用该方法：一是当不存在适合撇脂定价或渗透定价的环境时；二是保持产品线定价策略的一致性。与撇脂定价或渗透定价法相比，适中定价法缺乏主动攻击性。

（2）与商品生命周期有关的定价策略。商品生命周期指一种产品从投入市场到被市场淘汰所经历的全过程。这个过程被划分为四个阶段：导入期、成长期、成熟期和衰退期。每个阶段的特点及采用的定价策略如表 7－2 所示。

表 7－2　商品生命周期各阶段的特点和定价策略

阶段	导入期	成长期	成熟期	衰退期
成本	最高	不断下降	最低	开始上升
价格敏感	低	提高	最高	/
竞争情况	没有或极少	竞争者进入市场	激烈	弱者退出
目标市场	革新者	早期购买者	大众	落伍者
销售量	低	迅速增长	达到最大开始下降	下降
利润	微利或亏损	迅速上升	达到最大开始下降	下降
市场策略	建立市场、培育顾客	扩大市场	产品差异、成本领先	紧缩/收割/巩固
定价策略	撇脂定价/渗透定价	视情况而定	适中定价	低价出清存货

（3）市场细分定价策略。市场细分（Market Segmentation）是将购买者分为不同的群体，这样，公司就可以针对每一个细分市场上的用户制定更有效的营销方案。

① 根据购买者的类型细分：实现购买者类型细分，最关键的是获取购买者的信息，然后通过购买者的相关信息鉴别顾客的类型。这种方式需要商家迅速、准确地将对价格不敏感的顾客从庞大的潜在消费群体中分离出来。

② 根据购买地点细分：根据购买地点细分常见的定价方式有国际定价、产地交货定价、卖主所在地交货定价、运费补贴定价、统一交货定价、分区定价和基点定价等。

③ 根据购买时间细分：大致分为旺季定价和淡季定价。对于那些服务成本随时间变化很大的行业来说，按时间细分是非常有效的，典型的例子如航空公司、船运公司和旅馆业。

④ 根据购买数量细分：当顾客在不同的细分市场购买不同数量的商品时，可以使用数量折扣进行细分定价。主要有四种类型：数量折扣（Volme Discount）、订单折扣（Order Discount）、分步折扣（Step Discount）和两部分定价法（Two－part Prices）。

⑤ 根据产品设计细分：根据产品设计细分是最有效的细分。它是通过设计出不同档次的产品或服务，来满足不同顾客的需要，从而实现对市场的细分。使用这种策略的关键在于生产不同档次的产品，实际上不同档次的产品或服务，在成本消耗上没有多少区别。

⑥ 根据产品捆绑细分：产品捆绑是细分定价常用的策略，被捆绑的产品在满足不同的购买者细分的需求时，彼此关联。大致分为：选择性捆绑和增值捆绑等。

⑦ 通过搭卖和测量细分：搭卖和测量细分定价的策略（Segnerting by Tietins and Metering），在给资产定价时常常用到，这是因为购买者通常更看重常用的资产。这两种定价策略是根据顾客对产品的使用强度来细分购买者的。

（4）营销组合中的定价策略。定价策略不能同公司的其他营销策略分离。产品的价格可能会影响市场对这一产品的认识，也会影响与此产品一起出售的其他产品的市场情况，还会影响广告的效果和分销过程中人们对这个产品的注意程度。

① 定价策略与产品线：一个产品的销售对它的替代品和互补品的销售有很大影响。如

果希望获取最大的利润，则对某种产品定价时必须考虑它对其他产品的影响。

② 定价策略与促销策略：促销是指企业为使消费者更好地了解自己的产品而采取的一些措施。

③ 把价格作为促销手段：有效的价格促销是指在“普通”的价格基础上再给予折扣，激发顾客的购买欲望，影响他们的消费行为，主要有如下形式：试销、免费试用、特别包装、优惠券、折扣和批发折扣等。

④ 定价策略与分销策略：一种产品的分销方式显然会影响这种产品的定价方式。通常，分销方式会影响该产品的同类产品、该产品在消费者心中的形象以及该产品细分市场的能力。

4. 竞品价格分析

美的 KFR－35GW/WCBA3 大 1.5 匹智能变频空调是某网店的主打产品和引流产品，其竞争对手主要有美的官方旗舰店、美的空调旗舰店、苏宁易购官方旗舰店三家，该款空调价格由美的官方统一定价，为 2 799 元。现在我们来做一下对比，苏宁易购官方旗舰店的促销活动是满 1 980 元减 180 元，满 3 000 元减 300 元，满 10 000 元返 1 000 元，该款空调券后实际价格为 2 619 元，购买金额越高则优惠金额越多，如图 7－8 所示。该网店的促销活动是送高端台扇，相比较而言，苏宁易购的优惠幅度更大，对消费者更有吸引力，从销量上也能反映出来，因此该网店需要重新调整促销活动，以应对竞争。

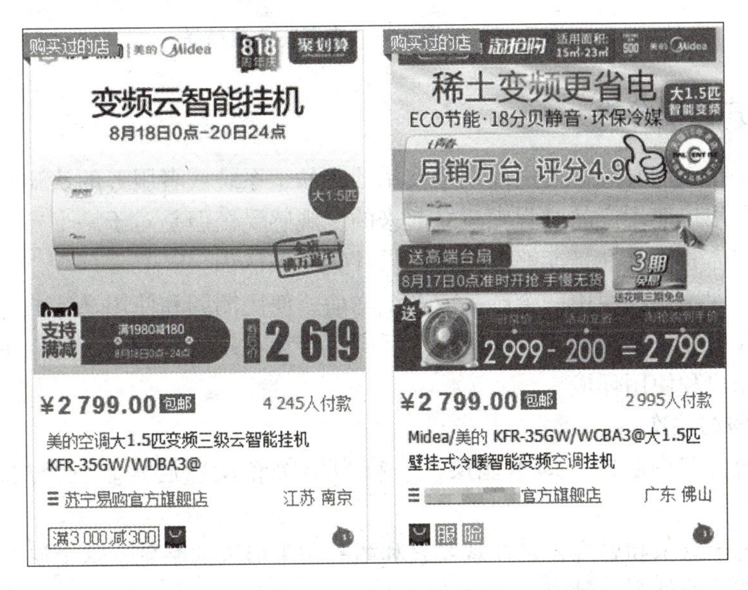

图 7－8　竞品价格分析

（四）商品功能组合分析

商品功能组合是指一家网店经营商品的功能结构，即各种商品线、商品项目和库存量的有机组成方式。商品组合一般由若干个商品系列组成。商品系列是指密切相关、功能各异的一组商品。此组商品能形成系列，有其一定的规定性，因此能满足消费者某种同类需求。

例如某网店的“空调”类目根据功能差异分成 12 个商品系列，如图 7－9 所示，数据显示访客关注的是壁挂式空调和立柜式空调，以及适合 12～22 平方米的卧室空调、6～14

平方米的书房空调和18～28平方米的小客厅空调，对智能云空调、单冷空调、冷暖空调关注得很少。

商品分类引导转化　日期　07-22～　-07-22

自定义分类　商品类目

自定义类别	商品数	访客数	引导点击转化率	引导支付转化率	操作
空调	202	84	79.76%	15.48%	查看趋势 商品详情
卧室空调（适合12-22平方米）	43	23	73.91%	13.04%	查看趋势 商品详情
壁挂式	97	19	89.47%	15.79%	查看趋势 商品详情
书房空调（适合6-14平方米）	24	16	75.00%	12.50%	查看趋势 商品详情
小客厅空调（适合18-28平方米）	38	9	55.56%	11.11%	查看趋势 商品详情
立柜式	67	6	83.33%	16.67%	查看趋势 商品详情
变频	103	6	50.00%	16.67%	查看趋势 商品详情
大客厅空调（适合28-45平方米）	37	5	40.00%	20.00%	查看趋势 商品详情
省电节能	7	2	100.00%	50.00%	查看趋势 商品详情
定速	53	2	50.00%	0.00%	查看趋势 商品详情
智能云（手机远程控制）	96	1	100.00%	100.00%	查看趋势 商品详情
单冷	4	1	100.00%	0.00%	查看趋势 商品详情
冷暖	75	1	100.00%	0.00%	查看趋势 商品详情

图7－9　某网店的“空调”类目商品

（五）用户体验分析

用户体验是指人们对针对使用或期望使用的产品、系统或者服务的认知印象和回应。用户体验是一种在用户使用产品过程中建立起来的主观感受。但是对于一个界定明确的用户群体来讲，其用户体验的共性是能够由良好的设计实验来认识。

用户体验，即用户在使用一个产品或系统之前、使用期间和使用之后的全部感受，包括情感、信仰、喜好、认知印象、生理和心理反应、行为和成就等方面。影响用户体验的主要因素是系统、用户和使用环境。

1. 用户体验的层次

用户体验包含三个层次，即本能层次、行为层次和反思层次。三个层次和体验密切相关。

本能层次先于意识和思维，是外观要素和第一印象形成的基础。这个层次强调给人的第一印象，比如产品的外观、触感、味道等。

行为层次设计产品的使用过程，比如功能、性能和可用性。这个层次的设计主要指在性能上满足用户的需求，在使用中能为用户带来乐趣。

反思层次存在更高级的感觉、情感等。这个层次的设计和体验的思想以及情感相互交融。反思层次能够带给用户长期的回望和记忆，其中产品形象、记忆、个人满足等因素对于产品在用户的体验中发挥的作用影响深远，这就要求将产品设计的很多方面延伸到体验层面。

2. 用户体验的测量

用户体验研究的是用户交互过程的所有反应和结果，具有很强的主观感觉特性，因此，主观情感测量成为常用的测量方法。有关用户体验数据的测量有一些规范的情感测量量表，如 Pad 量表、PrEmo 量表以及实用性和享乐性量表。用户在产品功能性上的体验一般采用可用性评价相关指标（量表）进行测量，目前可用性测量已经有很多较为成熟的量表，获取该类数据通常是采取问卷调查的方式。另外，还可通过用户采访和发声法获取用户体验的信息，这些方法获取的信息一般是定性的。为弥补主观测量方法的缺陷，通过实验手段获取客观数据的方法不断受到关注，如生理指标测量、面部表情识别、脑电、眼动数据测量等。这些方法为更加准确地衡量用户体验提供了可能。

图 7－10 所示为眼动仪，可以测试出用户的视线在网页上移动的轨迹和关注的重点部位，可以帮助商家对页面设计进行改进。商家基于以上眼动仪记录的信息对网页的信息进行调整，将重要信息放在用户关注点集中的位置。

图 7－10　眼动仪

3. 用户体验的评价

用户体验的评价方法可以分为构建模型进行评价和直接评价。其中，用户体验评价模型主要是运用多元回归分析、线性规划、非线性规划、结构方程模型等方法建立用户体验和构成要素之间的关系模型，来评价用户体验水平；直接评价方法是根据用户体验调查问卷获取用户体验数据，进行数据处理后得出用户体验各构成因素得分及总体验得分，或者对测量用户的生理指标、行为指标数据进行处理后，按照一定的评价标准进行评价。

图 7－11 所示为商品效果明细，访客的商品浏览量、平均停留时长和详情页跳出率是生意参谋用来衡量用户体验的行为指标。

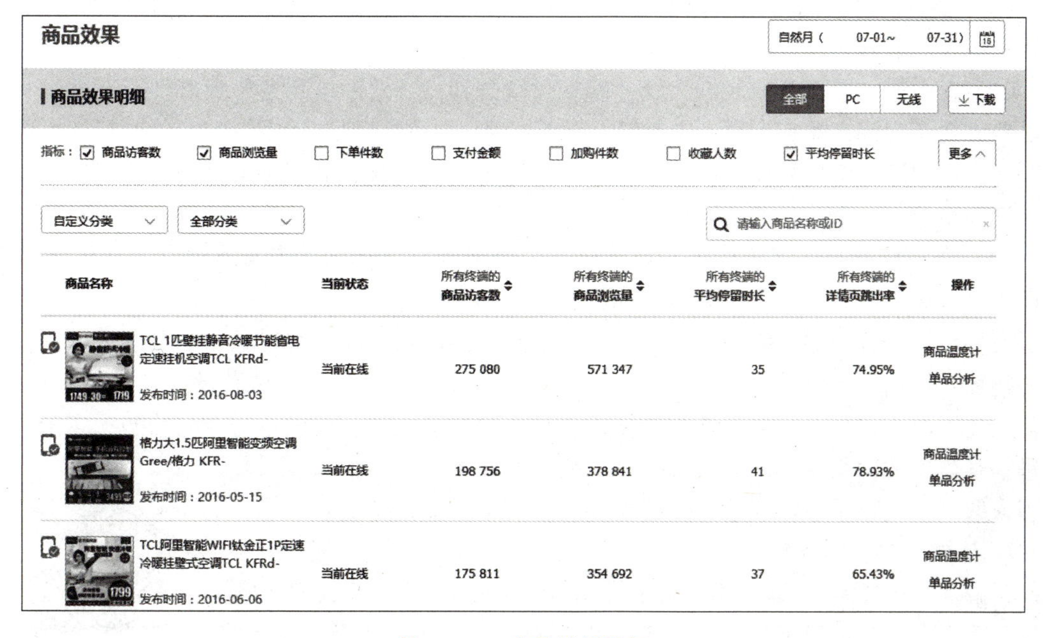

商品名称	当前状态	所有终端的商品访客数	所有终端的商品浏览量	所有终端的平均停留时长	所有终端的详情页跳出率	操作
TCL 1匹壁挂静音冷暖节能省电定速挂机空调TCL KFRd- 发布时间：2016-08-03	当前在线	275 080	571 347	35	74.95%	商品温度计 单品分析
格力大1.5匹阿里智能变频空调Gree/格力 KFR- 发布时间：2016-05-15	当前在线	198 756	378 841	41	78.93%	商品温度计 单品分析
TCL阿里智能WIFI钛金正1P定速冷暖挂壁式空调TCL KFRd- 发布时间：2016-06-06	当前在线	175 811	354 692	37	65.43%	商品温度计 单品分析

图 7－11　商品效果明细

（六）商品生命周期分析

商品生命周期是指产品从进入市场到退出市场所经历的全过程，分为导入期、成长期、成熟期和衰退期四个阶段。每个时期都反映出顾客、竞争者、经销商、利润状况等方面的不同特征。商品生命周期是受消费者需求偏好所支配的需求转移的过程。

1. 商品生命周期阶段特征

商品生命周期各阶段的划分以销售量和利润作为一定衡量依据，每个阶段有其明显特点。

（1）导入期。产品刚刚进入市场试销，还没有被顾客接受，产品的销售额增长缓慢；产品的生产批量小，试制费用很大，因而生产成本很高；用户对新产品不了解和不熟悉，需要采取多种促销手段，营销成本较高。因此，在这个阶段企业利润较少，甚至亏损。

企业在此阶段所面对的顾客主要是革新者和早期采用者，他们是愿意冒险的消费者，在产品推向市场后会很快购买该产品。革新者比早期采用者更具有冒险精神，更年轻，社会地位更高，更都市化，所受教育更好；早期采用者喜欢拥有新产品所带来的声望和尊重，但是他们比革新者所冒的风险少，更注重群体规范和价值。

（2）成长期。产品技术已成熟、工艺稳定，消费者对此产品较为熟悉，并已建立起了较稳固的销售渠道，利润迅速增长。此时大批后来者进入，竞争加剧。

进入产品增长期，企业更多地面对早期大众，早期大众的特点是采取行动前深思熟虑，他们要花更多的时间决定是否尝试新产品，并且向革新者和早期采用者征求意见，虽不能领先尝试新事物，却是积极的响应者。企业针对此类消费者应采取鼓励性促销措施，进行信任度较高的宣传，使早期大众尽早地确定购买决策，更多地加入购买行列中来。

（3）成熟期。产品市场需求趋于饱和，销售增长率开始下降，全行业出现过剩现象，市场竞争更加激烈。

购买者中增加了大量的晚期大众，晚期大众的特点是对新事物通常持有怀疑态度，相对于早期大众而言都市化程度更低，对变化的反应更慢。在成熟期后半期如何争取晚期大众对于企业保持利润率至关重要，因此，利用适合此类消费者特点的营销策略来保持其忠诚度和满意度是企业在这个阶段的主要任务。

（4）衰退期。产品逐渐被新产品代替，消费者兴趣开始转向其他产品，价格会下降至最低水平，大多数企业已无法获得利润，被迫退出市场竞争。

大多数消费者在这一阶段纷纷撤出，转而注意新的替代品。这时只有少数落伍者成为产品的顾客。他们的特点是比较保守，心理年龄较大，收入和社会地位较低，易受传统束缚，对新变化不放心，只有一项革新慢慢变成传统之后才会接受。落伍者对产品的购买属于一种零星并且短期的购买，是产品先前投资的残留回收，企业可以顺其自然，适当采取少量优惠手段回馈这类消费群体，使衰退产品走出低谷。

2. 商品生命周期分析

了解商品的生命周期，可以从生意参谋市场行情的行业大盘入手，因为行业大盘走势可以反映某个行业最近一年的访客数量变化，从访客数量变化趋势中可以推断出相关商品何时会进入热卖成熟期，何时又会进入衰退期。

图 7－12 所示为大家电类目下空调 2017 年的大盘走势，可以看出，空调在 6 月左右进入成长期，7 月左右进入成熟期，9 月左右进入衰退期。根据空调的生命周期曲线，商家就能选择在恰当的时间备货以及恰当的营销策略和促销方式，从而跟上市场的步伐。

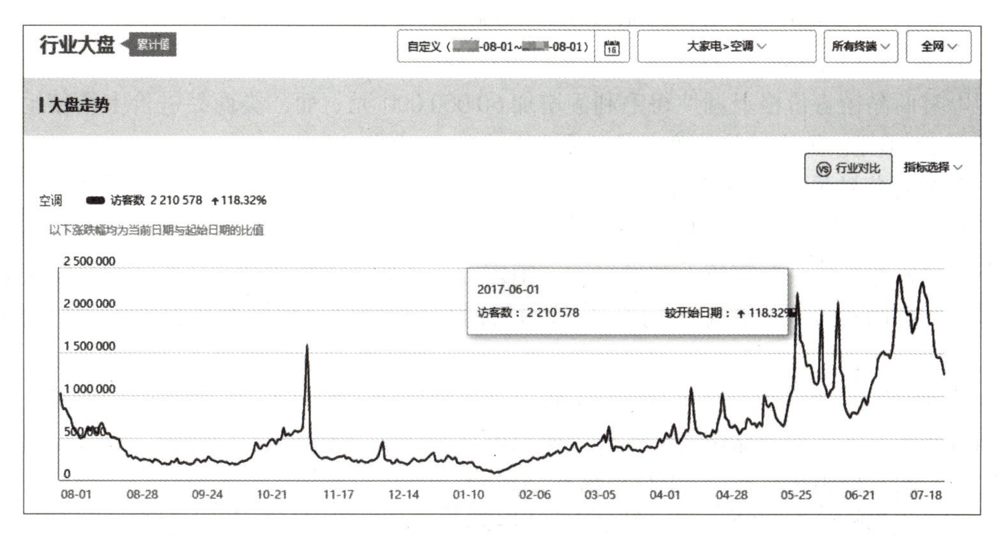

图 7－12　空调 2017 年的大盘走势

（七）商品毛利分析

影响商品销售毛利的是式（1）中的三个因素，即商品销售额、某类商品销售额在销售总额中所占的比重以及某类商品毛利率。

$$\begin{matrix}\text{商家全部商品}\\\text{销售毛利总额}\end{matrix}=\sum\begin{matrix}\text{商家全部商}\\\text{品销售总额}\end{matrix}\times\begin{matrix}\text{某类商品销售额占}\\\text{全部销售额的比重}\end{matrix}\times\begin{matrix}\text{某类商品}\\\text{的毛利率}\end{matrix}\qquad(1)$$

式（1）中，全部商品销售总额是商品销售数量与销售单价的乘积，某类商品销售额占全部销售额的比重称为销售结构，商品毛利率是毛利额与销售额的比，并引申为销售单价与进货单价的差与销售单价的比，即毛利率＝(售价－进价)/售价×100%。

显然最终影响销售毛利的因素本质上有三个部分：一是商品进销价格，二是商品销售数量，三是商品销售结构。因此，对商品销售毛利的分析应从这三个方面展开。

1. 商品进销价格变化的影响

商品价格变化的原因一般有下面几个：一是根据国家价格政策对商品价格进行调整；二是由于销售对象变动，供求关系发生变化而对价格进行调整；三是经营管理的不善造成商品的残损霉变，从而调整价格。总的来讲，价格的变化有这样两种情况：售价调高时使毛利额增加，售价调低时毛利额减少，即售价的调整与商品销售毛利额成正方向变化；进价的调整则与商品销售毛利额成反方向变化，即售价调高毛利额减少，售价调低则毛利额增加。

某网店某年度有下列资料：商品销售额计划为 85 000 万元，商品销售成本计划为 75 000 万元，全部商品销售毛利额预计为 10 000 万元；实际商品销售额为 92 000 万元，商品销售成本为 79 000 万元，实际全部商品销售毛利额为 13 000 万元，实际商品销售毛利额比预计商品销售毛利额增加了 3 000 万元，请分析是什么原因导致的，已知该网店商品分成甲、乙两类，本年度甲类商品的销售单价由原来的 2 300 元调整为 2 500 元，乙类商品的进价由原来的1 500元提高到1 800元，甲乙两类商品的实际销售数量分别为300 000件和85 000件。

商品进销价格变化对毛利额的影响分析如下：

甲类商品：$(2\,500-2\,300)\times300\,000=60\,000\,000$（元）

乙类商品：$(1\,800-1\,500)\times85\,000=25\,500\,000$（元）

即甲类商品销售价格上调使得毛利额增加60 000 000元，而乙类商品进价上调使毛利额减少25 500 000元，则进销价格变化使毛利额增加34 500 000元。

2. 商品销售数量变化的影响：

商品销售数量的变化对商品销售毛利额有直接的影响。在商品进销价格和毛利率不变的情况下，销售数量扩大，销售毛利额增加，销售数量降低，销售毛利额减少，商品销售毛利额的多少与商品销售数量成正比例关系，增加商品销售数量是增加商品销售毛利额的主要途径。

为了确定商品销售数量变化对商品销售毛利总额变动的影响程度，不仅要假定毛利率不变，而且必须将实际的商品销售额调整为销售价格变动前的实际商品销售额，如式（2）。

$$\begin{matrix}\text{商品销售数量变}\\\text{化影响的毛利额}\end{matrix}=\left(\begin{matrix}\text{剔除价格变动影响}\\\text{的实际商品销售额}\end{matrix}-\text{计划商品销售额}\right)\times\begin{matrix}\text{计划综合}\\\text{毛利率}\end{matrix}\quad(2)$$

式（2）中，剔除价格变动影响的实际商品销售额是指剔除销售价格变化后的实际商品销售额，与进价无关，即实际商品销售额加上销售价格调低额减去销售价格调高额而求得。根据前例数字：

$$\begin{matrix}\text{剔除价格变动影响}\\\text{的实际商品销售额}\end{matrix}=920\,000\,000-60\,000\,000=860\,000\,000\text{（元）}$$

将此数字代入式（2）得：

$$\begin{matrix}\text{商品销售数量变}\\\text{化影响的毛利额}\end{matrix}=(860\,000\,000-850\,000\,000)\times11.76\%=1\,176\,000\text{（元）}$$

即由于销售数量的扩大而增加的商品销售毛利额为1 176 000元。

3. 商品销售结构变化的影响

商品销售结构，是指不同类商品的销售额在全部商品销售额中的比重。由于商品货源、季节性和市场情况等原因，商品销售结构一般会发生变化，商品销售结构的变化，会引起商品销售毛利总额的变化，在这种情况下，企业的综合毛利率也必然会发生变化。正是由于这种原因，即在商品销售总额和各类商品的毛利率不变的情况下，综合毛利率变动能够反映出各类商品销售比重的变化，因而确定商品销售结构变化对商品销售毛利总额变动的影响程度，就可以在剔除价格变动的影响后，利用式（3）计算。

$$\begin{matrix}\text{商品销售结构变}\\\text{化影响的毛利额}\end{matrix}=\begin{matrix}\text{剔除价格变动影响}\\\text{的实际商品销售额}\end{matrix}\times\left(\begin{matrix}\text{剔除价格变动影响}\\\text{的实际综合毛利率}\end{matrix}-\begin{matrix}\text{计划综合}\\\text{毛利率}\end{matrix}\right)\quad(3)$$

式中，

$$\begin{matrix}\text{剔除价格变动影响}\\\text{的实际综合毛利率}\end{matrix}=\frac{\begin{matrix}\text{剔除价格变动影响的}\\\text{实际商品销售额}\end{matrix}-\begin{matrix}\text{剔除价格变动影响的}\\\text{实际商品销售成本}\end{matrix}}{\begin{matrix}\text{剔除价格变动影响的}\\\text{实际商品销售额}\end{matrix}}\quad(4)$$

依据前例，可得到：

$$\text{剔除价格变动影响的实际综合毛利率} = \frac{(920\,000\,000 - 60\,000\,000) - (790\,000\,000 - 25\,500\,000)}{(920\,000\,000 - 60\,000\,000)}$$

$$= 11.1\%$$

$$\text{商品销售结构变化影响的毛利额} = 860\,000\,000 \times (11.1\% - 11.76\%) = -5\,676\,000\ (\text{元})$$

即商品销售结构变化影响的毛利额为 -5 676 000 元。

（八）商品库存分析

在零售管理中，商家很关心各商品的库存量、周转率、周转天数、交叉率、存销比等商品库存管理指标。

1. 商品周转率

商品周转率是指商品从入库到售出所经过的时间和效率，其计算公式如下：

$$\text{商品周转率} = \frac{\text{日平均销售额（按月统计）}}{\text{日平均库存（按月、按售价计算）}} \times 100\%$$

商品周转率一直是反映企业经营管理能力的一个重要依据，表达了企业一段时间内的库存商品结构情况，因而这是一个用于经营决策的指标。

2. 商品周转天数

商品周转天数是指商家从取得存货/商品入库开始，至消耗、销售为止所经历的天数，其计算公式如下：

$$\text{商品周转天数} = 1/\text{商品周转率}$$

它反映了如果按目前的销售情况企业的库存商品要用多长时间可以变现。这个指标是商品周转率的倒数。这个指标在使用中比周转率指标更易于让人理解。

3. 交叉率

交叉率指的是库存投资回报率，其计算公式如下：

$$\text{交叉率} = \text{商品毛利率} \times \text{商品周转率}$$

$$= \frac{\text{日平均商品毛利额（按月计算）}}{\text{当前库存售价额}} \times 100\%$$

它一般针对单品。对于商品类别来说，可以将商品毛利率改为综合毛利率，计算出交叉率。交叉率是表现库存资金结构是否合理的一个很重要的指标。一种商品，如果其他条件相同，其毛利率越高，投资收益就越好。同样地，对于毛利率一样的商品，哪个周转越快，哪个就越挣钱。因而，交叉率体现了一个库存商品的盈利能力。简单地说，这个指标表现了企业的库存资金状况和每天的盈利能力。

4. 存销比

存销比是指在一个周期内，商品库存与之前一定时期内销量的比值，用来反映商品的即时库存状况的相对数，其计算公式如下：

$$\text{存销比} = \text{月初库存金额}/\text{当月销售额（均按售价计算）}$$

存销比的意义在于它揭示了一个单位的销售额需要多少倍的库存来支持，反映的是资金使用效率的问题。存销比过高，意味着库存总量或者结构不合理，资金效率低。存销比过低，意味着库存不足，生意难以最大化。

5. 库存商品分析表

与商家库存管理相关的一些数据报表一般会被合并在同一张报表中，表 7 -3所示为某网店某月库存商品分析（节选），其销售统计时间段是一个月。

表 7－3　某网店某月库存商品分析（节选）

商品名称	单位	销售数量	零售单价	销售金额/万元	商品进价	毛利率/%	库存数量	周转率/%	周转天数	交叉率/%	存销比/%
WCBA3 空调	台	7 500	2 800	2 100	2 300	17.9	5 000	5	20	0.9	66.7
WXAA2 空调	台	3 000	3 200	960	2700	15.6	1 000	10	10	1.56	33.3
WCBD3 空调	台	1 200	2 000	240	1 600	20	2 000	2	50	0.4	167

三、任务发布

（一）商品价格带分析

1. 任务背景

价格带（Price Zone）是指某种商品品种的出售价格从低到高形成的价格幅度。例如，各种牌号的洗发水，其中的最高价格为 36 元，最低价格为 10 元，那么就称这是一价格带为 10～36 元的商品群。

零售商观察竞争对手网店的商品，不能只看对方的商品陈列方式和陈列位置这种表面的事情，一定要更深层次地去了解堆放的商品构成和价格分布。只有看到隐藏的那部分，才会有获胜的机会。

商品的价格带反映了一种同类商品或一种商品类别中的最低价格和最高价格的差别。价格带的宽度决定了网店所面对的消费者的受众层次和数量。在进行竞争网店商品结构的对比分析时，利用商品价格带分析可以为市场调查提供简单而明确的分析结果。

例如红葡萄酒，对方有 5 个规格，分别是 5 元、10 元、20 元、30 元、50 元共计 5 种价格；我们也有 5 个规格的红葡萄酒，分别是 8 元、10 元、15 元、20 元、30 元共计 5 种价格，经过价格带的对比后发现：

（1）对方的价格带（5～50 元）比我们的宽（8～30 元）；

（2）对方的最低价格低一些；

（3）如果增加 4.5 元和 45 元规格的价格，就会改变一些店铺的品类定位；

（4）如果同一种商品的价格偏高，则需要查看该商品的销售排名；如果销售不好，就可以考虑淘汰这种商品；如果销售比较好，消费者也需要，就可以把它作为牺牲商品对待。

2. 任务内容

美的官方旗舰店 8 月做了一期聚划算，图 7－13 所示为空调展示区，共展示了 9 款空调，请以此为例分析本期聚划算美的空调产品的价格带，并确定价格点（Price Point，PP 点，价格点是指对于该网店或业态的某类商品而言，最容易被顾客接受的价格或价位）。

3. 任务安排

本任务是一个团队任务，要求队员分工协作完成，完成后上交《8 月份聚划算上美的空调价格带分析报告》，并做好汇报结果的准备。

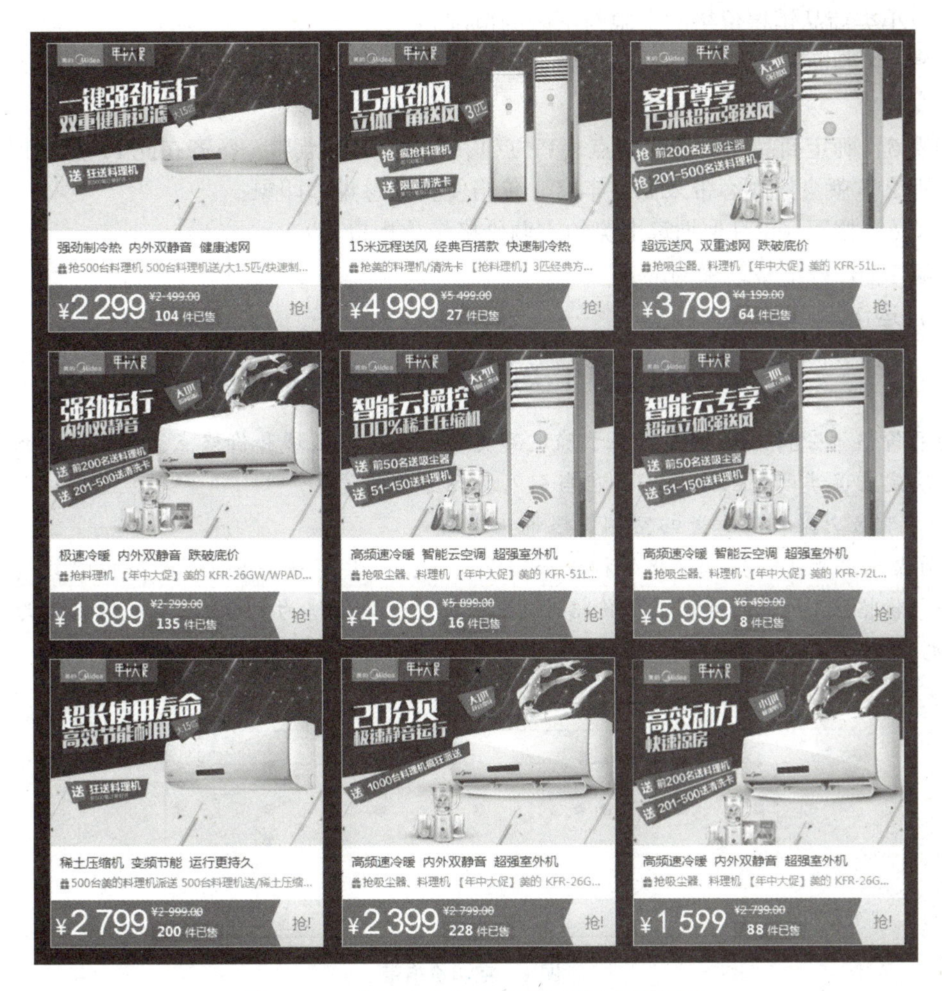

图 7－13　美的官方旗舰店聚划算空调展示区

4. 任务实施

（1）构思。价格点是决定顾客心目中品类定位的基点，而价格带是决定顾客购买空间的范围。卖场的管理目标是提升销售额、促进顾客购物，而价格带的管理与品类的销售业绩、商品的单价水平密切关联，一方面，品类的销售业绩会影响价格带的调整；另一方面，价格带的变更也会影响到该品类商品的单价水平，两者是相辅相成、相互影响的变量。当网店价格带调整后，需要调查现有的品类销售数据，看其是否达到了最初的销售计划和营销目的。

（2）设计。首先根据聚划算上美的空调展示的数据，绘制商品价格带构成图：横轴为商品价格，纵轴为 SKU 数；然后计算相关的价格带数据：价格带、价格线、价格带宽度、价格带广度和价格带深度；最后确立价格点。

（3）实现。

步骤 1：商家需要选择分析对象，其对象要求为网店商品某一个小分类，本例是聚划算上美的空调；

步骤 2：展开商品品类中的单品信息，罗列出其价格线（Price Line 销售价格）；

步骤 3：归纳该品类中单品的最高价格和最低价格，进而确定品类目前的价格带（Price

Zone：该小类商品销售价格的上限与下限的范围）；

步骤4：判断其价格区（Price Range：价格带中陈列量比较多且价格线比较集中的区域）；

步骤5：确定商品品类的价格点（PP点），确定了PP点后，备齐在此PP点价位左右的商品，那么这就会给顾客带来商品丰富、价格便宜的感觉和印象；

步骤6：撰写《8月聚划算上美的空调价格带分析报告》；

步骤7：做好汇报结果的准备。

（4）运作。

《8月聚划算上美的空调价格带分析报告》

商品价格带分析方法的关键在于确定品类的商品价格区域和价格点，确定品类价格点后便可以决定出品类的商品定位以及应当引入和删除哪些商品。

1. 绘制8月聚划算上美的空调价格带构成图

8月聚划算上美的空调价格带构成如图1所示，一共有9个SKU，8条价格线（不同价格为一条价格线），美的空调最低价格为1 599元，最高价格为5 999元，则价格带为1 599～5 999元。

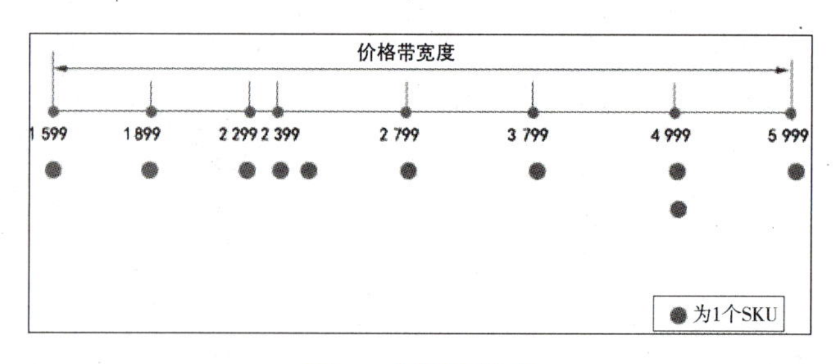

图1　空调价格带

2. 计算价格带的三度

（1）价格带的宽度是价格带中最高价与最低价的差值。

8月聚划算上美的空调价格带的宽度＝5 999－1 599＝4 400（元）

（2）价格带的广度是价格带中不重复销售价格的数量，每个不重复价格即为一条价格线。

8月聚划算上美的空调价格带的广度＝8

（3）价格带的深度是价格带中的SKU数。

8月聚划算上美的空调价格带的深度＝9

3. 确定价格区

8月聚划算美的空调价格带上的价格区应该有两个：一个为低价区［2 299，2 399］，一个是高价区［4 999］。

4. 确定价格点

价格点是对于该网店或业态的某类商品而言，最容易被顾客接受的价格或价位。8月聚划算美的空调价格带上的密集成交区在［1 899，2 799］，最高峰为2 399元，可以确定为价格点。

5. 价格带分析

8 月聚划算上美的空调价格带宽度达到 4 400 元，涵盖了低端、中端和高端空调产品；价格带的广度为 8，客户在价格上有 8 个选择，2 000 元范围内有 2 个 SKU，2 000 ~ 3 000 元范围内有 3 个 SKU，3 000 ~ 4 000 元范围内有 1 个 SKU，4 000 ~ 5 000 元范围内有 2 个 SKU，5 000 元以上有 1 个 SKU，为每个消费层级的顾客都提供了可选择的产品；价格带的深度为 9，这主要是因为聚划算上空调展示区位置有限，不可能摆放过多的产品，但通过这 9 个 SKU 详情页上的关联展示，能够把客户引导到更多的空调产品页面。空调的成交密集区在 [1 899，2 799]，集中在低价区，高价区 [4 999] 成交量偏少，与预期不符，需要做进一步分析。

（二）购物篮分析

1. 任务背景

作为商业领域最具前沿、最具挑战性的问题之一，购物篮分析问题是许多企业重点研究的问题，它通过发现顾客在一次购买行为中放入购物篮中不同商品之间的联系，来分析顾客的购买行为，并辅助零售企业制定营销策略。

随着消费者心理日趋成熟、需求的多样化以及市场竞争日趋激烈，充分分析顾客并有效地了解顾客已成为企业成功必不可少的要素。虽然大多数零售企业已经充分意识到了这个问题并做了许多工作，如人口统计分析、计算机辅助销售、各种顾客登记分析等，但是依然收效甚微，它们并没有准确掌握顾客的购买行为。因此，购物篮分析的方法便应运而生，它有效地解决了这些问题，并受到了不少零售企业的关注。所谓的购物篮分析就是通过这些购物篮所显示的交易信息来研究顾客的购买行为。顾客在购买过程中很少单独购买一种商品，他们往往购买多种商品，并且这些商品通常具有很强的相关性。因此他们的购买行为通常是一种整体性行为。一件商品的购买与否，会直接影响其他商品的购买，进而会影响到每个购物篮带来的利润。因此，必须去挖掘隐含着重要且有价值信息的消费者的购物篮。例如，企业可以通过购物篮分析来了解顾客的品牌忠诚度、产品偏好、消费习惯等。

2. 任务内容

某网店经营 18 种商品，从 A 到 R，这 18 种商品某月共销售了 24 000 件，一共是 6 000 张订单（即 6 000 个购物篮），含指定商品的订单数量（即购物篮总数）和指定商品购物篮的销售总数，如表 7 - 4 所示。请对这 18 种商品做购物篮分析，包括计算每种商品的购物篮系数、每种商品的人气指数，确定人气王，并将这 18 种商品进行分类，并制定相应的营销策略和促销策略。

表 7 - 4　某网店某月商品销售数据

编号	商品	含指定商品的购物篮总数/个	含指定商品购物篮的销售总数/件
1	A	1 500	4 650
2	B	1 410	6 345
3	C	1 330	3 857
4	D	1 290	2 193
5	E	1 255	6 526

续表

编号	商品	含指定商品的购物篮总数/个	含指定商品购物篮的销售总数/件
6	F	1 150	7 245
7	G	1 050	2 415
8	H	932	5 126
9	I	850	2 975
10	J	760	3 648
11	K	650	3 120
12	L	530	2 756
13	M	470	846
14	N	355	2 272
15	O	312	780
16	P	290	1 624
17	Q	260	1 144
18	R	210	378

3. 任务安排

本任务是一个团队任务，要求队员分工协作完成，完成后上交《某网店某月购物篮分析》，并做好汇报结果的准备。

4. 任务实施

（1）构思。网店进行购物篮分析，通过对顾客的购物清单进行分析来洞悉消费者的购买行为。其中购物篮系数是网店用得最多的一个指标。它是一个综合指标，消费者购买力的高低、网店商品展示和页面设计是否合理、商品库存是否充足等都会影响到购物篮系数。除了需要关注宏观的购物篮系数指标外，还需要关注微观的购物篮系数，即指定商品的购物篮系数。将每个商品的购物篮系数进行排行分析，就可以找到高连带销售的商品，即店铺的人气王。

（2）设计。购物篮系数是指顾客平均购买数量，公式如下：

$$\text{购物篮系数} = \frac{\text{某段时间商品销售总数}}{\text{某段时间的购物篮总数}}$$

指定商品购物篮系数是指包含顾客购买指定商品的订单的平均购买数量，公式如下：

$$\text{指定商品购物篮系数} = \frac{\text{某段时间含指定商品购物篮的销售总数}}{\text{某段时间含指定商品的购物篮总数}}$$

指定商品人气指数是指指定商品给店铺带来的平均销售数量，公式如下：

$$\text{指定商品人气指数} = \frac{\text{某段时间含指定商品购物篮的销售总数}}{\text{某段时间的购物篮总数}}$$

可以利用波士顿矩阵来展示购物篮数量与购物篮系数之间的对应关系，由此确定相应的营销策略和促销策略。

（3）实现。

步骤1：计算购物篮系数；

步骤2：计算指定商品的购物篮系数；

步骤3：计算指定商品的人气指数；

步骤4：绘制购物篮数量与购物篮系数的波士顿矩阵，并由此确定相应的营销策略和促销策略；

步骤5：撰写《某网店某月购物篮分析》；

步骤6：做好汇报结果的准备。

（4）运作。

某网店某月购物篮分析

1. 计算购物篮系数

$$购物篮系数=\frac{某段时间商品销售总数}{某段时间的购物篮总数}=\frac{24\ 000}{6\ 000}=4.0$$

该网店某月的购物篮系数为4.0，即平均每位顾客一次性购买了4件商品。

2. 计算指定商品的购物篮系数

根据指定商品购物篮系数计算公式，18种商品的含指定商品的购物篮系数如表1所示。

表1　18种商品的含指定商品的购物篮系数

编号	商品	含指定商品的购物篮总数/个	含指定商品购物篮的销售总数/件	含指定商品的购物篮系数
1	A	1 500	4 650	3.1
2	B	1 410	6 345	4.5
3	C	1 330	3 857	2.9
4	D	1 290	2 193	1.7
5	E	1 255	6 526	5.2
6	F	1 150	7 245	6.3
7	G	1 050	2 415	2.3
8	H	932	5 126	5.5
9	I	850	2 975	3.5
10	J	760	3 648	4.8
11	K	650	3 120	4.8
12	L	530	2 756	5.2
13	M	470	846	1.8
14	N	355	2 272	6.4
15	O	312	780	2.5
16	P	290	1 624	5.6
17	Q	260	1 144	4.4
18	R	210	378	1.8

3. 计算指定商品的人气指数

根据指定商品人气指数计算公式，18种商品的含指定商品人气指数如表2所示。

表 2　含指定商品人气指数

编号	商品	含指定商品的购物篮总数/个	含指定商品购物篮的销售总数/件	指定商品人气指数
1	A	1 500	4 650	0.78
2	B	1 410	6 345	1.06
3	C	1 330	3 857	0.64
4	D	1 290	2 193	0.37
5	E	1 255	6 526	1.09
6	F	1 150	7 245	1.21
7	G	1 050	2 415	0.40
8	H	932	5 126	0.85
9	I	850	2 975	0.50
10	J	760	3 648	0.61
11	K	650	3 120	0.52
12	L	530	2 756	0.46
13	M	470	846	0.14
14	N	355	2 272	0.38
15	O	312	780	0.13
16	P	290	1 624	0.27
17	Q	260	1 144	0.19
18	R	210	378	0.06

人气指数并不是指定商品的销售数量的比重，销售数量的比重大小只能用来判断该商品卖得好不好。人气指数高的商品本身不一定卖得好，但是它能带来的销售量高。通过表中的人气指数排名可以发现，商品 F 是人气王。

4. 商品购物篮的波士顿矩阵分析

用波士顿矩阵来分析购物篮系数与购物篮数量之间的对应关系，如图 1 所示。

第一象限（右上）四件商品的订单数量和单均支付商品数都高于平均值，它们应该是网店人气和商品销量的主要来源，也是促销活动的重点考虑对象。

第二象限（左上）五件商品的订单数量不错，但单均支付商品数低于平均值，这部分商品需要解决的是如何提高它们的关联销售额的问题。

第三象限（左下）三件商品属于边缘商品，本身卖得不好，和其他商品的关联度也不高。

第四象限（右下）六件商品的单均支付商品数很高，单订单数量偏少，因此首要任务是促进它们产生更多的订单。

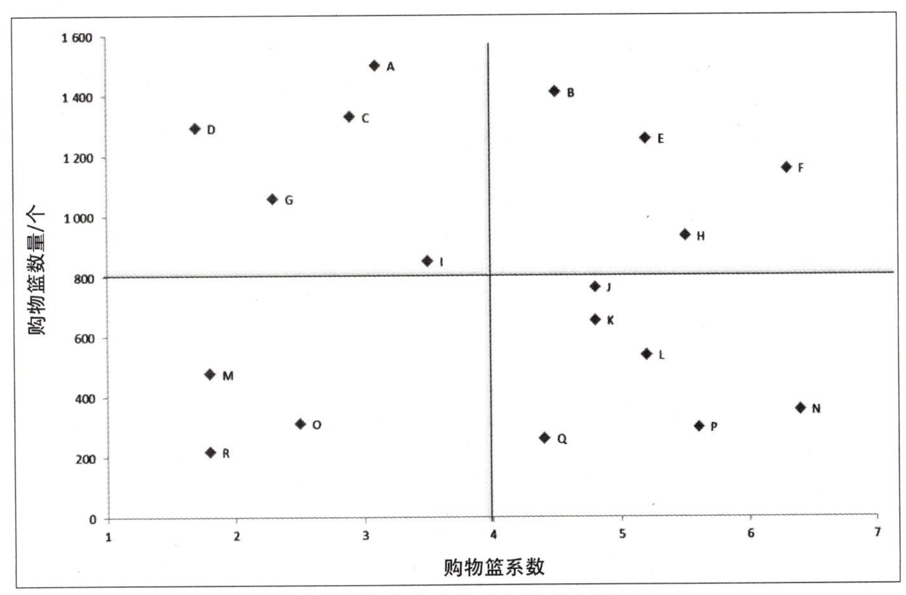

图 1　商品购物篮的波士顿矩阵

四、任务拓展

（一）撰写产品分析报告

1. 任务背景

作为互联网从业者，免不了要写产品分析报告，有些人在体验产品时，常会陷入一种“无目的”的状态，不知该如何思考，体验之后也总结不出什么，最终写出来的东西老板不满意，自己也觉得没深度。究其原因还是没有找到一条有效的思考路径，想要找到路径，就要来解剖一下产品。首先将产品想象成一块圆形蛋糕，将其切成两半：一半叫商业，一半叫产品。商业是魂，起到导向作用；产品是形，通过设计与视觉来体现商业理念。这就是思考路径——分离商业与产品。之后将产品先放一边，单看商业部分，商业是促成产品成型的根基部分，搞懂它能够帮助你更快地理解产品设计。一般情况下，产品的诞生都是先由一群有特定特征的人群做了某种行为，在行为过程中，遇到了让他不舒服、受挫的体验，他们很希望这个不舒服的体验能得到改善，而某个商业产品的出现，帮助他们解决了这个问题。这是个循环过程，产品基本会沿这条路径一直演变，当面对一个没接触过的产品时，就先试着用产品的诞生过程来作为思考路径来思考吧，然后尝试独立将这些信息逐个填满。

2. 任务内容

选择一家网店的一个引流商品作为分析对象，撰写产品分析报告，报告的基本内容包括：产品概况——背景、产品简介和产品定位、产品销售和盈利情况分析、产品用户画像分析；基于使用场景的核心产品层次分析——产品质量和性能分析；基于使用场景的有形产品层次分析——产品外观和品牌分析；基于使用场景的期望产品层次分析——客户评价分析；基于使用场景的潜在产品层次分析——产品价格分析、产品库存分析、产品的生命周期分析、产品市场行情分析、竞品分析等。

3. 任务安排

本任务是一个团队任务，要求学生运用 CDIO 的方法合作完成，完成后上交《×××网店×××产品分析报告》，并做好汇报结果的准备。

（二）商品用户需求分析

1. 任务背景

需求是什么？简单地说，每当你想到，如果可以这样就好了，那就是一个需求。一个很形象的例子：饿了，想吃饭，这就是一个需求。

理解什么是需求之后，需求分析又是什么？深度理解用户需求，挖掘用户的深层次需求。比如：用户想要找东西—找到更符合要求的东西—推荐给他所关注的东西—好东西推荐给好友。这就是用户需求逐步深入挖掘的典型案例，由最初的用户想找某一个东西，到最后把好东西共享给好友，让好友方便找东西，这就做到了信息共享。当然，用户在提出某一种需求的同时，也会提出自己认为正确的解决方案，但是这个方案并不一定实现。聆听用户需求，深度剖析用户底层需求要点，找准用户痛点，这就是需求分析的精髓。

一千个读者眼中有一千个哈姆莱特，用户需求会千奇百怪，而商品不可能大而全地满足所有用户的所有需求，所以找准自己的目标用户群很关键。怎么来做用户需求分析？用户需求分析的要点又是什么？

（1）根据商品基本定位，明确用户分类；

（2）不同用户群体的特征：年龄、性别、教育程度、消费能力、城市和共性习惯等；

（3）不同用户群体想要什么；

（4）用户想要的商品是否能够满足。

认识用户的下一步就是了解各用户群体的需求，通过多种途径采集用户需求。常用的需求采集方法有：文献调研、用户访谈、问卷调查、竞品分析、运营数据分析、用户反馈等。产品上线前使用的采集方法为文献调研和竞品分析，产品上线后使用的采集方法为用户反馈。好好利用百度指数和淘宝指数，这也是了解用户特征的好方法。

2. 任务内容

针对某个网店的某个商品做用户需求分析和判断之后，需要写一份报告文档，将需求的处理结果呈现出来，这和策划产品后要写一份策划方案是一样的，文档可以采用 PPT 的形式，以大纲加上演说的方式表述方案。PPT 文档的大纲应当包括以下几点内容：

背景描述：要了解市场行情、业务目标、产品定位等。

用户类型和特征：简单地描述目标用户情况或现有使用人群的情况。

产品整体概念：产品整体概念的 5 个层次，可以由设计师和产品经理配合完成，也可由产品经理独立完成，设计师做参考用。

需求详细说明：对每一条需求做详细说明，包括但不限于场景说明、用户目标、商业价值、功能描述、优先级。

3. 任务安排

本任务是一个团队任务，要求队员采用 CDIO 的方法分工协作完成，完成后上交《××

×网店×××商品用户需求分析报告》，并做好汇报结果的准备。

项目结构

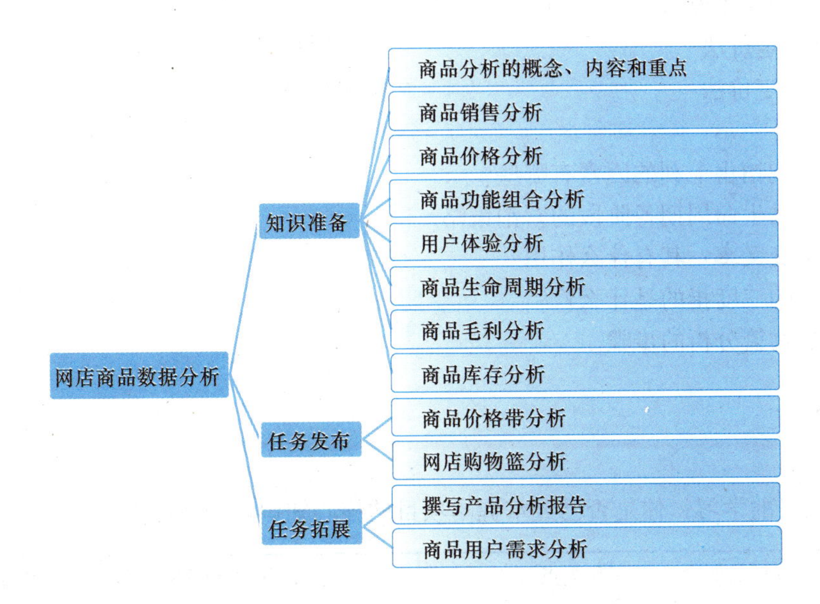

同步测试

一、判断题

1. 成本决定了企业对商品收取的底价。 (　　)
2. 如果卖家的商品定价低于固定人群的消费能力，这部分消费者会立即购买。 (　　)
3. 市场上的顾客需求为价格设立了上限，它取决于顾客对产品和服务的价值感受。 (　　)
4. 渗透定价法是通过牺牲销量来获得较高毛利的。 (　　)
5. 影响用户体验的主要因素是系统、用户和使用环境。 (　　)

二、选择题（单选多选不限）

1. 商品分析的重点是(　　)。
   A. 商品 ABC 分类的 A 类商品　　B. 价格敏感商品
   C. 高毛利商品　　D. 以上都不对
2. 销售计划完成情况分析方法一般有(　　)。
   A. 销售计划完成情况的一般分析
   B. 品类商品销售情况的具体分析
   C. 热销单品定价情况的具体分析
   D. 热销单品销售情况的具体分析
3. 在商品定位时，常见的店铺商品优势有(　　)。
   A. 低价优势　　B. 专业优势
   C. 特色优势　　D. 附加值优势

4. 网店的商品按照销售意义分为（　　）。

A. 引流商品　　B. 普通商品

C. 定位商品　　D. 利润商品

5. 一般的定价策略包括(　　)。

A. 撇脂定价法　　B. 渗透定价法

C. 适中定价法　　D. 以上都不对

三、简答题

1. 最终影响销售毛利的因素有哪些？
2. 简述商品生命周期各阶段的营销策略。
3. 什么是交叉率？其有什么作用？
4. 价格带的三度指的是什么？
5. 简述购物篮分析的步骤。

能力测评

通过本项目的学习，你是否已经掌握本项目的核心知识点和技能点，请做出自评。

知识点	商品分析的概念、内容和重点	□充分掌握□基本掌握□未掌握
	商品销售分析	□充分掌握□基本掌握□未掌握
	商品价格分析	□充分掌握□基本掌握□未掌握
	商品功能组合分析	□充分掌握□基本掌握□未掌握
	用户体验分析	□充分掌握□基本掌握□未掌握
	商品生命周期分析	□充分掌握□基本掌握□未掌握
	商品毛利分析	□充分掌握□基本掌握□未掌握
	商品库存分析	□充分掌握□基本掌握□未掌握
技能点	商品价格带分析	□已经具备□初步具备□未具备
	网店购物篮分析	□已经具备□初步具备□未具备
	撰写产品分析报告	□已经具备□初步具备□未具备
	商品用户需求分析	□已经具备□初步具备□未具备
自评人（签名）： 年　月　日		教师（签名）： 年　月　日

项目八

市场行情数据分析

学习目标

知识目标

☞ 了解市场行情；
☞ 理解供给规律，掌握供应指数；
☞ 理解需求规律，熟悉市场需求分析；
☞ 理解价格形成理论，熟悉价格带分布；
☞ 了解经济周期阶段，掌握经济周期分析方法；
☞ 理解生产要素理论，熟悉竞争要素分析。

技能目标

☞ 具备电商市场品牌竞争力分析的能力；
☞ 具备利用百度指数分析市场行情的能力；
☞ 具备利用阿里指数分析市场行情的能力；
☞ 具备撰写市场调研报告的能力。

基本素养

☞ 具有数据敏感性；
☞ 善于用数据思考和分析问题；
☞ 具备收集、整理和清洗数据的能力；
☞ 具有较好的逻辑分析能力。

一、项目导入

玩具电商行情

俗语说：市场行情“金九银十”，这句话同样适用于9月的玩具电商行情。统观本期榜单，上榜品牌种类繁多，而且不乏众多国外品牌。从具体产品上看，本期新登榜产品有丹妮奇特“小瑞森林乐园积木”、司马“三通道合金飞机”、爱亲亲“儿童益智百变大块积木”、汇乐新品“欢跃小赛马”和“EQ摇摆大黄鸭”、伟易达“变形恐龙”和“宝贝方向盘”、玛格丽特“卡通摇马”、愤怒的小鸟“红色木制陀螺”、DIGITUP 的“考古恐龙”、万代“超航海王造型—艾斯人偶”、优迪玩具的“遥控飞碟”、猫贝乐的“水晶双面有声挂图”、雅得的“3.5 通道陀螺仪遥控飞机”等。

细览榜单，我们会发现，遥控产品的身影充斥在各大电商平台，9 月俨然是遥控类玩具的主场，而遥控类飞机更是脱颖而出，乘势飞翔。

三大类遥控飞机流行

在市面上，主流的遥控飞机类玩具目前可分为滑翔机型、直升机型与飞碟机型三大种类。调查得知，直升机作为传统的机型，操作简单，销售领域宽，市场沉淀较久，款式也比较丰富，如今占据电商市场主流。飞碟作为比较新颖的产品，在功能上有很好的表现，室内、室外均可进行操作，可在空中进行360°翻转等特技表演，部分高端机型还配置了高清航拍、远距离遥控、定位返航等功能，受到广大航模爱好者的喜爱，网上销售呈直线上升趋势。而滑翔机型则对使用场地要求稍高，需要比较宽阔的地方才能够施展卓越的飞行功能，操作者也需要具备一定的飞行操控技巧。作为传统产品，曾经风靡一时，但现在稍为逊色。

图 8－1　冰兽直升机

直升机类玩具作为遥控飞机产品的佼佼者，目前主要从功能型和外观型两大方向发展。如东莞银辉玩具公司最新力作冰兽直升机，造型、功能别致，兼具路上行走和空中飞行两种模式，如图 8－1 所示。

汕头市澄海区海宝玩具厂首推的重力感应手柄遥控器直升机，融入了智能化、高仿真的设计理念，再加上与金鹰卡通合作的“爸爸去哪儿”动漫卡通授权系列产品，成为海宝玩具的拳头产品；作为电影《阿凡达》影片里飞行器项目的全球唯一授权生产商、销售商的广东雅得科技有限公司，推出航拍、合金、阿凡达、常规产品、四轴飞行器 5 大系列遥控飞机；汕头市凯登玩具实业有限公司注重功能创新，生产出能在飞行过程中变形并增加了红外线对打功能及目标射击功能的遥控飞机，有效增加了实操飞行的乐趣。

遥控飞机类玩具在国内玩具界已经有一定发展历史，其电商市场也显得较为成熟。为了取得更多的销售份额，部分企业积极针对遥控飞机在网络营销中的劣势，推出了免费维修活动。与一般兼售飞机零件的线上电商不同，海宝更希望能保障消费者的实际利益，而不是靠卖零件“曲线创收”。所以，公司开通了全国400 条免费售后电话，由专业工程师为消费者提供免费的咨询及维修服务，并以此树立良好的品牌形象。

技术趋于成熟，玩家更易上手

遥控飞机类玩具未来走势多被业内人士看好。每年年底，市场的销售气氛都会比较活跃，这和国人的周期性消费习惯密不可分。市场有消费的刚需，自然会带动线上商品的热销。在具体的产品评价上，今年的市场对三通道直升机的需求依然是主流，但四轴飞行器可能会有比较乐观的销售走势，因为现在飞行器的产品技术越来越成熟，操作技术的要求也不高，普通玩家一上手就会。飞行器的抗风、远距离飞行、航拍、空翻等多样化的功能，更能够满足消费者的娱乐需求。从长远来看，遥控飞机的发展趋势会向耐摔、易操控、远距离、抗风性强、航拍、与IT设备配套兼容的方向发展。整个产业会朝向由专业性到大众性、娱乐性的产品发展格局过渡。

消费者之声

电商平台消费者对部分遥控飞机类玩具有以下反馈：续航时间过短、容易损坏、飞行时发出大量杂音、漏发部分备用小零件、碰撞后机身掉漆。(文章写于2014年10月)

思考：

1. 请分析遥控飞机类玩具的电商市场行情。
2. 请分析消费者对直升机类玩具的偏好。
3. 请分析热销的遥控飞机类玩具的特征。

二、知识准备

（一）市场行情认知

市场行情是指市场上商品流通和商业往来中有关商品供给、商品需求、流通渠道、商品购销和价格的实际状况、特征以及变动的情况、趋势和相关条件的信息。形成市场行情的信息来源是广泛的、多方面的。它不仅涉及整个流通领域，而且涉及社会再生产各方面。经过综合分析，许多个别的、片面的市场行情的信息可以形成一个整体，能够对某类商品的供求状况和某个市场供求形势做出特征性判断。

有市场和商业就有市场行情。无论是商人还是生产者，为了组织好生产和经营，必须运用价值规律，掌握市场行情，密切注视市场供求的变化。商品生产者和经营者的经济活动成效，只能通过商品在市场中的运动来检验。为了在竞争中取得有利地位，必须对市场行情进行认真的调查研究，对供求和价格的变化及其原因进行认真分析，并对变化的趋势做出预测，从而总结出商品经营的经验。

行情的实质是在商品经济条件下，社会生产和社会消费的矛盾必然要在市场上通过供求矛盾反映出来，社会再生产的运行过程必然要通过市场行情反映出来。市场行情实质上是社会再生产内在发展过程在市场上的外部表现。

（二）市场供给分析

商品供给是指在一定时期内、一定市场上，某种类商品的所有生产者提供给或者能够提供给市场的商品总量。影响供给的因素有商品价格、生产成本、相关商品生产数量及价格的变化、生产者对未来价格的预期、技术进步及引起的成本变化、政策性因素等。供给者希望价格越高越好，因为价格越高，供给者利润越好。

1. 供给规律

供给的基本规律：对于一般商品而言，价格与供给量呈正相关，即在价格高于成本的情况下，价格越高，供给量就越大；反之亦然。当某种商品的价格上涨时，生产者就愿意多生产该商品，供给量随之上升；反之，当某种商品的价格下跌时，在成本不变的情况下，生产商会尽量减少这种商品的生产，供给量随之减少，如图8－2所示。

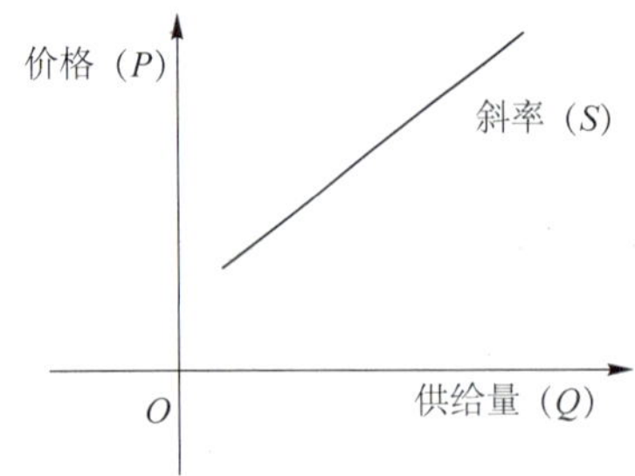

图8－2　供给的基本规律

供给曲线的斜率（S）大小和位置的变动受很多因素的影响。如科技进步，则会增加商品的供给量，供给曲线向右下方平行移动，市场价格随之下降；而一些突发性因素则会造成商品供给减少，供给曲线向右上方平行移动，商品价格上涨；生产成本的上升，则会使供给曲线更加陡峭。

2. 供应指数

1688供应指数是指根据在1688市场里所在行业已上网供应产品数计算而成的一个综合数值，指数越高，表示1688市场的供应产品越多。1688采购指数是指根据在1688市场里所在行业的搜索频繁程度计算而成的一个综合数值，指数越高，表示在1688市场的采购量越多。

图8－3所示为空调行业一年的1688供应指数和1688采购指数，采购指数从2016年8月开始到2017年1月逐级下降，又从2017年1月开始逐级上升，在2017年7月达到最高峰，8月又呈现明显的下降趋势；供应指数在2016年10月出现过一次断崖式下跌，之后逐渐恢复，但在恢复之后，2017年的供应指数要明显低于上年同期，2017年的供应指数高峰也是出现在7月；从2017年2月开始，供应指数与采购指数的变动在整体趋势上基本保持一致，不过2017年8月的采购指数下降幅度明显要高于供应指数下降幅度，有可能出现供过于求。

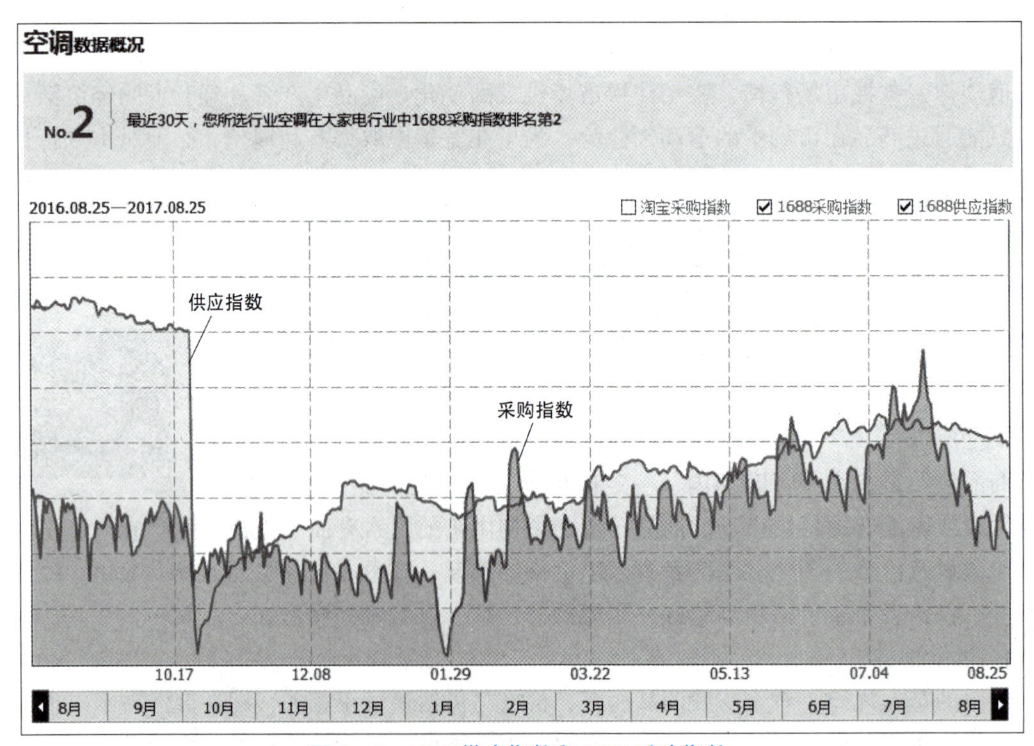

图8－3　1688供应指数和1688采购指数

（三）市场需求分析

商品需求是指在一定的时期内，在一定的市场上，购买者对某种类的商品有货币支付能力的需求总量。影响需求的因素有商品价格、购买者收入、消费者偏好、消费者对商品价格的预期以及相关商品的价格。需求者希望价格越低越好，因为价格越低，需求者利益越大。

1. 需求规律

需求的基本规律：对于一般商品而言，在其他条件不变的情况下，当商品价格上涨时，商品的需求减少；反之，商品的需求增多。商品的价格与其需求量呈负相关，如图 8－4 所示。

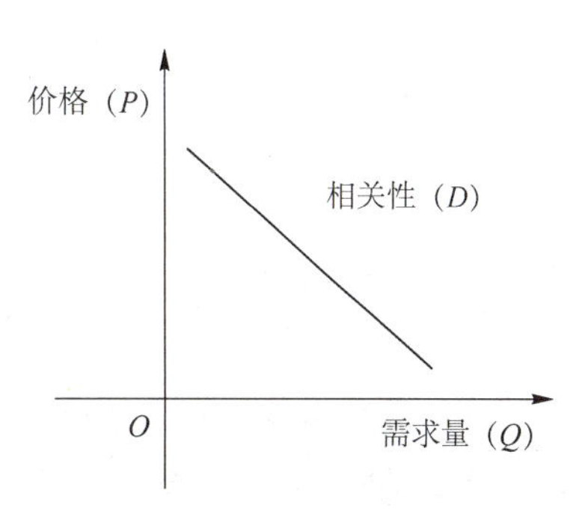

图 8－4　需求的基本规律

需求曲线的位置会随着相关因素的变化而发生变动。例如，在经济周期的不同阶段，消费者的收入不同，在经济高涨时，消费者的收入会相应增加，在商品价格不变的情况下，消费者对该商品的消费量会增加，于是需求曲线向右上方移动，市场价格上升。如果此种商品的替代品的价格下降，消费者对其替代商品的需求则会增加，对该商品的需求将会减少，于是需求曲线向左下方移动，其市场价格下降。

2. 市场需求分析

（1）需求量变化趋势。对任何商家而言，细致认真的市场需求分析都是少不了的，因此，开办网店的第一步就是搞好市场需求分析，了解市场需求量变化趋势。图 8－5 所示为 7 月 26 日—8 月 24 日空调访客数的大盘走势，访客数呈现逐级下降趋势，从 184 万下降到 50 万，下降幅度达到 73%。

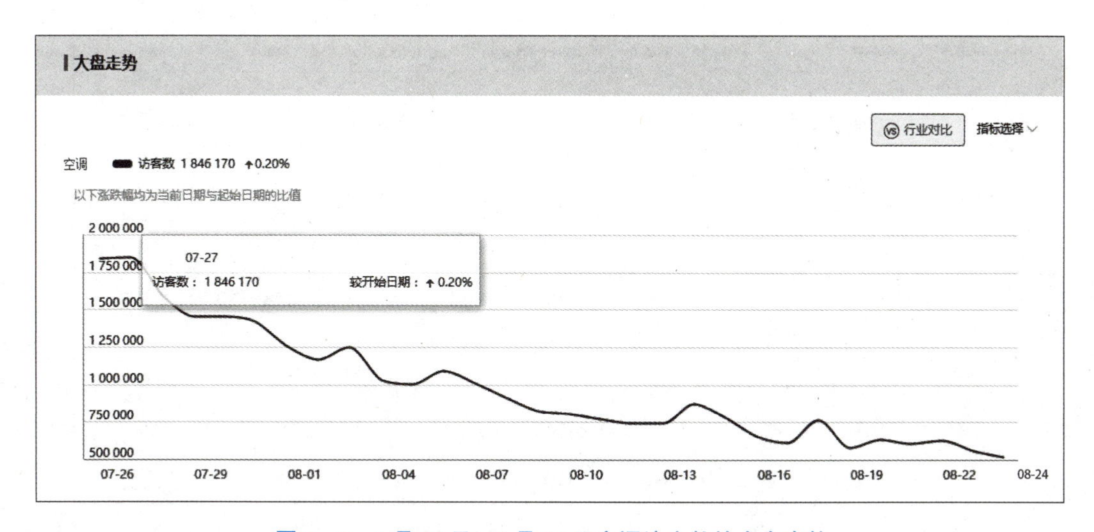

图 8－5　7 月 26 日—8 月 24 日空调访客数的大盘走势

图 8－6 所示为 7 月 26 日—8 月 24 日空调交易指数的大盘走势，交易指数也呈现逐级下降趋势，从 347 万下降到 115 万，较最高点下降幅度达到 67%。

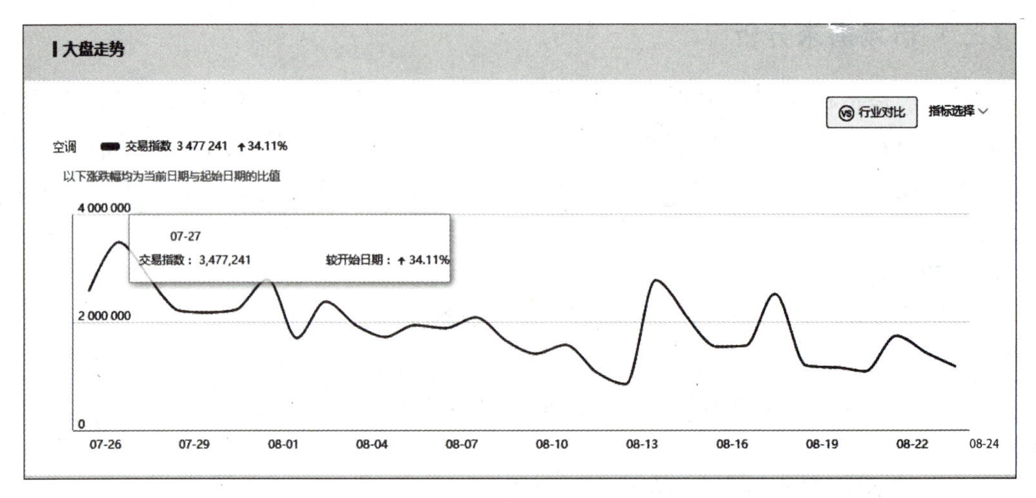

图 8－6　7 月 26 日—8 月 24 日空调交易指数的大盘走势

（3）品牌偏好。品牌偏好是品牌力的重要组成部分，指某一市场中消费者对该品牌的喜好程度，是对消费者的品牌选择意愿的了解。消费者在采取购买行动之前，心中就已有了既定的品位及偏好，只有极少数的消费者会临时起意进行冲动性购买。整体而言，就算消费者的购买是无计划性的、无预期性的，仍将受到心中既有的品位与偏好的影响。

图 8－7 所示为 8 月 18—24 日空调的热销品牌榜，交易指数排在前五位的品牌是美的、格力、奥克斯、海尔、TCL，其中奥克斯品牌的转化率最高。

品牌排行 累计值　　最近7天（08-18~08-24）　大家电>空调　所有终端　全网

热销品牌榜　飙升品牌榜　高流量品牌榜　高搜索品牌榜

以下数据均来自该行业下所有在线商家的历史数据　　请输入关键字

热销排名	品牌名称	交易指数	交易增长幅度	支付商品数	支付转化率	操作
1	Midea/美的	2 214 339	↓0.61%	2 301	1.47%	热销商品榜 热销店铺榜
2	Gree/格力	1 881 686	↓42.11%	1 872	0.89%	热销商品榜 热销店铺榜
3	AUX/奥克斯	1 749 587	↓12.27%	1 921	1.73%	热销商品榜 热销店铺榜
4	Haier/海尔	859 068	↓33.99%	1 245	0.70%	热销商品榜 热销店铺榜
5	TCL	830 017	↓13.18%	1 346	1.07%	热销商品榜 热销店铺榜

图 8－7　8 月 18—24 日空调的热销品牌榜

（2）属性偏好。消费者在选择空调时，主要考虑的因素有品牌、种类、工作方式、功率和适用面积。

图 8 - 8 所示为 8 月 18—24 日空调种类的属性值排行榜，按交易指数排名前五位的分别是壁挂式、柜机、移动空调、家用中央空调和窗机。通过同比分析可以发现柜机需求量增幅较大，值得商家重点关注。同时，通过搜索词查询可以发现“移动空调”搜索量最大，说明消费者对移动空调有明确的需求。

空调种类　　请输入属性值名称关键字

排名	属性值	交易指数	支付件数	操作
1	壁挂式	3 491 376	68 846	热销商品榜 热销店铺榜 本店支付商品榜
2	柜机	2 269 189	14 258	热销商品榜 热销店铺榜 本店支付商品榜
3	移动空调	600 791	4 652	热销商品榜 热销店铺榜 本店支付商品榜
4	家用中央空调	196 393	204	热销商品榜 热销店铺榜 本店支付商品榜
5	窗机	167 222	373	热销商品榜 热销店铺榜 本店支付商品榜

图 8 - 8　8 月 18—24 日空调种类的属性值排行榜

图 8 - 9 所示为 8 月 18—24 日空调工作方式的属性值排行榜，按交易指数排名前三位的分别是定速、变频和定频。利用搜索词查询做进一步分析却发现，直接搜“定速”的消费者很少，而搜“变频”的消费者要比它好多几倍，这说明“定速”不是消费者关注的属性，购买定速空调的消费者比较多，只是因为其价格较变频空调便宜。

热销属性榜　热销组合属性榜

工作方式　　请输入属性值名称关键字

排名	属性值	交易指数	支付件数	操作
1	定速	3 182 446	56 839	热销商品榜 热销店铺榜 本店支付商品榜
2	变频	2 848 391	32 875	热销商品榜 热销店铺榜 本店支付商品榜
3	定频	364 496	1 444	热销商品榜 热销店铺榜 本店支付商品榜

图 8 - 9　空调工作方式的属性值排行榜

图 8 - 10 所示为 8 月 18—24 日空调功率的属性值排行榜，按交易指数排名前五位的分别是大 1.5 匹、大 1 匹、3 匹、大 2 匹和 1.5 匹。

热销属性榜　热销组合属性榜

功率　　请输入属性值名称关键字

排名	属性值	交易指数	支付件数	操作
1	大1.5匹	2 295 655	31 056	热销商品榜 热销店铺榜 本店支付商品榜
2	大1匹	1 980 056	26 353	热销商品榜 热销店铺榜 本店支付商品榜
3	3匹	1 716 470	7 690	热销商品榜 热销店铺榜 本店支付商品榜
4	大2匹	1 426 432	7 368	热销商品榜 热销店铺榜 本店支付商品榜
5	1.5匹	1 033 133	6 955	热销商品榜 热销店铺榜 本店支付商品榜

图 8－10　8 月 18—24 日空调功率的属性值排行榜

图 8－11 所示为 8 月 18—24 日空调适用面积的属性值排行榜，按交易指数排名前五位的分别是 10～16 m^2、11～20 m^2、10～15 m^2、11～17 m^2 和 31～40 m^2。

热销属性榜　热销组合属性榜

适用面积　　请输入属性值名称关键字

排名	属性值	交易指数	支付件数	操作
1	10-16m^2	1 156 014	9 532	热销商品榜 热销店铺榜 本店支付商品榜
2	11m^2(含)-20m^2(含)	1 122 698	11 293	热销商品榜 热销店铺榜 本店支付商品榜
3	10-15m^2	934 876	8 101	热销商品榜 热销店铺榜 本店支付商品榜
4	11-17m^2	918 004	6 879	热销商品榜 热销店铺榜 本店支付商品榜
5	31m^2(含)-40m^2(含)	828 155	2 349	热销商品榜 热销店铺榜 本店支付商品榜

图 8－11　8 月 18—24 日空调适用面积的属性值排行榜

图 8－12 所示为 8 月 18—24 日空调热销组合属性榜，按交易指数排名前五位的分别是冷暖电辅＋三级、同城上门安装＋全国联保、壁挂式＋冷暖电辅、三级＋壁挂式、冷暖电辅＋全国联保。

热销属性榜	热销组合属性榜			
排名	**属性值**	**交易指数**	**支付件数**	**操作**
1	冷暖电辅 + 三级	2 962 620	45 729	热销商品榜 热销店铺榜 本店支付商品榜
2	同城上门安装 + 全国联保	2 899 306	39 637	热销商品榜 热销店铺榜 本店支付商品榜
3	壁挂式 + 冷暖电辅	2 895 548	48 432	热销商品榜 热销店铺榜 本店支付商品榜
4	三级 + 壁挂式	2 841 318	51 054	热销商品榜 热销店铺榜 本店支付商品榜
5	冷暖电辅 + 全国联保	2 751 464	35 818	热销商品榜 热销店铺榜 本店支付商品榜

图 8－12　空调热销组合属性榜

（4）搜索偏好。淘宝网排行榜是淘宝网官方提供的买家每日在淘宝搜索和天猫搜索使用的查询关键词汇总统计生成的排行数据，包括今日关注上升榜和一周关注热门榜，如图 8－13所示。

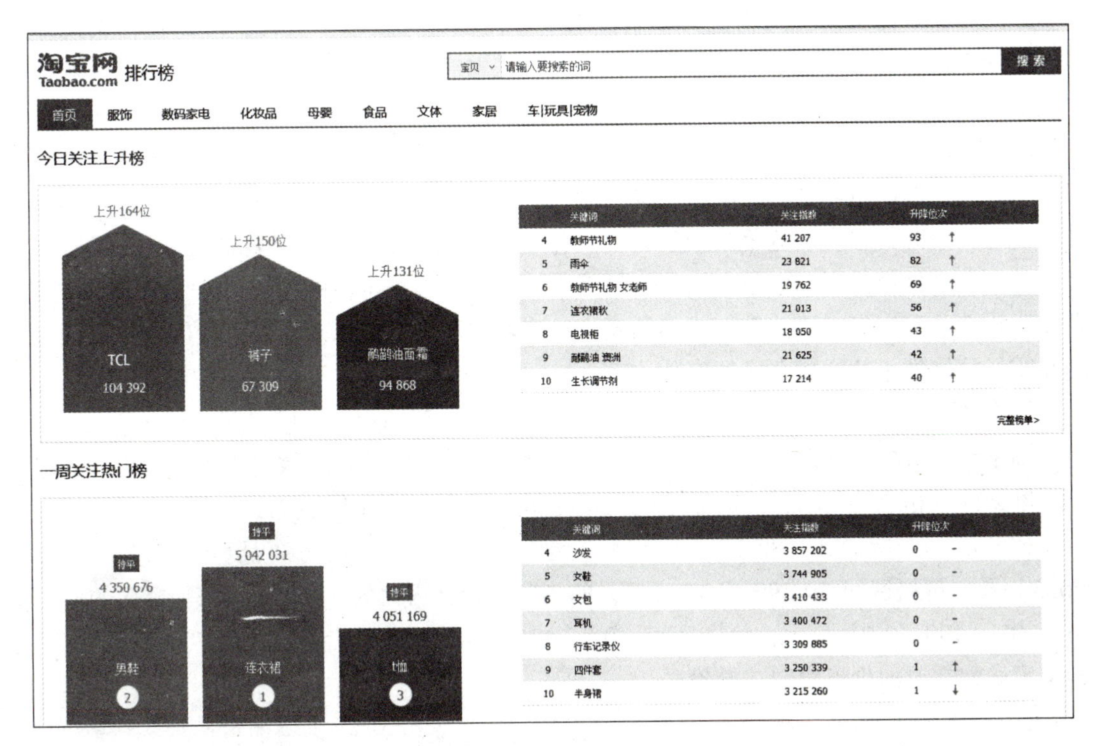

图 8－13　淘宝排行榜

今日关注上升榜包含所有类目每天搜索次数上升最快的关键词，反映的是当前消费者需求变化最快的热点。图 8－13 显示“TCL”“裤子”“鸸鹋油面霜”“教师节礼物”“雨伞”上升最快。

一周关注热门榜包含所有类目在一个星期内的搜索量排行，展示的是当下最畅销的商品是什么。图 8－13 显示“连衣裙”“男鞋”“T 恤”“沙发”“女鞋”排名前五。

（四）市场价格分析

1. 价格形成理论

价格也称为市场价格，是商品价值的货币表现，通常是指某种商品在市场上，一定时期内客观形成的具有代表性的实际成交价格。价格基本上是自发形成的，是由商品价值、货币价值、供求和竞争、商品成本、消费习惯、成交数量、付款条件、地理位置、产品质量、自然因素（季节性因素、气候因素）、技术进步、政治经济形势、经济周期、战争等决定的。

商品的价值是商品价格的基础，只要商品的价值不变，商品价格就会在其他因素的影响下围绕其价值来回波动。

市场供求是形成市场价格的重要参数，价格是在需求与供给的矛盾与平衡中产生，在讨价与还价中形成的。当市场需求扩大时，产品价格趋涨，高于价值；当需求萎缩时，产品价格趋跌，低于价值；当供求平衡时，价格相对稳定，符合价值。当生产过剩或供应过多时，卖方急于出售，产品价格趋跌；当产品供给减少时，产品价格趋涨。当需求扩大，同时供给发生缩减时，产品价格会急剧上升；当需求下降而供给却不断上升时，产品价格会急剧下跌。时间因素在价格形成中的作用：在短时间内需求对价格形成起主导作用，在长时间内是供给起主导作用，在正常时间内是供求的均衡起作用。

宏观经济的运行状况也会影响商品市场价格，当经济上行时，商品市场价格会上涨；当经济下行时，商品市场价格会随着下降。

此外，垄断的程度、竞争的激烈程度、科学技术的发展、自然条件的变化、政治环境、战争等突发事件都是影响商品市场价格的因素。又由于市场价格的构成包括生产成本、流通费用、税金及利润等，因此生产成本的变化、流通费用的增减以及缴纳税收的多少都会导致商品市场价格发生这样或那样的变化。

2. 价格带分布

商家制定价格策略时，一个很重要的依据就是消费者的消费层次和价格承受能力，以此为标准来确定相应的价格带。商家采购就是在相应的价格带当中寻找产品。

如图 8－14 所示，1688 市场的空调行业，买家浏览最多的商品价格带为［2 401，5 533］元，价格区间［1 190，13 252］元的浏览量合计占比为 67.98%；采购最多的商品价格带为［1 190，2 401］元，价格区间［0，2 401］元的浏览量合计占比为 78.52%，也就是说买家采购空调的价格集中在低价区。

（五）经济周期分析

经济周期（Businesscycle）是从国外引进的概念，可以被称作商业周期，也可以被称作经济循环。总的来说，经济周期（Businesscycle）是指国民收入和经济活动的周期性波动，它以大多数经济部门的扩张或收缩为标志，是市场经济的一个重要特征。

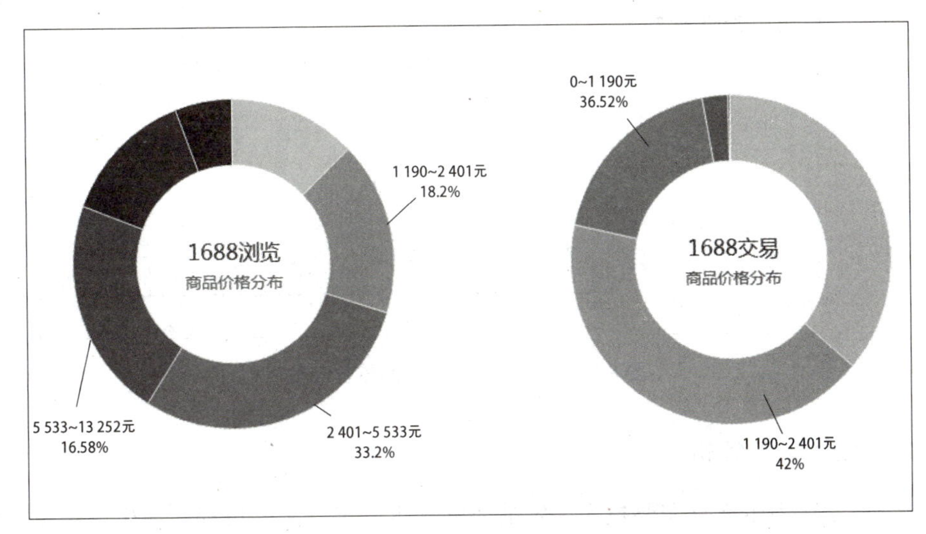

图 8－14　1688 市场的空调价格带分布

1. 经济周期阶段

经济在运行的过程中，时而处于经济繁荣时期，经济发展蒸蒸日上，时而处于经济发展的萧条期，此时，经济不景气，经济发展速度就会放慢，甚至出现负增长。并且，这样时而繁荣时而萧条的经济现象是交替出现、不断循环往复的。经济周期分为繁荣、衰退、萧条和复苏四个阶段，表现在图形上则叫衰退、谷底、扩张和顶峰，这两种称呼都被世人熟知。

经济衰退是指宏观经济形势下行，经济增长速度放缓甚至出现负增长的状态。由于不同的人对衰退的理解是不同的，因此不同的国家对衰退下的定义也不尽相同。美国给经济衰退下的定义是经济连续 6 个月出现负增长的情形。但是这个定义出来后没有被广泛接受。之前，美国国家经济研究局还将经济衰退定义得更为模糊，美国国家经济局认为经济衰退是指国民经济领域内的经济活动连续几个月出现下滑的情况。

经济周期的不同阶段，商品的生产规模和需求规模会发生扩张和收缩的变化，从而导致商品市场价格的上涨和下降。当经济处于衰退和萧条阶段时，商品生产萎缩，需求减少，商品市场价格呈下跌趋势；当经济处于复苏和繁荣阶段时，商品生产扩张，需求增加，商品市场价格上涨。

2. 中国经济周期分析

在分析和预测经济波动的指标体系中，社会消费品零售总额属于同步指标。图 8－15 所示为中国统计局提供的 2012—2017 年 5 年中国社会消费品零售总额，数据显示，中国社会消费品零售总额正不断增长，说明中国处于繁荣的经济周期，但社会消费品零售总额年均增长幅度在不断缩小，需要持续关注。

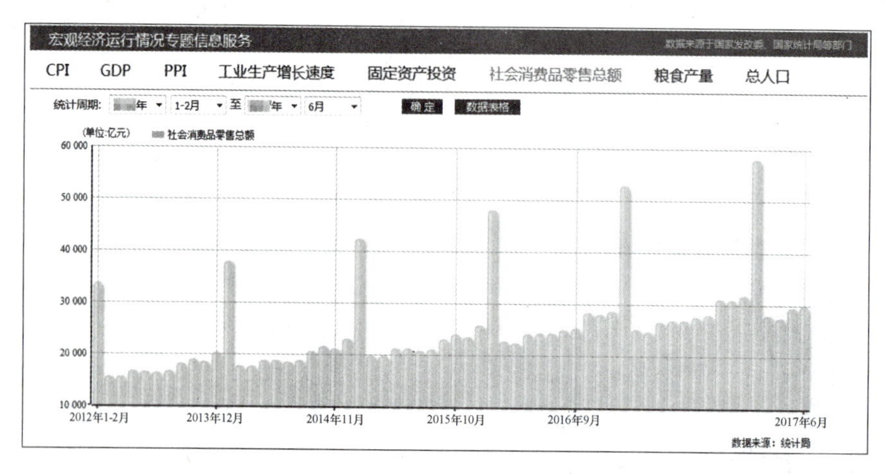

图 8-15　5 年社会消费品零售总额

（六）生产要素分析

西方经济学认为生产是需要投入一定的要素并生产出产品的过程。在生产中投放的各种资源就叫作生产要素。生产要素指的是广义的生产。生产包含五个要素：生产/生产力（供给）、流通、市场（需求）、价格（成本与利润）和竞争（胜败与双赢）。

1. 生产要素理论

生产要素理论是西方经济学这门学科建立的前提和基础，主要有生产要素二元论（劳动者、劳动资料）、生产要素三元论（劳动者、劳动资料和资本）、生产要素四元论（劳动者、劳动资料、资本和企业家才能）、生产要素五元论（劳动者、劳动资料、资本、企业家才能、技术）和“权力分配论”。在现代社会，随着工业的发展和科学技术的进步，需要的专业知识越来越复杂，甚至专业知识已经成为决定企业成败的决定性的生产要素。除了上述关于生产要素的说法外，还有人将信息、技术、管理、教育资源、知识型劳动力、金融、创新能力、核心技术、制度、政府行为、经济政策甚至宏观经济管理等都当作生产要素。

知识链接

亚当·斯密

亚当·斯密（1723—1790）是经济学的主要创立者，其代表作有《道德情操论》和《国家财富的性质和原因的研究》（简称《国富论》）。《国富论》解释了商品价格的构成，提出了影响商品生产和价格的因素，让经济学第一次成为一门系统的完整的学科，因此世人尊称亚当·斯密为“现代经济学之父”。

英国经济学家亚当·斯密将资本列为生产要素之一，并在他的代表作《国富论》中提出“无论在什么社会，商品的价格归根结底都分解成为这三个部分（即劳动、资本和土地）”，形成了“生产要素三元论”。

2. 竞争要素分析

竞争要素是指为企业提供竞争优势的要素。竞争要素的构成包括竞争者、竞争目标、竞争行为、竞争规则、竞争策略和竞争场。

竞争者即竞争的参与者，是竞争主体。任何一种竞争都是在竞争的参与者之间进行的，必须有两方或两方以上才能构成竞争。

竞争目标是竞争行为所要达到的预期结果，是满足竞争需要的对象，是诱发竞争动机的外部条件。

竞争行为就是系统自觉地确定目标并以此来调节和指导自己的行为。目标在竞争中具有导向和激励作用。

竞争规则是在竞争中形成的基本的道德伦理、传统习惯和必须遵守的法律、法规。例如公平原则、诚信原则。竞争策略是针对竞争中可能出现的各种情况所制定的相应对策。

竞争策略是竞争者实现竞争目标的总的原则，竞争者要想取得竞争的胜利，一定要有正确的竞争策略。

竞争场是竞争者展开较量的舞台，也就是竞争活动的空间和场所。如体育比赛的运动场、战争的战场、商品竞争的市场、政治竞争的官场。

图 8－16 所示为淘宝市场的卖家数分布，8 月 25 日空调子类目共有 44 568 个卖家，这意味着每个卖家要面对 44 567 个竞争者。

卖家数分布 (8月25日)

子类目	卖家数	占比	被支付卖家数	支付笔数较父类目占比	TOP卖家支付笔数本类目内占比
空调	44 568	100%	5 527	100.00%	60.98%

图 8－16　淘宝市场的卖家数分布

图 8－17 所示为淘宝市场的卖家星级分布，8 月 25 日空调子类目卖家中天猫卖家 5 665 家，被支付卖家数为 1 961 家，支付笔数本类目内占比为 84. 44%，这意味着 65. 4% 的天猫卖家没有成交，以及 38 903 个非天猫卖家支付笔数类目内占比只有 15. 56%，可见淘宝市场空调子类目竞争相对激烈。

卖家星级分布

信用等级	卖家数	占比	被支付卖家数	支付笔数本类目内占比
天猫 TMALL.COM	5 665	12.71%	1 961	84.44%
♥-♥♥♥♥♥	22 462	50.40%	1 012	2.57%
♥	3 400	7.63%	385	1.39%
♥♥	3 611	8.10%	498	2.72%
♥♥♥	3 216	7.22%	546	1.82%
♥♥♥♥	3 096	6.95%	481	2.06%
♥♥♥♥♥	1 627	3.65%	310	1.68%
♛	929	2.08%	207	1.35%
♛♛	387	0.87%	89	1.15%
♛♛♛	123	0.28%	31	0.78%

图 8－17　淘宝市场的卖家星级分布

图 8－18 所示为淘宝市场空调行业 TOP500 店铺和 TOP100 商品。8 月 25 日 TOP500 店铺排在前五位的是苏宁易购官方旗舰店、奥克斯旗舰店、美的官方旗舰店、海尔官方旗舰店和美的空调旗舰店。8 月 25 日 TOP100 商品排在前五位的是美的大 1 匹静音空调、奥克斯 1 匹定速空调、奥克斯大 1.5 匹定速空调、奥克斯大 1.5 匹定频空调和樱花空调。

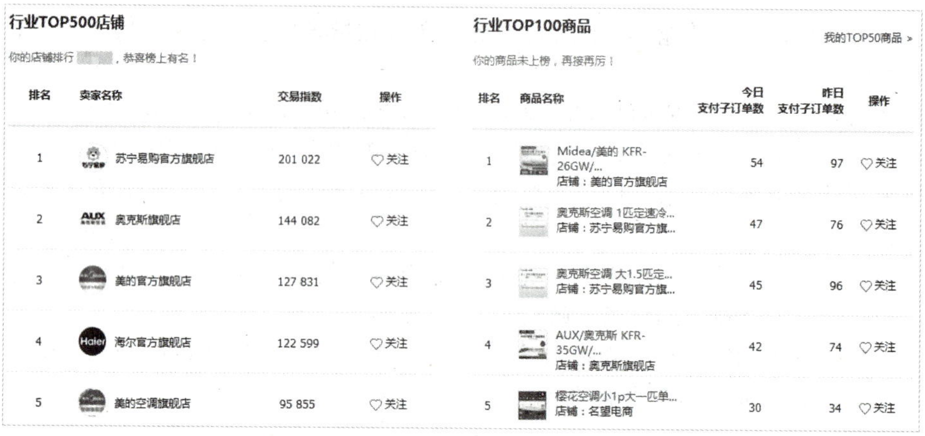

行业TOP500店铺

你的店铺排行 ，恭喜榜上有名！

排名	卖家名称	交易指数	操作
1	苏宁易购官方旗舰店	201 022	♡关注
2	奥克斯旗舰店	144 082	♡关注
3	美的官方旗舰店	127 831	♡关注
4	海尔官方旗舰店	122 599	♡关注
5	美的空调旗舰店	95 855	♡关注

行业TOP100商品

我的TOP50商品 >

你的商品未上榜，再接再厉！

排名	商品名称	今日支付子订单数	昨日支付子订单数	操作
1	Midea/美的 KFR-26GW/... 店铺：美的官方旗舰店	54	97	♡关注
2	奥克斯空调 1匹定速冷... 店铺：苏宁易购官方旗...	47	76	♡关注
3	奥克斯空调 大1.5匹定... 店铺：苏宁易购官方旗...	45	96	♡关注
4	AUX/奥克斯 KFR-35GW/... 店铺：奥克斯旗舰店	42	74	♡关注
5	樱花空调小1p大一匹单... 店铺：名望电商	30	34	♡关注

图 8－18　淘宝市场空调行业 TOP500 店铺和 TOP100 商品

三、任务发布

（一）电商市场品牌竞争力分析

1. 任务背景

在市场竞争的大环境中，品牌已成为企业的部分或全部象征。企业为谋求长远发展和品牌成长，必须通过有效配置内部及外部资源，使其产品或服务能为自身提供超值利润。从市场作用的结果看，品牌竞争力就等同于企业竞争力。品牌竞争力是品牌显赫于世的一个最核心的指标，一个品牌没有了竞争力，就没有了存在的价值，所以品牌竞争力既是品牌资产的反映，又是企业竞争力的反映。

品牌竞争力是指企业利用其占有、配置资源的差异，通过产品或服务品牌竞争的形式表现出来的区别或领先于其他竞争对手的综合能力。这种独特能力使企业某品牌的产品或服务更好地满足消费者的需求，从而扩大该产品或服务的市场份额，获得、保持并扩大其竞争优势。实质上而言，品牌竞争力是一种以企业生产能力、技术创新能力、市场营销与开拓能力等为基础的比较能力。

品牌竞争力的内部因素是指一切能造就品牌竞争优势的资源性要素，如产品或服务的质量、技术、具有明显行业特征的品牌文化等。品牌竞争力的内部因素是构成品牌竞争优势的原动力，反映出企业品牌竞争力的基础和为保持市场份额、获取竞争优势而投入各种资源的具体状况，主要包括品牌产品或服务质量、品牌生产技术、品牌资源支撑。

品牌竞争力的外部因素是指品牌在市场竞争中所反映出来的优势或劣势，如市场份额、超值利润、发展潜力等。品牌竞争力的高低、强弱都是企业整合、运用内部各种资源要素的市场表现，是内部因素发展水平在市场竞争过程中的外在的、显性的衡量标准。品牌竞争力的外部因素是品牌竞争的结果，体现品牌的市场地位和竞争状况，主要包括品牌市场占有、品牌营销创利和品牌形象拓展。

2. 任务内容

选择一个商品类目，针对一个或多个电商市场做品牌竞争力分析，包括居民消费结构、居民价格指数、市场规模、品牌地位、品牌定位、消费人群、产品分类、市场占有率、销售趋势、成长率分析、竞品对比、市场地位、消费者地位和产品质量等。

3. 任务安排

本任务是一个团队任务，要求队员分工协作完成，完成后上交《×××电商市场×××商品品牌竞争力分析报告》，并做好汇报结果的准备。

4. 任务实施

（1）构思。面对产品和服务爆炸式的增长，品牌成为消费者在选择产品和服务时的简单标准和工具。本任务是针对一个或多个电商市场做某种商品的品牌竞争力分析，为网店经营的商品选择合适的品牌。根据数据获取的条件，确定针对天猫市场展开分析，商品选择的是大家电类目下的空调子类目，分析的内容包括居民消费结构、居民消费价格指数、市场规模和变动趋势、天猫市场上空调品牌的概况、主要品牌的市场地位，再将排名前三的品牌进行对比分析，对比分析项目包括影响品牌竞争力的内部因素和外部因素。

（2）设计。居民消费结构、居民消费价格指数相关数据取自国家统计局，市场规模和变动趋势相关数据源自生意参谋/市场行情/行业大盘，天猫市场上空调品牌的概况、主要品牌的市场地位相关数据源自生意参谋/市场行情/品牌分析，天猫市场上前三名品牌的对比分析数据源自生意参谋/市场行情/商品店铺榜/品牌粒度。

品牌对比分析的项目包括品牌定位、消费人群、产品分类、市场占有率、销售趋势、成长率分析、竞品对比、消费者地位（品牌喜好度）和产品质量等。

（3）实现。

步骤1：获取并分析居民消费结构、居民消费价格指数；

步骤2：获取并分析市场规模和变动趋势；

步骤3：调查和分析空调品牌的概况、主要品牌的市场地位；

步骤4：将天猫市场上排名前三的品牌做对比分析；

步骤5：撰写《天猫市场空调品牌分析报告》；

步骤6：做好汇报结果的准备。

（4）运作。

天猫市场空调品牌分析报告

根据××××年中国B2C网络购物交易份额占比可知，天猫占比57.7%，京东占比25.4%，唯品会占比3.7%，苏宁易购占比3.30%，其他都不足2%，如图1所示。可见天猫在中国B2C市场占据优势垄断地位，因此选择天猫市场做空调产品的品牌分析。

1. 居民消费结构

国家统计局发布了××××年一季度居民消费支出构成情况：一季度，全国居民人均食品烟酒消费支出1 535元，增长4.6%，占人均消费支出的比重为32.0%；人均居住消费支出978元，增长8.9%，占人均消费支出的比重为20.4%；人均衣着消费支出403元，降低

0.5%，占人均消费支出的比重为8.4%；人均生活用品及服务消费支出277元，增长3.7%，占人均消费支出的比重为5.8%；人均交通通信消费支出645元，增长12.3%，占人均消费支出的比重为13.4%；人均教育文化娱乐消费支出480元，增长13.5%，占人均消费支出的比重为10.0%；人均医疗保健消费支出352元，增长15.8%，占人均消费支出的比重为7.3%；人均其他用品和服务消费支出127元，增长10.7%，占人均消费支出的比重为2.6%，如图2所示。一季度，全国居民人均消费支出4 796元，比上年同期名义增长7.7%，扣除价格因素，实际增长6.2%。

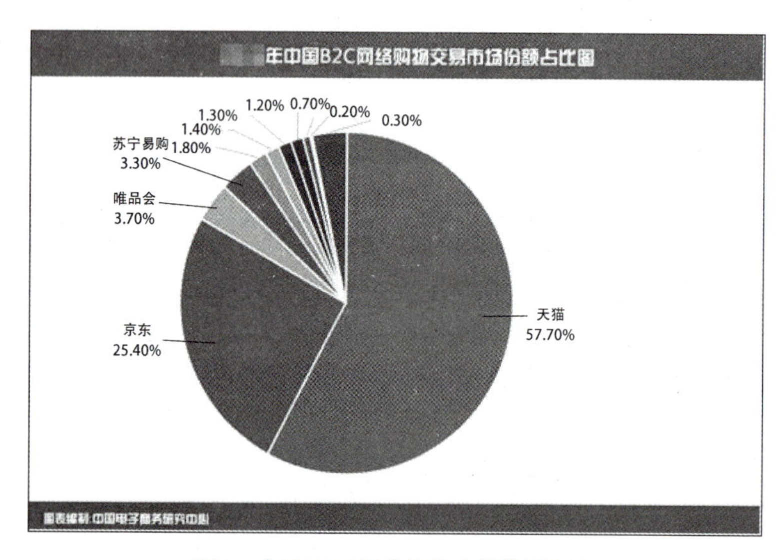

图1 中国B2C网络购物交易份额占比

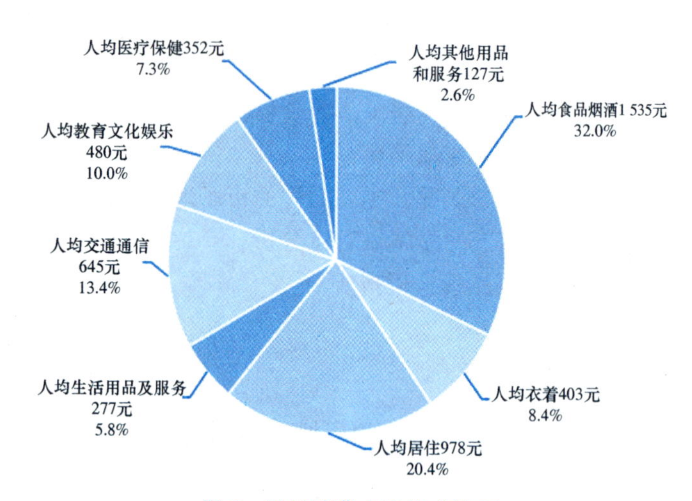

图2 居民消费支出构成情况

人均生活用品及服务消费支出增长3.7%，说明居民在包括空调在内的生活用品上的消费金额的增长幅度是最小的，也低于全国居民人均消费支出的同比增长率7.7%，这意味着未来包括空调在内的生活用品的市场规模增长有限，品牌之间的竞争将加剧。

2. 居民消费价格指数

国家统计局公布的价格指数如图3所示，数据显示3月至7月生活用品及服务类居民消费价格指数有一定幅度的增长，从 100.7 到 101.8，这说明包括空调在内的生活用品的价格比上一年要高一些，但在 3 月至 7 月其增长幅度 0.4%略低于居民消费价格指数的增长幅度 0.5%。

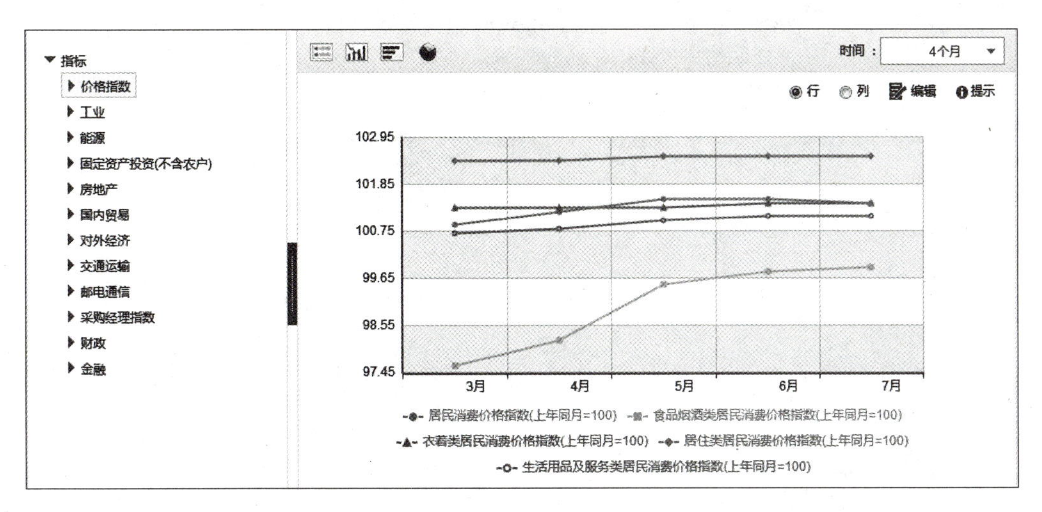

图 3　国家统计局公布的价格指数

3. 市场规模和变动趋势

根据天猫市场空调行业报表，6 月空调支付件数为 1 378 364 件（图 4），5 月为665 063件，4 月为 500 121 件，2 季度支付件数为 2 543 548 件，与上年同期 1 349 326 件相比，同比增长 88.5%，与本年 1 季度 578 363 件相比，环比增长 339.8%，天猫市场的空调销售规模处于扩张之中。

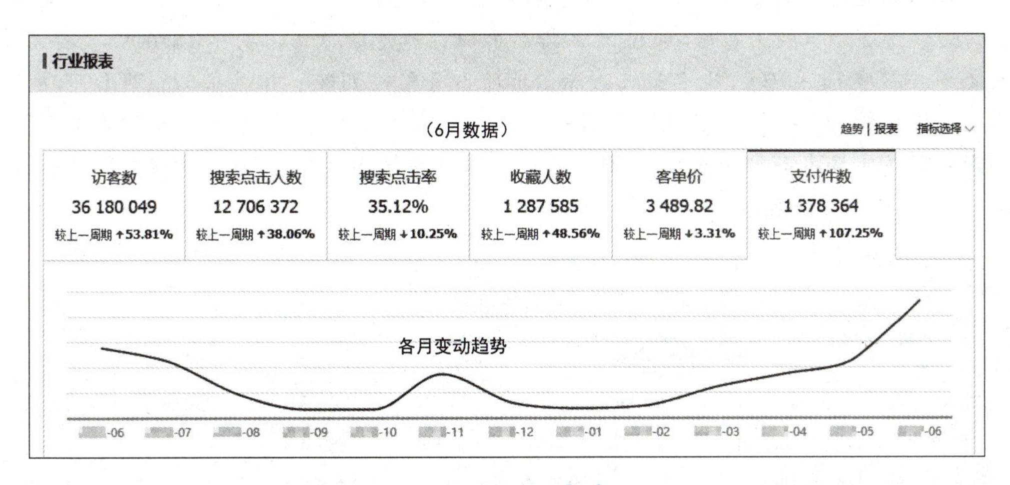

图 4　空调行业报表

4. 空调品牌的概况

根据天猫市场空调品牌排行榜，空调品牌数量一共有 163 个，6 月热销商品榜排名第一的格力空调交易指数 8 224 927，支付商品数 14 190 件（图 5），支付件数为235 980件，占比为 17.12%；排名前三的格力、美的和奥克斯合计支付件数为 762 690 件，合计占比 55.33%；排名前十的格力、美的、奥克斯、海尔、TCL、科龙、志高、海信、CHEBLO、长虹合计支付件数为1 187 850件，合计占比为 86.18%，这说明空调品牌处于一个多头垄断的竞争状况。

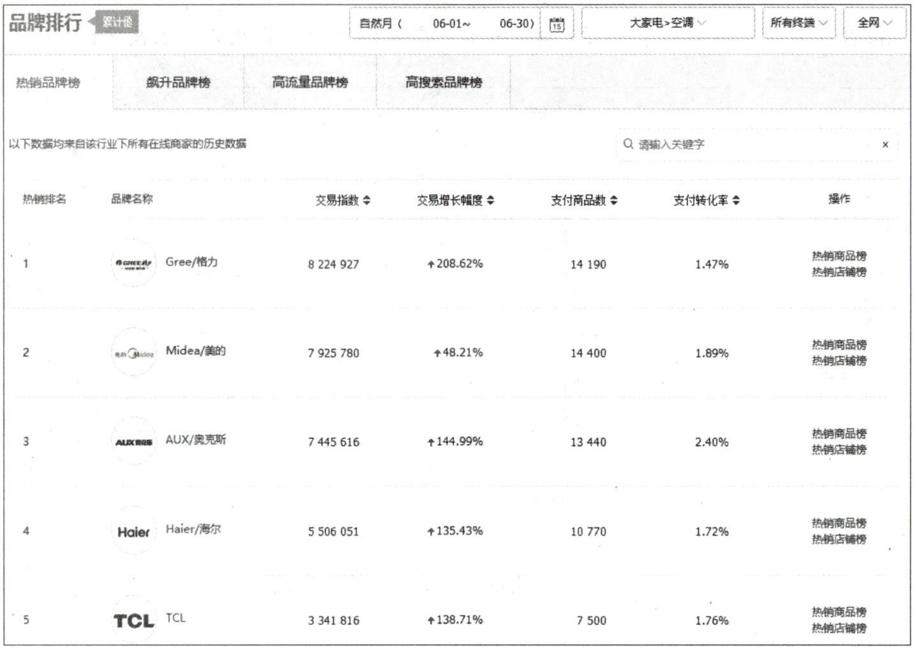

品牌排行 累计值　自然月（06-01~06-30）　大家电>空调　所有终端　全网

热销品牌榜　飙升品牌榜　高流量品牌榜　高搜索品牌榜

以下数据均来自该行业下所有在线商家的历史数据　请输入关键字

热销排名	品牌名称	交易指数	交易增长幅度	支付商品数	支付转化率	操作
1	Gree/格力	8 224 927	↑208.62%	14 190	1.47%	热销商品榜 热销店铺榜
2	Midea/美的	7 925 780	↑48.21%	14 400	1.89%	热销商品榜 热销店铺榜
3	AUX/奥克斯	7 445 616	↑144.99%	13 440	2.40%	热销商品榜 热销店铺榜
4	Haier/海尔	5 506 051	↑135.43%	10 770	1.72%	热销商品榜 热销店铺榜
5	TCL	3 341 816	↑138.71%	7 500	1.76%	热销商品榜 热销店铺榜

图 5　空调品牌排行

5. 主要品牌的市场地位

天猫市场上年 7 月至本年 6 月空调市场占有率如表 1 所示。12 个月空调总的交易量为 4 888 167件。美的市场占有率 19.62%，排名第一；奥克斯市场占有率 18.60%，排名第二；格力市场占有率 14.99%，排名第三；海尔市场占有率 8.71%，排名第四；TCL 市场占有率 6.27%，排名第五；CHEBLO 市场占有率 4.31%，排名第六；志高市场占有率 3.77%，排名第七；科龙市场占有率 3.41%，排名第八；海信市场占有率 2.74%，排名第九；长虹市场占有率 1.98%，排名第十。

表 1　上年 7 月至本年 6 月空调市场占有率

品牌名称	支付件数						市场占有率
	上年 7 月	上年 8 月	……	本年 5 月	本年 6 月	合计	
Midea/美的	67 704	35 030	……	178 777	269 310	958 963	19.62%
AUX/奥克斯	134 354	50 964	……	101 556	257 400	908 997	18.60%
Gree/格力	62 713	27 187	……	74 958	235 980	732 652	14.99%
Haier/海尔	42 594	23 188	……	59 861	141 150	425 671	8.71%
TCL	72 757	25 110	……	29 853	73 200	306 395	6.27%
CHEBLO	31 496	12 679	……	45 043	58 350	210 492	4.31%
Chigo/志高	20 739	10 106	……	27 280	47 670	184 394	3.77%
Kelon/科龙	35 061	12 028	……	13 671	44 910	166 871	3.41%
Hisense/海信	27 838	9 331	……	11 253	33 330	133 989	2.74%
Changhong/长虹	12 276	6 479	……	18 166	26 550	96 651	1.98%

6. 品牌做对比分析

天猫市场上品牌市场占有率排名前三的是美的、奥克斯、格力，对这三个品牌做对比分析，如表2所示。

表2　天猫市场美的、奥克斯、格力品牌对比分析

项目＼品牌	美的	奥克斯	格力
品牌定位	美好生活	健康空调	技术与质量
消费人群	中端及女性消费者	低端消费者	高端消费者
产品分类	壁挂式/立柜式 中央空调/移动空调	变频挂机/变频柜机 定速挂机/定速柜机	挂机/柜机 艺术定制
12个月市场占有率	19.62%	18.60%	14.99%
本年7月同比增长率	99.67%	138.93%	282.20%
最近7天热销品分析	KFR－26GW/WCBD3@ 1 999元，订单2 172	KFR－25GW/NFI19＋3 1 699元，订单966	KFR－26GW/FNAc－A3 2 899元，订单356
本年7月访客数	6 514 929	6 701 983	8 323 283
本年7月搜索点击数	3 128 365	2 170 031	4 950 886
本年7月支付件数	14 322	10 323	17 608
本年7月交易指数	3 677 259	4 983 889	3 632 096
本年7月交易增长率	－39.35%	4.67%	－26.98%
本年7月支付转化率	0.88%	1.69%	0.62%
本年7月支付商品数	134 354	67 704	62 713
官方旗舰店动态评分	宝贝与描述相符：4.8 卖家的服务态度：4.8 物流服务的质量：4.8 5分好评率：90.48%	宝贝与描述相符：4.8 卖家的服务态度：4.8 物流服务的质量：4.8 5分好评率：91.69%	宝贝与描述相符：4.8 卖家的服务态度：4.7 物流服务的质量：4.7 5分好评率：92.09%

表2中数据显示：本年7月访客数格力的访客数和搜索点击数最多，说明格力品牌影响力最大；上年7月至本年6月的市场占有率美的最高，说明美的品牌最能被天猫消费者接受；本年7月同比增长率格力最大，说明格力品牌的发展趋势看好，也说明空调的高端消费市场处于扩张周期；美的KFR－26GW/WCBD3@空调最近7天热销，订单数最多，说明美的品牌在产品开发方面有优势；本年7月交易指数和支付转化率奥克斯最高，说明奥克斯品牌的产品更符合天猫市场的需求；三个品牌的官方旗舰店动态评分相比较，奥克斯在5分好评率优于美的，卖家的服务态度和物流服务的质量评分优于格力，综合顾客评价最高，说明奥克斯品牌美誉度高。

（二）利用百度指数分析市场行情

1. 任务背景

百度指数（图8－19）是以百度海量网民行为数据为基础的数据分享平台，可以研究关

键词搜索趋势、洞察网民需求变化、监测媒体舆情趋势、定位数字消费者特征；还可以从行业的角度，分析市场特点。

图 8－19　百度指数

百度指数主要模块有指数探索、品牌表现、数说专题和我的指数。

2. 任务内容

在网店选择一个商品类目，利用百度指数分析该商品类目的市场行情，并撰写《××商品类目百度市场行情分析报告》。

3. 任务安排

本任务是一个独立任务，要求学生单独完成，完成后上交《××商品类目百度市场行情分析报告》，并做好汇报结果的准备。

4. 任务实施

（1）构思。本任务要求利用百度指数分析商品类目的市场行情，经考虑选择大家电类目下的空调子类目作为分析对象，分析的内容包括搜索指数概况、指数趋势、需求图谱、来源检索词、去向检索词、关键词搜索指数、媒体指数以及人群画像。

（2）设计。本任务所需数据取自百度指数的指数探索模块，涉及趋势研究、需求图谱、舆情洞察和人群画像四个栏目。

趋势研究栏目的“搜索指数概况”板块反映的是关键词最近一周或一个月的总体搜索指数表现，指标有整体搜索指数、移动搜索指数，以及同比增长率和环比增长率；“搜索指数趋势”板块显示互联网用户对关键词搜索关注程度及持续变化情况，以网民在百度的搜索量为数据基础，以关键词为统计对象，科学分析并计算出各个关键词在百度网页搜索中搜索频次的加权。根据数据来源的不同，搜索指数分为 PC 搜索指数和移动搜索指数。

需求图谱栏目中的“需求图谱”板块是通过分析用户在搜索该词前后的搜索行为变化中表现出来的相关检索词需求、综合计算关键词与相关词的相关程度，以及相关词自身的搜索需求大小得出，相关词距圆心的距离表示相关词与中心检索词的相关性强度，相关词自身大小表示相关词自身搜索指数大小，红色代表搜索指数上升，绿色代表搜索指数下降；“相关词分类”板块是通过用户搜索行为，来细分搜索中心词的相关需求，包括来源词、去向词、最热门词及上升最快词，其算法是将所有与中心检索词相关的需求按不同衡量标准排序区分展现。

舆情洞察栏目的“新闻监测”板块显示媒体在互联网上对特定关键词的关注、报道程度及持续变化情况；“百度知道”板块反映该关键词在百度知道上的相关提问内容，获取百度知道提问中包含该关键字的问题，展示一部分热门问题。

人群画像栏目的“地域分布”板块关注该关键词的用户来自哪些地域，根据百度用户搜索数据，采用数据挖掘方法，对关键词的人群属性进行聚类分析，给出用户所属的省份、城市及城市级别的分布及排名；“人群属性”板块关注该关键词的用户的性别、年龄分布，根据百度用户搜索数据，采用数据挖掘方法，对关键词的人群属性进行聚类分析，给出用户所属的年龄及性别的分布及排名。

（3）实现。

步骤1：登录百度指数；

步骤2：获取趋势研究栏目的相关数据，分析空调搜索指数概况和指数趋势；

步骤3：获取需求图谱栏目的相关数据，分析空调搜索的需求图谱和相关词分类；

步骤4：获取舆情洞察栏目的相关数据，分析空调搜索的新闻监测和百度知道；

步骤5：获取人群画像栏目的相关数据，分析空调搜索的地域分布和人群属性；

步骤6：撰写《空调百度市场行情分析报告》；

步骤7：做好汇报结果的准备。

（4）运作。

空调百度市场行情分析报告

针对国内空调市场，分析空调行业处于一个怎样的发展阶段和未来发展趋势，消费者有什么样的需求，社会上对空调行业有什么议论和看法，搜索使用空调的人群有什么特征等。

1. 空调百度搜索指数概况和指数趋势

7月29—8月27日空调百度指数概况如图1所示，空调关键词整体搜索指数为10 226，同比增长 -1%，环比增长 -62%，整体搜索指数同比下降可能意味着空调需求在下降；移动搜索指数8 986，同比增长6%，环比增长 -63%。

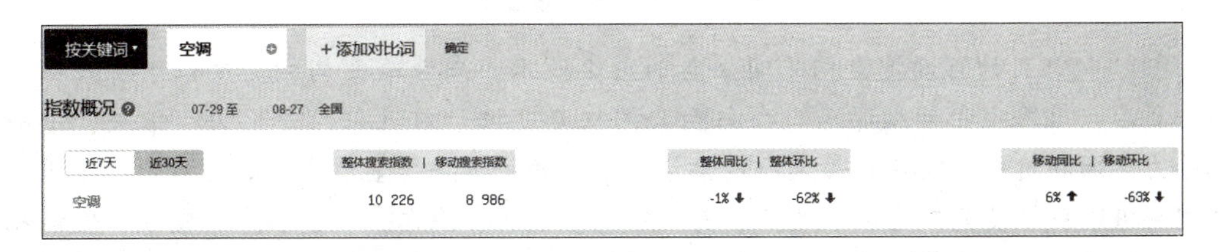

图1　百度空调指数概况

3—8月的最近半年空调百度指数趋势如图2所示，空调搜索指数的高峰出现在7月，3月空调搜索指数最低，逐渐升高，6月搜索指数出现明显上升，在7月达到最高点，然后又开始下降，这与天气变化密切相关。

2. 空调百度搜索的需求图谱和相关词分类

8月14—20日的百度搜索需求图谱如图3所示，消费者关注的空调品牌有格力、美的、海尔、奥克斯、志高、大金、日立和三菱；消费者关注的空调类型有变频空调、中央空调和太阳能空调；消费者关注的空调属性有制冷和家用；消费者关注的服务有维修、售后、清洗和服务。

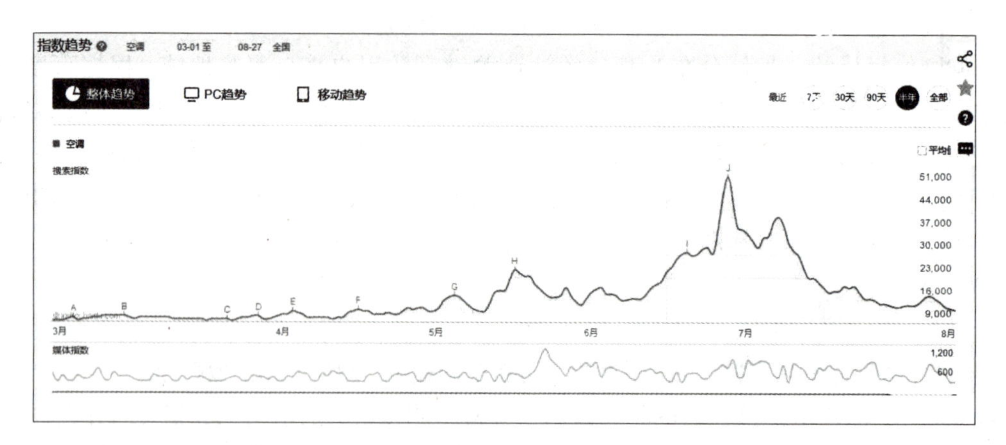

图 2　空调百度指数趋势

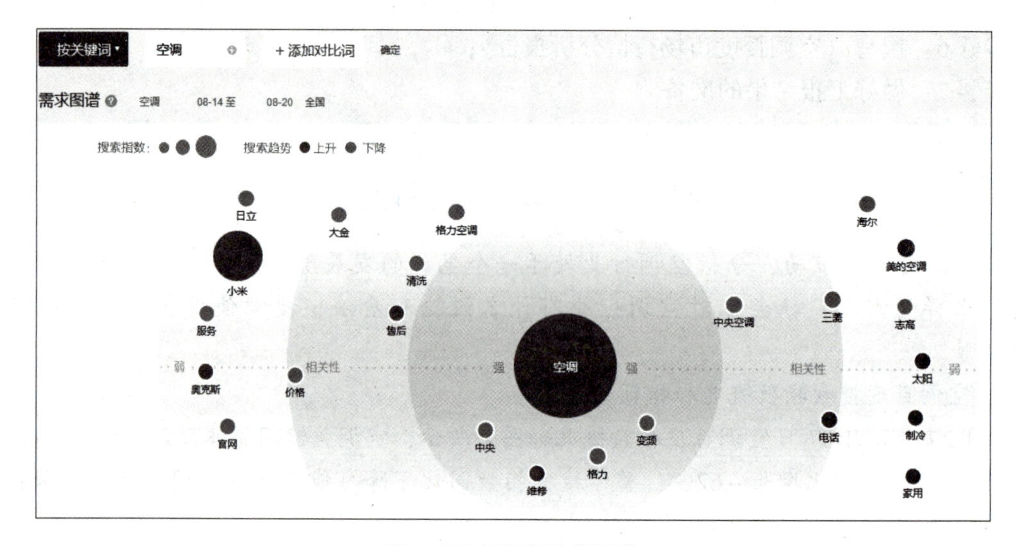

图 3　百度搜索需求图谱

8 月 14—20 日的百度搜索相关词分类如图 4 所示，来源检索词相关度位于前五位的是格力、售后、维修、变频和清洗；去向检索词相关度位于前五位的是格力、中央、中央空调、格力空调和价格；空调相关词中搜索指数热门的关键词排名前十位的是日历、小米、酒店电视藏摄像头、奥克斯空调、西安、美的空调、美的、海尔、三菱和中央空调；空调相关词中搜索指数上升最快的关键词排名前十位的是酒店电视藏摄像头、美的空调、太阳能空调价格、奥克斯空调、滴水、空调质量排名、小型空调、奥克斯、太阳和空调牌子排名。相关词分类数据提示商家应该关注太阳能空调产品，这可能是空调行业未来的一个新兴领域；还有就是消费者对空调排名非常重视，包括质量排名和品牌排名。

3. 空调百度搜索的新闻监测和百度知道

8 月 21—27 日的百度搜索新闻监测如图 5 所示，空调的媒体指数正在下降，当前关注的话题是大妈蹭空调、空调租赁、小米空调即将出世、关空调节电、共享运动仓配空调、二手空调、美的智弧空调广告、海信空调、空调大数据、共享空调，这些热点可以被商家利用做事件营销。

相关词分类　空调　08-14 至　08-20　全国

来源检索词	相关度	搜索指数	搜索指数
1. 格力		1. 日历	632 560
2. 售后		2. 小米	313 393
3. 维修		3. 酒店电视藏摄像头	270 637
4. 变频		4. 奥克斯空调	57 766
5. 清洗		5. 西安	27 146
6. 电话		6. 美的空调	22 022
7. 家用		7. 美的	11 847
8. 大金		8. 海尔	10 854
9. 三菱		9. 三菱	9 594
10. 价格		10. 中央空调	8 864
11. 太阳		11. 酒店	8 199
12. 制冷		12. 格力空调	8 049
13. 海尔		13. 格力	7 403
14. 日立		14. 松下	7 179
15. 官网		15. 太阳	7 150

图 4　百度搜索相关词分类

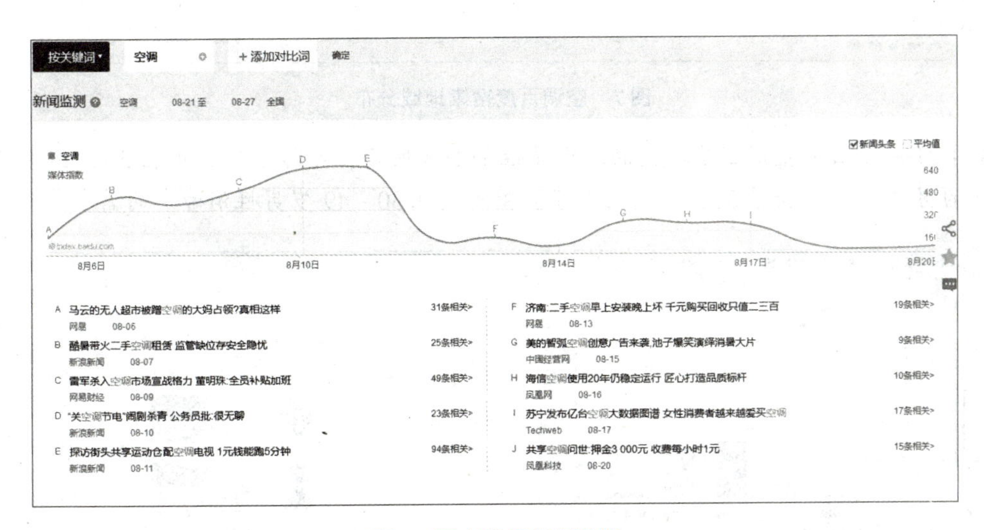

图 5　百度搜索新闻监测

8 月 21—27 日的百度知道如图 6 所示，消费者关注的热点是美的一晚一度电、空调遥控器的符合、格力空调、变频空调与定频空调、空调品牌排行榜。可见美的空调广告语“一晚一度电”已经成为社会关注的焦点，说明广告是成功的，它符合消费者的期望。

图 6　百度知道

4. 空调百度搜索的地域分布和人群属性

8 月 21—27 日的空调百度搜索地域分布如图 7 所示，广东省排名第一，浙江省排名第二，北京市排名第三；区域排名前三位的是华东、华南和华北；城市排名前三的是北京、上海和深圳，是中国经济最发达的三个一线城市。

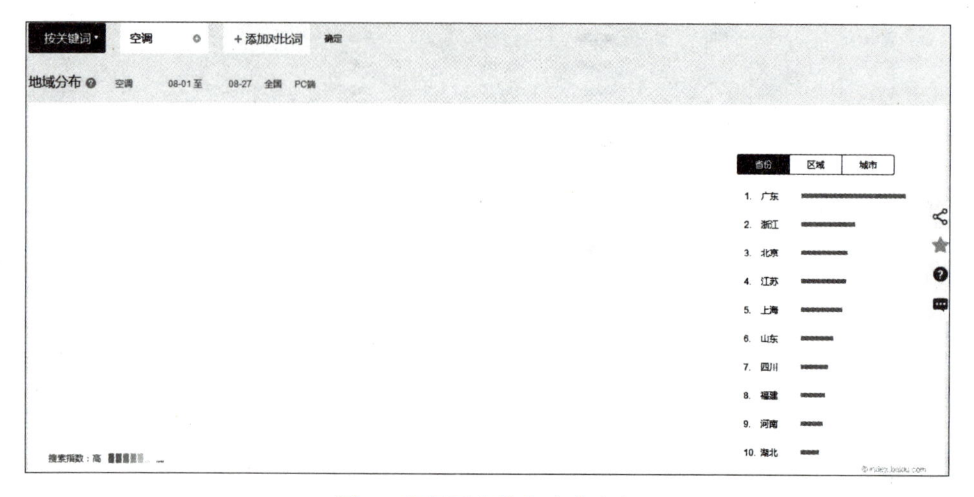

图 7 空调百度搜索地域分布

8 月 21—27 日的空调百度搜索的人群属性如图 8 所示，年龄分布集中在 30～49 岁，性别分布为男性 67%，女性 33%，因此商家要重点关注 30～49 岁男性消费者的需求。

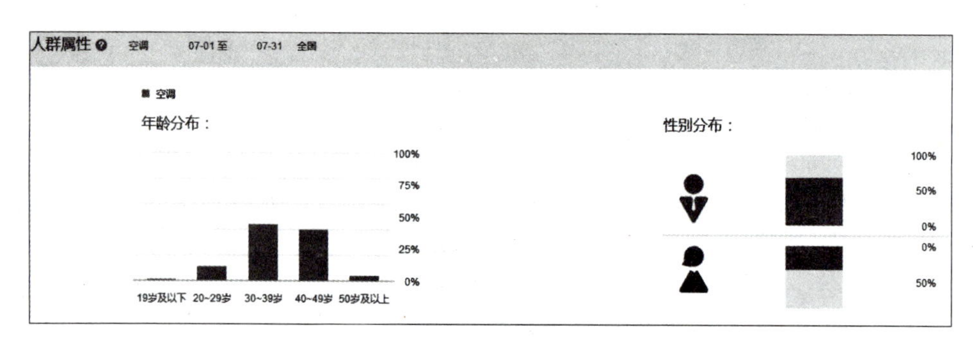

图 8 空调百度搜索的人群属性

四、任务拓展

（一）利用阿里指数分析市场行情

1. 任务背景

对行业数据进行分析，是为了把握整个市场行情，降低网店风险，同时对同行店铺的经营状况进行了解，以检验自己店铺的存在的不足。监控行业数据一个常用的工具是淘宝的阿里指数。

阿里指数是阿里巴巴出品的基于大数据研究的社会化数据展示平台，媒体、市场研究员以及其他希望了解阿里巴巴大数据的人可以从这里获取以阿里电商数据为核心的分析报告及相关地区与市场信息。基于阿里大数据，阿里指数面向媒体、机构和社会大众提供地域和行业角度指数化的数据分析、数字新闻说明、社会热点专题发现，作为市场及行业研究的参考、社会热点的了解。图 8－20 所示为阿里指数界面。

图 8－20　阿里指数界面

阿里指数现在分为区域指数、行业指数两个模块。

（1）区域指数：从地区角度解读交易发展、贸易往来、商品概况、人群画像。通过区域指数，可以了解一个地方的交易概况，发现它与其他地区之间贸易往来的热度及热门交易类目，找到当地人群关注的商品类目或者关键词，探索交易的人群特征。

（2）行业指数：从行业角度解读交易发展、地区发展、商品概况、人群特征。通过行业指数，可以了解一个行业的现状，获悉它在特定地区的发展态势，发现热门商品，知晓行业下卖家及买家群体概况。

2. 任务内容

以女装类目的连衣裙子类目为例，利用阿里指数分析该商品类目的市场行情，并撰写《连衣裙淘宝市场行情分析报告》。

3. 任务安排

本任务要求学生运用 CDIO 的方法单独完成，完成后上交《连衣裙淘宝市场行情分析报告》，并做好汇报结果的准备。

（二）撰写市场调研报告

1. 任务背景

市场调研是市场调查与市场研究的统称，是个人或组织根据特定的决策问题而系统地设计、搜集、记录、整理、分析及研究市场各类信息资料、报告调研结果的工作过程。

在实践中经过对某一产品客观实际情况的调查了解，将调查了解到的全部情况和材料进行分析研究，揭示出本质，寻找出规律，总结出经验，最后以书面形式陈述出来，这就是调研报告。调研报告必须实事求是地反映和分析客观事实，主要包括两个部分：一是调查，二是研究。调查，应该深入实际，准确地反映客观事实，不凭主观想象，按事物的本来面目了解事物，详细地占有材料。研究，即在掌握客观事实的基础上，认真分析，透彻地揭示事物的本质。至于对策，调研报告中可以提出一些看法。

市场调研报告有明确的主题、清晰的条理和简捷的表现形式。报告的结构体系应包括调研目的、调研方法、调研范围以及数据分析在内的一系列内容。这种体系基本上在每个同类型的报告中都适用，因此，此处不做更详细的说明，以下内容主要针对数据分析结论的表现方法。关于数据分析的部分，通常情况下是采用图表表示的。图表是最行之有效的表现手法，它能非常直观地将研究成果表示出来。在将调研的分析结果变成令人信服的图表之前，首先要谨记，它只是一种传递和表达信息的工具，使用它的重要原则是“简单、直接、清晰、明了”。每个图表只包含一个信息，图表越复杂，传递信息的效果就越差。最常用的图表形式是柱状图表、条形图表、饼形图表、线形图表。使用图表的目的在于将复杂的数据变成简单、清晰的图表，让人能够一目了然地了解数据所表达的含义。

一份合格而优秀的报告，应该有非常明确、清晰的构架，简洁、清晰的数据分析结果，其中的含义需要在实际工作过程中去体会，自己加以总结。一份合格的报告不应该仅仅是简单的看图说话，还应该结合项目本身的特性及项目所处大环境对数据表现出的现象进行一定的分析和判断，当然一定要保持中立的态度，不要加入自己的主观意见。另外，通常的市场调研报告都会有一个固定的模式，我们应该根据不同项目的不同需要，对报告的形式、风格加以调整，使市场调研报告能够有更丰富的内涵。

2. 任务内容

对网店的主营商品类目展开市场调研，分析内容包括：一是调研概况，包括调研目的、调研方法、调研范围；二是行业环境分析，包括中国 GDP 分析、居民消费结构、居民价格指数、恩格尔系数分析、中国宏观经济发展预测；三是主营商品类目的市场概述，包括商品类目的定义、市场特点、发展周期；四是市场行情，包括市场规模、盈利情况、增长态势；五是同行业下的细分分析，分析每个细分领域的成长空间以及市场成熟度；六是热销产品分析，包括流量和人均 PV 及停留时间等硬性指标、增长态势、产品的核心优劣势等；七是未来新的发展机会；八是行业风险。

3. 任务安排

本任务是一个团队任务，要求队员采用 CDIO 的方法分工协作完成，完成后上交《×××商品市场调研报告》，并做好汇报结果的准备。

项目结构

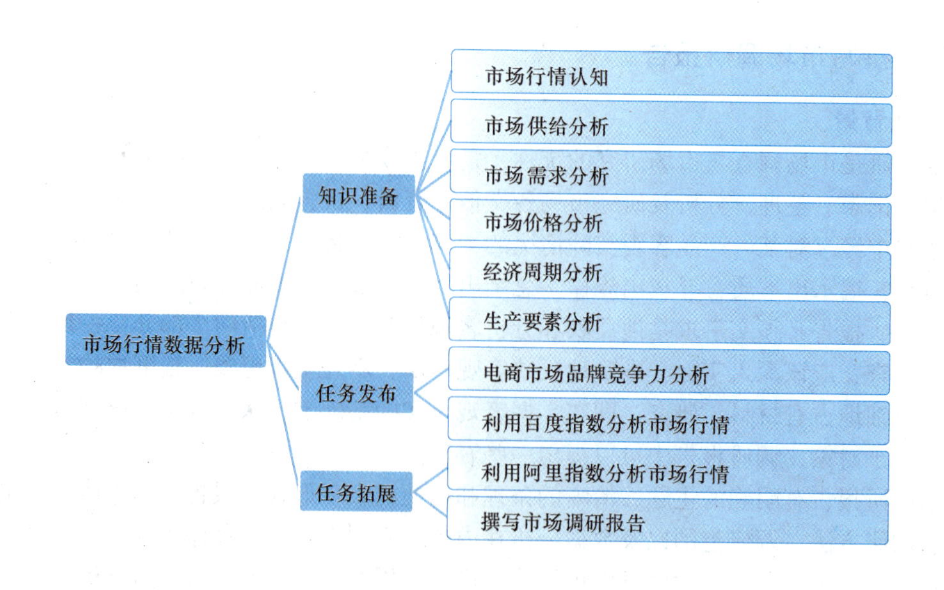

同步测试

一、判断题

1. 市场行情实质上是社会再生产内在发展过程在市场上的外部表现。（　　）

2. 对于一般商品而言，价格与供给量呈负相关，价格越高，供给量就越小。（　　）

3. 从市场作用的结果看，品牌竞争力就等同于企业竞争力。（　　）

4. 如果消费者的购买是无计划性、无预期性的，则不受到品牌影响。（　　）

5. 商品的价值是商品价格的基础，只要商品的价值不变，商品价格就会在其他因素的影响下围绕其价值来回波动。（　　）

二、选择题（单选多选不限）

1. 商家制定价格策略时的重要依据有(　　)。

A. 消费者的消费层次
B. 消费者的个人偏好
C. 消费者的价格承受能力
D. 以上都不对

2. 生产要素包括(　　)。

A. 劳动者
B. 劳动资料
C. 资本
D. 技术

3. 竞争要素是指为企业提供竞争优势的要素，其构成包括(　　)。

A. 竞争者　　B. 竞争目标
C. 竞争规则　　D. 竞争策略和竞争场

4. 品牌竞争力的外部因素是指品牌在市场竞争中所反映出来的优势或劣势，包括(　　)。

A. 市场供应量　　B. 市场份额
C. 超值利润　　D. 发展潜力

5. 百度指数是以百度海量网民行为数据为基础的数据分享平台，其作用有（　　）。

A. 研究关键词搜索趋势
B. 洞察网民需求变化
C. 洞察网民需求变化
D. 定位数字消费者特征

三、简答题

1. 简述市场供给的基本规律。
2. 简述市场需求的基本规律。
3. 简述价格形成理论。
4. 经济周期分成哪几个阶段？其形成原因是什么？
5. 市场调研报告的结构体系应包括哪些内容？

能力测评

通过本项目的学习，你是否已经掌握本项目的核心知识点和技能点，请做出自评。

<table>
<tr><td rowspan="6">知识点</td><td>市场行情认知</td><td>□充分掌握□基本掌握□未掌握</td></tr>
<tr><td>市场供给分析</td><td>□充分掌握□基本掌握□未掌握</td></tr>
<tr><td>市场需求分析</td><td>□充分掌握□基本掌握□未掌握</td></tr>
<tr><td>市场价格分析</td><td>□充分掌握□基本掌握□未掌握</td></tr>
<tr><td>经济周期分析</td><td>□充分掌握□基本掌握□未掌握</td></tr>
<tr><td>生产要素分析</td><td>□充分掌握□基本掌握□未掌握</td></tr>
<tr><td rowspan="4">技能点</td><td>电商市场品牌竞争力分析</td><td>□已经具备□初步具备□未具备</td></tr>
<tr><td>利用百度指数分析市场行情</td><td>□已经具备□初步具备□未具备</td></tr>
<tr><td>利用阿里指数分析市场行情</td><td>□已经具备□初步具备□未具备</td></tr>
<tr><td>撰写市场调研报告</td><td>□已经具备□初步具备□未具备</td></tr>
<tr><td colspan="2">自评人（签名）：
年　月　日</td><td>教师（签名）：
年　月　日</td></tr>
</table>

项目九

竞争对手数据分析

学习目标

知识目标

☞ 理解竞争对手的概念和重要性；
☞ 熟悉竞争对手的分析步骤；
☞ 了解和掌握竞争对手分析的层次和内容；
☞ 熟悉竞争对手的识别方法；
☞ 掌握竞争对手的分析方法；
☞ 熟悉竞争对手的数据收集渠道；
☞ 理解竞争对手跟踪与监测内涵；
掌握竞争对手跟踪与监测模型。

技能目标

☞ 具备竞品分析的能力；
☞ 具备顾客流失分析的能力；
☞ 具备竞店分析的能力；
☞ 具备店铺标杆管理的能力。

基本素养

☞ 具有数据敏感性；
☞ 善于用数据思考和分析问题；
☞ 具备收集、整理和清洗数据的能力；
☞ 具有较好的逻辑分析能力。

一、项目导入

美孚成功的“秘诀”——标杆管理

2000 年，埃克森美孚公司全年销售额为 2 320 亿美元，位居全球 500 强第一，如图 9-1 所示。人均产值为 193 万美元，约为中国石化集团的 50 倍。埃克森美孚公司在全球 120 多个国家销售它的燃料油和化工产品，在约 200 个国家销售润滑油，在大约 50 个国家有勘探或生产作业。埃克森 1997 年以 828 亿美元收购美孚石油公司，使埃克森美孚成为全球最大的石油天然气公司。此前美孚石油就因为其卓越的管理成为石油行业的佼佼者，1992 年美孚石油实行的标杆管理措施无疑给美孚以至今天的埃克森美孚注入强大的活力。图 1 所示为埃克森美孚。

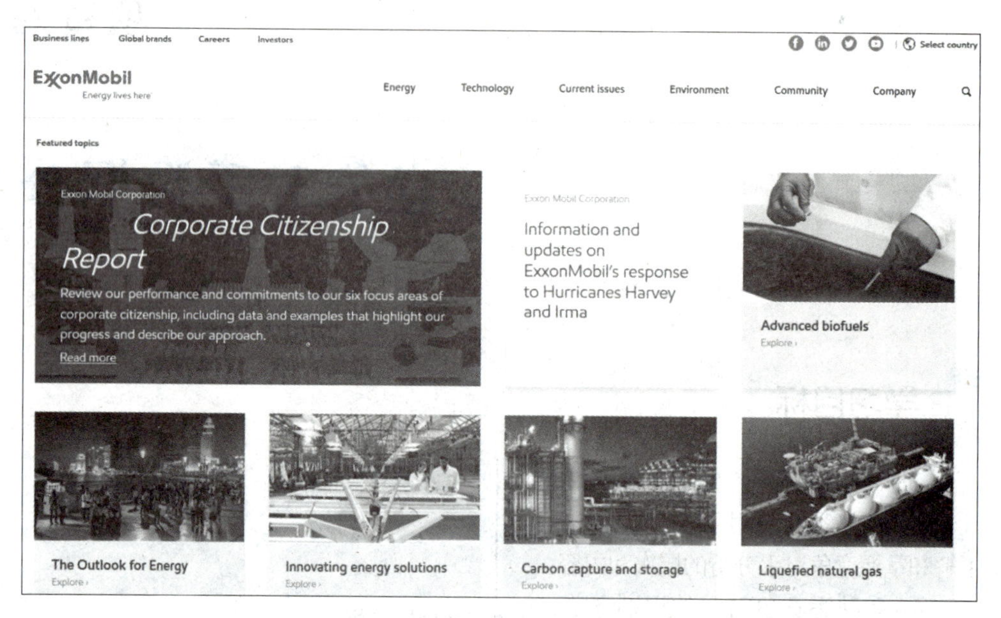

图 9－1 埃克森美孚

1992 年，美孚石油是一个每年有 670 亿美元收入的公司，公司做的一个调查使其决定对自身的服务进行变革。当时 Mobil 公司询问了服务站的 4 000 位顾客：“产品的哪个方面对你们而言是最重要的？”结果，得到了一个令人震惊的数据，仅有 20% 的被调查者认为价格是最重要的。其余 80% 的人想要三件同样的东西：能提供帮助的友好的员工、快捷的服务和对他们的消费忠诚予以一些认可。

根据这一发现，Mobil 开始考虑如何改造其遍布全美的 8 000 个加油站，讨论的结果是实施标杆管理。公司由不同部门人员组建了 3 个团队，分别以速度（经营）、微笑（客户服务）和安抚（顾客忠诚度）命名，以通过对最佳实践进行研究作为公司的标杆，努力使客户体会到加油也是种愉快的体验。微笑团队将以提供优异的客户服务著称的公司为标杆；速度团队将以提供快速传递著称的公司为标杆；安抚团队将以致力于客户忠诚著称的公司为标杆。

速度小组找到了 Penske，它在印地 500 强中以快捷方便的加油站服务而闻名。你可以想象得到，在印地 500 强比赛中看到的景象，驾驶员偶尔需要停靠，他需要尽可能快地上下车。速度小组仔细观察了 Penske 在比赛中如何为通过快速通道的赛车加油：这个团队身着统一的制服，分工细致，配合默契。Mobil 的速度小组还了解到，Penske 的成功部分归于电子头套耳机的使用，它使每个小组成员能及时地与同事联系。速度小组提出了几个有效的改革措施：在加油站的外线上修建他们的停靠点，设立快速通道，供紧急加油使用；将加油站员工佩戴耳机，形成一个团队，安全岛与便利店可以保持沟通，及时为顾客提供诸如汽水一类的商品；服务人员保持统一的制服，给顾客一个专业加油站的印象。“他们总把我们误认为是管理人员，因为我们看上去非常专业。”服务员阿尔比・达第茨说。

微笑小组考察了丽嘉—卡尔顿宾馆的各个服务环节，以找出该饭店是如何获得不寻常的顾客满意度的。丽嘉—卡尔顿宾馆对所有新员工进行了广泛的指导和培训。员工们深深地铭记：自己的使命就是照顾客人，使客人舒适。他们希望尽可能地提供最好的个人服务。观察一天之后，小组的斯威尼说："丽嘉的确独一无二，因为我们在现场学习过程中实际上都变成了其中的一部分。在休息时，我准备帮助某位入住旅客提包。我实际上活在他们的信条中。这就是我们真正要应用到自己的业务中的东西——那种在公司里，你为你的客户服务而带来的自豪。那就是丽嘉真正给我们的魔力。在我们的服务站，没有任何理由可以解释为什么我们不能有同样的自豪，不能有与丽嘉—卡尔顿酒店一样的客户服务现象。"微笑小组发现，Mobil 同样可以通过建立员工导向的价值观，以及进行各种培训，来实现自己的目标。"在顾客准备驶进的时候，我已经为他准备好了汽水和薯片，有时我在油泵旁边，准备好高级无铅汽油在那儿等着，他们都很高兴——因为你记住了他们的名字。"现在身为友好服务人员的达第茨说。

安抚小组最后到"家庭仓库"去查明该店为何有如此多的回头客。Mobil 的格顿从家庭仓库公司学到，公司中最重要的人是直接与客户打交道的人。没有致力于工作的员工，你就不可能得到终身客户。这意味着要把时间和精力投入如何雇用和训练员工上。而在美孚公司，那些销售公司产品，与客户打交道的一线员工传统上被认为是公司里最无足轻重的人。安抚小组的调查改变了公司的观念，现在领导者认为自己的角色就是支持这些一线员工，使他们能够把出色的服务和微笑传递给公司的客户，传递到公司以外。

Mobil 提炼了他们的研究结果，并形成了一个新的加油站概念，"友好服务"。Mobil 在佛罗里达的 80 个服务站开展了这一试验。"友好服务"与其传统的服务模式大不相同。希望得到全方位服务的顾客，一到加油站，迎接他的是服务员真诚的微笑与问候。所有服务员都穿着整洁的制服，打着领带，配有电子头套耳机，以便能及时地将顾客的需求传递到便利店的出纳那里。希望得到快速服务的顾客可以开进站外的特设通道中，只需要几分钟，就可以完成洗车和收费的全部流程。

美孚公司由总部人员和一线人员组成了叫作 SWAT 的实施团队，花了 9 个月的时间来建构和测试维持友好服务的系统。"友好服务"的初期回报是令人振奋的，加油站的平均年收入增长了 10%。"友好服务"很快扩展到他们所有的服务站。

思考：

1. 请你谈谈 Mobil 的速度小组是如何做对标的，以及如何利用对标结果改进自己的服务的。

2. 请你谈谈 Mobil 的微笑小组是如何做对标的，以及如何利用对标结果改进自己的服务的。

3. 请你谈谈 Mobil 的安抚小组是如何做对标的，以及如何利用对标结果改进自己的服务的。

4. 从美孚成功的"秘诀"中你有什么收获？

二、知识准备

竞争对手是企业经营行为最直接的影响者和被影响者，这种直接的互动关系决定了竞争对手在外部环境分析中的重要性。竞争是任何在市场经济中生存的企业都无法回避的永恒主题，企业为了生存，必须了解其竞争对手，以便制定更有效、更有针对性的竞争战略。一个企业的产品能否在市场上取得成功，除了取决于自身产品的质量、价格等因素外，还取决于竞争对手产品的各种要素。自己的产品虽然很好，如果竞争对手的产品更好，则自己的产品还是不会有市场。因此，研究和分析竞争对手对企业日益重要。

分析竞争对手最重要的目的是预测竞争对手行为，包括竞争对手对未来机会和威胁可能的反应，竞争对手对公司的战略行动可能的反应，竞争对手未来的动向等。公司需要预期竞争对手的反应，以避免公司采取的战略行动被竞争对手的行动抵消。公司也需要了解竞争对手未来的动向，以预测未来的竞争优势。

（一）竞争对手认知

一般而言，竞争对手是指那些生产经营与本企业提供的产品相似或可以互相替代的产品，以同一类顾客为目标市场的其他企业，即产品功能相似、目标市场相同的企业。

当今企业处在一个竞争激烈的环境中，新的竞争对手不断地进入，行业内整合不断地加剧。在这样一个瞬息万变的市场环境中，谁能及时把握竞争对手的动态，谁能掌握市场的先机，谁就在竞争中掌握了主动。所以，对企业的竞争对手进行分析显得尤为重要。

对竞争对手进行分析的重要性在于：

一是能充当企业预警系统，跟踪本行业技术变化和跟踪市场需求变化，以及现有竞争对手的行动并发现潜在竞争对手；

二是可以支持企业的领导决策，为企业的市场竞争策略、生产决策、进入新领域开发新市场和技术开发决策提供有益的帮助。

（二）竞争对手分析步骤

企业要进行竞争对手分析，一般遵循以下程序：

1. 确定竞争对手是谁

确认竞争对手是竞争对手分析的首要工作，一般而言，企业可将生产相同产品或替代产品的企业视为竞争对手。此外，由于企业间竞争的范围越来越广，因此企业在进行竞争对手分析时，应尽量把视野放得开阔一些，同时要密切关注行业的变化，尤其是来自潜在产品的替代者的威胁。

2. 确定竞争对手的目标是什么

竞争对手的市场定位是什么？竞争对手的利润目标是什么？竞争对手在市场里找寻什么？竞争对手行为的驱动力是什么？竞争对手的目的是什么？这些是竞争对手分析的重点。

所有的竞争者都要为追求最大利润而选择适当的行动方案。但是，各个公司对短期利润和长期利润重视的程度各不相同。目标不同，相应的策略也会不同，所以在进行竞争对手分析时，要了解竞争对手的目标及目标组合，这样就可以知道竞争对手是否满足其目前状况，以及对不同的竞争行动的反应如何。公司还必须注意竞争对手用于攻击不同产品/市场细分区域的目标。

3. 确定竞争对手的战略

在多数行业里，竞争对手可以分成几个追求不同策略的群体，我们称为战略群体。战略群体即在某一行业里采取相同或类似策略的一群公司。确认竞争对手所属的战略群体将影响公司某些重要认识和决策。竞争对手的战略直接影响其运作市场的手段、方式及相关的各种决策。

4. 确定竞争对手的优势和劣势

竞争者的优势必将影响并最终决定其是否能实施策略并完成目标，因此了解竞争对手的优势可使本企业做好充分的应对准备。在寻找竞争对手的劣势时，要注意发现竞争对手对市场或策略估计上的错误。如果发现竞争对手的主要经营思想有某种不符合实际的错误观念，企业就可以利用这一点，出其不意，攻其不备。

5. 确定竞争对手对市场变化的应对方式

了解和确定竞争对手应对市场变化的方式，如产品降价、新产品推出、出现替代品等一系列问题的应对方式。另外，竞争对手的企业文化、经营哲学、经营理念等也会影响各企业对市场变化的应对方式。企业如果能够了解竞争对手对市场变化的应对方式，就能很容易地预测其行动。

6. 确定本企业的竞争策略

进行竞争对手分析的目的就是制定本企业的竞争战略。根据竞争对手的强弱、竞争对手的反应方式等，企业可最终确定自己的竞争战略。

（三）竞争对手分析的层次和内容

当今时代的竞争已经发展到国际化程度很高的全方位市场竞争，因此，企业在做竞争对手分析的时候一定要明确是在哪一个层级上进行竞争分析的，避免分析的盲目性和局限性。分清竞争对手分析的层次，能有效地提高竞争对手分析的准确性，最大限度地为本企业的竞争战略决策提供参考。

战略分为公司战略、经营战略、职能战略。对竞争对手进行的分析可以相应地分为企业决策层的竞争对手分析、企业经营层的竞争对手分析和企业职能管理层的竞争对手分析。

1. 企业决策层的竞争对手分析

企业决策层的竞争对手分析主要是分析竞争对手总资产、销售额的增长情况、开展的业务、产品种类等方面的情况，具体包括竞争对手的企业使命和目标、竞争对手的核心竞争力、竞争对手纵向整合的程度、竞争对手的目标市场、竞争对手的市场占有率等。

分析总体的市场占有率是为了明确本企业和竞争对手相比在市场中所处的位置，是市场的领导者、跟随者，还是市场的参与者。

本层次的竞争对手分析使企业决策者了解竞争对手的经营领域、市场地位，竞争对手的财务状况和组织结构等公司战略问题，为本企业制定公司战略决策提供参照与支持。

2. 企业经营层的竞争对手分析

企业经营层的竞争对手分析主要是分析竞争对手的产品或服务在市场上的竞争地位、发展趋势、竞争策略、财务指标等一系列决定其竞争地位的关键指标，具体包括竞争对手产品或服务的范围情况，包括相对质量和价格，竞争对手产品或服务的竞争战略（差异化、成本领先、集中战略），竞争对手新产品或服务开发的趋势及方向，竞争对手组织、业务单位结构的详细情况，竞争对手按客户和地区细分市场的占有率等。

竞争对手的竞争战略分析可以通过竞争对手的定价策略、销售策略、产品线策略、广告策略、促销策略、服务策略等方面加以实现。

分析细分市场的市场占有率是为了明确在哪个市场区域或是哪种产品具有竞争力，在哪个区域或是哪种产品在市场竞争中处于劣势地位。

知识链接

竞争对手基本的战略

按照波特的分析，竞争对手基本的战略有三种：

一是低成本战略，企业要想获得更多的利润，就必须在行业中保持成本优势，低成本的企业可以比其竞争对手更低的价格销售产品，并保持较高的利润；

二是差异化战略，企业选择生产特殊的商品或者提供特殊的服务，使其获得较高的价格和市场占有率，从而实现较高的利润；

三是集中一点战略，即企业将产品和服务限定在特定的顾客群或者目标市场，在该目标市场获得较高的价格和市场占有率，获得高额利润。

竞争对手可能追求三种战略中的一种或两种，但不可能同时追求三种。

3. 企业职能层的竞争对手分析

企业职能层的竞争对手分析主要是通过对竞争对手职能部门的管理策略、管理手段及管理措施的分析，明确竞争对手在市场中的现状，并预测竞争对手的行动计划。企业职能层管理者基于以上分析，着眼于为本企业建立优势，进而制定相应的战略战术。

销售部门应了解的内容有：竞争对手产品价格跟踪系统（含竞争对手产品定价）；竞争对手销售队伍构成情况、业务能力；竞争对手销售人员薪酬待遇和服务等情况。

市场营销部门应了解竞争对手的品牌定位、市场份额；竞争对手的产品幅度和深度；竞争对手的广告商及媒体选择、广告开支；竞争对手的顾客忠诚度估计、市场形象。

生产运作部门应了解竞争对手制造基地的成本地位；竞争对手的规模经济情况；竞争对手的供应链管理情况。

研发部门应了解竞争对手的技术路线、关键技术；竞争对手的专利及技术创新能力；竞争对手推出新产品的速度。

人力资源部门应了解竞争对手组织的人员组成、奖惩政策；竞争对手的薪酬状况；竞争对手决策者、执行层及关键人员的背景等详细情况。

财务部门应了解竞争对手的收益性指标，如毛利率、资产报酬率、所有者权益报酬率等反映竞争对手一定时期的收益和获利能力，比较竞争对手与本企业的收益性指标，并与行业的平均收益率比较，判断本企业的盈利水平处在什么样的位置上，同时要对收益率的构成进行分析；竞争对手的安全性指标，如资产报酬率、所有者权益报酬率、资产负债率等；竞争对手的流动性指标，如总资产周转率、固定资产周转率、流动资产周转率、应收账款周转率、存货周转率等；竞争对手的成长性指标，如销售收入增长率、税前利润增长率、固定资产增长率、人员增长率、产品成本降低率等，同时对产销量的增长率和利润的增长率做出比较分析，看两者增长的关系，是利润的增长率快于产销量的增长率，还是产销量的增长率快于利润的增长率，一般说来利润的增长率快于产销量增长率，说明企业有较好的成长性；竞争对手的生产性指标，如人均销售收入、人均净利润、人均资产总额等。竞争对手的创新能力指标，如推出新产品的速度，这是检验企业科研能力的一个重要指标，科研经费占销售收入的百分比，这体现出企业对技术创新的重视程度，销售渠道的创新主要看竞争对手对销售渠道的整合程度，以及管理创新。

从三个层次分析与评估竞争对手的实力是企业竞争对手分析的重要内容。这里所说的实力不是简单地泛指竞争对手某一方面的能力，而是指竞争对手在竞争活动过程中可以或有可能显示出来的一切对本企业构成威胁、限制或影响的综合竞争实力。

（四）竞争对手识别

竞争对手是指对本企业的发展可能造成威胁的任何企业与组织，具体是指与本企业生产销售同类产品或替代品，提供同类服务或替代服务的企业以及在建的相关企业。竞争对手可通过与本企业争夺人才、市场、原料、技术、资金等资源，也可通过破坏行业竞争规则、改变产业方向等手段赢得利润，直至阻碍本企业的发展。对竞争对手进行识别分析，是制定企业发展战略、应对市场竞争的第一步。

竞争对手的识别是企业制定及执行战略的关键任务。企业要想在市场中占有一席之地并获得快速发展，就要分清自身在市场中的位置，首先必须确认谁是主要竞争者、谁是一般竞争者、谁是次要竞争者。由于企业的资源有限，所以要有效识别竞争对手，并将之进行分类，在众多的竞争者中确定重点跟踪对象，避免因竞争对手跟踪范围过大，而影响跟踪效率和加大企业监测环境的成本，同时也不会因跟踪范围过小，而使企业丧失应对来自未监测到的竞争对手攻击的主动权。

1. 竞争对手分类

竞争对手通常是与本企业生产销售同类产品或代用品的企业以及在建的相关企业。依据竞争事实的形成与否，竞争对手可分为行业竞争对手、目标市场竞争对手和潜在竞争对手。

（1）行业竞争对手。行业竞争对手可以分为行业内竞争对手和行业外竞争对手。行业内竞争对手是指与本企业处于同一行业并且实力相当、市场相同的企业。行业外竞争对手是指那些与本企业不处于同一行业，但其目标市场和所提供的服务与本企业相同、会影响到本企业活动的企业，比如说 A 企业和 B 企业都是汽车制造商，它们两个在同一行业内互为竞争对手，C 企业是摩托车制造商，因为汽车和摩托车在满足人们的需要方面是一样的，所以 C 企业也可能成为 A、B 企业的竞争对手，即行业外竞争对手。

（2）目标市场竞争对手。在同一个目标市场内从事相同或者相似业务的企业形成了同一目标市场的竞争对手，它们必定会在原料市场、顾客资源、目标市场地位等方面展开竞争。

（3）潜在竞争对手。按照迈克尔·波特的观点，潜在的竞争对手可以分为：

① 不在本产业但可以随意克服堡垒进入本产业的企业；

② 进入本产业可以产生明显协同效应的企业；

③ 其战略的延伸必将导致进入本产业竞争的企业；

④ 可能向前整合或向后整合的客户或供应商；

⑤ 预测可能发生兼并或收购的企业。

企业的竞争对手众多，不可能也没有必要收集所有竞争对手的信息。正确选择需要进行分析的竞争对手是进行竞争对手分析前必须做出的判断。如果竞争对手范围过大，就会导致企业信息收集监测成本较高；如果竞争对手范围过小，则可能因信息的片面性而使企业无法应付来自未监测到的竞争对手的攻击。因此，在做出企业战略决策之前，需要根据行业的竞争态势和本企业的地位、能力，准确识别和划定竞争对手。

需要注意的是，一方面，竞争者随着条件的变化，它们的竞争力也许随之变化，过去的潜在竞争对手或间接竞争对手也可能成为企业的直接竞争对手；另一方面，由于一个企业的资源是有限的，企业不可能对所有的竞争对手都进行分析研究，因此只能选择其中少数的、与自己生死攸关的关键竞争对手进行分析研究。

知识链接

竞争对手其他分类

依据市场占有率的大小，竞争对手还可以划分为当前竞争对手和潜在竞争对手（主要指产品的市场占有率低或正在开发相同功能产品的厂家）。

依据本企业与竞争对手的关联程度，可以把竞争对手划分为直接竞争对手和间接竞争对手。直接竞争对手指同行业企业，表现为全方位的正面竞争态势；间接竞争对手指与本企业产品有关的新兴行业、老产品的替代行业等，这类竞争对手容易被人忽视，因而更具威胁性。

2. 竞争对手识别方法

确定竞争对手简便易行的方法是利用现有资料进行判断，这种方法只能判断直接竞争者，而对间接竞争对手的确定可采取替代产品技术的可行性评价法来进行。对某个具体品牌的产品来说，可使用经理人员判断法、消费者评价法和辨识标准识别法。

（1）经理人员判断法。经理人员是企业的中间管理层，他们依据其经验、销售人员的电话及报告、中间商的信息及其他信息等对企业现有和未来竞争对手有较高的判断能力。其判断思路如表 9－1 所示。

表 9－1 确定竞争对手的经理人员的判断思路

市场 产品或服务	相同	不同
相同	A	B
不同	C	D

表 9－1 中 A 区代表直接竞争对手，即相同产品或服务、针对相同顾客群；B 区代表潜在的竞争对手，即目前以不同的产品或服务供应相同的顾客，但将来可能转化为 A 区；C 区代表相同产品在不同市场上参与竞争的企业；D 区代表在不同市场上销售不同产品或服务的企业，目前它们与本企业并不构成竞争关系，但其亦有可能围绕各自的核心技术开展多样化

经营而成为竞争对手。

（2）消费者评价法。消费者评价法是基于市场需求的视角来识别竞争对手。在企业所服务的目标市场和客户的基础上，通过考查顾客对相应企业的态度和行为识别企业的竞争对手。如果客户感觉到不同企业提供的产品或者服务具有相似性或者替代性，则这样的企业被视为竞争对手。这种方法适用于经常性购买的非耐用品。该方法需对以下几个方面的信息进行分析：

① 购买周期分析。若对某一品牌产品进行重复购买的时间间隔的期望值与从该产品转换到另一产品的时间间隔的期望值相等，则说明这两种产品形成完全竞争。

② 品牌转换信息分析。品牌转换的可能性越高，说明竞争越激烈。

③ 需求的交叉弹性分析。需求交叉弹性是指某产品的销售量因另一种产品价格的变化而引起变化的百分比。需求交叉弹性为正，则说明两种产品为竞争产品。

④ 产品删除信息分析。若一组产品中某个产品品牌缺货，消费者更愿意购买这一组中其他的产品品牌，则这个产品组中的产品为竞争产品。

（3）辨识标准识别法。它是采用科学的辨识标准对竞争对手进行分类并排序来识别竞争对手的方法。辨识标准识别法是从竞争企业的基本特征入手来识别竞争对手。如果不同的企业提供相似的产品，拥有相似的市场策略、生产技术、公司规模以及其他相似的基本标识，那么这些企业将被视为竞争对手。

同一行业里有很多企业，可以将行业标准作为辨识标准来划分和识别竞争对手：从行业标准划分和识别，即在一组提供一种或一类彼此类同或密切相关的产品的企业群中寻找竞争对手。企业进而根据自身和对手在本行业中的地位来判别主要竞争对手。对竞争对手进行分组的影响因素一般包括企业所处行业、企业规模、企业客户群、企业所处地区、企业提供的产品和服务、企业战略、企业财务状况、公司形象、管理质量、创新、人力资源和领导素质。

（五）竞争对手分析方法

正确运用竞争对手分析方法，是做好竞争对手分析的关键，客观、正确地使用以下竞争对手分析方法，可以确保企业得出有关竞争对手的准确资料，帮助企业制定和实施本企业的竞争战略。

1. 组合矩阵分析法

组合矩阵分析的目的是让企业了解其所有业务活动，各业务之间的关系，帮助企业决定投资于哪些业务，哪些业务是金牛型，哪些业务需要出售，哪些业务需要关闭。

图 9－2 所示为组合矩阵分析法示意图，图中 1、2、3、4、5 分别代表该项业务及其收入规模。可以看出，业务 2 市场占有率高，市场前景不好，目前是企业的“现金机器”，因此企业要投入足够的资金来维持其正常运行，以赚取尽可能多的现金。业务 1 市场前景差而且占有率低，应考虑放弃此项业务。业务 5 市场占有率高且很有市场前景，但它需要大量资金使其成为市场领先者并能尽快获得回报。业务 4 虽有很好的市场前景，但市场占有率很低。这时，决策者尽快决定是继续该项业务还是放弃。因为要获得较高的市场占有率，企业必须承诺相应资金投入。否则，当市场领先者获得更多的市场份额后，企业的这项业务在市场上就会处在劣势地位。矩阵图中的其他位置代表某项业务在市场竞争中不同程度的市场份额和市场前景。

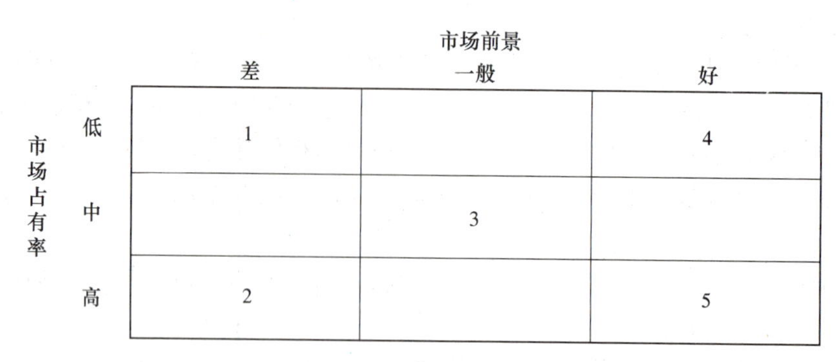

图 9－2 组合矩阵分析法示意图

利用组合矩阵分析法进行竞争对手分析时，首先确定每个竞争对手在矩阵图中的位置，并与本企业的位置加以比较，以发现哪些竞争对手在全国或全球竞争中处在优势的地位。正确运用组合矩阵分析法，不仅可以帮助企业在业务选择时进行决策，而且可以帮助企业确定战略实施的时机。

2. 价值链分析法

根据迈克尔·波特的研究，可以通过确定竞争对手在特定行业竞争中的价值链，来确定竞争对手的竞争优势。波特指出，企业的经营活动可划分为 5 类，即内部物流、生产运作、外部物流、市场开发和售后服务，如图 9－3 所示。这 5 类工作都会给顾客提供各自的价值，从而帮助企业建立竞争优势。

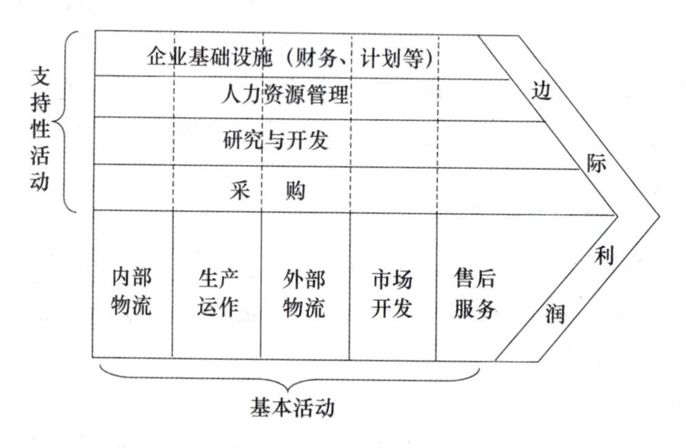

图 9－3 波特价值链

进行竞争对手的价值链分析，首先要确认竞争对手在内部物流、生产运作、外部物流、市场开发和售后服务 5 个方面的工作流程，然后确定成本发生在哪里，什么能为顾客创造价值，什么能真正把价值带给顾客，进而确定竞争对手的竞争优势及其来源。做竞争对手分析时，深入理解竞争对手的价值链，是企业制定竞争战略的一个有益和有效的方法。

3. 标杆法

将竞争对手中的优秀者确定为标杆企业，通过对竞争对手产品、服务及工作流程的系统而严格的检验，识别出竞争对手的高明之处，然后与本企业进行比较分析，发现其运营系统如何有效地运作、带给竞争对手各方面的竞争优势，并对本企业做相应的改进，最终达到改进与提高的目的。

定标比超是指通过将本企业各方面的状况与竞争对手进行对照分析，来评价自身企业和分析竞争对手，将外部企业的成就业绩作为自身企业的内部发展目标，并将外界的最佳做法移植到本企业。企业实施定标比超，有助于确定和比较有关竞争对手经营和管理战略的各组成要素，通过对这些要素的深入分析，可以挖掘出许多对评价竞争对手竞争态势有重要参考价值的信息；可以从竞争对手那里获取有价值的信息，以用于改进本企业的经营管理，使之再上新台阶；可以深刻认识和掌握用户的信息需求，使本企业的竞争战略能够贴近目标市场和用户；可以鼓励和引导本企业的员工“从干中学”和“从用中学”，形成“比、学、赶、超”的创新热潮。标杆管理过程如图 9 – 4 所示。

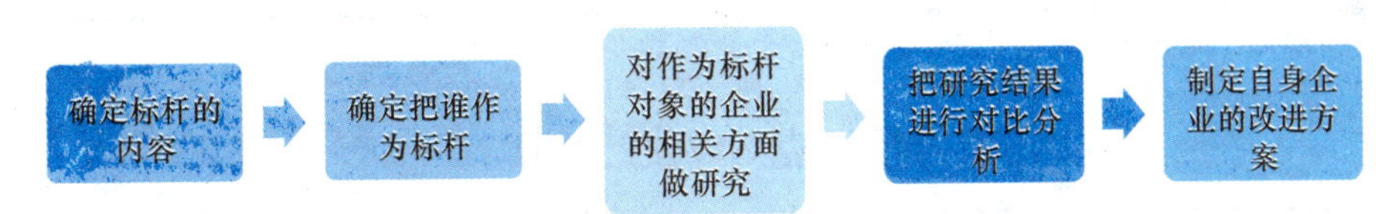

图 9 – 4　标杆管理过程

将标杆法应用于竞争对手分析，侧重于企业运作流程层面，将别人好的解决方案和经验借鉴到本企业的经营管理环节中来并加以改善，其最终目的是进一步加强本企业的竞争优势。

4. SWOT 分析法

SWOT 分析法是由美国旧金山大学韦里克（H. Weihrieh）教授于 20 世纪 80 年代初首先提出来的，它用于识别企业和竞争对手的优势（Strength）、劣势（Weakness）、机会（Opportunity）和威胁（Threat），找出影响成功的关键因素，提供可选择的战略，如图 9 – 5 所示。优势和劣势是对企业内部能力的总结和评价，而机会和威胁则是对企业外部竞争环境的综合和概括。

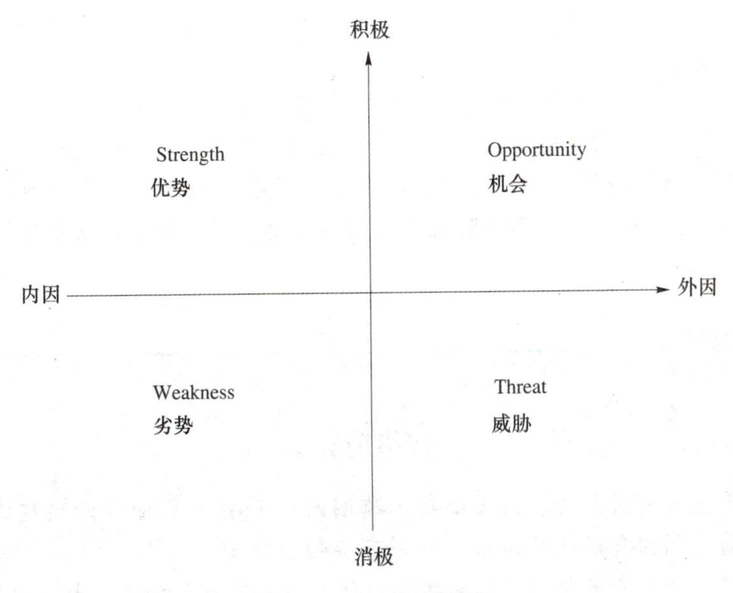

图 9 – 5　SWOT 分析法

SWOT 分析法将与研究对象密切关联的各种主要的内部优势因素、劣势因素和外部机会因素、威胁因素，通过调查分析并依照一定的次序按矩阵的形式排列起来，然后运用系统分析的思想，把各种因素相互匹配起来加以分析，从中得出一系列相应的结论。对企业进行SWOT分析，总的目的是发挥内部优势因素，利用外部机会因素，克服内部劣势因素和化解外部威胁因素，通过扬长避短，争取最好的结局。

SWOT分析是企业竞争信息研究的重要工具。企业通过使用这一工具，可获得大量有关内部优势和劣势以及外部机会和威胁的信息，对这些信息进行系统、综合的分析，有助于对企业自身及所处外部环境的有利和不利因素有比较透彻的把握，有助于制定成功地达到企业发展战略目标的战略决策和规划。

知识链接

星巴克SWOT分析

内部因素 / 外部因素		优势——S	劣势——W
		星巴克的盈利能力很强	星巴克产品线不够稳定
机会——O	中国区咖啡销量上升	SO战略 加大在中国的投资，拓展中国区星巴克门店数量	WO战略 针对中国消费者的口味研发新产品，新产品推出的时间间隔拉长，更多地收集中国消费者对新产品的反馈信息
威胁——T	咖啡和奶制品成本的上升	ST战略 做好成本管理，挖掘潜力，控制成本上升幅度	WT战略 开发低成本的咖啡产品，形成咖啡价格梯次布局

5. 博弈论的方法

博弈论是研究决策各方在相互作用时如何进行决策以及这种决策如何达到均衡的理论。博弈论认为，在激烈竞争的形势下，企业与企业之间存在密切的互动关系。企业不存在独立的最佳战略选择，最佳选择取决于其他公司的行动，自己公司的行动会导致其他公司改变行动。反过来，其他公司的行动也会改变自己公司的行动。因此企业必须在充分考虑竞争对手反应的情况下进行决策。

知识链接

智猪博弈

假设猪圈里有一头大猪、一头小猪。猪圈的一头有猪食槽（两猪均在食槽端），另一头安装着控制猪食供应的按钮，按一下按钮会有10个单位的猪食进槽，但是在去往食槽的路上会有两个单位猪食的体能消耗，若大猪先到槽边，大小猪吃到食物的收益比是9:1；同时行动（去按按钮），收益比是7:3；小猪先到槽边，收益比是6:4，那么，在两头猪都有智慧的前提下，最终结果是小猪选择等待。

“智猪博弈”由纳什于1950年提出，博弈矩阵如表1所示。实际上小猪选择等待，让大猪去按控制按钮，而自己选择“坐船”（或称为搭便车）的原因很简单：在大猪选择行动的前提下，小猪选择等待的话，小猪可得到4个单位的纯收益，而小猪行动的话，则仅仅可以获得大猪吃剩的1个单位的纯收益，所以等待优于行动；在大猪选择等待的前提下，小猪如果行动的话，小猪的收入将不抵成本，纯收益为 -1 单位，如果大猪也选择等待，那么小猪的收益为零，成本也为零，总之，等待还是要优于行动。

表1　智猪博弈矩阵

策略		小猪	
		行动	等待
大猪	行动	5，1	4，4
	等待	9，-1	0，0

6. 意图—能力分析模型

英美信息部门分析对手主要采用意图—能力分析模型。意图指敌方的目的、计划、承诺或行动方案，能力则指一个国家整体的军事、政治、经济、科技、方法和生产力。英美信息部门早在20世纪40年代开始使用该方法，如英国联席信息委员会1948年的信息报告题目是《苏联的利益、意图与能力》，美国中央信息局1950年的国家信息评估第3号（NIE3）标题是：《苏联的能力与意图》。

但在理论界最早提出该模型并产生较大影响的是Singer，其在1958年的一篇论文中提出了分析敌方威胁的模型：

$$威胁感知 = 估计的能力 \times 估计的意图$$

按该模型，威胁 = 能力 × 意图，如果其中一个是0，威胁也就是0。该模型一直在实践中被广泛运用。

英美的意图—能力分析模型对企业界的竞争信息分析有很大的借鉴作用。首先，国家信息部门几乎是每天都在做分析，它们几十年的实践充分检验了该模型的实用价值。其次，企业竞争信息和国家信息在大的方面有很多相似之处，因此很多分析方法双方可以互相借鉴。现有的企业竞争信息的理论和方法很多都来自国家信息部门就是证明。

该模型注重对手的威胁，而对企业竞争对手的分析，不仅要分析其现有的优势，而且要分析其研发动向、先进实践（标杆比较）等。

7. 波特的竞争对手分析模型

企业竞争信息领域采用的竞争对手分析方法主要是波特提出的“竞争对手分析模型”，如图9-6所示。

波特的分析模型通过分析竞争对手的目标、假设、战略和能力这4个方面的情况来预测竞争对手下一步的行动。波特的竞争对手分析模型中直接影响竞争对手未来行为的因素主要还是目标和能力；假设只有间接的影响；而现行战略对未来没有影响。波特的竞争对手分析模型的核心还是英美信息部门的能力—意图模型。

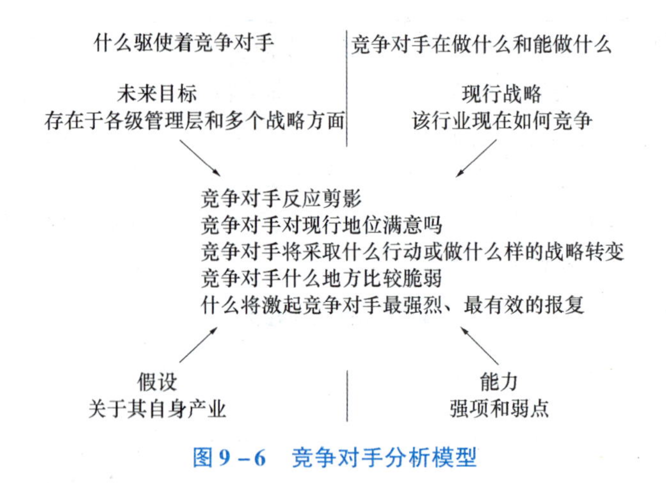

图 9-6 竞争对手分析模型

（六）竞争对手数据收集

商场如战场，企业要想在激烈的市场竞争中赢得优势，必须知己知彼，方能百战不殆。只有充分了解竞争环境、竞争对手，企业才能扬其所长、避其所短、抓住机遇、规避风险。要对竞争对手进行全面而深层次的分析，需要持续地获取大量有用的信息，并能及时地进行信息的组织、加工与分析。涉及如何识别、确认竞争对手，如何识别竞争对手的战略，以及应针对哪些方面搜集竞争对手的信息等相关问题。

互联网的普及为企业收集和分析竞争对手的信息提供了方便快捷的条件。常见的竞争对手数据收集渠道如下。

1. 竞争对手的网站

要了解竞争对手的情况，最好从竞争对手的站点入手，可能获得更多、更详细的信息。公司企业站点的信息资源直接产生于公司内部的生产、销售、服务、管理的各部门和各环节，是了解竞争对手的最有价值的第一手信息源。企业网站除了提供该企业的基本情况外，还会提供企业的最新动态、企业文化、企业现有产品的性能、新产品的研究开发重点、技术优势、企业服务特色等。

只要在百度、Google 等搜索引擎上输入竞争对手的名称，一般都能找到它们在互联网上的“地址”，并对它们进行访问。首先，应该注意网站上的新闻。在“新闻”中，往往会给出最新的产品和公司的新动向，有时候甚至为了吸引顾客的注意和期待，它们会将其正在研制的产品和正在策划的活动公布出来。其次，应该注意到，很多公司网站上都有公司主要领导人的简介，这是与竞争对手打交道时很有用的信息。最后，应该注意公司的产品和服务信息，这是在浏览竞争对手的网页时不可忽视的信息。对于浏览过程中搜索到的重要信息，应该把它们都下载下来，因为网页是动态的，公司可能会因为种种原因而将网页做出改动或删除。

2. 政府及行业网站

政府机构是信息资源的最大拥有者，能以其机构的权威性为企业提供准确可靠的信息。随着政府上网步伐的加快，目前有许多政府机构通过网站发布对经济发展具有宏观指导意义的市场指令性信息、产供销计划信息、行业发展总体规划、国家政策法规等信息。一般提供的信息包括政府部门机构、职能介绍和联系方式、政府办事程序、政府公告、政府法律、法规、本地概况、本地近期新闻、本地资源数据库、本地企业、事业单位介绍、本地招商引资环境和项目等。

现在几乎每个行业都有自己的行业网站，例如中国建筑业在线、中国企业信息网、中电贸易网、国际商务信息网等。这些行业网站有的是政府相关部门设立的，有的是行业协会设立的，甚至有些是专门的公司设立的。从这些网站中我们可以获得的信息有：行业政策、行业新闻、行业发展情况、行业内著名企业情况和资源调配等。行业网站中往往会有一些竞争对手的相关资料，这些资料可能由于某种原因并没有在竞争对手自己的网站中出现。

3. 竞争信息网站

目前，国内外竞争信息网站的数量并不多，其中具有权威性的竞争信息网站是美国竞争信息从业者协会（SCIP）在因特网上建立的网站，主要提供海外商业信息。通过该站点可以链接到全球各地区网站，还可以很容易地访问相关站点，进而得到证券交易信息、公司名录、政府信息等资源；CEOExpress 拥有丰富的商业信息，是一个获取网上商业信息的好向导。该网站对商业信息资源进行了分类和整理，包括：新闻、商业和技术杂志、政府站点、国际商务资源和公司研究站点等，也是进行竞争信息研究不可多得的门户网站之一。

我国竞争信息方面的网站极少，主要有中国经济信息网、中国中小企业信息网、中国产业信息网和中国产业竞争情报网。

中国经济信息网如图 9－7 所示，是国家信息中心控股的有限责任公司，成立于 1996 年 6 月，其秉承国家信息中心丰富的信息资源和信息分析经验，利用自主开发的数据分析和网络化平台，为政府部门、金融机构、高等院校、企业集团、研究机构及海外投资者提供宏观经济、行业经济、区域经济、法律法规等方面的动态信息、统计数据和研究报告，帮助各类机构准确了解经济形势、政策导向和投资环境，为其经营决策和战略研究提供强有力的信息支持。

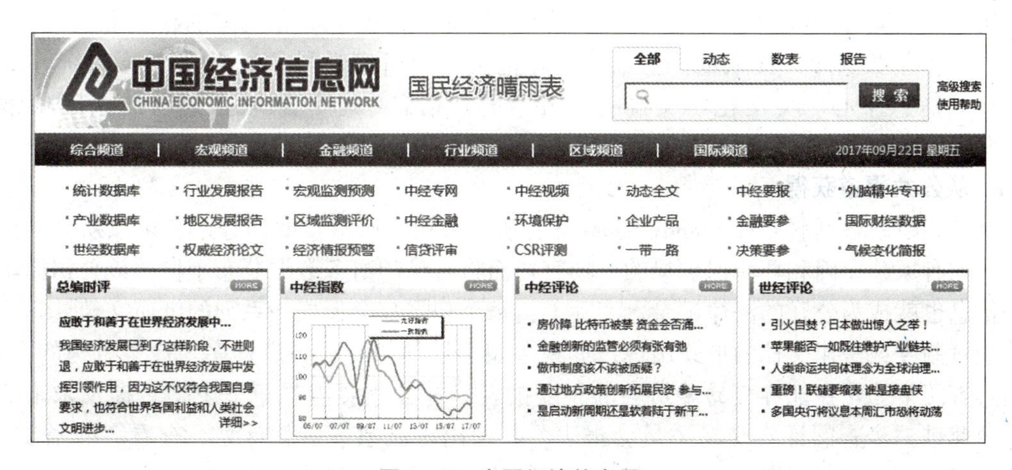

图 9－7　中国经济信息网

4. 求职网站

现在会出现各种各样的招聘与求职网站。通过网站招贤纳士几乎被所有的上网公司采用。通过分析和研究这些网上招聘广告，公司可以获取许多竞争信息，继而了解该公司所使用的技术、策略、研究和开发重点，甚至扩张计划等。

5. 利用网络数据库

目前，我国有 1 000 多个数据库，被《中国数据库大全》收录的有 1 038 个，而商情数据库就有 467 个。可大致将其分为 12 类：公司和厂商及产品数据库、市场产品信息数据库、行业信息库、金融信息库、市场贸易数据库、宏观经济数据库、科技成果及技术数据库、经济预测数据库、政策法规数据库、专利检索数据库（图 9－8）、商标数据库、与经济有关的新闻报刊数据库和统计调查数据库。

图 9－8　专利检索数据库

国内外较著名的几个数据库有中国期刊网、万方数据资源系统、中国数据库、Dialog 等。美国 Dialog 系统是世界上最大的国际检索系统，收集了世界范围的科技和商业信息，拥有 430 多个数据库，文献量达亿篇，专业范围涉及所有学科领域以及 STN 系统（此系统是德国信息中心、美国化学文摘社、日本科技信息中心三家联合经营的国际检索系统）等。

6. 从公共渠道获得

据纽约财政咨询服务社 Wendy Schmidt 分析，公司调研信息的四分之三可以从公共渠道获得。如有家公司因和环境保护局的一场官司而将自己的财务数据公布于世，该公司原本保密的信息也就成为公开的法律记录。实际上，每个公司都会形成一系列的纸质文档，它们通常以规章制度或法律文档的形式出现，如税务表、法律纠纷、破产程序、检察机构的报告。可通过查阅某公司在证券交易委员会的年度报表，看看“展望”章节中是否提及未来的计划。由此进一步查阅证券交易委员会报表，获取出售股票或借款计划。查看“收益支配”章节可以获悉该公司用资金拓展业务、偿还贷款或支撑日常运作。

7. 利用人员沟通渠道

对手的一些信息有时可以在与竞争对手公司内部相关人员的谈话中获得。在人员沟通过程中，要了解自己所未知的东西，应先问问题，然后洗耳恭听。在会议、贸易洽谈会、产业聊天室、校友会，以及一切社交活动场合中，人们会因种种原因而交换信息，这也是收集竞争信息的最佳时机。

此外，掌握一些访谈技巧会使信息获取变得更加自然。诚然，竞争信息访谈要比新闻访谈艰难得多。人们进行竞争信息调研时通常需要顾左右而言他，因为当一家公司说是在做行业调研时，人们自然会心存防备心理，从而不会将有用的信息泄露出来，因此应多鼓励访谈对象。

8. 委托专业机构收集

中小企业与专业机构合作对公开发行的文献、公开使用或售出的产品进行信息分析而获取与商业秘密内容相同的信息。针对企业的目标，长期持续地跟踪、收集和积累相关信息，再加以科学的方法综合分析判断，便可基本了解竞争对手正在做和将要做什么的战略意图。这种方法，是通过综合分析获取竞争对手信息的较为成熟的方法。

9. 权利人授权

通过专利技术或商业秘密权利人授权而获取并使用他人的商业秘密。比如企业的合资、合作过程而形成的专利技术或商业秘密在双方之间的共存共享。

10. 实地查找

当地政府通常有该官司相关的资产公共文件，例如在规划部门有其大楼蓝图或从税收核查部门可以取得该公司人员的细节信息。如果上述方法都难以奏效，还可以采用观察测试法。

Bain 公司的前咨询顾问杰瑞德·海曼回顾到，一个客户想了解究竟有多少人在为竞争对手工作，然而通过公共信息去了解的话却爱莫能助。无奈之下，海曼只好部署手下在该工厂入口数早上有多少辆汽车进入工厂大门，从而估算出里边工作人员的数量。

（七）竞争对手跟踪与监测

要想使企业在激烈的市场竞争中技压群雄，企业的管理者必须对企业所处的内外部环境、发展变化的趋势和竞争对手的情况有着清楚而充分的了解。竞争战略的有效性不仅取决于时间在先，更突出在对竞争对手反应的预测，根本点就在于对竞争对手进行实时的、动态的跟踪与监测。

1. 竞争对手跟踪与监测的内涵

竞争是一种搜集、检验和证实有用知识的过程，是一个将无知减少到企业易于控制的程度（有限理性）的过程。竞争对手跟踪与监测就是根据企业的战略目标，对当前的和未来的竞争对手进行有效的判定与确认，了解和掌握其核心能力，分析与把握其战略意图，判断与预测竞争对手的战略与战术行动，从而为企业在竞争中赢得竞争优势。竞争对手跟踪与监测不仅是企业竞争信息工作的核心内容，也是企业战略决策过程中不可或缺的部分，对战略决策效果起着至关重要的作用。竞争对手跟踪与监测是企业自身战略管理的出发点。知己知彼，方能百战不殆，只有充分了解竞争环境、竞争对手，企业才能扬其所长、避其所短、抓住机遇、规避风险。只有通过对竞争信息的系统收集、分析，获知竞争对手的战略意图，企业才能够了解竞争对手在参与市场竞争中可能采取的战略行动及其实质。

在动态竞争环境中，竞争对手跟踪与监测是一种动态博弈的过程，时序、信息在博弈中发挥着重要的作用。企业根据自己对未来趋势的预测，建立竞争对手的跟踪与监测反推机制，搜集对手的各方面信息，通过不断地反馈和修正来为本企业提供决策支持。只有深入研究这些信息，透视相关行业目前状态和未来趋势，才能及时地预测潜在竞争对手的行为和反应模式，才能对一定范围内的战略竞争行动倾向做出预测和反应，从而改变竞争的信息结构，使自己在博弈中取胜。

同时，竞争对手跟踪与监测也是一项动态、持续的工作，是一项具有累积性的工作。它是一个具有内在结构的有机整体和复杂系统。它由许多个人或部门相互配合、相互协调、相互沟通而完成，其实质是一个围绕竞争对手而进行的系统信息搜集与分析的过程，其价值也必须作为一个整体或有机系统才能发挥和体现出来。

2. 竞争对手跟踪与监测模型

在动态的竞争环境中，由于竞争对手身份的模糊性和隐蔽性、战略的柔性与变化性、行动的不确定性和敏捷性，对其的跟踪与监测是一个动态博弈的过程。为了动态地、有效地对竞争对手进行跟踪与监测，需要构建一个有反馈机制的竞争对手跟踪与监测模型，包括正向机制和反推机制，以便及时、快速地应对动态环境与竞争对手要素的变化，如图9－9所示。

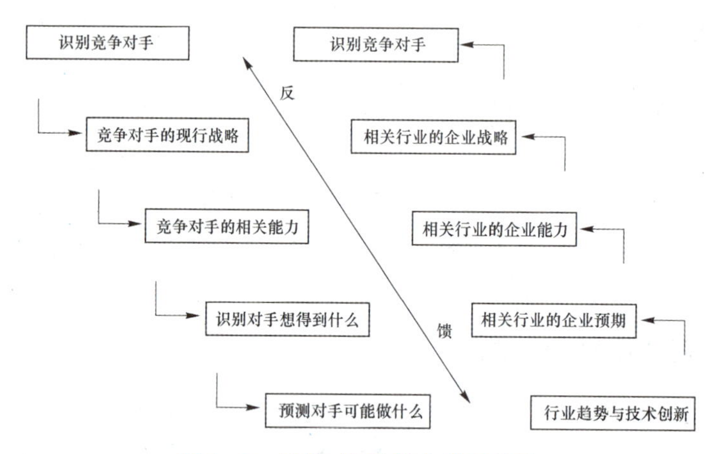

图9－9 竞争对手跟踪与监测模型

在正向机制中，竞争对手的识别是竞争对手跟踪与监测的出发点。竞争对手现行战略与相关能力两个识别与判断环节则是整个模型的核心所在，是跟踪与监测的重点。这两个环节是相互影响、相互作用的，对手现行战略分析影响着对手相关能力的判断，而对手相关能力判断反过来又是现行战略分析的基础条件。这两个环节是对竞争对手识别结果的进一步修正与确认，又是预测竞争对手行动与反应模式的基础。

在反推机制中，行业趋势与技术创新是跟踪与监测的出发点，而对竞争对手的识别则是终结点。未来或潜在的竞争对手目前的战略与行动是反推机制的根本点所在，而对它们的战略和相关能力的分析与判断是反推机制的核心内容。应该识别潜在竞争对手，并对本企业的现行战略进行调整，以获得持续的竞争优势。

同时，模型中的正向机制与反推机制中存在着信息交互作用机制，为本企业及时对跟踪与监测过程中的各种分析、判断结果进行反应提供了通畅的渠道。

正向机制与反推机制的有机结合，实际上是企业根据所获知的竞争信息，结合自己的目标、能力、认知和战略，就竞争双方之间的反应过程做一个渐进式的科学推理，逐步逼近现实中或未来可能展开的真实竞争的可能结果。

三、任务发布

（一）竞品分析

1. 任务背景

竞品分析一词最早源于经济学领域。市场营销和战略管理方面的竞品分析是指对现有的或潜在的竞争产品的优势和劣势进行评价。这个分析提供了制定产品战略的依据，将竞品分析获得的相关竞品特征整合到有效的产品战略制定、实施、监控和调整的框架中来。

竞品分析方法主要有：客观分析、主观分析、竞争对手的销售商品类别分析和竞争对手的促销调查与分析。

（1）客观分析。客观分析是指从竞争对手或市场相关产品中，圈定一些需要考查的角度，得出真实的情况，此时，不需要加入任何个人的判断，应该用事实说话，主要分析市场布局状况、产品数量、销售情况、操作情况、产品的详细功能等。

（2）主观分析。这是一种接近于用户流程模拟的结论，比如可以根据事实或者个人情感，列出对方网店的优缺点与自己所销商品的情况，或者竞争对手竞品与自己产品的优势与劣势。这种分析主要包括用户流程分析和产品的优势与劣势等。

（3）竞争对手的销售商品类别分析。竞争对手的商品类别销售数据对商品的销售有非常重要的参考价值。比如一个是做时尚休闲服饰品牌的网店，商品类别非常广泛，而另一个是专门做牛仔服的牛仔品牌专卖店。两家店铺同时营业，于是时尚休闲服饰品牌网店的牛仔服饰销售受到了牛仔品牌专卖店的冲击，所以在订货管理中，其就要避开与之相近的牛仔款式，而挑选与之有一定差异的牛仔款式，并减少订货量。当然，这里所说的订货管理的订货量减少是指订货数量，而不是款式数量，减少了款式数量就会让整体的陈列和搭配不合理，从而影响整体网店的陈列形象。只有充分发挥自身品牌的优势，避开对手的强势，才能在激烈的市场竞争中处于更强的地位。

（4）竞争对手的促销调查与分析。竞争对手的促销对自己的销售有着非常大的影响，这一点在现今的网络销售大战中显得尤为突出。

做竞争品牌的调查和研究，是为了让自己更好地找到市场切入点，而不是竞争对手做什么自己就做什么，最终走向价格战的误区。所以，商家要去观察整体市场，多了解对手的数据和情报，并将所收集到的信息记录归档。在收集和整理出的数据和信息中，切忌把自己的优势与对手的劣势进行比较和参考，因为这样只会让自己为自己辩解。分析对手的信息和数据时要持之以恒，往往越是难以调研到的数据就越有价值。及时地了解对手的销售数据和销售特点，可以有效提升网店在当地的竞争优势。

2. 任务内容

以一家网店的一个引流商品为分析对象，识别其竞品，然后设计竞品数据追踪表格，持续收集竞品的数据（至少 1 周），再对收集的竞品数据进行分析。

3. 任务安排

本任务是一个团队任务，要求队员分工协作完成，完成后上交《×××网店×××竞品分析报告》，并做好汇报结果的准备。

4. 任务实施

（1）构思。选择×××网店经营的一款西门子 BCD－610W（KA62NV60TI）对开门冰箱为分析对象，选择同一目标市场竞争对手经营的相似的产品为竞品，竞品识别方法——采用辨识标准识别法；竞品分析的内容——从运营人员维度出发，侧重推广方式；竞品分析的方法——采用客观分析和促销调查与分析相结合的方法；竞品分析所需的数据取自生意参谋，设计一个竞品数据追踪表格，每日收集竞品的数据，重点关注竞争对手的数据变化和竞品数据的对比，定期做竞品数据分析。

（2）设计。竞品分析的内容主要有竞争对手、竞品的标题、竞品的价格、竞品的主图、竞品链接、竞品的成交关键词、促销活动事件、日销量、日 UV、PC 端 UV 总计、无线端 UV 总计、日转化率、PC 端流量来源细分和无线端流量来源细分。

竞品数据追踪表格主要有两个，一个是竞品基本信息表，主要数据项有竞争对手、竞品的标题、竞品的价格、竞品的主图、竞品链接、竞品的成交关键词，这些内容相对比较固定，变化较少；另一个是竞品日数据追踪表，主要数据项有促销活动事件、日销量、日 UV、PC 端 UV 总计、无线端 UV 总计、日转化率、PC 端流量来源细分、无线端流量来源细分，这些内容每天都会有变化，需要日日更新。

（3）实现。

步骤 1：识别竞品；

步骤 2：设计竞品数据追踪表格；

步骤 3：持续收集竞品的数据；

步骤 4：定期做竞品数据分析；

步骤 5：撰写《×××网店×××竞品分析报告》；

步骤 6：做好汇报结果的准备。

（4）运作（Operate）。

×××网店西门子 BCD－610W 冰箱竞品分析报告

×××网店经营的西门子 BCD－610W（KA62NV60TI）对开门冰箱的主要成交关键词为“西门子双开门冰箱”。以成交关键词“西门子双开门冰箱”为标识将彼此类同或密切相关的产品列为竞品，进而根据自身和对手在本行业中的地位来判别主要竞争对手及竞品。竞品最终确定为苏宁易购官方旗舰店的西门子BCD－610W（KA92NV02TI）双开门冰箱。

1. 竞品基本信息

×××网店的 SIEMENS/西门子 BCD－610W（KA62NV60TI）对开门冰箱选择的竞品是苏宁易购官方旗舰店的 SIEMENS/西门子 BCD－610W（KA92NV02TI）对开门冰箱，竞品基本信息如表 1 所示。

表 1　竞品基本信息

店铺等级	×××网店	苏宁易购官方旗舰店
宝贝标题	SIEMENS/西门子 BCD－610W（KA62NV60TI） 双开家用对开门电冰箱无霜	SIEMENS/西门子 BCD－610W （KA92NV02TI） 对开门双开门式家用电冰箱
宝贝价格	返现价 6 899 元	6 999 元
宝贝主图		
宝贝链接	http：//detail. tmall. com/item. htm? id＝387862171＊＊&spm＝ 0. 0. 0. 0. bmYfbt	http：//detail. tmall. com/item. htm? id＝430098305＊＊&spm＝ 0. 0. 0. 0. bmYfbt
成交关键词	西门子双开门冰箱	西门子双开门冰箱
	西门子冰箱	苏宁易购官方旗舰店
		西门子冰箱

如果竞品基本信息表上数据发生变化，则建立一个新表，同时保留原表，作为历史数据留作日后分析使用。

2. 竞品日数据追踪

西门子 BCD－610W 冰箱日数据追踪如表 2 所示。竞品每日的交易数据和流量数据取自生意参谋/市场行情/商品店铺榜/产品粒度。

表 2　西门子 BCD－610W 冰箱日数据追踪

内容	项目	8. 21		8. 22	
		×××网店/62	苏宁易购/92	×××网店/62	苏宁易购/92
宝贝详情	促销活动/元		满 5 000 减 500		聚划算
	日销售量/个	3	19	5	39
	日访客数/人	1 594	14 755	2 119	36 080
	PC 端 UV/人	199	738	574	2 873
	无线端 UV/人	1 395	14 017	1 545	33 207
	日转化率/%	0. 19	0. 14	0. 24	0. 11

续表

		项目	8.21		8.22	
			×××网店/62	苏宁易购/92	×××网店/62	苏宁易购/92
PC端	免费流量来源	天猫搜索/人	43	336	169	280
		淘宝搜索/人	46	196	123	185
		直接访问/人	17	82	55	199
		购物车/件	10	35	37	48
		淘宝站内其他/人	8	30	19	640
		宝贝收藏/人	4	15	13	15
		淘宝首页/人	2	15	19	14
		天猫首页/人	7	5	11	42
		淘宝足迹/人	5	5	18	7
		其他/人	11	19	24	37
		小计/人	143	738	488	1 467
	付费流量来源	淘宝客/人	11	5	21	7
		直通车/人	45	0	65	0
		聚划算/人	0	0	0	1 399
		钻展/人	0	0	0	0
		小计/人	56	5	86	5
无线端	免费流量来源	手淘搜索/人	670	4 030	736	6 071
		手淘首页/人	47	3 184	68	7 402
		淘内免费其他/人	59	2 099	93	3 480
		购物车/件	23	953	56	1 997
		我的淘宝/人	15	880	37	1 165
		猫客搜索/人	292	769	154	1 058
		手淘问大家/人	37	453	63	1 032
		WAP天猫/人	0	226	0	323
		手淘旺信/人	32	193	55	185
		手淘有好货/人	22	170	24	179
		其他/人	67	1 042	78	2 785
		小计/人	1 264	14 017	964	25 677
	付费流量来源	淘宝客/人	0	0	36	0
		直通车/人	131	0	145	0
		聚划算/人	0	0	0	6 609
		钻展/人	0	0	0	921
		小计/人	131	0	181	0

3. 竞品数据分析

（1）竞品日销售对比。西门子BCD－610W冰箱8月15—21日一周的竞品日销量对比如图1所示，数据显示苏宁易购的销量虽有波动，但总体上呈现增长趋势；而×××网店的销售除了8月17—18日参加聚划算活动销量有所增长外整体上呈现下滑趋势，应分析其中的原因，并需要做好继续竞品的数据跟踪。

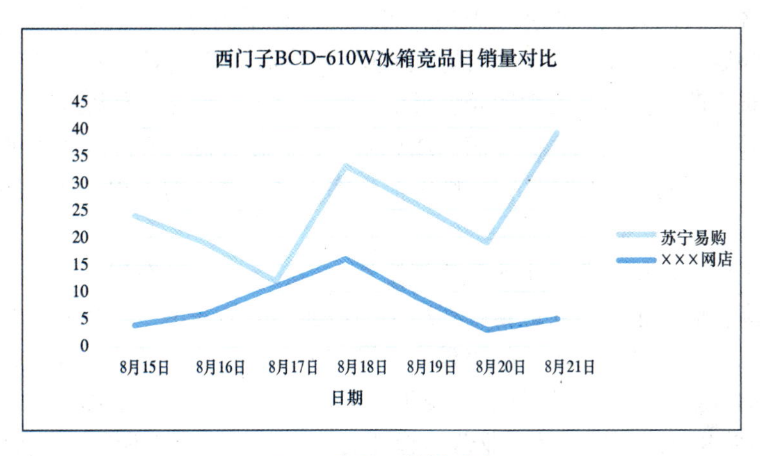

图1 竞品日销量对比

(2) 竞品日 UV 对比。西门子 BCD－610W 冰箱 8 月 15—21 日一周的竞品日 UV 对比如图 2 所示，数据显示苏宁易购的 UV 波动区间为［14 755，49 316］，趋势上暂时看不出变化方向；×××网店的 UV 波动区间为［1 594，7 343］，8 月 17—18 日因参加聚划算活动 UV 较高外，整体上比较平稳，接着做好竞品的数据跟踪。

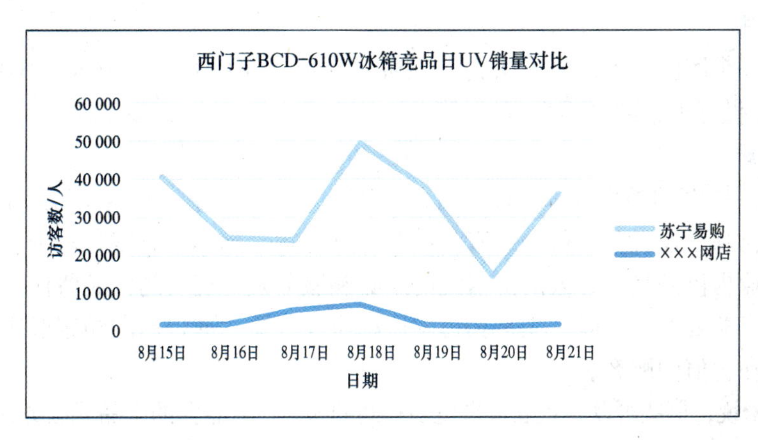

图2 竞品日 UV 对比

(3) 流量占比分析。通过对西门子 BCD－610W 冰箱日数据追踪表分析，可以发现苏宁易购的免费流量来源排名前三的是手淘首页、手淘搜索、淘内免费其他，×××网店的免费流量来源排名前三的是手淘搜索、猫客搜索、淘内免费其他，相比较而言，×××网店在手淘首页获取的流量偏少，应对苏宁易购在手淘首页获取 UV 的方法进行分析并借鉴。

(二) 顾客流失分析

1. 任务背景

顾客流失是指企业的顾客由于某种原因而转向购买其他企业产品或服务的现象。忠诚的顾客对企业的产品或服务非常满意，愿意将之推荐给其他人。在高度竞争的行业，若企业在满足顾客需求方面做得不如竞争对手，顾客就会转向其他企业那里，对本企业也就没有忠诚；相反，若企业能够比竞争对手更好地满足顾客需求，积极培育与顾客的亲密关系，顾客就会忠诚于企业，顾客流失率就会降低。顾客流失与顾客满意存在这样一种关系：顾客满意并不意味着顾客不会流失，但顾客流失则一定说明顾客不满意。据《哈佛商业评论》报告，在满意商品的顾客中仍有65%～85%的人会选择替代品和竞争对手的产品，而高度满意或忠诚的顾客却很少改变购买。这说明企业要防止顾客流失，就必须使顾客满意，但只做到一般的满意还不够，必须做到顾客高度满意或忠诚。虽然顾客流失和顾客价值的关联程度在各个行业的表现有所不同，但总体来说，顾客流失率下降，顾客的平均消费年限就长，利润也会随之增长。

美国的一项调查数据表明，企业每5年流失一半的客户。顾客流失不仅直接造成了销售额和利润的下降，而且企业为获取新顾客还必须增加相应的支出，持续的顾客流失还传递着企业提供价值恶化的信号，给企业的声誉造成极其不利的影响。另外，减少顾客的流失将给企业增加显著的收益，一些行业的数据表明，企业每年减少1%的顾客流失，利润将增加2%。由此，加强客户流失管理是企业营销管理的一个重要内容，所有这一切的实现都有赖于对顾客流失的科学分析。

2. 任务内容

选择一家网店，获取其店铺的顾客流失数据和商品的顾客流失数据，计算流失人数、流失率和流失金额，描绘流失人数、流失率和流失成本的变动趋势，分析顾客流失的原因，制定减少顾客流失的措施。

3. 任务安排

本任务是一个团队任务，要求队员分工协作完成，完成后上交《×××网店顾客流失分析报告》，并做好汇报结果的准备。

4. 任务实施

（1）构思。顾客的类型多种多样，有的顾客天性忠诚度高，喜欢稳定的关系；有的顾客天性爽快，付款迅速且要求很少的服务；有的顾客却永远不会忠诚。对价值的评价也因人而异，一个企业提供满足所有人的价值观的产品和服务是不现实的，而留住一些不合适的顾客对企业是没有益处的。所以，立足长远发展的企业，要找准自己的顾客群体，识别那些对公司发展有潜在价值的顾客。

对于企业来说，那些可以为企业带来更多利润的顾客、对企业的产品或服务评价最高的顾客都是企业的目标顾客。因此，这类顾客的流失理应受到企业的重视。至于那些有不适当需求的顾客，例如其需求超越了企业的服务水准或无法带给企业利润的顾客都应该被剔除。他们的流失对企业来说反而是件好事。因此，防止顾客流失并非挽留每一位顾客，而是要保持有价值的顾客。当然，确定哪些顾客可以流失是有难度的，因为很多时候企业难于预测顾客的潜在价值。

进行顾客流失分析，找出顾客流失的根源，是企业提供更符合顾客需求的价值主张的依据，有助于挽救即将流失的顾客。避免顾客流失的发生，是企业培育忠诚顾客的前提。

（2）设计。顾客流失率有两种计算方法：

绝对顾客流失率，计算公式为：

绝对顾客流失率＝流失的顾客数量/全部顾客数量

相对顾客流失率，计算公式为：

相对顾客流失率＝流失的顾客数量/全部顾客数量×流失顾客的相对购买额

假设一家网店今日关顾的访客数为10 000人，其中有100位顾客逛了商家的店铺没有购买却买了其他店铺同叶子类目商品，那么绝对顾客流失率为100/10 000×100%＝1%。绝对顾客流失率把每位流失的顾客同等看待。相对顾客流失率则以顾客的相对购买额为权数来考虑顾客流失率。若上例中，流失的 100 位顾客的单位购买额是平均数的两倍，那么相对顾客流失率即为100/10 000 ×2 ×100% =2%。

流失人数是指统计周期内，逛了商家的店铺没有购买却买了其他店铺同叶子类目商品的访客数。

流失金额是指统计周期内，逛了商家的店铺没有购买却买了其他店铺同叶子类目商品所支付的金额。

（3）实现。

步骤 1：获取店铺最近 7 天的顾客流失数据；

步骤 2：计算最近 7 天的流失人数、流失率和流失金额；

步骤 3：描绘流失人数、流失率和流失成本的变动趋势；

步骤 4：分析顾客流失的原因；

步骤 5：制定减少顾客流失的措施；

步骤 6：撰写《×××网店顾客流失分析报告》；

步骤 7：做好汇报结果的准备。

（4）运作。

×××网店顾客流失分析报告

顾客流失意味着从顾客流向企业的价值流在减少，即便企业采取种种促销手段吸引新顾客，新顾客也无法替代老顾客所带来的持续价值，因为导致原有顾客流失的原因同样可能导致新顾客的流失。如果顾客流失不断地发生，那么企业将无法发展甚至可能无法生存。另外，由于顾客流失的发生意味着企业存在某些不足之处，因此企业可以通过查明流失的原因来获得改进的依据。

1. 获取店铺的顾客流失数据

店铺 8 月 16—22 日 7 天的顾客流失人数和流失金额如表 1 所示，数据取自生意参谋/竞争分析/竞争店铺/顾客流失。

表 1　8 月 16—22 日顾客流失人数与流失金额

项目 日期	8 月 16 日	8 月 17 日	8 月 18 日	8 月 19 日	8 月 20 日	8 月 21 日	8 月 22 日
流失人数/人	410	543	1 163	518	554	235	579
流失金额/元	1 399 891	1 718 286	4 119 301	1 424 775	1 633 740	616 005	1 808 884

2. 计算流失率

$$\text{绝对流失率} = \text{流失的顾客数量}/\text{全部顾客数量} = \text{流失人数}/\text{访客数} \quad (1)$$

$$\text{相对流失率} = \frac{\text{流失的顾客数量}}{\text{全部顾客数量}} \times \text{流失顾客的相对购买额} \quad (2)$$

$$= (\text{流失人数}/\text{访客数}) \times (\text{流失客单价}/\text{店铺客单价})$$

流失客单价是指流失顾客的客单价。

$$\text{流失客单价} = \text{流失金额}/\text{流失人数} \quad (3)$$

根据式（1）、（2）、（3）计算可得 8 月 16—22 日的顾客流失率，如表 2 所示。

表2　8月16—22日顾客流失率

项目 日期	8月16日	8月17日	8月18日	8月19日	8月20日	8月21日	8月22日
流失人数/人	410	543	1 163	518	554	235	579
访客数/人	36 076	49 127	46 592	47 825	48 403	44 010	44 148
绝对流失率/%	1.14	1.11	2.50	1.08	1.14	0.53	1.31
流失客单价/元	3 414	3 164	3 542	2 751	2 949	2 621	3 124
店铺客单价/元	2 413	2 440	2 867	2 667	2 881	2 621	2 708
相对流失率/%	1.61	1.44	3.09	1.11	1.17	0.53	1.51

3. 描绘流失人数、流失率和流失成本的变动趋势

店铺的流失人数与流失金额的变动趋势如图1所示，8月16—22日的流失人数与流失金额呈现下降趋势。

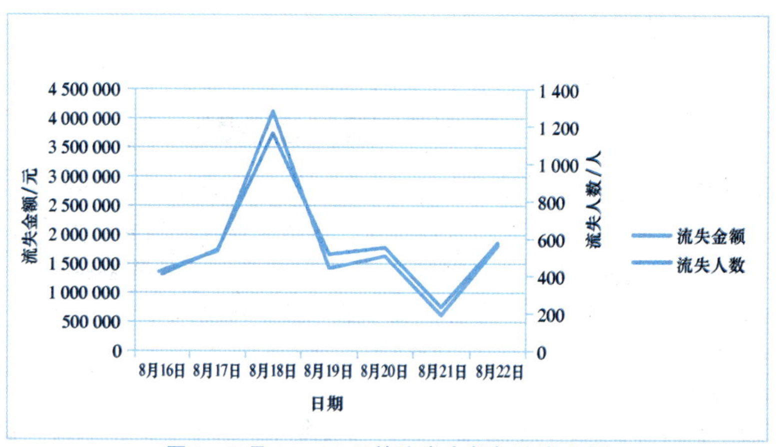

图1　8月16—22日的流失人数与流失金额

店铺的流失率如图2所示，8月16—22日的绝对流失率和相对流失率均呈现下降趋势，相对流失率要高于绝对流失率，说明流失的顾客是优质顾客，应该引起足够的重视。

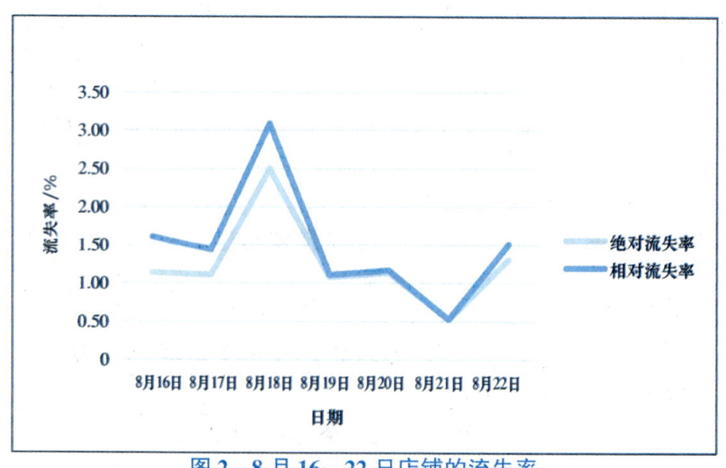

图2　8月16—22日店铺的流失率

4. 分析顾客流失的原因

（1）流失顾客去向店铺。8 月 22 日流失顾客去向店铺排名前五的店铺如图 3 所示，分别是苏宁易购官方旗舰店、美的空调旗舰店、美的官方旗舰店、百业电器专营店和 GREE 格力官方旗舰店。

顾客流失去向店铺详情

排名	店铺名称	流失指数	流失人气	交易指数	流量指数	搜索人气	操作
1	苏宁易购官方旗舰店 监控中 天猫 TMALL.COM 江苏 南京	212 187	1,740	2 343 197	415 765	287 169	监控 TOP流失去向商品
2	美的空调旗舰店 监控中 天猫 TMALL.COM 北京 北京	45 447	219	173 584	37 599	13 519	监控 TOP流失去向商品
3	美的官方旗舰店 监控中 天猫 TMALL.COM 广东 佛山	44 306	292	406 696	88 953	60 238	监控 TOP流失去向商品
4	百业电器专营店 监控中 天猫 TMALL.COM 浙江 宁波	44 204	128	86 692	14 883	9 256	监控 TOP流失去向商品
5	GREE格力官方旗舰店 监控中 天猫 TMALL.COM 广东 珠海	35 345	128	291 593	54 332	32 600	监控 TOP流失去向商品

图 3　8 月 22 日流失顾客去向店铺排名（前五名）

（2）流失顾客去向商品。8 月 22 日流失顾客去向商品排名前五的店铺如图 4 所示。

顾客流失去向商品详情

排名	商品名称	所属店铺	流失指数	流失人气	支付商品件数	交易指数	流量指数	操作
1	Midea/美的 KFR-26GW/WCBD3@ 大1匹智能冷暖 促销价：1,999元	美的空调旗舰店 监控中 天猫 TMALL.COM 北京 北京	44 678	264	450	187 552	13 335	监控 黑名单
2	AUX/奥克斯 KFR-35GW/NFI19+3大1.5匹冷暖定频 促销价：1,999元	奥克斯旗舰店 监控中 天猫 TMALL.COM 浙江 宁波	43 283	271	524	204 677	11 140	监控 黑名单
3	Midea/美的 KFR-26GW/WCBD3@ 大1匹智能静音 促销价：1,999元	美的官方旗舰店 监控中 天猫 TMALL.COM 广东 佛山	40 411	264	827	265 623	22 833	监控 黑名单
4	Midea/美的 KFR-26GW/WDCA3@ 大1匹变频智能 促销价：2,499元	美的官方旗舰店 监控中 天猫 TMALL.COM 广东 佛山	38 870	212	323	176 285	12 138	监控 黑名单
5	Midea/美的 KFR-35GW/WCBD3@大1.5匹智能静 促销价：2,299元	美的空调旗舰店 监控中 天猫 TMALL.COM 北京 北京	35 134	154	293	158 859	10 888	监控 黑名单

图 4　8 月 22 日流失顾客去向商品排名（前五名）

（3）顾客流失的商品。8 月 22 日顾客流失商品按流失金额排名前五的店铺如图 5 所示，分别是美的 KFR－26GW/WCBD3@ 空调、美的 KFR－35GW/WCBD3@ 空调、美的 KFR－35GW/WCBA3@ 空调、美的 KFR－35GW/BP3DN8Y－PC200（B1）空调、奥克斯 KFR－26GW/BPNFI19 空调。

（4）对比分析。选择 ××× 网店流失金额最大的美的 KFR－26GW/WCBD3@ 空调

（图 6）与流失顾客去向商品排名第一的美的空调旗舰店的美的 KFR－26GW/WCBD3@ 空调（图 7）做对比分析。

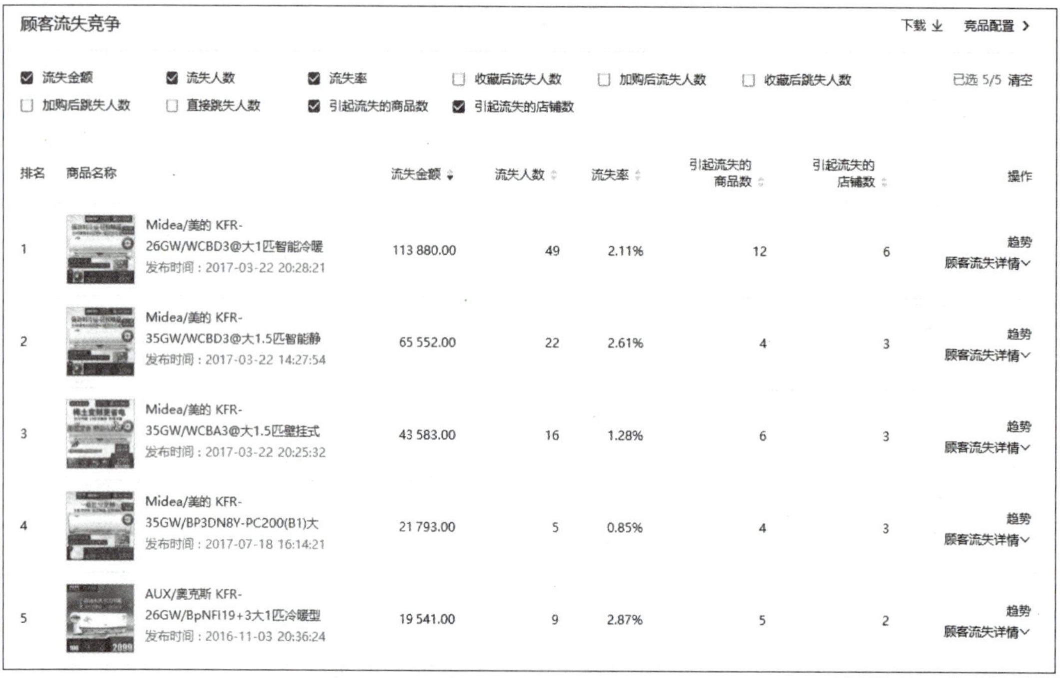

顾客流失竞争　　下载　竞品配置 >

☑ 流失金额　☑ 流失人数　☑ 流失率　☐ 收藏后流失人数　☐ 加购后流失人数　☐ 收藏后跳失人数　已选 5/5 清空
☐ 加购后跳失人数　☐ 直接跳失人数　☑ 引起流失的商品数　☑ 引起流失的店铺数

排名	商品名称	流失金额	流失人数	流失率	引起流失的商品数	引起流失的店铺数	操作
1	Midea/美的 KFR-26GW/WCBD3@大1匹智能冷暖 发布时间：2017-03-22 20:28:21	113 880.00	49	2.11%	12	6	趋势 顾客流失详情
2	Midea/美的 KFR-35GW/WCBD3@大1.5匹智能静 发布时间：2017-03-22 14:27:54	65 552.00	22	2.61%	4	3	趋势 顾客流失详情
3	Midea/美的 KFR-35GW/WCBA3@大1.5匹壁挂式 发布时间：2017-03-22 20:25:32	43 583.00	16	1.28%	6	3	趋势 顾客流失详情
4	Midea/美的 KFR-35GW/BP3DN8Y-PC200(B1)大 发布时间：2017-07-18 16:14:21	21 793.00	5	0.85%	4	3	趋势 顾客流失详情
5	AUX/奥克斯 KFR-26GW/BpNFI19+3大1匹冷暖型 发布时间：2016-11-03 20:36:24	19 541.00	9	2.87%	5	2	趋势 顾客流失详情

图 5　8 月 22 日顾客流失商品按流失金额排名

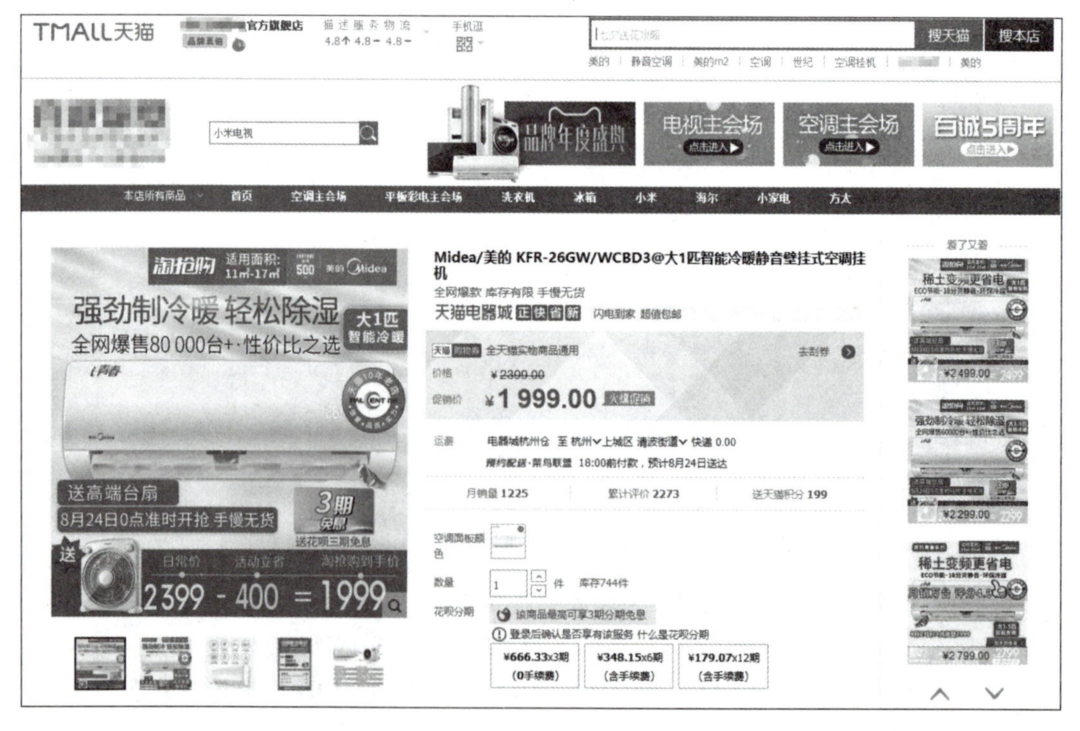

图 6　某网店的美的 KFR－26GW/WCBD3@空调详情页

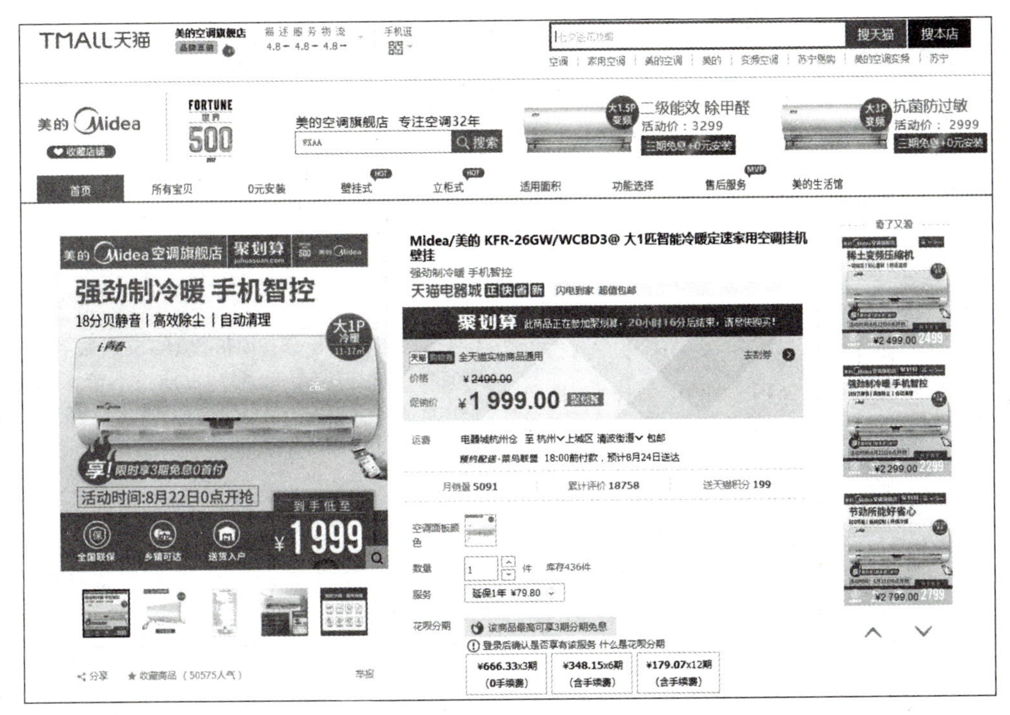

图7　美的空调旗舰店的美的 KFR－26GW/WCBD3@空调详情页

×××网店经营的美的 KFR－26GW/WCBD3@空调在8月22日访客数为2 328人，支付买家数36人，支付件数59件，支付金额117 941元，支付转化率1.55%，收藏人数58人，加购件数179件，流失人数49人，流失金额113 880元，流失率2.11%，引起流失的商品数12个，引起流失的店铺数6个，直接跳失的有2 066人，加购后跳失的121人，收藏后跳失的50人，加购后流失的2人，收藏后流失的2人。

美的空调旗舰店的美的 KFR－26GW/WCBD3@空调支付件数450件，交易指数187 552，流量指数13 335，流失指数44 678，流失人气271。

美国科罗拉多大学管理学院的 Sussan M. Keaveney 在1995年公布的一项研究成果中，总结了八大对顾客流失产生主要影响的关键因素，即价格、不方便、核心服务失误、服务人员的失误、对失误的反应、竞争、伦理、非自愿的流失。美的 KFR－26GW/WCBD3@空调竞品对比分析如表3所示。

表3　美的 KFR－26GW/WCBD3@空调竞品对比分析

	×××网店	美的空调旗舰店
价格/元	1 999（火爆促销）	1 999（聚划算）
优惠	送高端台扇	无
促销活动	8月24日淘抢购活动预热	聚划算
销量/个	1 225	5 091

续表

	×××网店	美的空调旗舰店
推广重点	强劲制冷暖，轻松除湿 全网爆售 80 000 台，性价比之选 送花呗 3 期免息 淘抢购	强劲制冷暖，手机智控 18 分贝静音/高效除尘/自动清洗 全国联保/乡镇可达/送货入户 限时享 3 期免息 0 首付
客户评价	与描述相符 4.8 分，评价数 2 273，服务好（409）、物流快（355）、质量不错（264）、划算（116）、性价比高（14）、物流服务好（5）、质量一般（13）	与描述相符 4.8 分，评价数 18 758，服务态度好（3 674）、快递不错（2 537）、质量不错（1 682）、性价比高（113）、是正品（74）、快递服务好（44）、质量一般（92）
商品详情	天猫电器城/宝贝评价/问大家/买家秀/卖家推荐/促销活动介绍/商品亮点介绍/产品参数/关于报装	宝贝评价/问大家/天猫电器城/买家秀/卖家推荐/促销活动介绍/商品亮点介绍/产品参数/关于报装

从表 3 可以发现，该网店在价格上与美的空调旗舰店是一样的，但该网店提供了额外的优惠“送高端台扇”则是美的空调旗舰店没有的；在推广重点方面，该网店突出“除湿和性价比”，而美的空调旗舰店则突出“手机智控、静音、除尘和自动清洗”，更符合顾客的需求；在客户评价方面，美的空调官方旗舰店的服务态度好评率为 19.59%，该网店的好评率为 17.99%，略微偏低；在商品详情页方面双方没有太大差异。

可见价格不是顾客流失的主要因素，最主要的影响因素为：服务方面有差距，商品卖点挖掘方面与优质客户的需求不一致。还有一个非常关键的影响因素是品牌，美的空调旗舰店的品牌影响力明显高于该网店。

5. 制定减少顾客流失的措施

从上述分析可以发现，该网店流失的顾客属于优质客户，他们对价格不是很敏感。而该网店在推广时一味强调低价，没有关注优质客户更深层次的需求，如“手机智控、静音、除尘和自动清洗”，因此建议修改主图，更加关注优质客户深层次的需求。另外，建议提升客服的水平和能力，增加培训。同时，要多做品牌宣传，提升本网店的品牌影响力。

四、任务拓展

（一）竞店分析

1. 任务背景

在淘宝店运营中时刻关注竞争对手是非常重要的，对手店铺的任何一个变化都极有可能直接影响到自己的店铺销量。如果你发现以前比我们做得差的竞争对手一夜之间就起来了，是不是觉得不公平，为什么一夜之间就超过我们了呢？

竞争店铺的强弱关键在于其对自身销售额影响多少，因此做竞争店铺分析要先了解竞争店铺的类型、规模、销售额、客单价、访客数、商品构成、SKU 数、产品差别化、主力商品群、消费层定位、便利性、服务水准、促销力度和水准、品牌影响力等重要因素，再逐一分析，制定有效策略，迎战竞争店铺。

竞争店铺分析主要关注的指标有店铺创建时间、主营类目、DSR、主销商品、SKU 数、类目销量分布、UV、客单价、转化率、动销率、复购率和引流词等。

2. 任务内容

选择一家网店，识别其竞争店铺，然后设计竞争店铺数据追踪表格，持续收集竞争店铺的数据（至少 1 周），再对收集的竞争店铺数据进行分析。

3. 任务安排

本任务是一个团队任务，要求队员采用 CDIO 的方法分工协作完成，完成后上交《×××网店的竞店分析报告》，并做好汇报结果的准备。

（二）店铺标杆管理

1. 任务背景

标杆管理是国外 20 世纪 80 年代发展起来的一种新型经营管理理念和方法，是一个持续的调查研究和对过程的学习，以确保发现、分析、采纳、执行行为中最好的经营管理实践活动，与企业再造、战略并称为 20 世纪 90 年代三大管理方法，也是国内外开展竞争研究常用的方法和工具之一。据美国的一项研究表明，世界 500 强企业中有近 95% 的企业在日常管理活动中应用了标杆管理。

标杆环由“立标、对标、达标、创标”四个环节构成，前后衔接，形成持续改进、围绕“创建规则”和“标准本身”不断超越、螺旋上升的良性循环。

立标——有双重含义，其一为选择业内外最佳的实践方法，以此作为基准、学习对象；其二是在企业内部培养、塑造最佳学习样板，可以是具体方法、某个流程、某个管理模式甚至是某个先进个人，成为企业内部其他部门或个人的榜样，即试点工作。

对标——对照标杆测量分析，发现自身的短板，寻找差距，并分析与尝试自身的改进方法，探索达到或超越标杆水平的方法与途径。

达标——改进落实，在实践中达到标杆水平或实现改进成效。

创标——运用标杆四法创新并实施知识沉淀，形成超越最初选定的标杆对象，形成新的、更先进的实践方法，进入标杆环，直至成为行业标杆。

2. 任务内容

淘宝网上女装是一个竞争非常激烈的类目，在全网“双十一”女装店铺交易指数排行榜中，优衣库连续几年排名第一。请选择韩都衣舍官方旗舰店作为分析对象，以优衣库为标杆，制作一份对标分析报告。

3. 任务安排

本任务是一个团队任务，要求队员采用 CDIO 的方法分工协作完成，完成后上交《韩都衣舍官方旗舰店对标优衣库分析报告》，并做好汇报结果的准备。

项目结构

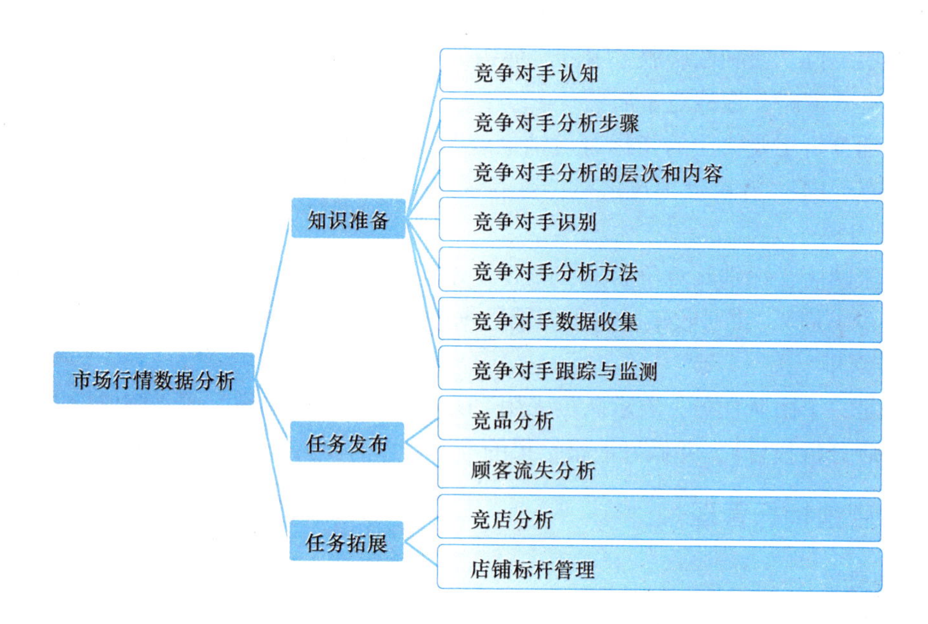

同步测试

一、判断题

1. 一般而言，竞争对手是指产品功能相似、目标市场不同的企业。（　　）

2. 企业决策层的竞争对手分析内容包括竞争对手的产品或服务在市场上的竞争地位、发展趋势、竞争策略、财务指标等一系列决定其竞争地位的关键指标。（　　）

3. 在动态竞争环境中，竞争对手跟踪与监测是一种动态博弈的过程。（　　）

4. 标杆环由“立标、对标、达标、创标”四个环节构成。（　　）

5. 满意商品的顾客不会选择替代品和竞争对手的产品。（　　）

二、选择题（单选多选不限）

1. 根据战略层次，竞争对手分析的层次分为（　　）。
   A. 企业决策层竞争对手公司战略分析
   B. 企业管理层竞争对手经营战略分析
   C. 企业职能管理层竞争对手职能战略分析
   D. 以上都不对

2. 竞争对手基本的战略有（　　）。
   A. 差异化　　B. 成本领先　　C. 集中战略　　D. SO 战略

3. 竞争对手分析时，财务部门应了解的竞争对手指标包括（　　）。
   A. 收益性指标　　B. 安全性指标
   C. 生产性指标　　D. 创新能力指标

4. 依据竞争事实的形成与否，竞争对手可分为（　　）。
   A. 行业竞争对手　　B. 目标市场竞争对手

C. 潜在竞争对手　　D. 直接竞争对手

5. 竞品分析框架包含（　　）。

A. 竞品选择　　B. 分析维度

C. 分析评价　　D. 分析准则

三、简答题

1. 按照迈克尔·波特观点，潜在的竞争对手可以分为哪几类？
2. 常见的竞争对手数据收集渠道有哪些？
3. 简述竞争对手跟踪与监测模型。
4. 竞品分析方法主要有哪些？
5. 顾客流失分析的原因是什么？

能力测评

通过本项目的学习，你是否已经掌握本项目的核心知识点和技能点，请做出自评。

<table>
<tr><td rowspan="7">知识点</td><td>竞争对手认知</td><td>□充分掌握□基本掌握□未掌握</td></tr>
<tr><td>竞争对手分析步骤</td><td>□充分掌握□基本掌握□未掌握</td></tr>
<tr><td>竞争对手分析的层次和内容</td><td>□充分掌握□基本掌握□未掌握</td></tr>
<tr><td>竞争对手识别</td><td>□充分掌握□基本掌握□未掌握</td></tr>
<tr><td>竞争对手分析方法</td><td>□充分掌握□基本掌握□未掌握</td></tr>
<tr><td>竞争对手数据收集</td><td>□充分掌握□基本掌握□未掌握</td></tr>
<tr><td>竞争对手跟踪与监测</td><td>□充分掌握□基本掌握□未掌握</td></tr>
<tr><td rowspan="4">技能点</td><td>竞品分析</td><td>□已经具备□初步具备□未具备</td></tr>
<tr><td>顾客流失分析</td><td>□已经具备□初步具备□未具备</td></tr>
<tr><td>竞店分析</td><td>□已经具备□初步具备□未具备</td></tr>
<tr><td>店铺标杆管理</td><td>□已经具备□初步具备□未具备</td></tr>
<tr><td colspan="2">自评人（签名）：
年　月　日</td><td>教师（签名）：
年　月　日</td></tr>
</table>

参 考 文 献

[1] 刘贵容，等．电商转化率影响因素分析与改进策略［J］．商业经济研究，2015.

[2] 陈明．大数据分析［J］．计算机教育，2014.

[3] 孟小峰．大数据管理：概念、技术与挑战［M］．北京：机械工业出版社，2017.

[4] 刘智慧．大数据技术研究综述［J］．浙江大学学报 . 2014.

[5] 丁学梅，等 . SPSS 数据分析及 EXCEL 作图在毕业论文中的应用［J］．实验室研究与探索，2012.

[6] 李杰臣，韩永平．网店数据化运营［M］．北京：人民邮电出版社，2016.

[7] 老夏．电商数据化运营［M］．北京：电子工业出版社，2015.

[8] 吴元轼．淘宝网店大数据营销［M］．北京：人民邮电出版社，2015.

[9] 黄成明．数据化管理［M］．北京：电子工业出版社，2014.

[10] 恒盛杰电商资讯．网店数据化管理与运营［M］．北京：机械工业出版社，2015.

[11] 李奇，毕传福．大数据时代精准营销［M］．北京：人民邮电出版社，2015.

[12] 张九玖．数据图形化，分析更给力［M］．北京：电子工业出版社，2012.

[13] 数据创新组．京东平台数据化运营［M］．北京：电子工业出版社，2016.

[14] 李军．数据说服力［M］．北京：人民邮电出版社，2016.

[15] 谭磊．数据掘金［M］．北京：电子工业出版社，2013.

[16] 谢家发．数据分析［M］．郑州：郑州大学出版社，2014.

[17] 王彦平．人人都是网站分析师［M］．北京：机械工业出版社，2015.

[18] 淘宝大学．数据化营销［M］．北京：电子工业出版社，2012.

[19] 陶蜜．教你淘宝打造爆款五部曲［J］．商场现代化，2014.

[20] 吴勇毅．爆款一款难求，如何打造？［J］．家用电器，2016.

[21] 王云．倍增客单价的服饰搭配术［J］．中国服饰，2012.

[22] 黄文馨．产品生命周期的研究［J］．商业研究，2003.

[23] 傅鸣皋．销售分析［J］．财会月刊，1985.

[24] 周霖，张宏山．购物篮分析在零售业中的应用研究［J］．中国商论，2013.

[25] 秦增福．顾客流失分析［J］．经营管理者，2011.

[26] 孙海宝．顾客流失分析的界定与过程［J］．企业改革与管理，2009.

[27] 叶志桂．顾客流失分析的三个维度［J］．市场营销导刊，2005.

[28] 贾艳瑞．基于产品生命周期理论的营销实践思考［J］．江苏商论，2006.

[29] 王知津，刘冰．基于动态环境的企业竞争对手跟踪与监测［J］．竞争情报，2008.

[30] 李君实．基于互联网的企业竞争对手识别与对策研究 [J]. 电子商务，2015.
[31] 曾忠禄．基于注意力理论的竞争对手分析模型 [J]. 情报理论与实践，2013.
[32] 陶佼如．简论商品销售毛利的分析 [J]. 财金理论与实践，1992.
[33] 赵玲玲．简述产品生命周期及相应的市场营销策略 [J]. 市场营销，2011.
[34] 贾彦龙，于巧玲．竞争对手识别研究方法述评 [J]. 情报杂志，2011.
[35] 白洋．单品的爆款与爆点提炼 [J]. 现代家电，2017.
[36] 查先进，严亚兰．论企业竞争对手 [J]. 情报科学，2000.
[37] 陈定然，高建来，卫亚中．论企业竞争对手情报分析 [J]. 石家庄经济学院学报，2001.
[38] 詹正茂．美孚成功的“秘诀”——标杆管理 [J]. 中国物流与采购，2003.
[39] 王彦祥．企业竞争对手情报的收集与分析 [J]. 企业改革与管理，2014.
[40] 石荣锦．企业如何利用网络信息资源分析竞争对手的发展战略 [J]. 湖南财经高等专科学校学报，2009.
[41] 胡明强．企业战略决策中的竞争对手分析 [J]. 科技情报开发与经济，2005.
[42] 唐迈．浅谈淘宝网搜索引擎优化 [J]. 现代商业，2012.
[43] 王莉莉．如何做好企业竞争对手分析 [J]. 河北企业，2006.
[44] 颜文．商品分析：药店营运的命脉 [J]. 中国药店，2002.
[45] 陈诚．玩具网销行情分析 [J]. 中外玩具制造，2014.
[46] 陈永泰．网店零成本推广方法的探析 [J]. 湖北财经高等专科学校学报，2012.
[47] 尹东宇．先让顾客满意，再提升客单价和毛利 [J]. 中国药店，2015.
[48] 丁一等．用户体验国内外研究综述 [J]. 工业工程与管理，2014.
[49] 周晶．与商品库存管理相关的数据报表分析 [J]. 信息与电脑 .2014.